Tilman P. Fichter / Siegward Lönnendonker

Kleine Geschichte des SDS

Schriftenreihe Band 705

Tilman P. Fichter / Siegward Lönnendonker

Kleine Geschichte des SDS

Der Sozialistische Deutsche Studentenbund von Helmut Schmidt bis Rudi Dutschke

Mit einem Vorwort von Wolfgang Kraushaar
und einem Bildteil von Klaus Mehner

bpb:
Bundeszentrale für politische Bildung

Bonn 2008
Lizenzausgabe für die Bundeszentrale für politische Bildung
Adenauerallee 86, 53113 Bonn

Umschlaggestaltung: Michael Rechl, Kassel
Umschlagabbildung: © picture-alliance / dpa
Internationale Vietnam-Konferenz in der TU Berlin 1968
Alle Abbildungen im Inhalt: Klaus Mehner / www.BerlinPressServices.de
Satz und Gestaltung: Klartext Medienwerkstatt GmbH, Essen
Druck: Koninklijke Wöhrmann B.V., Zutphen NL
ISBN 978-3-89331-868-1
www.bpb.de

Inhalt

Vorwort

von Wolfgang Kraushaar

Als vor dreißig Jahren gleich mehrere Publikationen erschienen, die sich mit der Geschichte der Protestbewegung vom Ende der 1960er Jahre beschäftigten, war das alles andere als Zufall. Schließlich ging es, wie es in einer damaligen Ausgabe des *Kursbuches* hieß, um »Ten Years After«.[1] Das Schlüsseldatum war mit dem 2. Juni 1967 schließlich jener Tag, an dem der Germanistikstudent Benno Ohnesorg am Rande einer Demonstration gegen den Besuch des Schahs von Persien tödlich von Polizeikugeln getroffen worden war. Dieses schreckliche Ereignis war der Auslöser für das Übergreifen der Revolte von West-Berlin auf die Bundesrepublik.

Der Rowohlt Verlag etwa publizierte 1977 mit Peter Moslers »Was wir wollten, was wir wurden« einen Band, in dem eine Reihe ehemaliger Rebellen berichtete, was aus ihren Hoffnungen und Erwartungen geworden war,[2] der Verlag Roter Stern unter der Überschrift »Studentenbewegung 1967–69« eine Dokumentation, die Frank Wolff und Eberhard Windaus aus den Protokollen mehrerer Dokumentarfilme zusammengestellt hatten,[3] und der Rotbuch Verlag eine von Tilman P. Fichter und Siegward Lönnendonker verfaßte »Kleine Geschichte des SDS«.[4] Alle drei Bücher stammten von ehemals führenden SDS-Mitgliedern. Sie waren eher Rückblick als das, was heute akademisch korrekt unter einer Historisierung verstanden wird.

Das politische wie das lebensgeschichtliche Band der einstigen Akteure war zwar bereits strapaziert, jedoch noch nicht vollständig zerrissen. Obwohl unverkennbar war, daß die Zeit der Rebellion vorüber sein mußte, so ging es darin immer noch am ehesten um Fragen nach Möglichkeiten einer politischen Kontinuität.

Der erste »Geburtstag« dieser Protestbewegung erfolgte also 1977 und nicht erst 1978. Als Fixpunkt der außerparlamentarischen Bewegung wurde demnach nicht das Attentat auf Rudi Dutschke am 11. April 1968, sondern der Tod Benno Ohnesorgs am 2. Juni 1967 betrachtet. Auch die Redeweise von »den 68ern« und der »68er-Bewegung« waren damals noch völlig unbekannt. Als Bezeichnung dominierte trotz der seinerzeit bereits gelä-

1 *Kursbuch*, Zehn Jahre danach, Juni 1977, Heft 48.

2 Peter Mosler, Was wir wollten, was wir wurden – Studentenrevolte zehn Jahre danach, mit Notizen zu einer Chronologie der Studentenbewegung von Wolfgang Kraushaar, Reinbek 1977.

3 Frank Wolff/Eberhard Windaus (Hg.), Studentenbewegung 1967–69 – Protokolle und Materialien, Frankfurt am Main 1977.

4 Tilman Fichter/Siegward Lönnendonker, Kleine Geschichte des SDS – Der Sozialistische Deutsche Studentenbund von 1946 bis zur Selbstauflösung, West-Berlin 1977.

figen Kritik, daß die Revolte nicht auf die Universitäten beschränkt geblieben sei, immer noch »Studentenbewegung«. Akzentverschiebungen waren erkennbar, wenn von der »Studentenrevolte« oder mit einem stark romantisierenden Unterton von »*der* Revolte« gesprochen wurde. Dies geschah zumeist aus einer undogmatisch linken, libertären oder zuweilen auch anarchistischen Perspektive heraus. Eine umgekehrte Perspektive nahmen hingegen jene Autoren ein, die von der »Außerparlamentarischen Opposition« ausgingen. Für sie war der politische Bündnischarakter dominant.[5] Ein Jahrzehnt darauf hatte sich dann die historische Interpunktion um ein Jahr verschoben. 1987 fiel als »Jubiläumsjahr« aus. Die ehemaligen Aktivisten orientierten sich von nun an ebenso wie die Öffentlichkeit insgesamt am Jahr 1968 und legten die entsprechende Literatur ein Jahr später vor.

Bei den Versuchen, die außerordentliche Dynamik zu erklären, die von 1967 bis 1969 einen Teil der jüngeren Generation ergriffen und die Politik von Staat und Parteien ein ums andere Mal gezwungen hatte, ihr Handeln zu rechtfertigen und ihre Positionen zu verteidigen, konnte es nicht ausbleiben, eine Organisation in den Focus zu rücken, die in jener Zeit nicht umsonst in aller Munde und von allen veränderungsfeindlichen Kräften für mehr oder weniger alles verantwortlich gemacht worden war, was sich auf den Straßen und Plätzen abspielte. Obwohl der *Sozialistische Deutsche Studentenbund* (SDS) damals bundesweit kaum mehr als 2000 Mitglieder zählte, so galt er doch vielen als der eigentliche Urheber der Unruhen, die die Republik erschütterten.

Welch wechselvolle Geschichte der Studentenbund in der Nachkriegszeit hinter sich hatte, war dagegen in der Öffentlichkeit weitgehend unbekannt. Der SDS, der um 1968 so nachhaltig für Schlagzeilen sorgte, hatte jedoch kaum noch etwas mit jener Organisation zu tun, die 1946 in Hamburg auf Betreiben des SPD-Vorstands hin gegründet worden war. Einer der ersten SDS-Bundesvorsitzenden war mit dem späteren Bundeskanzler Helmut Schmidt ein Politiker, der 1977 im Zentrum des politischen Geschehens stand, als die Personifikation des Modells Deutschland galt und die 68er-Bewegung später als irrational bezeichnet sowie als eine ausufernde »Massenpsychose« abqualifiziert hat. Wie konnte eigentlich aus einer autoritär ausgerichteten Nachwuchsorganisation der Sozialdemokratie der Motor der antiautoritären Bewegung werden?

Diese Frage stellten sich Tilman P. Fichter und Siegward Lönnendonker, um aus dieser Perspektive heraus erstmals die gesamte Geschichte des Studentenbundes nachzeichnen zu können. Zur Darstellung bedienten sie sich dabei eines Generationenmodells, das

5 Gerhard Bauß, Die Studentenbewegung der sechziger Jahre in der Bundesrepublik und West-Berlin – Handbuch, Köln 1977; Frank Deppe (Hg.), 2. Juni 1967 und die Studentenbewegung heute, Dortmund 1977; W. Martin Lüdke (Hg.), Literatur und Studentenbewegung – Eine Zwischenbilanz, Opladen 1977; Stephan Marks, Studentenseele – Erfahrungen im Zerfall der Studentenbewegung, Hamburg 1977; Karl A. Otto, Vom Ostermarsch zur APO – Geschichte der Außerparlamentarischen Opposition in der Bundesrepublik 1960–1970, Frankfurt/New York 1977.

es ihnen ermöglichte, zwischen verschiedenen zeithistorischen Entwicklungsphasen zu unterscheiden. Ein Jahr zuvor war bereits eine, von Jürgen Briem verfaßte SDS-Geschichte erschienen, die jedoch lediglich bis zum Jahr 1961 reichte und sich insofern nur auf die gegenüber der Mutterpartei konforme Zeitphase beziehen konnte.[6]

Schon lange vor dem Ende der Adenauer-Ära hatte die SPD mit ihrem Godesberger Programm eine Kurskorrektur vorgenommen. Aus einer Arbeiter- war bekanntlich eine Volkspartei geworden. Zwar hatte man die marxistische Weltanschauung nicht vollends aufgeben, ihr jedoch die antikapitalistische Spitze nehmen wollen. Eine der Folgen bestand in einem nach jahrelangen Konflikten 1961 herbeigeführten Unvereinbarkeitsbeschluß mit dem SDS. Der Studentenbund, der anderthalb Jahrzehnte lang Rekrutierungsfeld für sozialdemokratische Spitzenfunktionäre war, wurde in eine Unabhängigkeit ohne materiellen Rückhalt und mit einem ungewissen politischen Ausgang entlassen.

Doch für den SDS war die schmerzliche Trennung von der Mutterpartei SPD zugleich die Chance zu einer programmatischen Neuorientierung. Unbefangener als zuvor konnte er jene Anregungen aufgreifen, die von neomarxistischen Theoretikern in den USA und in Großbritannien unter dem Anspruch einer »new left« diskutiert wurden. Das von C. Wright Mills, Perry Anderson, E. P. Thompson u. a. entwickelte Konzept verstand sich als Reaktualisierung des Sozialismus in einer doppelten Frontstellung: Eine Neue Linke sollte weder den Weg des Sowjetkommunismus einschlagen, der seine Ideale 1956 mit der Niederschlagung des ungarischen Volksaufstandes ein weiteres Mal verraten zu haben schien, noch den der Sozialdemokratie, die sich von einer Interessenvertretung der Arbeiterschaft und dem Modell des Klassenkampfes offenbar endgültig verabschiedet hatte.

Mit der im November 1966 gebildeten Großen Koalition änderte sich die politische Situation in der Bundesrepublik grundlegend. Durch die Einbindung der SPD in die Bundesregierung wurde die Rolle der innerparlamentarischen Opposition zwar nicht vakant, schließlich war mit der FDP noch eine weitere Partei im Bundestag vertreten, jedoch maßgeblich geschwächt. In dieses Vakuum konnte bald eine durch den SDS radikalisierte Studentenbewegung vorstoßen und schließlich den Part einer neuen, nun außerhalb des Parlaments agierenden Opposition übernehmen.

Ein kritisches Potential existierte zu diesem Zeitpunkt lediglich an der Freien Universität in West-Berlin, die sich bereits seit zwei Jahren in einer politischen Krise befand. Der 2. Juni 1967 war schließlich der Moment, in dem der Funke zündete und übersprang. Die tödlichen Schüsse auf Benno Ohnesorg wirkten wie ein Fanal. Das Gespenst eines Polizeistaats schien plötzlich im Raum zu stehen. Mit einem Schlag griff die Campus-Revolte von West-Berlin auf Westdeutschland über und breitete sich an nahezu allen Hochschulen

6 Jürgen Briem, Der SDS. Die Geschichte des bedeutendsten Studentenverbandes der BRD seit 1945, Frankfurt/Main 1976.

aus. Nun ging es jedoch nicht mehr nur um Fragen der Hochschulreform, sondern um das Ungenügen an der parlamentarischen Demokratie insgesamt.

In einem unmittelbaren politischen Sinne ist die antiautoritäre Bewegung fast auf der ganzen Linie gescheitert. Zwar gelang es unter Aufbietung aller Kräfte, 1969 den Einzug der NPD in den Bundestag zu verhindern, die Hauptziele jedoch wurden allesamt verfehlt. Innenpolitisch war bereits die Niederlage in der Anti-Notstandsbewegung entscheidend. Die vielbeschworene Einheit von Arbeiter- und Studentenbewegung, wie sie zum allgemeinen Erstaunen zur gleichen Zeit in Frankreich möglich geworden war, blieb in der Bundesrepublik eine Chimäre. Mit der Verabschiedung der Notstandsgesetze am 30. Mai 1968 hatte die APO ihren Zenit überschritten. Die Struktur des Axel-Springer-Verlags blieb weitgehend unangetastet, die Hochschulreform erwies sich rasch als Enttäuschung und die hochfliegenden revolutionären Erwartungen blieben auf der ganzen Linie unerfüllt.

Was folgte, war eine innere Radikalisierung, die nicht unerhebliche Teile in die Gewalt trieb. Der Antiautoritarismus, der in so rasanter Weise über alle konkurrierenden politischen Strömungen obsiegt hatte, wurde zu seinem eigenen Opfer. Da es sein insgeheimes Gesetz war, immer in Bewegung zu bleiben, mußte diese Logik unter veränderten Außenkoordinaten in die Selbstzerstörung führen. Dynamik, Intensität und Tempo waren zu Charakteristika der 68er-Bewegung geworden. Ihre Binnendynamik setzte sich immer weiter fort und führte zu endlosen Konflikten innerhalb der eigenen Reihen. Die Affinität etwa zur chinesischen Kulturrevolution, die auf einer völligen Verkennung des Maoismus als einem eigenständigen Typus totalitärer Herrschaft basierte, resultierte in hohem Maße aus der Identifikation mit dem Permanenzideal eines revolutionären Prozesses. Das paradoxe Umschlagen einer zunächst äußerst erfolgreichen Ausbreitung der Bewegungsformen und -ziele in eine zunehmende Destruktion wurde von den meisten zwar als quälend erlebt, aber nicht durchschaut.

Im Winter 1968/69 setzte überall ein Prozeß der Umorientierung ein, der rasch zur Zersplitterung und einer Fetischisierung von Organisationsformen führte. Innerhalb von nur wenigen Monaten fiel der SDS faktisch auseinander. Die Antiautoritären schienen durch die nachlassende Mobilisierung auf der Straße und die infolge der Bildung einer sozialliberalen Koalition veränderte politische Lage wie paralysiert, das Wort übernahmen radikal orthodoxe Kräfte – Neoleninisten und Maoisten. Während der größte Teil der alten APO von der SPD und der neugegründeten DKP aufgesogen wurde, bildeten sich in kurzer Zeit landauf landab kommunistische Kadergruppen, die sich in völliger Verkennung ihrer wirklichen Rolle als Vorhut der Arbeiterbewegung begriffen. Die studentischen Speerspitzen der APO ernannten sich selbst zur proletarischen Avantgarde und glaubten sich so zur Führungselite einer nicht zu einer radikalen Systemveränderung neigenden Arbeiterschaft machen zu können. Damit waren die Weichen für ein Jahrzehnt gestellt.

Die aktivsten studentischen Gruppen zogen zielstrebig in eine politische Sackgasse, aus der einen Ausweg zu finden, kaum noch möglich zu sein schien.

Mit der Bildung einer Bundesregierung, die mit dem Sozialdemokraten Willy Brandt an der Spitze eine Reformpolitik einzuleiten versprach, entfielen die meisten Voraussetzungen zur Fortführung einer außerparlamentarischen Bewegung. Einige der von der APO freigesetzten Impulse, insbesondere im Bereich der Bildungspolitik, wurden aufgegriffen, andere hingegen eingedämmt oder ganz abgeschnitten. Die Koalition von SPD und FDP legte einerseits mit dem Amnestiegesetz für Demonstrationsstraftäter ein Integrationsangebot vor, andererseits lieferte sie mit dem Radikalenerlaß, durch den Systemgegner vom Staatsdienst ferngehalten werden sollten, ein Zeichen der Abschreckung. Zwar wuchs das Potential links von der SPD quantitativ stark an, es stellte jedoch wegen seiner Diffusität keine einheitliche Kraft mehr dar und büßte dadurch viel vom Charakter einer politischen Herausforderung ein.

Als sich im März 1970 der SDS auch formell auflöste, waren die Weichenstellungen für die Entwicklung der radikalen Linken der siebziger Jahre bereits weitgehend vollzogen. Aus der 68er-Bewegung waren vier Grundströmungen entstanden:

- eine reformistische, die ihre stärkste Bastion in der Jugendorganisation der SPD, den *Jungsozialisten*, besaß;
- eine traditionell kommunistische, die nach der Legalisierung einer kommunistischen Partei in der DKP ihre Heimat zu finden glaubte;
- eine marxistisch-leninistische, die ihr Heil im Proletkult der zwanziger Jahre und in der Gründung vermeintlich revolutionärer Kaderorganisationen, in der Mehrzahl maoistischen Sekten, suchte und
- eine undogmatisch-neomarxistische, die im *Sozialistischen Büro* (SB) eine Art Netzwerkzentrale fand, deren Bedeutung erst im Laufe der Jahre sichtbar wurde.

Es hat in der Vergangenheit nicht an Rufen gefehlt, den SDS wiederbeleben und an seine vermeintliche Erfolgsgeschichte anknüpfen zu wollen. Zum ersten Mal ist das bereits 1978 geschehen, jedoch ohne zu konkreteren Ergebnissen geführt zu haben. Nun, rund 30 Jahre später, wird aus dem Umfeld der Linkspartei ein zweiter Versuch gestartet.[7] Auch diesem Vorhaben dürften nur geringe Chancen beschieden sein, an die Geschichte der zweifelsohne bedeutendsten Studentenorganisation der alten Bundesrepublik anknüpfen zu können. Einen Mythos kann man zwar herbeizitieren, jedoch kaum in einem wörtlichen Sinne beerben.

Wer sich vergewissern will, wie es nach Kriegsende überhaupt zum SDS gekommen ist und was seinen unvergleichlichen Stellenwert auf dem Höhepunkt der 68er-Bewegung

7 Sophie Dieckmann u. a., Vom SDS lernen heißt … Zur Gründung eines Hochschulverbandes der Neuen Linken, in: *Sozialismus*, 34. Jg., Heft 4/2007, S. 23–28.

ausgemacht hat, der muß keine besonderen historischen Studien vornehmen. Er kann die hier in vierter Auflage vorgelegte und überarbeitete »Kleine Geschichte des SDS« wie eine Art Brevier zur Hand nehmen und sich ein Bild vor Augen führen lassen, das verrät, wie eigentümlich die Signatur des SDS seinerzeit gewesen ist und wie wenig er sich heutzutage vermutlich politisch kopieren läßt.

Drei Generationen

Einleitung

Die erste Auflage unserer »Kleinen Geschichte des Sozialistischen Deutschen Studentenbundes« erschien 1977 im Westberliner Rotbuch Verlag. Wir legen hier eine von Grund auf überarbeitete 4. Auflage vor, die vor allem in den ersten beiden Kapiteln bisher nicht zugängliche Dokumente und neue Interviews verwendet.

Vor nunmehr fast einem halben Jahrhundert gründeten Anfang September 1946 in Hamburg 84 zumeist männliche Kriegsheimkehrer (15 Delegierte waren Frauen) »im abgeschabten Offiziersledermantel« den SPD-nahen »Sozialistischen Deutschen Studentenbund« (SDS). Und vor 51 Jahren wurde in Bielefeld Helmut Schmidt (Jahrgang 1918) mit 42 gegen 8 Stimmen zum SDS-Vorsitzenden für die britische Besatzungszone gewählt. Rund zehn Jahre danach setzte eine undogmatische Linksgruppierung im Umfeld von Jürgen Seifert (Jahrgang 1928) auf der ordentlichen Delegiertenkonferenz im Sommer 1959 in Göttingen ihren Führungsanspruch gegen die parteitreuen »Godesberger« bzw. die kryptokommunistische »konkret«-Gruppierung durch. Der lange Marsch in die antiautoritäre Revolte begann.

War das Denken der ersten Nachkriegsgeneration im SDS wesentlich durch die Erfahrungen im »Dritten Reich« und dem Zweiten Weltkrieg geprägt, so wurden die Emotionalität und Intellektualität der undogmatischen »neuen Linken« im SDS Ende der 1950er Jahre hauptsächlich durch Hiroshima und Nagasaki bestimmt. Die politische und kulturelle Kluft zwischen der Helmut-Schmidt-Gründergeneration und der undogmatischen neuen Mehrheit im SDS im Umfeld von Monika und Jürgen Seifert, Oskar Negt oder Michael Schumann war letztlich unüberbrückbar. Im dritten Kapitel unseres Buches stellen wir diesen Entfremdungs- bzw. Spaltungsprozeß zwischen zwei so unterschiedlichen Generationskulturen ausführlich dar, nicht zuletzt auch deshalb, weil dieser generationsspezifische Konflikt innerhalb der westdeutschen Sozialdemokratie zu tiefen emotionalen Blockaden und persönlichen Verwerfungen geführt hat, die unterirdisch in der SPD noch lange nachbebten. Andererseits können wir aber auch im nachhinein feststellen, daß diese Abspaltung einer akademisch-intellektuellen »neuen Linken« von der Godesberger SPD zugleich auch die Generalprobe und Voraussetzung für die spätere antiautoritäre Revolte der 68er Generation gegen jede Form obrigkeitsstaatlichen Denkens gewesen ist.

Die zweite SDS-Generation war (in Kindheit und Jugend) vom Nationalsozialismus geprägt worden. Die HJ- bzw. Flakhelfergeneration im SDS – so z.B. Ulrich Lohmar (Jahrgang 1928) oder Claus Arndt (Jahrgang 1927) – stand in den 50er Jahren weitgehend im Schatten der Frontgeneration. Nicht der moderne Vernichtungskrieg hatte das Denken und Fühlen dieser Zwischengeneration geprägt, sondern die Erziehungsmethoden und -rituale der Nationalsozialisten. Viele von ihnen hatten die NS-Jahre keineswegs als Schreckensjahre an der Front, im KZ oder im Exil erlebt. Ihre Psyche war vielmehr oftmals durch die Geborgenheit im »Jungvolk«-Fähnlein bzw. in der Jugendwelt der HJ- oder BDM-Lager geprägt worden. Die HJ kannte keine Debattenkultur, sie sozialisierte die Jugendlichen vielmehr im Glauben an Hitler und Großdeutschland. Die jungen Nazis erlebten die letzten Kriegswochen zumeist als Kanonenfutter im »Volkssturm« oder – wie z. B. Günter Grass – in rasch noch zusammengewürfelten Einheiten der Waffen-SS. Die militärische Niederlage des Deutschen Reiches war für die Meisten eine Art Naturkatastrophe. Für die HJ-Generation darf man wohl mehrheitlich ein Gefühl des »Betrogenwordenseins« (Rolf Schörken) annehmen. Obwohl die Mehrheitskultur innerhalb der HJ-Generation im SDS nur wenige Spuren hinterließ, hat sie jedoch mit ihrem tiefen Skeptizismus die Politik der SPD in den 1970er und 1980er Jahren stark beeinflußt.

Zwar war der SDS bis zum Jahre 1961 letztlich immer ein organisatorisch autonomer Studentenbund gewesen, gleichwohl hatte sich der Verband all die Jahre hindurch als fester Bestandteil des sozialdemokratischen Milieus verstanden. Durch die Abspaltung des parteitreuen »Sozialdemokratischen Hochschulbundes« (SHB) und den Ausschluß einiger Mitglieder der pazifistisch-prokommunistischen »konkret«-Gruppierung erreichte der SDS Anfang der 1960er Jahre jedoch eine bemerkenswerte politische und theoretische Geschlossenheit. Damals vereinigten sich in den rund 20 Hochschulgruppen des linkssozialistischen Studentenbundes drei Qualitäten, die sonst meist auseinanderfallen: die Erfahrung der Ausgrenzung aus einer hergebrachten politischen Heimat, rebellische Subjektivität und eine starke theoretisch-intellektuelle Neugier.

Der Aufstand des »Seifert-Negt-SDS« war übrigens auch eine Abrechnung mit dem Fundamentalskeptizismus der eigenen Alterskohorte. Jürgen Seifert hatte sich Anfang der 50er Jahre in der Bündischen Jugend (Osnabrücker »Jungenschaft Pentagon«; danach in der »Deutschen Jungenschaft e.V.«) von seiner HJ-Sozialisation emanzipiert, und Oskar Negt zählte schon früh zu den philosophischen Protagonisten der Kritischen Theorie im Umfeld des Leiters der Bildungsabteilung der IG Metall, Hans Matthöfer. Beide standen dem dogmatischen Sowjetmarxismus kritisch gegenüber und verteidigten gleichzeitig den Utopiegehalt der Marxschen Lehre.

Nach Godesberg verstießen die »Modernisierer« um Willy Brandt, Willi Eichler, Helmut Schmidt u. a. ihren schwierigen Studentenbund. Herbert Wehner nutzte die Abspaltung der einhundertundelf rechten Ex-SDSler und unterstützte den neuen parteikonformen SHB. Die Gründer bekannten sich in ihrer Mehrheit denn auch ausdrücklich zum Godesberger Programm. Sie waren ganz offensichtlich der ständigen kritischen Distanz des SDS zur SPD überdrüssig.

Der undogmatische SDS versuchte, das in der Godesberger SPD vorherrschende Theoriedefizit durch eine an Karl Marx, Rosa Luxemburg, Ernst Bloch, Otto Bauer, Karl

Korsch, Theodor W. Adorno, Max Horkheimer, Herbert Marcuse und Walter Benjamin geschulte soziologische Denkweise aufzufüllen. Aber auch der Stuttgarter Linkssozialist Fritz Lamm, der Berliner Rätesozialist Willy Huhn, beide keine Universitätslehrer, sowie der im Pariser Exil lebende österreichisch-jüdische Sozialphilosoph und Journalist André Gorz spielten im intellektuellen Leben des SDS wichtige Rollen. Die Wege der SPD und des SDS trennten sich, und in den kommenden Jahren schuf der SDS an den westdeutschen Hochschulen und Universitäten mit die Grundlage für die antiautoritäre Revolte der Studenten von 1967/68.

Ein weiterer wichtiger Impuls für die Revolte kam von der »Subversiven Aktion«, einem auch heute noch weitgehend unbekannten Zirkel west- und ostdeutscher Intellektueller, im Umfeld von Rudi Dutschke, Bernd Rabehl, Dieter Kunzelmann, Frank Böckelmann und Herbert Nagel. Für diesen Zirkel hieß die provozierende Quintessenz aus ihrer Theorie und Praxis: »Der Sinn der Organisation ist ihr Scheitern.« Dutschke und Rabehl wollten den SDS unterwandern, um »die politische Ausrichtung und die Kampfformen des SDS insgesamt zu ändern«. (Ihre statt dessen stattgefundene Integration in den Verband mag die Leserin/der Leser selbst verfolgen.)

Letztlich ging es 1961 im SDS um die Frage, ob der kapitalismuskritischen Intelligenz im Vorfeld der SPD vom Parteivorstand eine eigenständige Rolle zugestanden werden konnte. Durch den Beschluß der Unvereinbarkeit der Mitgliedschaften in der SPD und im SDS am 6. November 1961 hat der damalige Parteivorstand dieses Recht der linken Intellektuellen verneint. Langfristig hat dieser Unvereinbarkeitsbeschluß jedoch auch eine Entwicklung eingeleitet, die u.E. mit der verhängnisvollen Zustimmung Willy Brandts zum »Radikalenerlaß« der Ministerpräsidenten der Länder am 18. Februar 1972 und der Gründung der lebensreformerischen Partei der »GRÜNEN« im Jahre 1978 endete.

Wer sich für die Vorgeschichte dieses auch generationsspezifisch bedingten Schismas zwischen »Rot« und »Grün« in der alten Bonner Bundesrepublik interessiert, kann in unserer Darstellung der Abspaltung der »Godesberger« vom SDS bzw. der Neuformierung einer undogmatischen Linken jenseits der SPD sicherlich einige wichtige, heute weitgehend vergessene historische Zusammenhänge nachlesen.

Im vierten Kapitel versuchen wir dann, eine lesbare und zugleich übersichtliche Darstellung der Organisations-, Politik- und Aktionsgeschichte des SDS nach dem Unvereinbarkeitsbeschluß zu geben. Unsere Hauptthese ist, daß es diesem relativ kleinen Studentenbund (rund 1.200 Studentinnen und Studenten) Mitte der 1960er Jahre gelungen ist, an den seit ca. 100 Jahren von rechts beherrschten Universitäten in Deutschland eine Tendenzwende nach links durchzusetzen.

Bis zur Studentenbewegung dominierten an den deutschen Universitäten autoritäres Denken und Verhalten. Auch nach 1945 hatten sozialistisch- bzw. bürgerlich-demokratische Studentenverbände im Vergleich zu den Burschenschaften und Corps nur einen relativ geringen Einfluß auf die intellektuelle und politische Sozialisation der ersten Studentengenerationen nach Hitler. Noch im Sommersemester 1957 – auf dem absoluten Höhepunkt der Adenauer-Ära – konstatierten Jürgen Habermas, Ludwig von Friedeburg u.a. in einer empirischen Studie an der Frankfurter Universität, das »definitiv demokratische Potential« unter den Studenten betrage lediglich neun Prozent – ein wie wir heute wissen recht voreiliger Befund.

Nachdem sich die maoistischen Sekten bzw. diversen Sponti-Gruppierungen der 1970er Jahre marginalisiert und die parteikommunistischen Hochschulgruppen des DKP-nahen »Marxistischen Studentenbundes Spartakus« samt seines ewigen Bündnispartners SHB Anfang der 1990er Jahre – nach der Implosion der DDR – aufgelöst haben, existieren an den heutigen Universitäten im neuvereinigten Deutschland nur noch einige wenige Juso-Hochschulgruppen bzw. kleinere autonome oder grüne Antifa-Bündnisse. Angesichts dieser Konstellation gewinnt u.E. die Organisationsstruktur des SDS (autonome linke Hochschulgruppen und ein starker Bundesvorstand) sowie die Theoriegeschichte des Dutschke-Krahl-SDS zunehmend den Charakter eines Lehrstücks für eine erfolgreiche und zugleich auch autonome linke Politik an den Universitäten und Hochschulen. Wir bezweifeln, daß die drei Parlamentsparteien, die sich heute als links verstehen, einen solchen Denk- und Organisationsprozeß an den Universitäten überhaupt noch in Gang setzen können. Das heißt aber auch, daß eine Initiative für eine Neugründung eines analyse- und aktionsfähigen linken Studentenbundes nur von den Universitäten selbst ausgehen könnte.

Was heute viele liberale Kritiker übersehen, ist die Tatsache, daß die Revolte von 1967/68 hauptsächlich eine Revolte der jungen Generation in den großen europäischen und nordamerikanischen Städten bzw. Universitätszentren gewesen ist. Und zu Europa zählten für uns damals bereits Warschau und Prag. Besonders das osteuropäische Engagement verdeutlicht nicht nur die antikapitalistische, sondern auch die antistalinistische Stoßrichtung der 68er Studentenbewegung. Insofern stand der SDS in der Zeit von Helmut Schauer sehr bewußt in einer Tradition des »Dritten Weges« jenseits des Spätkapitalismus und des Sowjetmarxismus, eine von vielen postmodernen bzw. ex-maoistischen Kritikern verdrängte oder nicht ernstgenommene historische Tatsache, die besonders durch die Lektüre des vierten Kapitels ins politische Bewußtsein zurückgeholt werden soll. Für die Herausbildung einer neuen lebendigen linken Intelligenz wird u.E. die Geschichte der antiautoritären Revolte eine weitaus wichtigere Rolle spielen als die unglückliche Geschichte der diversen kommunistischen und der parteikonformen sozialdemokratischen Studentenverbände in den 1980er und 1990er Jahren. Hier gilt es, ein Stück politischer Zukunft in der Vergangenheit zu entdecken.

Als Autoren, die damals in der Revolte groß geworden sind, fällt uns im heutigen Alltag der Universität eine wachsende Entsolidarisierung innerhalb der Studentenschaft, aber auch in der scientific community auf. Wenn in Lehrbüchern ganze Kapitel herausgeschnitten werden, um den Kommilitonen im Wettbewerb um die besseren Noten um einiges voraus zu sein, stellt sich die Frage nach der politischen Kultur in einer Massenuniversität. Eins ist jedenfalls klar: Die Hochschulreform von 1969 hat es nicht geschafft, neue Formen der Solidarität zwischen Lehrenden und Lernenden zu stiften. Vor diesem Hintergrund ist die hochschulpolitische Debatte im SDS interessant. Besonders die Hochschul-Denkschrift von 1957 bzw. 1961, deren Autoren sich damals auf der Grundlage der Theorie von Karl Marx und Wilhelm von Humboldt mit den Problemen einer Massenuniversität in der modernen Industriegesellschaft auseinandergesetzt haben, müßte bei der notwendigen kritischen Hinterfragung der Erfahrungen der letzten 20 Jahre wieder herangezogen werden. Um nur einen Aspekt zu nennen: Der SDS ging damals von der Notwendigkeit eines autonomen Status der Universität gegenüber der Welt der Politik aus.

Ein weiterer Aspekt ist die in den 1960er Jahren sich entfaltende gesellschaftswissenschaftliche Diskussionskultur in der Studentenschaft. Im Zentrum stand dabei die kollektive Arbeit am Originaltext, der oft erst wieder durch Raubdrucke verfügbar gemacht werden mußte. Die großen Verlage haben oftmals erst im Verlauf der Revolte sich auf ihre Rechte besonnen und Texte von Max Horkheimer oder Walter Benjamin neu aufgelegt. Diese Kultur wurde in den 1960er Jahren vom SDS und befreundeten Zirkeln wie z.B. dem Berliner Argument-Club bewußt in zahlreichen Arbeitskreisen gepflegt und in den Seminarbetrieb der Universitäten eingebracht, dann allerdings in den 1970er Jahren besonders von den maoistischen Kleinstparteien und später von den DKP-nahen Gruppierungen in den Fachschaften abgewürgt und in »Kapital-Arbeitskreisen« zu parteikommunistischen Schulungsveranstaltungen umfunktioniert.

Trotzdem bleibt von 1968 eine breite soziologische Orientierung im Denken von mindestens zwei Generationen in der alten Bonner Republik. Im Unterschied dazu war die SED bei ihrem Versuch, kritisches Denken an den ostdeutschen Universitäten zu verhindern, in vielen Fällen erfolgreich, so daß sich heute immer noch fast jeder Dialog zwischen der 68er Generation aus Westdeutschland mit ihren Generations-Kollegen aus der ehemaligen DDR schwertut, Ausnahmen bestätigen auch hier die Regel. Wir hoffen, daß unser Büchlein auch hier helfen kann, verschüttete oder unbekannte Erfahrungen aus der alten Bundesrepublik zur Verfügung zu stellen. Die Rolle, die das neuvereinigte Deutschland in der zukünftigen Europäischen Union spielen wird, hängt nicht zuletzt vom innerdeutschen Dialog zwischen den unterschiedlichen demokratischen Kulturen ab.

Mitte der 1960er Jahre brachte der Westberliner SDS die geopolitische Sondersituation der eingemauerten Teilmetropole ganz bewußt ins Spiel. Die Kritik richtete sich jetzt nicht mehr vage gegen den Neokolonialismus, sondern konkret gegen die Militär- und Außenpolitik der USA. Wir waren uns damals darüber im Klaren, daß West-Berlin einer der letzten Orte der westlichen Welt war, wo sich die Mehrheit der Bevölkerung noch mit der Politik der amerikanischen Schutzmacht identifizierte. Gerade dadurch wurde West-Berlin auch für die Regierungspolitik von Lyndon B. Johnson zu einem neuralgischen Punkt. Denn wenn dort große Teile der Intelligenz gegen den amerikanischen Krieg in

Vietnam auf die Straße gingen, dann fühlte sich das amerikanische Establishment von den letzten Freunden verlassen. Durch unsere Demonstrationen sollte ganz bewußt auch die Anti-Kriegs-Bewebung in den USA unterstützt werden.

Der amerikanische Verteidigungsminister Robert McNamara äußerte – wie wir heute aus den inzwischen freigegebenen Akten der US-State-Department wissen – während einer geheimen Ausschußsitzung des Kongresses auf bohrende Fragen von Abgeordneten, wie die Johnson-Regierung die immens gestiegenen Herausforderungen des Vietnam-Krieges zu meistern gedenke: »Ich denke, wir können ... erwarten, daß Deutschland eine wichtigere militärische Rolle als bisher bei der Verteidigung der freien Welt übernehmen wird.« Während des Aufenthaltes von Bundeskanzler Ludwig Erhard in Washington erklärte Präsident Johnson, die Bundesrepublik Deutschland habe nun die große Chance, den Amerikanern das zurückzugeben, was sie ihnen verdanke. Trotz der Hinweise der Bundesrepublik, daß sie aus politischen Gründen keine Einheiten der Bundeswehr nach Vietnam entsenden könne, daß sie in besonderem Maße den kommunistischen Propagandaangriffen ausgesetzt sei und schließlich die westdeutschen Teilstreitkräfte gar nicht für einen Einsatz außerhalb der NATO ausgerüstet seien, ließen die Amerikaner von ihren Wünschen nicht ab. Auch das Argument, daß die Wehrverfassung ausschließlich defensive Aufgaben im Falle eines äußeren Angriffs zulasse, konterten sie mit dem Hinweis auf Artikel 5 des NATO-Vertrags, nach dem die Bundesrepublik verpflichtet war, bei einem Angriff auf einen Mitgliedstaat Beistand zu leisten »einschließlich der Anwendung von Waffengewalt«.

Erst durch die studentischen Proteste nach dem 2. Juni 1967 in West-Berlin und der Bundesrepublik wurden diese Pläne fallengelassen. Zu dieser Zeit war übrigens Ludwig Erhard, der des Öfteren die Unruhe unter den Studenten als Argument gegen eine deutsche militärische Beteiligung angeführt haben soll, schon von einer Clique um Konrad Adenauer gestürzt und von Kurt Georg Kiesinger abgelöst.

Die Großstadt-SPD in West-Berlin und Franfurt am Main behandelte nach dem 2. Juni die demonstrierenden Jungakademiker als innenpolitische Feinde. Diese Feindfixierung zwischen der antiautoritären Szene und der Sozialdemokratie verhinderte für rund zehn Jahre fast alle gegenseitigen Lernprozesse. Erst nach dem mörderischen Attentat der Roten Armee Fraktion (RAF) auf den Generalbundesanwalt Siegfried Buback am 7. April 1977, dem auch sein Fahrer Wolfgang Göbel und der begleitende Justizwachtmeister Georg Wurster zum Opfer fielen, initiierte der Berliner Wissenschaftssenator Peter Glotz im Wintersemester 1977/78 eine Debatte an den Universitäten unter der programmatischen Überschrift »Zurück zur politischen Diskussion«. Im Rahmen dieser Gesprächsreihe trat Rudi Dutschke am 2. Dezember 1977 seit dem Anschlag gegen ihn zum ersten Male wieder öffentlich in Berlin im Audimax der Technischen Universität auf.

Seit er sich am Grabe des am 9. Oktober nach einem Hungerstreik 1974 verstorbenen Holger Meins zu der mißverständlichen Äußerung »Holger, der Kampf geht weiter«

hatte hinreißen lassen, waren die Medien auf Dutschkes Stellungnahme zur Gewaltfrage gespannt. Dieser sprach sich eindeutig gegen Gewalt aus und sah eine Chance für einen »westeuropäischen Sozialismus« nur »durch Aufklärung und Mobilisierung«. Sein Projekt war nunmehr eindeutig die »Selbstbefreiung des Menschen durch Aufklärung« und nicht der bewaffnete Kampf kleiner Desperado-Gruppen. Vor dem Hintergrund der vielen Toten erklärte er: »Kein Mensch ist austauschbar«, und seine Kritik am individuellen Terror formulierte er so: »Wir wissen nur zu gut, was die Despotie des Kapitals ist, wir wollen sie nicht ersetzen durch Terror-Despotie.«

Am Vorabend der studentischen Revolte von 1967/68 war die westdeutsche Teilgesellschaft eine Gesellschaft des kollektiven Nicht-Hinterfragens: Die neuere deutsche Geschichte schien hoffnungslos verriegelt. Die übergroße Mehrheit der noch einmal Davongekommenen wollte ganz einfach keine Debatte über die Ursachen oder die Verantwortung der Deutschen (und Österreicher) für den industriellen Mord an den Juden Europas.

Der SDS gehörte in den 1950er Jahren zu jener kleinen Minderheit in der Bundesrepublik, die durch Aufklärungsaktionen – z.B. über die nationalsozialistischen Juristen, die mittlerweile im westdeutschen Teilstaat wieder oftmals erneut öffentliche Ämter bekleideten – sich gegen eine Verjährung der NS-Verbrechen wandten (vgl. das Kapitel »Ungesühnte Nazijustiz«). Das Flaggschiff der westdeutschen Restbürgertums, die »Frankfurter Allgemeine Zeitung« unterstellte daraufhin dem SDS, die sozialistischen Studenten hätten sich vor den »Karren« der SED spannen lassen. Das Freund-Feind-Denken dominierte Ende der 1950er Jahre also nicht nur das Denken in der Führungsetage der SED.

Mit Gründung der Bundesrepublik wurde die »Entnazifizierung« für abgeschlossen erklärt, während der Kommentator der Nürnberger Rassengesetze Hans-Maria Globke Chef des Bundeskanzleramtes und der ehemals in Riga mit der »Verwaltung jüdischen Vermögens« befaßte Karl Friedrich Vialon Staatssekretär waren. (Globke hat sich selbst allerdings eher als Mann des katholischen Milieus gesehen und den Vatikan mehrfach über die interne Entwicklungen in der NS-Justiz informiert.) Erst die linken Studenten waren bereit, nach der Phase des »kommunikativen Beschweigens« (Hermann Lübbe) sich der NS-Vergangenheit zu stellen und die Verbrechen aufzuarbeiten, und das taten sie hauptsächlich an ihren Universitäten. Es sei eine Katastrophe für die Konservativen gewesen, so Lübbe später, daß sie das Thema NS und Antisemitismus den Linken überlassen hätten.

Die Kampagne gegen die geplanten Notstandsgesetze der Großen Koalition führte die »außerparlamentarische Opposition« (APO) in den Zenith der gesellschaftlichen Aufmerksamkeit. Die Verabschiedung dieser (inzwischen mehrfach veränderten bzw. abgeschwächten) Gesetze im Bundestag im Mai 1968 markierte für die APO gleichzeitig auch den »Anfang ihrer Auflösung« (Rainer Bieling).

Die APO trat Ende der 1960er Jahre für eine grundsätzliche Neugestaltung der gesellschaftlichen Verhältnisse in der westdeutschen Gesellschaft nach Hitler ein. Damals verloren wir die realen gesellschaftlichen Verhältnisse immer öfter aus den Augen. Unsere Tragik war, daß in dem Maße, in dem die sozialliberale Bundesregierung nach 1969 die Gesellschaftskritik der APO – zumindest ansatzweise – in praktisches Regierungshandeln umsetzte, sich der harte Kern der APO, also der SDS und seine diversen Basisgruppen in den Städten und Roten Zellen an den Universitäten, immer weiter von der Reformdebatte entfernte. Andererseits hätte Brandt für seine neue Ostpolitik in der Wehner-Schmidt-SPD ohne eine Massenbasis in der Studentenschaft bzw. in der jungen Generation überhaupt keine Chance gehabt. Während sich Willy Brandt (und später Peter Glotz) über diese Paradoxie durchaus im Klaren waren, wollten die führenden Frauen und Männer im Dutschke-Krahl-SDS dieses Unterkapitel der Dialektik der Aufklärung seinerzeit nicht mehr zur Kenntnis nehmen.

Im Zeitalter der Globalisierung wächst sowohl in der Sozialdemokratie nach Willy Brandt als auch bei den Grünen und sogar in der SED-Nachfolgepartei PDS/Die Linke erneut ein begrenztes Interesse an Theorie. In der augenblicklichen Programmdebatte findet allerdings die schlichte Antwort der dogmatischen Marxisten auf die soziale Frage – die Armut der arbeitenden Massen werde durch die Vergesellschaftung der Produktionsmittel beseitigt – keinen großen Widerhall: Denn seit der Wende in Deutschland und dem Scheitern des leninistisch-stalinistischen Großversuchs UdSSR gilt diese These auch bei ehemaligen Stamopak-Aktivisten als nachweislich überholt. Eine neue akademische Linke an den Universitäten müßte deshalb diese Frage noch einmal stellen und versuchen, sie neu zu beantworten.

In unserer ersten Auflage der »Kleinen Geschichte des SDS« haben wir bereits 1977 die These vertreten, daß der SDS in der Anfangszeit »noch weitgehend ein SPD-konformer Studentenbund mit Aufstiegschancen im Parteiapparat« gewesen sei. Andererseits sei in der Gründungsphase die »organisatorische Unabhängigkeit« in der SPD – im Gegensatz zu den Arbeitsgemeinschaften in der Partei – garantiert gewesen. Was den organisatorischen und politischen Charakter des Bundes in der Frühphase betrifft, so hat Tilman P. Fichter – gestützt auf eine erweiterte Quellenbasis – in seiner Untersuchung »SDS und SPD – Parteilichkeit jenseits der Partei« einige Korrekturen an unserer damaligen Einschätzung vorgenommen und genauere Aussagen darüber gemacht, inwieweit der damalige SDS ein »Nachwuchsreservoir« bzw. »Karrieresprungbrett« für die Partei gewesen ist.

Unsere damalige These, der SDS sei ein »SPD-konformer Studentenverband mit Aufstiegschancen im Parteiapparat« gewesen, ist danach folgendermaßen zu konkretisieren: Der SDS der Aufbauphase war ein – weitgehend – parteitreuer Studentenverband mit einer stark ausgeprägten bündisch-föderalen Gruppenstruktur. Fast 60 Prozent seiner Vorstandsmitglieder schlugen später eine erfolgreiche politische Laufbahn ein. Die »Aufstiegschancen« beschränkten sich nicht nur auf den Parteiapparat, sondern umfaßten auch die Landesparlamente und den Bundestag, die Landes- und Bundesregierungen und die Institutionen der Dritten Gewalt (einschließlich der Rechnungshöfe).

Diese Gründergeneration legte aber auch das Fundament für die spätere Entwicklung des SDS, weil sie darauf bestand, daß der sozialistische Studentenbund seine Autonomie von der Partei – trotz aller Anfechtungen von innen und außen – erfolgreich verteidigte. Diese föderative und bündische Struktur des Studentenbundes – später im Dutschke-Krahl-SDS oft in Unkenntnis der eigenen Geschichte als »sozialdemokratische Organisationsstruktur« mißverstanden – war die unabdingbare Voraussetzung für die Herausbildung des »diskutierenden SDS« (Jürgen Habermas) zu Anfang der sechziger Jahre.

Wäre der Verband dagegen durch die Berliner Initiativen 1947 als Arbeitsgemeinschaft in die SPD eingegliedert worden, so hätte er wahrscheinlich ein ähnlich trauriges Schicksal erlitten wie der am 9. Mai 1960 vom Schmidt-Brandt-Wehner-Parteivorstand initiierte parteikonforme »Sozialdemokratische Hochschulbund« (SHB). Es war sicherlich kein Zufall, daß seit Mitte der siebziger Jahre dieser vom SPD-Parteivorstand, also von außen, angeleitete Hochschulbund vom kadermäßig organisierten, kommunistischen MSB Spartakus zunehmend politisch vereinnahmt worden ist. Im Gegensatz zum SDS entwickelte der SHB niemals ein eigenständiges politisches Profil.

Wir haben uns in dieser vierten, überarbeiteten Auflage mit vier Generationenlagen auseinandergesetzt: der Gründergeneration des SDS, der Flakhelfer- und HJ-Generation, der undogmatischen »neuen Linken« Ende der 50er Jahre und der Generation der Kriegskinder. Ca. 15 Millionen Menschen, die heute in Deutschland leben, sind zwischen 1930 und 1945 geboren. In den Jahren des antiautoritären Aufstands 1967–68 meldete sich diese Generation zum ersten Mal laut zu Wort und ließ sich dann auch das Wort nicht einfach wieder von den anderen Kohorten entziehen. Hans-Jürgen Krahl (Jahrgang 1944) und Rudi Dutschke (Jahrgang 1940) waren Exponenten dieser antiautoritären Bewegung, die Geschichte erneut für machbar hielt. Daß dies mehr als bloßer Voluntarismus war, machen ihre Texte auch heute noch deutlich. Krahl stand für einen philosophiekritisch reflektierten Marxismus und Dutschke stritt für einen »Sozialismus mit menschlicher Wärme«. Beider früher Tod (Krahl starb im Februar 1970 durch einen Autounfall und Dutschke an den Folgen des Attentats am 24. Dezember 1979 in Aarhus/Dänemark) ist kein Gegenbeweis.

Wer weitere Informationen über den SDS sucht, sollte die faktenreiche Studie von Willy Albrecht »Der Sozialistische Deutsche Studentenbund (SDS) – Vom parteikonformen Studentenverband zum Repräsentanten der Neuen Linken« sowie die kleine Studie von Uwe Rohwedder »Helmut Schmidt und der SDS« lesen. Außerdem empfehlen wir die Studie von Tilman Fichter »SDS und SPD – Parteilichkeit jenseits der Partei« aus dem Jahre 1988. Darüber hinaus ist in der Schriftenreihe des ehemaligen »Zentralinstituts für sozialwissenschaftliche Forschung« im Jahre 2002 der erste Band einer weiteren umfangreichen wissenschaftlichen Studie über die antiautoritäre Phase des SDS erschienen (Siegward Lönnendonker/Bernd Rabehl/Jochen Staadt, Die antiautoritäre Revolte – Der Sozialistische Deutsche Studentenbund nach der Trennung von der SPD 1960–1967). 30 Jahre nach dem (angeblichen) Scheitern der Revolte blühen auf dem deutschen Büchermarkt also jede Menge Blumen.

Die Originaltexte der ersten beiden Auflagen der »Kleinen Geschichte des SDS« sind im Internet unter www.fu-berlin.de/APO-archiv/ abrufbar.

Berlin, 1. Mai 2007

Wir widmen die Neuauflage unserer »Kleinen Geschichte des SDS«
Sigrid Rüger (* 1939, † 1995)
Hans-Joachim Heydorn (* 1916, † 1974)
Rudi Dutschke (* 1940, † 1979),
Helmut Schauer (* 1937, † 2001)
und Jürgen Seifert (* 1928, † 2005).

1. Kapitel: Soldatengeneration

Westdeutsche Universitäten in der Nachkriegszeit

Die Mehrheit der Deutschen erlebte die bedingungslose militärische Kapitulation nicht als Befreiung, sondern als Niederlage. Denn das NS-Regime ist nicht von innen gestürzt, sondern von außen niedergerungen worden. Die Niederlage führte zur vollständigen Besetzung Deutschland. Im Gegensatz zu allen anderen gesellschaftlichen Konflikten der vergangenen Jahrzehnte, die immer nur Teile des deutschen Volkes tangiert hatten, erfaßte die Besetzung im Jahre 1945 alle Deutschen; sei es, daß sie als Kriegsgefangene, Flüchtlinge oder Zivilpersonen in besetztem Gebiet selbst in den kleinsten Landgemeinden mit den Siegerarmeen konfrontiert wurden.

Diese direkte Konfrontation zwischen den Deutschen und den Siegern förderte zumindest die Erkenntnis, daß das nationalsozialistische Regime eine totale militärische, wirtschaftliche und moralische Niederlage erlitten hatte. Nicht zuletzt deshalb fanden die Volkssturm- und Werwolf-Konzepte der Nationalsozialisten für einen Widerstand gegen die Besatzungsmächte von unten, aber auch zahlreiche Versuche neonazistischer Ideologen, eine neue Dolchstoß-Legende zu propagieren, im Nachkriegsdeutschland keine Resonanz: Denn nichts ist in diesem Lande so wenig populär wie eine Niederlage.

Der totale Krieg und der militärische Zusammenbruch des Deutschen Reiches hatten im Mai 1945 – anders als im Jahr 1918 – keine revolutionäre Situation herbeigeführt. Dennoch fand Mitte der vierziger Jahre in Deutschland eine sozialstrukturelle Umschichtung statt, wie sie die Deutschen seit dem Dreißigjährigen Krieg nicht mehr erlebt hatten: Im Laufe des Krieges waren allein in Deutschland 5,25 Millionen Menschen – Soldaten, Kriegsgefangene und Zivilisten – ums Leben gekommen. Rund 200.000 deutsche Staatsangehörige hatten die Nationalsozialisten aus rassischen oder politischen Gründen ermordet. Im Restgebiet des ehemaligen Deutschen Reiches lebten laut der Volks- und Berufszählung vom 29. Oktober 1946 in allen vier Besatzungszonen und Groß-Berlin 65 150 932 (1939: 58.846.000) Menschen: 36.211.118 (1939: 30.069.086) Frauen und 28.939.814 (1939: 28.776.914) Männer, d.h. auf 100 Männer kamen rund 125 Frauen. Die unfreiwillige Völkerwanderung von über 12 Millionen Deutschen nach Westen, die meist spontane Rückwanderung von ca. 9 Millionen ausländischen Zwangsarbeitern in ihre Heimatländer und die Internierung von 12 Millionen ehemaligen deutschen Soldaten in den Kriegsgefangenenlagern der Siegermächte hatten tiefgreifende Auswirkungen auf die demographische Zusammensetzung und das vorherrschende Bewußtsein in der nachkriegsdeutschen »Zusammenbruchsgesellschaft«.

Der studentische Alltag nach Hitler

Der Alltag der Studentinnen und Studenten nach 1945 war geprägt vom Schlangestehen nach Lebensmitteln, Bezugsscheinen oder Büchern, durch »Hamstern«, Stromabschaltungen, Fragebögenausfüllen. In der Bonner Universität betrug der Anteil der »Fahrstudenten«, d.h. derjenigen, die nur weit außerhalb von Bonn eine Bleibe gefunden hatten, im Wintersemester 1947/48 laut Akademischem Wohnungsamt ca. 20 Prozent. 16 Prozent der immatrikulierten Studenten lebten damals in sogenannten Gemeinschaftsunterkünften in einem alten Luftschutzbunker in Bonn-Poppelsdorf, den man in kleine Wohnkabinen aufgeteilt hatte. Weitere Stichworte zur damaligen Situation an den Universitäten lauteten: Entnazifizierung, Jugendamnestie, Kollektivschuld oder -verantwortung, Neuorientierung und vor allem natürlich Werkstudium. Auf den Universitätstagen der Freien Universität Berlin 1966 charakterisierte der damalige VDS-Vorsitzende, Lothar Krappmann, die Nachkriegssituation:

»Alle Berichte über die damalige Lage der Studentenschaft heben zunächst die übergroße soziale Not der Studenten hervor. In den ausgebombten Städten gab es nur miserable Unterkünfte. Die Studenten trugen meist umgefärbte Uniformen. Wichtige Studienzeit mußten sie darauf verwenden, irgendwo etwas zu essen zu besorgen. Die Ernährung war so schlecht, daß ein Artikel der Göttinger Universitätszeitung im Juli 1947 nicht davor zurückschreckte, die Lebensmittelversorgung der Britischen Zone mit den Rationen im KZ Buchenwald zu vergleichen. Diese drückenden sozialen Probleme standen auch im Vordergrund der Tätigkeit der ersten Allgemeinen Studentenausschüsse.«

Das Denken der ersten Nachkriegsgeneration war wesentlich durch die Kriegserfahrung geprägt. Die folgende Zusammenstellung einer Studie des Counter Intelligence Corps (CIC) gibt an, wie lange die im Sommersemester 1947 in Bayern Studierenden in der Wehrmacht oder der Waffen-SS gedient hatten: Nur 557 Studenten (3,1 %) hatten überhaupt nicht gedient, 849 Studenten (4,8 %) weniger als ein Jahr; 1.878 Studenten (10,5 %) zwischen ein und zwei Jahren; 6.070 (34,1 %) zwei bis vier Jahre; 4.590 (25,7 %) zwischen vier und sechs Jahren; 2.506 (14,1 %) zwischen sechs und acht Jahren und 1.566 (7,7 %) mehr als acht Jahre. Das Gros der männlichen Studenten hatte also zwischen zwei und vier Jahren aktiv am Zweiten Weltkrieg teilgenommen. Diese Ansammlung von ehemaligen aktiven Offizieren und Reserveoffizieren an den Universitäten wurde von den Siegermächten zum einen als potentielle Gefährdung ihrer Sicherheitsinteressen eingeschätzt, zum anderen war die Hochschule einer der Orte, wo sich Erfolg oder Mißerfolg ihrer »Entnazifizierungs- und Demokratisierungspolitik« zeigen mußten. Deshalb interessierten sich die amerikanischen Sicherheitsbehörden auch dafür, wie groß die Anzahl der ehemaligen NSDAP-Mitglieder und der Anwärter auf eine Mitgliedschaft in der NSDAP im Sommersemester 1947 an den bayerischen Universitäten war.

Von den 9.433 an der Münchener Universität immatrikulierten Studenten hatten 1.616 (17 %) der NSDAP angehört, 253 hatten sich um die Mitgliedschaft beworben. Von den ehemaligen NSDAP-Mitgliedern hatten sich 565 (35 %) zu ihrer politischen Vergangenheit bekannt, 816 hatten ihre Parteimitgliedschaft auf dem Fragebogen verschwiegen. Der Anteil der ehemaligen NSDAP-Mitglieder in der Studentenschaft in Erlangen und Würzburg war noch höher: Von den 4.500 in Erlangen immatrikulierten Studenten hatten 944 (21 %) der NSDAP angehört, und 245 hatten sich um eine Aufnahme in die Partei beworben. 251 (27 %) hatten sich dazu bekannt, 488 (47 %) dagegen ihre Mitgliedschaft nicht angegeben. Von den 3.269 Studenten der Universität Würzburg hatten 860 (26 %) der NSDAP angehört und 89 Personen sich um die Aufnahme bemüht. Während 179 (21 %) ihre Mitgliedschaft angegeben hatten, verschwiegen 592 Personen (69 %) ihre Parteimitgliedschaft. (Leider fehlen genaue Angaben über die restlichen ehemaligen NSDAP-Mitglieder. Die Tabelle gibt auch keine Auskunft darüber, wie hoch der Anteil derer war, die ihre Parteianwartschaft auf dem Fragebogen verschwiegen hatten.)

Eindrucksvoll ist aber die Tatsache, daß die Mehrheit der ehemaligen NSDAP-Mitglieder an den bayerischen Universitäten nach 1945 ihre politische Vergangenheit nicht länger offen eingestand. Dies weist u. E. auf eine damals weit verbreitete Anpassungsbereitschaft, Mitläufermentalität und auf verdrängte Schuldgefühle hin.

Entnazifizierung der Hochschule: Symptom einer ausgebliebenen Erneuerung

Durch die Vertreibung der jüdischen, linken und republikanischen Wissenschaftler wurden bis zum Jahre 1933 rund 45 Prozent aller Universitätsstellen im Reich »neu oder anderweitig« besetzt. So mancher dieser Profiteure wurde nach 1945 durch die Entnazifizierung – freilich oft nur für wenige Monate – von der Universität entfernt. Das bayerische Kultusministerium teilte z. B. Ende 1947 mit, daß insgesamt etwa 400 Lehrkräfte der Hochschulen Bayerns entlassen worden seien. Laut der oben zitierten CIC-Studie wurden von den 337 Fakultätsmitgliedern der Münchener Universität 232 nach 1945 entlassen. In derselben Periode wurden aber auch 73 neue Fakultätsmitglieder eingestellt. 56 dieser neu eingestellten Professoren und Dozenten sollen Mitglied der NSDAP und 26 Mitglied der SA gewesen sein. Ähnlich sehen die Zahlen für die Universität Erlangen und die Universität Würzburg aus.

Ebenso wie die große Mehrheit der Studentenschaft verdrängte auch die Professorenschaft ihre Mitverantwortung für das Versagen der Universitäten im Dritten Reich. Das Verhältnis von Politik, Gesellschaft und Wissenschaft blieb unreflektiert. Doch sind Universitäten keine autonomen Inseln der Wissenschaft, sondern historisch sedimentierte gesellschaftliche Institutionen. Als gesellschaftlicher Ort legitimiert sich die moderne Hochschule einerseits als Trägeren und Übermittlerin fortgeschrittenen Wissens und andererseits als Brücke zur Vergangenheit.

Verzicht auf ein »politisches Mandat«

Diese erste Nachkriegsstudentengeneration stand der Tradition der demokratischen Selbstbestimmung mehrheitlich indifferent gegenüber. Dies wurde besonders deutlich, als die Delegierten aus den Universitäten und Technischen Hochschulen auf dem 1. Studententag der britischen Zone in Göttingen (3.–5. Juli 1946) einstimmig die folgende Resolution für eine allgemeine politische Jugendamnestie forderten: »Wir sind der Ansicht, daß die deutsche Jugend für die geschichtliche Entwicklung und die Geschehnisse der vergangenen 13 Jahre nicht verantwortlich gemacht werden kann.«

Mit dieser Resolution fielen die Delegierten weit hinter das Denken der deutschen Jugendbewegung aus der Zeit vor dem Ersten Weltkrieg zurück. Denn auf dem Hohen Meißner hatten die Vertreter der Wandervogelbünde, der akademischen Freischaren, der Lebensreformgruppen und der Freien Schulgemeinden im Oktober 1913 noch erklärt. »Die Freideutsche Jugend will aus eigener Bestimmung, vor eigener Verantwortung, mit innerer Wahrhaftigkeit ihr Leben gestalten. Für diese innere Freiheit tritt sie unter allen Umständen geschlossen ein.«

Um die – angesichts der Schrecken des Dritten Reiches – häufig allzu selbstgefälligen und lamentierenden Rationalisierungen dieser Frontgeneration zu kritisieren, braucht man also nicht die Worte und Gedanken der 68er Generation zu bemühen. Stellt man die Frage so, dann wird deutlich, was an politischer Kultur in der Jugend und in der Studentenschaft durch den Nationalsozialismus zerstört worden ist.

In diesem Meer von Apathie, Indifferenz und Selbstrechtfertigung gab es aber auch Inseln der Nachdenklichkeit und der politischen Bewußtheit. Nicht alle ehemaligen Frontoffiziere akzeptierten das Argumentationsmuster, wonach man die Erwachsenen deshalb nicht politisch zur Verantwortung ziehen dürfe, weil sonst ihr Lernprozeß in Frage gestellt werde; und die Jugendlichen könnten – schon wegen ihres Alters – für ihr eigenes Tun nicht zur Verantwortung gezogen werden. Die Quintessenz dieser Argumentation wäre gewesen, daß schließlich nur die oberste Führung von Partei und Staat die Verbrechen gegen die Menschlichkeit zu verantworten gehabt hätte. Dieser – hier an einigen Beispielen aus dem Universitätsalltag dargestellte – Verdrängungsprozeß ist u.E. mit einer der Gründe, warum es Ende der sechziger Jahre zur Studentenrevolte gekommen ist. Der seit Mitte der fünfziger Jahre immer wieder aufbrechende Konflikt über die unbewältigte Vergangenheit der »Braunen Universität« spielte bis zum Beginn der 70er Jahre immer wieder eine wichtige Rolle.

Die sozialistischen Studenten: Neubeginn und Kontinuität

Unmittelbar nachdem sich die Universitätstore geöffnet hatten, bildeten sich – weitgehend unabhängig voneinander – in mehreren Hochschulen kleine sozialistische studentische Zirkel, so in Frankfurt, Göttingen, Hamburg, Berlin, Mainz, Marburg, München und Münster. Da die Westalliierten zunächst grundsätzlich keine studentischen Gruppen außer kirchlichen Studentengemeinden und studentischen Selbsthilfegruppen lizenzierten, führten die ersten sozialistischen Studentengruppen als »Betriebsgruppen der SPD« oder als wissenschaftliche Arbeitsgemeinschaften ein »halblegales« Dasein. In den wiedergegründeten studentischen Selbstverwaltungsorganen bildeten sie dennoch schon bald das »aktivste politische Element«.

Erst am 12. September 1946 erließ die britische Militärregierung Richtlinien für die Bildung politischer Studentengruppen an den Hochschulen. Von der Militärregierung lizenzierte politische Parteien erhielten jetzt das Recht, politische Studentengruppen an den Universitäten zu fördern. Voraussetzung dafür war, daß die »Führung« der Gruppen innerhalb der Hochschulen »ganz und gar in den Händen studentischer Mitglieder bleibt« und politische Parteien oder Gewerkschaften keinerlei »Veto-Recht gegen die Aufstellung solcher politischer Gruppen haben, die nachweisen können, daß sie eine genügende Anzahl von zugelassenen Studenten hinter sich und die Genehmigung der Hochschulbehörden und der Militärregierung haben«. Die politischen Studentengruppen durften aber nicht versuchen, die Hochschulpolitik durch die Organisation von »Demonstrationen zu beeinflussen«. Vielmehr mußten sie ihre inhaltlichen Vorschläge an den von der Militärregierung eingesetzten Allgemeinen Studentenausschuß (AStA), die Hochschulbehörden und die Militärregierung richten. Auch durften sie keine »militärischen oder halbmilitärischen Ziele« vertreten, und es war ihnen verboten, »besondere Uniformen und Parteiabzeichen« zu tragen. Außerdem sollten die zugelassenen politischen Hochschulgruppen keine öffentlichen Gelder oder finanzielle Unterstützung durch eine politische Partei oder Gewerkschaft akzeptieren. Auf dem 2. Studententag der britischen Zone (22.–25. Februar 1947) in Hamburg begrüßten die studentischen Delegierten zwar in einer Resolution einstimmig die Zulassung politischer Hochschulgruppen, sie forderten aber zugleich eine Trennung von Politik und Wissenschaft.

Nicht zuletzt als Reaktion auf die »nationalsozialistische Erneuerung der deutschen Universität« zog sich die große Mehrheit der Angehörigen der ersten Nachkriegsstudentengeneration auf eine »politikferne Wissenschaftsauffassung« zurück. Angesichts der schon fast schizophrenen Trennung von klassisch-humanistischer Bildung und machtbeflissener Realpolitik im autoritären Obrigkeitsstaat aber hätte es für die Studentenschaft nach 1945 eigentlich nahegelegen, die erneute Entpolitisierung der Universitäten kritisch zu hinterfragen. Statt eine Demokratisierung der Hochschule zu fordern, zogen sich die studentischen Delegierten in Hamburg in den akademischen Elfenbeinturm zurück. Trotz der unbestrittenen Tatsache des »politischen Versagens der deutschen Universität vor und während der Hitler-Diktatur« unterblieb jeder Versuch, das Verhältnis von Wissenschaft und Gesellschaft kritisch zu untersuchen. Statt dessen forderten die Delegierten indirekt eine Wiederbelebung der hierarchischen Strukturen der Universität und vertraten einen politik-neutralen Wissenschaftsbegriff. Politisierte Wissenschaft wurde als unwissenschaftlich abgelehnt.

Die besondere Situation in Berlin

In der ehemaligen Reichshauptstadt Berlin, mittlerweile in vier Sektoren aufgeteilt, war die im britischen Sektor liegende Technische Hochschule am 9. April 1946 in Technische Universität umbenannt worden.

Fast drei Monate zuvor hatte bereits die ehemalige »Friedrich-Wilhelms-Universität« im sowjetischen Sektor den Lehrbetrieb wiederaufgenommen. (Den Namen »Humboldt-Universität« führte sie im Vorlesungsverzeichnis erst ab dem Sommersemester 1949.)

In dieser Zeit verschlechterte sich das politische Klima in Groß-Berlin drastisch. Grund dafür war in erster Linie der Versuch der KPD-Führung im Frühjahr 1946, eine bürokratische Verschmelzung von SPD und KPD durchzuführen. Nach der Befreiung Berlins durch die Rote Armee war die Rekonstruktion der SPD stürmisch verlaufen: Im Juli 1945 hatte die Partei in Groß-Berlin rund 30.000 Mitglieder, im Januar 1946 schon 62.554 und im Dezember desselben Jahres noch 51.772 Mitglieder. In beiden Arbeiterparteien gab es im Sommer 1945 starke Einheitsbestrebungen. Die antimilitaristische und teilweise auch antikapitalistische Grundströmung war nicht nur bei den Arbeitern weit verbreitet.

Aber die KPD-Führung ging auf die spontan geäußerte Bereitschaft vieler Sozialdemokraten zur sofortigen Vereinigung nicht ein. Denn ihr Ziel war nicht eine proletarische Einheitspartei, sondern eine einheitliche Partei, die nach den Prinzipien des »Demokratischen Zentralismus« von oben her aufgebaut werden sollte und die sich ausdrücklich zur Freundschaft mit der Sowjetunion bekannte. Die »Sowjetische Militäradministration in Deutschland« (SMAD) hatte den Wiederaufbau der KPD gezielt unterstützt. Dennoch ging der Parteiaufbau der Kommunisten in Berlin nur schleppend voran. Und seit Ende September 1945 propagierten die Kommunisten die organisatorische Einheit der Arbeiterklasse. Für Spontaneität und Basisdemokratie war bei dieser geplanten »Zwangsvereinigung« kein Raum.

Unter der Führung des Berliner Arbeiterfunktionärs Franz Neumann wehrten sich die Sozialdemokraten gegen den Vereinigungsversuch von oben. Am 31. März 1946 stimmten in einer geheimen Urabstimmung 82,3 Prozent der Westberliner Sozialdemokraten gegen die sofortige Verschmelzung von SPD und KPD, 11,9 Prozent waren dafür. Aber 61,5 Prozent stimmten trotzdem für ein »Bündnis beider Parteien, das die Zusammenarbeit sichert und den Bruderkampf ausschließt«. Die Führung der KPD um Walter

Ulbricht bezeichnete diese Revolte in der Westberliner SPD gegen den Führungsanspruch der Kommunisten als Konterrevolution. Der tiefe Riß in der deutschen Arbeiterbewegung zeigte sich in Berlin erneut. Wenn heute in den Reihen der Linkspartei im Umfeld von Gregor Gysi und Oskar Lafontaine von einer Wiedervereinigung der alten Arbeiterbewegung geträumt wird, dann vergißt man im Karl-Liebknecht-Haus, daß sich der emotionale Graben zwischen dem freiheitlichen Teil der deutschen Arbeiterbewegung und der von Moskau abhängigen stalinisierten KPD in den Jahrzehnten vor und nach dem Bau der Mauer zu einem Krater ausgeweitet hat, der nicht zuzuschütten ist.

Bereits am 16. Juli 1945 hatte der von der sowjetischen Militärregierung eingesetzte provisorische Magistrat von Groß-Berlin ein Programm für die Einrichtung eines »Zentralausschusses der Studentenschaft beim Magistrat Berlin« veröffentlicht. Der Wortlaut dieser Erklärung gibt deutlich die politische Stoßrichtung zu erkennen: »Der Zentralausschuß sieht seine Aufgabe darin, die zukünftige Studentenschaft zu einem Grundstein des antifaschistisch-demokratischen Deutschlands zu gestalten.«

Die geplante Organisationsform des Zentralausschusses ähnelte derjenigen der späteren Allgemeinen Studentenausschüsse: Für verschiedene Themenbereiche (Soziales, Zulassungen, Kultur, Politik, Sport usw.) sollten Referate eingesetzt werden. Als vorläufigen Vorsitzenden des Ausschusses ernannte die SMAD den parteilosen Studenten Joachim Schwarz und kündigte die Wiederaufnahme des Studienbetriebs für das kommende Wintersemester an. Um eine antifaschistische Grundstimmung an der Universität zu gewährleisten, sollten bevorzugt aktive Antifaschisten immatrikuliert werden. Als sich aber herausstellte, daß der im britischen Sektor arbeitende Zentralausschuß vorrangig ehemalige Soldaten und Kriegsverletzte zulassen wollte, kam es zu einem Eklat. Im November 1945 wurde der »Zentralausschuß der Studentenschaft beim Magistrat Berlin« wieder aufgelöst und durch die »Studentische Arbeitsgemeinschaft im Jugendausschuß der Stadt Berlin« ersetzt. Bis zur Wiedereröffnung der heutigen Humboldt-Universität am 29. Januar 1946 traten ihr rund 200 Mitglieder bei.

Wie stark der Universitätsalltag mit dem politischen Leben der gesamten Stadt verzahnt war, zeigte sich spätestens am 1. Mai 1946, als ungefähr 30 Mitglieder der »Studentischen Arbeitsgemeinschaft« schriftlich beim Rektor, Johannes Stroux, gegen das Hissen einer roten Flagge und das Anbringen des SED-Emblems – zwei ineinander verschlungene Hände – über dem Haupteingang der Humboldt-Universität protestierten.

Einen wichtigen Aktivkern innerhalb dieser »Studentischen Arbeitsgemeinschaft« bildete die »Arbeitsgemeinschaft der SPD-Studenten« in Berlin. Dieser Vorläufer des späteren SDS-Landesverbandes Berlin spielte in den folgenden Auseinandersetzungen an der Humboldt-Universität eine wichtige Rolle: Er schuf z.B. erst das Klima für die Gründung einer separaten Freien Universität Berlin im amerikanischen Sektor.

Die Herausbildung des überregionalen Studentenbundes

Am 11. Juni 1946 schlugen Heinz-Joachim Heydorn (Jahrgang 1916) und Hans-Werner Kempa in einem persönlichen Brief an Kurt Schumacher für August oder September desselben Jahres eine »Arbeitstagung« der sozialistischen Studentengruppen aus den westlichen Besatzungszonen in Hamburg vor, an die sich eine öffentliche Kundgebung des SPD-Parteivorstands und der sozialistischen Studenten anschließen sollte. Hier könne Schumacher dann auch eine grundsätzliche Erklärung an die studentische Jugend abgeben: »Es ist doch inzwischen wirklich so geworden, daß Sie für einen großen Teil der Studenten und Studentinnen ein Exponent wurden, eine Persönlichkeit, von der sie eine Antwort auf die Fragen erwarten, die uns als junge Generation wichtig erscheinen.«

Die Initiative zur Gründung eines überregionalen Sozialistischen Deutschen Studentenbundes ging nur zum geringeren Teil vom damaligen SPD-Parteivorstand in Hannover aus. Sie erfolgte vielmehr von den bereits im Frühsommer 1946 bestehenden größeren Gruppen in Münster, Hamburg und Frankfurt a. M. Beim Parteivorstand stießen die Initiativen aber auf Interesse. Die Mehrheit der gerade entstehenden Hochschulgruppen unterstützte zwar einerseits diese Überlegungen, bestand aber andererseits auf einer strikten organisatorischen Unabhängigkeit von der Sozialdemokratischen Partei und einer weitgehenden Autonomie der einzelnen Hochschulgruppen innerhalb des Studentenbundes.

Dieser Autonomieanspruch der SDS-Hochschulgruppen erinnert bewußt an Organisationstraditionen, wie sie vor dem Ersten Weltkrieg in der »Freideutschen Jugend« und während der Weimarer Jahre in der »Bündischen Jugend« existierten. Unter bündischem Organisationsprinzip verstehen wir hier die Betonung der Gruppe als selbstverwaltete und autonome Lebensform. Was seine politischen Ziele anging, so stand der SDS in der Tradition der 1933 illegalisierten »Sozialistischen Studentenschaft Deutschlands und Österreichs« sowie des im Juli 1922 als Reaktion auf die Ermordung Walter Rathenaus gegründeten »Republikanischen Studentenkartells«. Die bündischen Tendenzen zeigten sich andererseits in den Organisationsvorstellungen des Jahres 1946. Ähnlich wie die »Gruppe« in der Jugendbewegung spielte auch die Hochschulgruppe im SDS gewissermaßen die Rolle einer »autonomen Gruppe« im überregionalen Studentenbund. Alle individuellen und gesellschaftspolitischen Probleme wurden im Laufe der Jahre immer stärker von dieser Position aus beurteilt. Ende der sechziger Jahre entstand dann – unter dem Eindruck eines tiefen politischen Generationskonflikts – sogar ein Gefühl der vollkommenen Autonomie. Neben das Streben nach Autonomie trat, so könnte man sagen, bereits 1946 eine Suche nach undogmatischen Lösungen.

Der Hamburger Gründungskongreß

Vom 2. bis 6. September 1946 tagte in der Elbschloßbrauerei zu Hamburg und im Saal der Ufa-Harvestehude der Gründungskongreß des Sozialistischen Deutschen Studentenbundes unter den Porträts von Immanuel Kant und Karl Marx. Aus ca. 20 Hochschulorten nahmen 84 Delegierte, Gruppenvorsitzende, Beobachter und Verbindungsleute an der Hamburger Konferenz teil. Zunächst berichteten die einzelnen Hochschulgruppen über ihre bisherige Arbeit. Die Erfahrungsberichte zeichneten für die britische Zone das günstigste Bild. In der amerikanischen Zone, wo die Lizenzierungspolitik durch die Militärregierung sehr viel restriktiver gehandhabt wurde als in der britischen Zone, war die Entwicklung im »roten Hessen« am weitesten gediehen. Ganz schlecht sahen die Dinge in der französischen Zone aus, wo es – außer einer kurzlebigen »freien Studentengruppe« in Tübingen – noch kein legales politisches Leben an den Universitäten gab. Den vier Delegierten der »Arbeitsgemeinschaft der SPD-Studenten« in Berlin fiel besonders unangenehm auf, daß es überhaupt keinen Rechenschaftsbericht über die Situation in der sowjetischen Zone gab, »ja, daß während der ganzen Hamburger Konferenz«, so Michael Mauke in seinem Rückblick von 1956, »kein einziges Wort über dieses Problem gefallen ist.«

Diese Borniertheit im damaligen westdeutschen SDS erinnert an das Desinteresse in der politischen Klasse in Bonn gegenüber der Entwicklung in der DDR in den 1980er Jahren. Das gilt auch für große Teile der westdeutschen Journalistik. Diese weitgehend atmosphärische und spontane »Westorientierung« spielte auch in den 1960er Jahren im SDS erneut eine wichtige Rolle und führte in Theorie und Praxis zu einer Ungleichzeitigkeit zwischen dem Berliner Landesverband und den westdeutschen SDS-Hochschulgruppen. Für den Berliner SDS hatte die Entwicklung in der Sowjetunion und in den osteuropäischen Ländern stets größeres Gewicht als für die westdeutschen Gruppen. Der unsentimentale Blick der Berliner führte schon bald zur ideologischen Auseinandersetzung mit dem Sowjetmarxismus.

Auf der Grundlage zweier Entwürfe aus Hamburg und Frankfurt a.M. folgte eine Diskussion über die künftige Satzung und Organisationsform des zu gründenden Studentenbundes. Nach einer längeren kontroversen Auseinandersetzung über die Frage, ob der SDS in organisatorischer Unabhängigkeit von der SPD oder als Arbeitsgemeinschaft in der SPD gegründet werden sollte, beschlossen die Delegierten mit 40 zu neun Stimmen, daß ein Bekenntnis zur SPD nicht in die Satzung aufgenommen werden sollte. Am darauffolgenden Tag fand eine Diskussion über das »ideologische Programm« statt. Manche Delegierte waren grundsätzlich gegen eine vorschnelle Festlegung und wünschten zunächst eine ausführliche Diskussion in den Gruppen. Andere wiederum bekannten sich zum religiösen Sozialismus oder zur revolutionären Tat, zum orthodoxen Marxismus oder zur ausdrücklichen Abkehr vom Revisionismus.

Michael Mauke faßte zehn Jahre später die Kontroverse in Hamburg, die damals in relativ vage Richtlinien einging, folgendermaßen zusammen: »Schließlich kam man überein, wie in den Gruppen, so auch im Bund, auf der Grundlage eines freiheitlichen Sozialismus allen Richtungen Platz einzuräumen und sich vorläufig nur mit einer Zusammenfassung des allgemeinen politischen und geistigen Wollens aller Mitglieder zu begnügen. Die Hamburger Richtlinien wiesen deshalb einen etwas vagen Charakter auf. Bekenntnisse zur sozialen Gerechtigkeit und freien Entfaltung der Persönlichkeit, zum demokratischen Neuaufbau und zum sozialistischen Staat sowie zur Einheit des Landes und zur Völkerverständigung im Sinne einer künftigen internationalen sozialistischen Gesellschaftsordnung. Die besondere Aufgabe des sozialistischen Studenten und der hochschulpolitische Aspekt kamen erst in später erarbeiteten Richtlinien zum Ausdruck.«

Schließlich war nur noch die Frage zu klären, ob Funktionäre des SDS zugleich auch Mitglieder der SPD sein mußten oder nicht. Heinz-Joachim Heydorn aus Hamburg schlug für die Satzung folgende Kompromißformel vor: »Wenn die einzelnen Gruppen das passive Wahlrecht von der Zugehörigkeit zur SPD abhängig machen wollen, so steht dieses nicht im Widerspruch zu den Bundessatzungen.«

Am Abend des zweiten Tages war es dann soweit: Die Abstimmung ergab eine Zustimmung mit überwältigender Mehrheit (gegen zwei Stimmen), und der Tagungspräsident, Dr. Rainer Fuchs aus Göttingen, stellte fest: »Damit hat sich der Sozialistische Deutsche Studentenbund konstituiert!« In den folgenden zwei Tagen wurde noch über die zukünftige Hochschul- und Kulturpolitik des Verbandes diskutiert. Die Delegierten forderten von der Partei, daß die bis 1933 bestandene »Friedrich-Ebert-Stiftung für notleidende Studenten« ihre Arbeit wieder aufnehmen sollte. Ein weiterer Schwerpunkt der Diskussion war das Thema »Christentum und Sozialismus«. Die religiöse Motivation spielte damals im SDS im Vergleich zu den Folgejahren noch eine gewisse Rolle. So hielt z. B. auf dem Gründungskongreß der religiöse Sozialist Emil Fuchs ein Grundsatzreferat. Am letzten Tag des Kongresses wurde dann beim Bundesvorstand sogar ein eigenes Fachreferat »Christentum und Sozialismus« unter der Leitung des Münsteraner Delegierten Siegfried Ecke gebildet.

Als erster Vorsitzender für die britische Zone wurde der 30-jährige Hamburger Heinz-Joachim Heydorn gewählt. Der erste Vorsitzende für die amerikanische Zone wurde der etwas ältere Alfred Hooge (Jahrgang 1908). Heydorn wie Hooge hatten noch in der Weimarer Republik ihre ersten politischen Erfahrungen gemacht. Beide hatten im Dritten Reich illegal gearbeitet und sich in der Kriegsgefangenschaft aktiv für ein demokratisches Deutschland eingesetzt. Beide gehörten sowohl zur Frontgeneration als auch zum Widerstand. Diese Tradition wird noch dadurch verdeutlicht, daß ihre Wahl unter dem Präsidium von Emil Gross stattfand, dem letzten Vorsitzenden der rund 850 Mitglieder umfassenden Berliner Sozialistischen Studentenschaft vor 1933. Insofern konnte sich der SDS 1946 personell durchaus in der Tradition der alten »Sozialistischen Studentenschaft

Deutschlands und Österreichs« fühlen. Nicht zuletzt dieser allerdings nur punktuellen personellen Kontinuität wegen begriff die Mehrheit der Delegierten nicht, daß es sich hier letztlich nicht um eine Wiedergründung, sondern – wie sich schon bald herausstellte – um eine tatsächliche Neuformierung der sozialistischen Studenten handelte. Im Gegensatz zur SPD, die tatsächlich 1945 dort wieder anknüpfte, wo sie 1933 in die Illegalität gedrängt worden war, war der SDS jedoch keine Neuauflage der »Sozialistischen Studentenschaft Deutschlands und Österreichs«.

Eröffnet wurde der Gründungskongreß von dem Hamburger Delegierten Hans-Erich Schult (Jahrgang 1917). Er berief sich ausdrücklich nicht auf die Tradition der »Sozialistischen Studentenschaft« in Weimar. Statt dessen rief er die Delegierten dazu auf, den SDS zum »Vortrupp« einer parteiunabhängigen neuen Jugendbewegung zu machen, wie er sie in der Urburschenschaft und in der freideutschen Jugendbewegung vor dem Ersten Weltkrieg erblickte. Ein neuer Aufbruch der akademischen Jugend sei nötig, um aus der »äußeren Befreiung« der deutschen Jugend vom Nationalsozialismus eine »innere Freiheit« werden zu lassen.

Der »Genosse Intelligenz« (Kurt Schumacher)

Höhepunkt der Tagung war eine Rede des SPD-Parteivorsitzenden Schumacher am 4. September 1946 zum Thema »Student und Politik«, in der er die These von einer zunehmenden Verarmung der akademischen Jugend aufstellte. Er ging dabei von der Verelendung immer größerer Teile der deutschen Bevölkerung aus, weil die arbeitenden Massen letztlich die Kosten des Zweiten Weltkriegs bezahlen müßten.

Auch die akademische Jugend werde zukünftig zu diesen Armen gehören. In dieser Situation warnte Schumacher die Studenten besonders vor opportunistischer Anpassung und Strebertum, um doch noch den Aufstieg in die Bourgeoisie zu schaffen, nach dem Motto: »Nun erst mal fleißig lernen – eine feine Sache – und sich um Politik nicht kümmern – eine durchaus verfehlte Ansicht.« Der SDS müsse den Studenten an den Hochschulen klarmachen, daß es für die geschlagenen nationalkonservativen Eliten von vorgestern und gestern kein Anknüpfen an die Traditionen des untergegangenen Deutschen Reiches mehr geben werde.

Einerseits lehnte Schumacher – nicht zuletzt unter dem Eindruck, daß die bürgerlichen Parteien dem Ermächtigungsgesetz im Frühjahr 1933 zugestimmt hatten – explizit eine Wiederauflage der »Solidarität der Demokraten« von Weimar ab; andererseits konnte er sich im Herbst 1946 auch keine Restauration des Kapitalismus im Nachkriegsdeutschland vorstellen. Was so mancher führende Sozialdemokrat damals nicht sah, war die Tatsache, daß trotz der zerstörten Industriestädte die intakte industrielle Kapazität der westdeutschen Wirtschaft immer noch erheblich über ihrem Vorkriegsstand lag. Wenn Kurt Schumacher auch die Delegierten der SDS-Hochschulgruppen aufforderte, den Marxismus, »die Methode der großangelegten ökonomischen Analyse«, zu studieren, so forderte er die linke Intelligenz andererseits jedoch nicht auf, die reale Entwicklung des Kapitals und die Entwicklung der Produktivkräfte im Dritten Reich zu untersuchen. Der sinnliche Eindruck der Zerstörung war offensichtlich zu stark. Am Schluß seiner Rede ging Schumacher auf die Auswirkungen des Besatzungsrechts auf die Demokratie in Deutschland ein und bestätigte indirekt, daß die Mehrheit der Deutschen trotz der militärischen Niederlage nach wie vor rechts stünde.

Als Konsequenz dieser Einschätzung forderte er die Sozialisierung der Schwerindustrie, der Banken und der Versicherungsgesellschaften und setzte sich zugleich für eine grundsätzliche Agrarreform ein. Nur wenn man den Mut habe, diese großen sozialen Fragen zu beantworten, könne man das Problem der nationalen Einheit positiv lösen. Das Verhältnis von Arbeit und Kapital im Nachkriegsdeutschland verglich er mit dem von zwei Nationen, die so »meilen- und weltfern« voneinander entfernt lebten, daß »sie sich gar nicht mehr sehen können«.

Schumacher forderte von den Studenten den Mut zu einer »großen neuen Konzeption« und polemisierte gegen jede Art von Karrierismus und Strebertum. Der »Genosse Intelligenz« müsse vielmehr »von der Idee und nicht von dem Gedanken an den Profit her leben«. Gleichzeitig warnte er die sozialistischen Studenten auch indirekt vor einer Abkapselung in der eigenen Gruppe und forderte sie statt dessen zu einer klassenübergreifenden Aufklärungsarbeit auf. So sprach er sich einerseits gegen »bündische« Autonomiebestrebungen aus, setzte aber andererseits im Parteiapparat und im sozialdemokratischen Facharbeitermilieu die Fähigkeit und Bereitschaft zum Dialog mit der linken Intelligenz voraus.

Ein weiterer Schwerpunkt seiner Rede war dem Klassencharakter der Christlich-Demokratischen Union Deutschlands (CDU) gewidmet. Er forderte die SDSler auf, sich mit der objektiven Funktion des linken Flügels der Union kritisch auseinanderzusetzen.

Schumacher sprach so gut wie kein hochschulspezifisches Thema an. Statt dessen forderte er den »Genossen Intelligenz« zur Diskussion mit der Partei auf. Vergegenwärtigt man sich den Lebensweg Kurt Schumachers, so wird deutlich, daß das Diskussionsangebot an die sozialistischen Studenten sicherlich nicht das Produkt eines spontanen Einfalls, sondern Teil eines langfristigen Konzepts gewesen ist. Noch wenige Wochen zuvor, auf dem ersten Nachkriegsparteitag der SPD in Hannover Anfang Mai 1946, hatte Schumacher von den Delegierten den »Geist der Selbständigkeit und der freien Entschließung gegenüber Zuständen« gefordert, die »zentral gar nicht überblickt« werden könnten. Diese Paradoxie sollte durch die Kraft der gesellschaftspolitischen Analyse gemeistert werden. Seine Konzeption für den Augenblick lautete: konkrete Programme im sozialdemokratischen Geiste statt Dogmen. Zur Erarbeitung dieser Konkretionen, bezogen auf die »Periode des Übergangs«, benötigte Schumacher analytische Kapazität. Offenbar wollte er über diese Fragen eine breite Diskussion mit den Funktionären der

Partei und der linken bürgerlichen Intelligenz organisieren. So wie es einst Ferdinand Lassalle noch in den »Jugendtagen« der sozialdemokratischen Bewegung gefordert habe, müßten auch jetzt im Nachkriegsdeutschland »die arbeitenden Massen und die geistigen Menschen unauflöslich zusammengehören« – so Schumacher in einem weiteren Referat vor »Geistesarbeitern« in West-Berlin am 18. Oktober 1946.

Die Gruppe der »geistig aufgeschlossenen jungen Deutschen«, die angesichts der NS-Verbrechen und Kriegsschrecken »ihre eigene Stellung innerhalb des Sozialismus« suchte, blieb auch in den folgenden Jahren äußerst klein. In der akademischen Jugend dominierten zunächst eine politische Lethargie und eine intellektuelle »Nullpunkt-Stimmung«. Das von Schumacher angestrebte historische Bündnis zwischen der bürgerlichen Intelligenz und der sozialdemokratischen Arbeiterbewegung kam in Westdeutschland allerdings nie zustande.

Der SDS war der erste politische Studentenverband, der sich nach der Kapitulation 1945 neu konstituierte. Zwar hatten sich bereits im Spätherbst 1945 in Jena, Leipzig und Berlin die ersten CDU-nahen Studentengruppen organisiert, aber erst am 23. Februar 1951 konstituierte sich in Bonn der »Ring Christlich-Demokratischer Studenten« (RCDS) mit 20 Hochschulgruppen und ca. 300 Mitgliedern. Auch die liberalen Hochschulgruppen schlossen sich erst 1950 zum »Liberalen Studentenbund Deutschlands« (LSD) zusammen. Das im Vergleich zu den anderen politischen Studentenorganisationen relativ frühe Gründungsdatum des SDS erklärt sich zum einen – wie bereits gezeigt – durch eine ideelle Kontinuität in der ersten Führungsgruppe des SDS mit der alten »Sozialistischen Studentenschaft Deutschlands und Österreichs«. Noch wichtiger war aber die virulente Antikriegsstimmung bei einer Minderheit der Nachkriegsstudentenschaft, die – im Gegensatz zur »Ohne-Mich«-Mehrheit – bereit war sich zu engagieren. Nicht die Befreiung der Arbeiterklasse, sondern der »ewige Friede« war ihr Traum. Diese kriegsmüden Frontsoldaten standen oft nur indirekt über ihre Familien in einer sozialdemokratischen oder kommunistischen Tradition. Die politische Sozialisation durch die Familie war allerdings durch HJ, Reichsarbeitsdienst und Wehrmacht in vielen Fällen ohnehin unwirksam geworden. Das existentielle Engagement gegen einen dritten Weltkrieg bestimmte das Denken dieser SDS-Gründungsgeneration. Während ihre Kameraden nach wie vor jede Art von »Parteipolitik« ablehnten, trat mit dem SDS zum erstenmal eine politische Gruppierung an den Hochschulen der drei Westzonen gegen die allgemeine politische Apathie auf. Im damaligen SDS wurden diese Ex-Soldaten bzw. -Offiziere mit ihrem generellen Mißtrauen gegenüber »großen Worten« von den jüngeren Mitgliedern oftmals als die »realitätsversessenen Offiziere« – so z. B. Ralf Dahrendorf – bezeichnet.

Die folgenden Jahre gehörten sicherlich zu den schwersten, die der Verband durchzustehen hatte: Zunächst mußte eine Balance zwischen der gewachsenen föderalistisch-bündischen Struktur und der angestrebten politischen Zentralisierung gefunden werden. Dem neu eingerichteten Hamburger Sekretariat gelang es nur Schritt für Schritt, mit den einzelnen Hochschulgruppen einen ständigen Kontakt auf- und auszubauen. An eine regelmäßige Abführung von Beiträgen war in der Aufbauphase zunächst überhaupt nicht zu denken. Der sehr harte Winter 1946/47 lähmte die Bundesgeschäftsführung zeitweilig fast völlig. Das »Büro Schumacher« in Hannover forderte vom Bundesvorstand des SDS mittlerweile auch, einen Unvereinbarkeitsbeschluß von KPD- bzw. CDU- mit der SDS-Mitgliedschaft durchzusetzen. Darüber hinaus stürzte die separate Währungsreform in den drei westlichen Besatzungszonen Deutschlands am 20. Juni 1948 die Studentenschaft in abermalige materielle Not.

Der erste Unvereinbarkeitsbeschluß

Auf die Forderung des SPD-Parteivorstands, die SDS-Mitgliedschaft für unvereinbar mit der Mitgliedschaft in der CDU oder KPD zu erklären, reagierte das SDS-Sekretariat zunächst hinhaltend. Auf einer Besprechung des Sekretariats mit den SDS-Landesvertretern am 15. Dezember 1946 wurde zunächst beschlossen, dem Parteivorstand vorzuschlagen, daß sämtliche Mitglieder des SDS-Vorstands, die der SPD angehörten, automatisch auch zu Funktionären der Partei ernannt werden sollten. Darüber hinaus wurde eine Funktionärsschulung vorgeschlagen. Außerdem sollten die SPD-Ortsvereine angewiesen werden, künftig intensiver mit den jeweiligen SDS-Hochschulgruppen zusammenzuarbeiten. Ganz allgemein erwartete man von der Sozialdemokratie eine »studentenfreundlichere Haltung«.

Andererseits wollte der SDS an den Hochschulen dafür eintreten, daß sich die akademischen Institutionen endlich als Teil der Gesamtgesellschaft verstünden. Um diese Absicht in die Praxis umzusetzen, sollten auf allen Ebenen der Partei und des SDS gemeinsame Kulturausschüsse eingerichtet werden. Angesichts der katastrophalen materiellen Situation der Studenten schlug der SDS vor, eine parteinahe Studienstiftung zu gründen. Darüber hinaus sollten der Parteivorstand und das SDS-Sekretariat eine aufeinander abgestimmte Kampagne organisieren, um eine staatliche Studienstiftung zu schaffen. In Zukunft dürfe beim Studium nur noch die Leistung und nicht mehr die Herkunft zählen. Schließlich erhoffte man sich vom Parteivorstand einen monatlichen Zuschuß von 500 Reichsmark für das Sekretariat in Hamburg. Außerdem einigte man sich darauf, zur nächsten Besprechung mit dem SPD-Parteivorstand nur Funktionäre zu laden, die Mitglieder der SPD waren. Durch diese Absprache fand u. E. im Vorfeld der nächsten Delegiertenkonferenz bereits eine Vorentscheidung über die Frage statt, ob künftig noch CDU- und KPD-Mitglieder im SDS mitarbeiten konnten oder nicht.

Auf der gemeinsamen Vorstandssitzung der SPD und des SDS am 5. Januar 1947 in Hannover wurde dann folgender Beschluß gefaßt: »Der Vorstand des SDS wird auf der nächsten Vollversammlung einen Antrag einbringen zur Aufnahme eines Passus folgenden Inhalts in die Satzung, daß kein Mitglied des SDS einer anderen Partei als der der SPD angehören darf. Bis zu dieser Tagung wird der Vorstand allen Hochschulgruppen dringend nahelegen, aufgrund einiger Präzedenzfälle einen Satz derartigen Inhalts bereits jetzt in ihre örtlichen Satzungen aufzunehmen.«

Auf der 2. Delegiertenkonferenz, die vom 16. bis 18. August 1947 in Bielefeld stattfand, stellte Klaus Schütz für die »Arbeitsgemeinschaft der SPD-Studenten in Berlin« den Antrag, daß künftig nur noch »SPD-Mitglieder oder parteilose Mitglieder« im SDS sein könnten. Er begründete diesen Antrag damit, daß die Durchsetzung eines »konsequenten sozialistischen Kurses« im SDS aufgrund der »ernsten Lage« notwendig geworden sei. Nur so könne die »engste Verbundenheit mit der Arbeiterschaft« hergestellt werden. Deshalb forderte Schütz vom SDS eine »enge Verbindung« mit der SPD. Sie dürfe aber nicht wie bisher nur »de facto« bestehen, sondern müsse auch »de jure« abgesichert werden. Die Annahme dieses Antrags hätte bedeutet, daß der SDS zu einer Arbeitsgemeinschaft der Partei umfunktioniert worden wäre.

Die Haltung der Berliner Delegierten erklärt sich u.a. auch aus der Sonderrolle der sozialistischen Studenten in der Vier-Sektoren-Stadt. Zum einen war den SPD-Hochschulgruppen die Umbenennung in SDS durch ein Veto im Kontrollrat untersagt worden; zum anderen hatten sich die Auseinandersetzungen zwischen den sozialistischen Studenten und der FDJ seit April 1947 in der Auseinandersetzung um die Studentenzeitschrift »colloquium« von Woche zu Woche verschärft. Vor diesem Hintergrund hatte sich in den SPD-Hochschulgruppen in Berlin bereits zu einem sehr frühen Zeitpunkt ein von der überwiegenden Mehrheit der Mitglieder getragener Konsens für eine konsequente Abgrenzung von der SED bzw. KPD herausgebildet. Deshalb bekannten sich die stark politisierten sozialistischen Studenten offen zur Berliner Sozialdemokratie.

Nachdem die Delegierten den Antrag der Berliner gegen fünf Stimmen abgelehnt hatten, schlug Helmut Schmidt (Hamburg) eine leicht abgeänderte Fassung des Hannoveraner Beschlusses vom 5. Januar 1947 zur Abstimmung vor. Hatte es dort noch geheißen, daß »kein Mitglied des SDS einer anderen Partei als der SPD« angehören dürfe, so wurde nunmehr die Ausgrenzung auf die Mitglieder der KPD und SED beschränkt. Eine eventuelle Mitgliedschaft in der Union stand jetzt nicht mehr zur Diskussion. Schließlich nahm die Delegiertenversammlung mit 30 gegen 12 Stimmen bei neun Enthaltungen folgende Entschließung an: »Der SDS ist der Ansicht, daß eine Mitgliedschaft und ein Bekenntnis zur KPD/SED nicht mit dem demokratischen und freiheitlichen Sozialismus zu vereinbaren ist.« Der Begriff »Bekenntnis« wurde wie folgt definiert: »Ein Bekenntnis zur KPD und SED liegt vor, wenn ein Mitglied die Unterschrift unter ein Aktionsprogramm oder eine ähnliche Erklärung dieser Partei leistet oder sich aktiv für sie einsetzt. Der SDS ist keine Organisation irgendeiner politischen Partei. Wir sind aber der Meinung, daß sich derzeit keine Partei außer der SPD zu dem von uns vertretenen freiheitlichen demokratischen Sozialismus bekennt.« Jede Delegiertenkonferenz sollte künftig aufs neue entscheiden, welche Parteien in ihrer »politischen Praxis und in ihrem Programm« einen freiheitlichen demokratischen Sozialismus vertreten. Als Modus des Ausschlußverfahrens wurde (gegen eine Stimme) folgender Beschluß angenommen: »Die Landesbeiräte haben auf der Grundlage dieser beschlossenen Auslegung unserer Richtlinien die Lage in ihren Landesgruppen zu überprüfen und die erforderlichen Maßnahmen zu treffen.«

Das abgemusterte Offizierskorps

Ein zweiter hart umstrittener Tagesordnungspunkt war die Frage, ob sich der SDS für einen generellen Ausschluß von ehemaligen Berufsoffizieren zum Studium einsetzen sollte oder nicht.

Die Kontroverse darüber, ob jeder Berufsoffizier zwangsläufig Militarist gewesen sei, war für die SDS-Delegierten im Sommer 1947 alles andere als eine abstrakte Frage. Aufgrund einer statistischen Erhebung, die Harold Hurwitz damals im Auftrag der US-Militärregierung durchführte, kennen wir die soziale Zusammensetzung und den politischen Background jener 45 Delegierten, die in Bielefeld den Fragebogen ausgefüllt hatten. 40 hatten am Krieg aktiv teilgenommen: acht als Gefreite, sieben als Obergefreite, elf als Unteroffiziere, zehn als Leutnants, einer als Oberleutnant, zwei als Hauptleute und einer als Major. Nur ein Delegierter war nicht in der Armee gewesen. Von den 14 Offizieren gaben sechs an, sie seien Reserveoffiziere gewesen. Man muß also davon ausgehen, daß die restlichen acht SDS-Delegierten bis Mai 1945 aktive Offiziere gewesen waren.

Wie stark diese Diskussion die Delegierten auf der Bielefelder Konferenz aufgewühlt hatte, dokumentiert auch ein Bericht, den Irmgard Hose im Oktober 1947 im Rundbrief der Hamburger Gruppe veröffentlichte: »Die Diskussion um diesen Punkt war mehr als erregt und zeigte mir wieder einmal, wie notwendig es gerade in Deutschland geworden ist, in allen diesen Fällen individuell zu entscheiden und sich vor jeder Verallgemeinerung zu hüten. Die Meinung, daß es nicht angeht, immer nur negative Forderungen zu stellen, daß es viel vernünftiger sei, für eine positive Auslese nach Befähigung und Charakter und für eine Schul- und Hochschulreform, die auch Arbeitersöhnen die Möglichkeit des Studiums gibt und außerdem eine demokratische Erziehung gewährleistet, einzutreten, setzte sich schließlich durch. Aber die Debatte um diese Frage hielt selbst auf unserem Ausflugsnachmittag in der Heide der Bielefelder Umgebung … an.«

Der SDS war – das zeigte sich auch in der Bielefelder Auseinandersetzung um diese Frage – ein Teil jener Nachkriegsintelligenz, die das Dritte Reich nicht im Konzentrationslager oder im Exil, sondern in Deutschland erlebt hatte. Einer dieser Delegierten war übrigens – wie Uwe Rohwedder zu berichten weiß – Hans Schmelz aus Hamburg (letzter Dienstgrad in der Wehrmacht: Major). 1962 war er einer der Autoren des SPIEGEL-Artikels »Bedingt abwehrbereit«, der zum Auslöser der »SPIEGEL-Affäre wurde. Schmelz verbrachte damals 81 Tage in Untersuchungshaft. 1971 holte ihn sein alter Bundesvorsitzender Helmut Schmidt in den neu gegründeten Planungsstab des Bundesministeriums der Verteidigung, zunächst als Arbeitsbereichsleiter für Friedens- und Konfliktforschung, ab 1974 dann als stellvertretender Leiter des Planungsstabes.

Generationswechsel

Bei der Wahl zum neuen Bundesvorstand in Bielefeld wurde offenbar, daß dieses Thema den SDS noch lange beschäftigen sollte. Nachdem Peter von Oertzen (Göttingen), Helmut Walter (Münster) und Peter Hoffmann (München) auf eine Kandidatur verzichtet hatten, erklärten Helmut Schmidt (Hamburg, Jahrgang 1918) und Karl Wittrock (Frankfurt, Jahrgang 1917) ihre Bereitschaft, für den neuen Bundesvorstand zu kandidieren. Aus Helmut Schmidts damaliger mündlicher Vorstellung ist im Protokoll folgende stichwortartige Zusammenfassung erhalten geblieben: »... In die Marine-HJ überführt, Oberleutnant der Reserve, Jurastudium, 28 Jahre alt ...«, und bei Karl Wittrock vermerkt das Protokoll: »... – erst nach Zögern entschlossen. Vor 1933 bei den Roten Falken, dann SAJ, dann aber in die HJ eingetreten, Jurastudium, Vorsitzender der Frankfurter Gruppe«.

Hinzuzufügen bleibt, daß Schmidt nach seinem Abitur Ostern 1937 zum Arbeitsdienst eingezogen wurde. Danach mußte er zum Militär, machte den gesamten Zweiten Weltkrieg mit und kehrte 1945 aus der belgischen Kriegsgefangenschaft ins Zivilleben zurück. Auch Wittrock hatte von 1939 bis 1945 bei der Wehrmacht gedient. Beide waren im Frühjahr 1946 in die SPD eingetreten. Besonders bei Helmut Schmidt spielte bei seinem Parteieintritt sein »Kameradschaftserlebnis« im Krieg und in der Kriegsgefangenschaft eine ausschlaggebende Rolle. Noch 1968 erklärte er auf die Frage nach den »äußeren Umständen« seines damaligen Eintritts: »Ich würde heute noch sagen, daß viele Soldaten im Grunde aus dem spezifischen Kameradschaftserlebnis des Krieges und der Kriegsgefangenschaft ... eigentlich prädisponiert waren für den Sozialismus, wenn dessen Träger das bloß richtig begriffen und ausgenutzt hätten. Da steckt dasselbe Solidaritätsprinzip darin.« Und auf die Frage des Interviewers, ob er zur Mitarbeit in der SPD geworben worden sei, erklärte Schmidt damals. »Nein. Ich bin von mir aus hingegangen, und habe gesagt, ich will mitmachen. Was die gar nicht so gerne hatten, denn ich kam im abgeschabten Offiziersledermantel. Das war denen ziemlich unheimlich.«

Der von Schmidt hier angesprochene Mythos von einer klassenübergreifenden Kameradschaft an der Front hatte – so das auch heute noch weitgehend vorherrschende Selbstverständnis dieser Kriegsgeneration – nichts mit Militarismus, Imperialismus oder gar Nationalismus zu tun. Schließlich hatte ein großer Teil dieser Jugend – im Gegensatz zu 1914 – den Ausbruch des Zweiten Weltkrieges nicht mehr als »Aufbruch ins Volk« oder als »Befreiung« aus der quälenden Normalität des bürgerlichen Alltags erlebt. Die Erinnerung an die Materialschlachten des Ersten Weltkriegs waren 1939 noch zu frisch. Trotz der nationalsozialistischen Propaganda war für die meisten Wehrpflichtigen das

»Stahlgewitter« keine heroische »Schule der Männlichkeit«. Übrig blieb aber das kollektive Erlebnis des Tötens und des Getötetwerdens.

Der moderne Krieg prägte das Denken dieser Generation. Die großen Klassenauseinandersetzungen im November 1918, die guten und die schlechten Jahre der Weimarer Republik, die politische und ökonomische Ohnmacht der gespaltenen Arbeiterbewegung während der Weltwirtschaftskrise und ihre terroristische Zerschlagung durch das NS-Regime hatten das Denken dieser Schützengrabengeneration nur noch indirekt beeinflußt. Ihr Weltbild war vielmehr durch die Blitzkriege, die Winterschlacht um Moskau 1941/42 und Stalingrad geformt worden. Klassenkampf, Spaltung der Arbeiterbewegung, parlamentarische Demokratie und internationale Solidarität waren für die große Mehrheit lediglich abstrakte Begriffe. Auch ihr Antikommunismus war – im Gegensatz zu dem der älteren sozialdemokratischen Facharbeiter – nicht im Bruderkampf zwischen Mehrheitssozialdemokratie contra Spartakus bzw. KPD seit Beginn des Ersten Weltkriegs entstanden, sondern vom Antisowjetismus Goebbelsscher Prägung gefärbt.

Friedenssehnsucht, eine tiefe Skepsis gegenüber jeder Art von Nationalismus, die vorbehaltlose Öffnung gegenüber der politischen Kultur des Westens, Angst vor Emotionen in der Politik, ein weitgehendes Desinteresse an differenzierten Gesellschaftstheorien und eine gefühlsmäßige Distanz zu den tradierten Werten und Umgangsformen der alten Arbeiterbewegung waren die heterogenen Elemente ihres generationsspezifischen Bewußtseins. Herbert Wehner soll – viele Jahre später – für diese Führungsgeneration im SDS das schlimme Wort von den »jungen Herren« geprägt haben, die ihren »Sozialismus im Offizierskasino« gelernt hätten. Angesichts der Tatsache, daß diese Generation 1933 noch in die Schule ging, bedeutet diese Charakterisierung sicherlich die ungerechte Abqualifizierung einer Generation, die – zumeist ohne subjektive Schuld – in der Hitler-Jugend (HJ), im Reichsarbeitsdienst (RAD) und in der Wehrmacht intellektuell und politisch sozialisiert worden ist. Andererseits kommt in der Wehnerschen Formulierung ein Stück Klassenressentiment wie auch konkrete Erfahrung im Umgang mit dieser Kriegsgeneration zum Ausdruck. Auch Helmut Schmidt spielte mit seiner Formulierung: »Das war denen ziemlich unheimlich«, auf die schon damals weit verbreitete Fremdheit zwischen den Generationen in der Sozialdemokratie an.

Ein Dialog zwischen diesen Generationen kam nie so recht zustande. Zunächst verständigte man sich auf eine pragmatische Enttrümmerungs- und Wiederaufbaupolitik und ging sich ansonsten privat aus dem Wege. Eine generationsspezifische Entfremdung von Vätern und Söhnen, die nach dem Ersten Weltkrieg noch die politische Kultur der Weimarer Republik gekennzeichnet hatte, schien nach 1945 zunächst nicht zu existieren. Erst in den ständigen persönlichen Animositäten und Querelen in der SPD-Führungsspitze in den 1970er Jahren wurde sichtbar, daß die Generation der sogenannten Heimkehrer und die Weimarer Generation der Siebzigjährigen nur recht und schlecht zusammenarbeiten konnten.

Antikommunismus oder linke Stalinismuskritik

Auch wenn man davon ausgeht, daß es für die Kritik am realen Stalinismus Mitte der vierziger Jahre gute Gründe gegeben hat, so rechtfertigt das noch lange nicht die bürokratische Geisteshaltung der damaligen Führungsgruppe. Für eine Organisation sozialistischer Studenten wäre es sicherlich angemessener gewesen, sich zunächst einmal mit den Ursachen des Stalinismus analytisch auseinanderzusetzen, um dann in aller Öffentlichkeit die philosophische, soziologische und politologische Auseinandersetzung mit dem Parteikommunismus innerhalb und außerhalb der Universitäten zu führen. Statt Unvereinbarkeitsbeschlüssen also politisch-theoretische Auseinandersetzung. Wahrscheinlich waren aber gerade diese intellektuellen Voraussetzungen in der deutschen Linken nach Hitler für eine theoretische Auseinandersetzung mit dem Stalinismus nicht mehr gegeben. Die wichtigsten deutschsprachigen marxistischen Kritiker der stalinistischen Entwicklung in der Sowjetunion – Herbert Marcuse, Karl Korsch, Arthur Rosenberg, Franz Borkenau oder Richard Löwenthal – hatten Deutschland verlassen. Es sollte noch fast 20 Jahre dauern, bis die Analysen dieser antistalinistischen Gesellschaftswissenschaftler im SDS zur Kenntnis genommen wurden. Es waren gerade solche theoretischen Köpfe wie Rudi Dutschke, Hans-Jürgen Krahl oder Bernd Rabehl, die – bis heute von der Schmidt-Generation ausgegrenzt – die Texte jener längst vergessenen Theoretiker in niederländischen und englischen Archiven entdeckten und in Raubdrucken unter die damaligen Studenten brachten. (Übrigens oft gegen den erbitterten Widerstand der etablierten Professoren.)

Zur Ironie der SDS-Geschichte gehört es, daß die Renaissance einer linken Stalinismuskritik Mitte der sechziger Jahre in eben dem nunmehr eingemauerten Berlin begann, in dem Ende der vierziger Jahre im Verband noch mit antikommunistischen Verschwörungstheorien operiert worden war. Für diese Entwicklung gibt es freilich eine relativ einfache Erklärung. So hatte z.B. noch am 31. März 1948 auf der SDS-Bundesversammlung in München der Vertreter der Berliner Gruppe, Otto Stolz, erklärt: »Kommunisten sollten nicht in nichtkommunistischen Gruppen sein dürfen, da sie Agenten sind.«

Bereits in den fünfziger Jahren beschäftigten sich die westdeutschen SDS-Hochschulgruppen hauptsächlich mit der gesellschaftlichen Entwicklung der Bundesrepublik. Der Berliner Landesverband dagegen organisierte seit Frühjahr 1951 regelmäßig »Ostertagungen«, auf denen die theoretische und politische Auseinandersetzung des Gesamtverbandes mit der FDJ inhaltlich vorbereitet und organisatorisch koordiniert wurde. Durch kontroverse Diskussionen über Themen wie Demokratie und Sozialismus, sowjetische Deutschlandpolitik nach 1945, Geschichte der KPD und Ursprünge des Stalinismus entstanden ein intellektueller Stil und eine Tradition der kritischen Auseinandersetzung, die dann Anfang der sechziger Jahre die intellektuelle Schärfe der Konfrontation des SDS mit dem SPD-Parteivorstand prägten. Mit denselben gesellschaftswissenschaftlichen Kategorien, mit denen man Anfang der fünfziger Jahre die Bürokratisierung und Verselbständigung der kommunistischen Parteiapparate gegenüber der Arbeiterklasse analysiert hatte, wurden Ende der fünfziger Jahre die geplante Parteireform der SPD und die bündnis- und wahlpolitische Ausrichtung des Godesberger Programms kritisiert.

Die »Eschweger Richtlinien«

Die separate Währungsreform in den drei westlichen Besatzungszonen Deutschlands am 20. Juni 1948 hatte katastrophale Auswirkungen auf den Lebensstandard der Studenten. Nur drei Tage nach der Geldentwertung organisierte der SDS in Eddigehausen bei Göttingen eine »Notversammlung«, in der jede Gruppe nur eine Stimme hatte und außerdem die ursprünglich vorgesehene mehrtägige Dauer der Delegiertenkonferenz auf einen Tag reduziert wurde. Trotzdem konnten infolge der materiellen Notsituation nicht alle Gruppenvertreter kommen. Im Vorfeld der Tagung hatten mehrere Ausschüsse Resolutionsentwürfe zur Organisationsstruktur, zur künftigen Hochschulpolitik, zur sozialen Situation und für ein neues politisches Programm ausgearbeitet.

Zur Vorbereitung der Diskussion hatte die SDS-Landesgruppe Hessen bereits vom 31. Januar bis zum 6. Februar 1948 ein Seminar in Eschwege bei Kassel durchgeführt. Auf dieser Tagung, an der auch die Berliner teilnahmen, entstanden die »Eschweger Richtlinien«. Diese programmatische Erklärung gliederte sich in drei Unterkapitel: 1. Unser Ziel; 2. Gesellschaft und Hochschule; 3. Aufgaben und Arbeit des Sozialistischen Studentenbundes. Auf der »Notkonferenz« wurde ein siebenköpfiger Ausschuß gebildet, der die vorgelegten Richtlinien noch einmal überarbeiten sollte.

In den schließlich verabschiedeten Richtlinien hieß es unter Punkt 1, »Unser Ziel«, u. a.: »Als Sozialisten erstreben wir eine Gesellschaftsordnung, in der die Freiheit von Not und Zwang allen Menschen eine harmonische Entwicklung ihrer Persönlichkeit ermöglicht. Das erfordert einen demokratisch kontrollierten Staat und eine Wirtschaftsordnung, in der die dem Kapitalismus eigene Ausbeutung der wirtschaftlich Schwachen, die durch das Profitstreben von einzelnen und von Gruppen bedingt ist, abgelöst wird durch eine auf Deckung der Bedürfnisse gerichtete Planung.«

Trotz der marxistischen Sprachfärbung wich diese Richtlinie nicht vom damaligen wirtschaftspolitischen Konsens in der Sozialdemokratischen Partei ab. Viktor Agartz hatte bereits auf dem ersten Nachkriegsparteitag der SPD in Hannover folgende wirtschaftspolitische Forderungen formuliert: Der Kapitalismus sollte durch Staatseingriffe evolutionär verändert werden. Durch Struktureingriffe in die Wirtschaft sollten unterschiedliche Elemente einer sozialistischen Planwirtschaft entstehen. Anstelle des bisherigen Privateigentums sollten verschiedene Eigentumsformen treten. Die konkreten Forderungen hießen: Bodenreform, Überführung des Bergbaus, der Eisen- und Stahlerzeugung, der Nichteisenmetallerzeugung und der Zementgewinnung sowie des größten Teils der chemischen Industrie in »öffentliche Regie«. Der Forderungskatalog von

Agartz orientierte sich am wirtschaftsdemokratischen Konzept von Fritz Naphtali aus den zwanziger Jahren. Aber im Gegensatz zu Agartz hatten die Verfasser der »Eschweger Richtlinien« völlig darauf verzichtet, konkrete wirtschaftspolitische Forderungen niederzulegen. Insofern darf man sich heute nicht durch den radikalen Ton der Formulierungen täuschen lassen.

Zur künftigen Hochschulpolitik lautete die wesentliche Aussage: »Bei der Auslese zum Studium dürfen ... nur Begabung, Leistung und Charakter entscheiden. Voraussetzungen sind völlige Gebührenfreiheit an allen Schulen und Hochschulen und materielle Sicherstellung der Lebenshaltung für die Dauer des Studiums. Begabten, die schon im Berufe stehen, muß durch Ferienkurse oder andere geeignete Maßnahmen der Zugang zur Hochschule ermöglicht werden. Die Lehrmethode der Hochschule soll weitgehend auf dem Lehrgespräch aufgebaut werden.« Die Forderung nach »völliger Gebührenfreiheit« und »materieller Sicherstellung« für die Dauer des Studiums lief letztlich auf die These hinaus, das Studium sei Arbeit für die Gesellschaft.

Anfang der fünfziger Jahre forderte der SDS denn auch folgerichtig die Einführung eines allgemeinen Studienhonorars. Auch in der im Spätherbst 1961 vom SDS herausgegebenen Denkschrift »Hochschule in der Demokratie« wurde das Studium erneut als »Arbeit für die Gesellschaft« definiert. Der »Arbeitgeber« des Studenten sei »die Gesellschaft als ganze«. Insofern zieht sich durch die Hochschulpolitik des SDS ein roter Faden, der von der »Notkonferenz« im Sommer 1948 bis weit in die sechziger Jahre hineinreichte.

Das Selbstverständnis dieser Gründergeneration drückt sich aber am besten in der folgenden Formulierung aus (dritter Abschnitt): »Durch gründliche Beschäftigung mit den soziologischen, ökonomischen und geistigen Zusammenhängen wollen wir uns zu politisch denkenden Menschen erziehen, die sich ihrer persönlichen Mitverantwortung für das Ganze bewußt sind. Selbstkritik und Überwindung von persönlichem Ehrgeiz sollen zur Solidarität in unseren Gruppen führen.«

In diesen Zielen für die künftige Gruppenarbeit spiegelten sich abermals die Werte, Verhaltensnormen und Gefühle der Frontgeneration wider: Kameradschaft, Gemeinschaftserlebnis, Solidarität, Selbstdisziplin und Erziehung durch die Gruppe. Der einzelne sollte in der Gruppe lernen, seinen persönlichen Ehrgeiz zu überwinden. Das Gruppenerlebnis war ein fester Bestandteil dieser Gefühlswelt.

Als soziale Antwort auf die rigorose Geldreform schlug die Arbeitsgruppe für »Fragen nach der Währungsreform« vor, eine verbandsinterne Arbeitsvermittlung und einen »Förderkreis« einzurichten. Außerdem sollte sich der SDS für eine allgemeine Gebühren- und Hörgeldfreiheit einsetzen und die Gewährung von Darlehen fordern. Nach einer Bestandsaufnahme sah die Situation in den einzelnen Gruppen sehr unterschiedlich aus: Ca. 150 SDS-Mitglieder waren in akuter Not und brauchten deshalb »selbst finanzielle Hilfe«, so z. B. in der Hochschulgruppe Münster, wo sich 31 der 32 Mitglieder mittlerweile den Kopf darüber zerbrachen, ob sie ihr Studium aufgeben sollten oder nicht. Sehr viel besser sah dagegen die Situation in Berlin aus. Von den 330 Mitgliedern erhielten bereits 60 ein »festes Stipendium« von den dortigen parteinahen Zeitungen. Letztlich liefen die Forderungen an die Partei auf einen Ausbau der gerade wieder gegründeten »Friedrich-Ebert-Stiftung« hinaus.

Zu Bundesvorsitzenden für die amerikanische Zone wurde Rolf Recknagel aus München und John van Nes Ziegler (Jahrgang 1921) aus Köln für die britische Zone gewählt. Im Rechenschaftsbericht des Hamburger SDS-Sekretariats auf der »Notkonferenz« in Eddigehausen bei Göttingen zeichnete sich bereits deutlich eine organisatorische Konsolidierung des sozialistischen Studentenverbandes ab. Im Sommer 1948 hatten sich in 27 Hochschulgruppen 1.112 Studentinnen und Studenten organisiert. In der britischen Zone gab es 15 Gruppen (davon bereits 13 lizenziert) mit 472 Mitgliedern; in der amerikanischen Zone existierten zehn Gruppen, von denen aber erst vier lizenziert worden waren, mit 285 Mitgliedern; in der französischen Zone gab es noch immer nur eine halblegale Hochschulgruppe, die 25 Mitglieder zählte. Im gerade erst in den Gesamtverband eingetretenen Berliner SDS-Landesverband waren immerhin schon 330 Studentinnen und Studenten organisiert. Vergleicht man die damalige Anzahl der Hochschulgruppen und der Mitglieder mit der Stärke des SDS in späteren Jahren, so wird deutlich, daß sich bis 1967 nur die Anzahl der Gruppen leicht erhöhte. Die Mitgliederzahl dagegen lag fast konstant knapp über 1.000. Erst in den Jahren der Revolte stieg die Anzahl der eingeschriebenen Mitglieder auf rund 3.000 an.

Die erste verlorene Bundestagswahl

Eine politische Zäsur war die Wahl zum 1. Bundestag am 14. August 1949. Die CDU/CSU erhielt 31 Prozent, die SPD 29,2 Prozent, die FDP 11,9 Prozent, die KPD 5,7 Prozent, die Deutsche Partei (DP) 4 Prozent, das Zentrum 3,1 Prozent und mehrere Splitterparteien der politischen Rechten zusammen ungefähr 10 Prozent. (Die Fünf-Prozent-Klausel wurde vom Bundestag erst im Jahre 1953 eingeführt, so daß im ersten Deutschen Bundestag auch fast alle Parteien vertreten waren, die sich an der Wahl beteiligt hatten.) Adenauer bildete gegen den Widerstand der christlichen Gewerkschaftler in den Sozialausschüssen eine Kleine Koalition aus CDU/CSU, FDP und DP, die Kurt Schumacher treffend als »Besitzbürgerblock« bezeichnete.

Obwohl sich das Ergebnis der Bundestagswahl bereits in den vorhergehenden Landtagswahlen angekündigt hatte, traf diese Niederlage die Sozialdemokratie unvorbereitet. Bis zu diesem Zeitpunkt war die sozialdemokratische Mehrheitsfraktion im SDS davon überzeugt gewesen, die bisherigen Eingriffe der drei Westalliierten in den Rekonstruktionsprozeß der parlamentarischen Demokratie könnten durch einen Wahlsieg der SPD auf Bundesebene nachträglich wieder modifiziert werden. Der SDS, der ja als sozialistischer Studentenverband in einem gewissen Spannungsverhältnis zur SPD stand, hatte davon auszugehen, daß die SPD nach 1945 keines ihrer politischen Grundanliegen in die Praxis hatte umsetzen können.

Deshalb stellte sich für den Gesamtverband nun die grundsätzliche Frage, welche Auswirkungen einerseits die Wahlniederlage auf das Selbstverständnis, die theoretische Diskussion und die organisatorische und politische Entwicklung des SDS haben würde und welchen Stellenwert andererseits z.B. die Bildungsarbeit sozialistischer Studenten in Ortsgruppen, Arbeitsgemeinschaften und Jugendorganisationen der SPD zukünftig einnehmen könnte. Zum Zeitpunkt der Bundestagswahl 1949 war klar, daß die Teilung Deutschlands in eine sowjetische und eine amerikanische Einflußsphäre weitgehend abgeschlossen war und daß nur eine grundsätzliche außenpolitische Veränderung entweder auf seiten der UdSSR oder der USA, vielleicht aber auch der massenhafte Druck der Bevölkerung in allen vier Besatzungszonen eine Korrektur dieser Entwicklung ermöglichen oder erzwingen könnten. Die SPD hatte durch ihre Politik seit Mai 1945 weder die Teilung Deutschlands verhindern noch die absolute Mehrheit im westdeutschen Teilstaat erringen können.

Begeisterung für Europa

Statt mit dem bisherigen Zweckoptimismus Schluß zu machen und eine kritische Bestandsaufnahme zu erarbeiten, die erst eine offensive Strategie gegen die Restaurationen ermöglicht hätte, flüchtete sich die sozialdemokratische Mehrheitsfraktion des SDS in eine romantische Europa-Begeisterung. Zwar schloß der SDS seine organisatorische Konsolidierungsphase Ende September 1949 auf der IV. Delegiertenkonferenz in Ratingen bei Düsseldorf ab, verzichtete jedoch weitgehend auf eine inhaltliche Auseinandersetzung mit der bisherigen SPD-Politik. Wichtigstes Ergebnis dieser Konferenz war eine Satzungsänderung, die keine individuelle Mitgliedschaft im SDS mehr vorsah, sondern nur die Mitgliedschaft in den jeweiligen Hochschulgruppen. Dadurch wurde die Autonomie der einzelnen Hochschulgruppen (z.B. für den Fall des Ausschlusses seiner Mitglieder) gegenüber dem Bundesvorstand gestärkt.

Der SDS ging zwar ohne eine politische Perspektive in die Adenauer-Ära, jedoch mit einer organisatorischen Struktur, die es den einzelnen Gruppen ermöglichte, auch nonkonformistische, der SPD-Linie widersprechende Positionen in den Gruppen und an den Hochschulen zu diskutieren, ohne einen bürokratischen Ausschluß durch den BV befürchten zu müssen. Insofern läßt der Ende der 60er Jahre von antiautoritären Studenten erhobene Vorwurf gegen die »sozialdemokratische Organisationsstruktur« des SDS hier ein weiteres wesentliches Element vollkommen außer acht.

Nach Ausbruch des Korea-Krieges im Juli 1950 forderte Bundeskanzler Konrad Adenauer erstmals öffentlich in einem Interview mit der »New York Times« am 18. August 1950 westdeutsche Verteidigungstruppen. Elf Tage später verlangte er in einem Memorandum an die Hohen Kommissare der drei West-Alliierten eine stärkere Berücksichtigung der Sicherheitsinteressen der Bundesrepublik. Auf der V. Delegiertenkonferenz des SDS vom 8. bis 12. September 1950 in Mainz wehrte sich die Mehrheit der Delegierten erstaunlicherweise nicht prinzipiell gegen jede Wiederbewaffnung, wie z. B. das als Gast anwesende Zentralvorstandsmitglied der »Sozialistischen Jugend Deutschlands, Die Falken«. Zwar lehnte die Konferenz in einem Beschluß die Remilitarisierung Westdeutschlands ab, stellte jedoch die »Tatsache« fest, daß eine »Verteidigung nur durch die vereinten Kräfte der Welt-Demokratien« möglich sei, wobei Deutschland als gleichberechtigter Partner »bestimmte Aufgaben« zu übernehmen habe. Das entsprach genau der Parteilinie unter Kurt Schumacher nach Ausbruch des Korea-Krieges.

Was die Delegierten jedoch hauptsächlich interessierte, war ein Ausbau der Zusammenarbeit des SDS mit anderen westeuropäischen Jugend- und Studentenorganisationen, die wie der SDS Mitglieder der »Internationalen Union der Sozialistischen Jugend« (IUSY) waren. Diese Europa-Begeisterung erklärt sich einmal aus dem Verlangen, die individuell erlebte Isolation als Deutscher in der europäischen Jugend zu durchbrechen, zum anderen aus dem Wunsch, sich als gleichberechtigte Demokraten zu legitimieren. In dieser Frage nahm die sozialdemokratische Mehrheitsfraktion im SDS eine vom Parteivorstand der SPD abweichende Position ein.

Am 9. November 1949 beschloß der Ständige Ausschuß der »Europa-Versammlung« die Aufnahme der Bundesrepublik Deutschland. Bedingung war, daß das weiterhin von Frankreich wirtschaftlich und außenpolitisch abhängige Saargebiet zum selben Zeitpunkt als eigenständiges Mitglied aufgenommen werden sollte. Der SPD-Parteivorstand lehnte dieses Junktim der »Europa-Versammlung« entschieden ab. Außerdem verweigerte er jede deutsche Mitarbeit in der geplanten »Internationalen Ruhrbehörde« und forderte statt dessen eine »allgemeine Internationalisierung der westeuropäischen Großindustrie«.

Trotz dieser eindeutigen Stellungnahme der SPD-Opposition zu den Plänen der Westalliierten konferierte Adenauer Mitte November 1949 in den »Petersberger Verhandlungen« mit den »Drei Hohen Kommissaren« über das Ruhrstatut, einen eventuellen Stopp der Demontage, die Saarfrage, den Status von West-Berlin und den Zeitpunkt, zu dem die drei Westalliierten der Bundesrepublik die volle Souveränität zurückgeben würden. Adenauer lehnte es ab, die informellen Diskussionsergebnisse dieser Geheimverhandlungen vor dem Bundestag bekanntzugeben, da er ja nur den langfristigen Handlungsspielraum für eine deutsche Politik ausgelotet habe. Diese Geheimdiplomatie verstieß aber nach dem Demokratieverständnis des gesamten SPD-Parteivorstandes gegen das Prinzip der »vollen Souveränität des Parlaments«. (Dieser Standpunkt spielte später auch in der Debatte über die Remilitarisierung Deutschlands eine wesentliche Rolle.) Da aber die Westalliierten grundsätzlich nur bereit waren, die bisherige Demontage-Politik aufgrund von langfristigen informellen Absprachen mit der deutschen Bundesregierung zu stoppen, erklärte sich der DGB-Vorstand unter Hans Böckler im Gegensatz zur SPD-Bundestagsfraktion bereit, in der »Internationalen Ruhrbehörde« mitzuarbeiten.

In der Debatte über die »Petersberger Verhandlungen« am 24. November 1949 kam es zum offenen Bruch zwischen Adenauer und Schumacher. Schumacher bezeichnete Adenauer als »Bundeskanzler der Alliierten« und stellte mit dieser Äußerung den zerbrechlichen Kompromiß zwischen den bürgerlichen Parteien und der sozialdemokratischen Mehrheitsfraktion in der deutschen Arbeiterbewegung in Frage. Dieser Kompromiß war letztlich deshalb so wichtig, weil er die Gründung einer separaten Bundesrepublik erst ermöglicht und darüber hinaus die Integration dieses Teilstaates in eine europäische Wirtschaftsunion und langfristig in ein atlantisches Militärbündnis vorbereitet hat.

Die Diskussion über die europäische Einigung innerhalb der informellen SDS-Kader wurde weniger durch Fragen wie die »Internationale Ruhrbehörde« und das Saarstatut geprägt als durch die Vorbereitung studentischer internationaler Arbeitslager oder in der Planung regionaler Arbeitsgemeinschaften sozialistischer Studenten längs des Rheins. Die SDS-Generation der ersten Stunde pflegte so ein eher abstraktes und vorwiegend emotionales Europabild. Führende SDS-Mitglieder, z. B. der Bundesvorsitzende (1947/48) und Beauftragte für die Britische Besatzungszone, Helmut Schmidt (Hamburg), der Beauftragte für die Amerikanische Besatzungszone, Karl Wittrock (Frankfurt/Main, in der zweiten Hälfte der 1960er Jahre Staatssekretär im Bundesverkehrsministerium), der Bundesvorsitzende der Jahre 1949 und 1950 John van Nes Ziegler (langjähriger Oberbürgermeister von Köln), Günther Bantzer (Berlin, 1951 Bundesvorsitzender, in den 1980er Jahren Oberbürgermeister in Kiel), Ulrich Lohmar (Bundesvorsitzender der Jahre 1952 bis 1954, 1951 bis 1954 Assistent bei Helmut Schelsky in Hamburg, 1954 bis 1968 Chefredakteur der sozialdemokratischen Zwei-Monats-Zeitschrift »Die Neue Gesellschaft«, 1957 bis 1976 Bundestagsabgeordneter, dann o. Prof. für politische Wissenschaft an der Pädagogischen Hochschule Westfalen Lippe, Abteilung Paderborn bzw. seit 1972 Gesamthochschule Paderborn) und Claus Arndt (Zweiter Bundesvorsitzender 1952 und 1954, Bundestagsabgeordneter von 1968 bis 1972, dann Regierungsdirektor und Lehrbeauftragter in der Verwaltungs- und Polizeischule Hamburg) sind in dieser Phase politisch und intellektuell sozialisiert worden. Das heißt aber, daß sie weniger in der europäischen Tradition der sozialdemokratischen Arbeiterbewegung standen als in der Tradition der europäischen Jugendarbeit.

Erste Theorie-Diskussionen

Im SDS gab es bis zu diesem Zeitpunkt theoretische Diskussionen nur in Minoritätszirkeln. Das änderte sich erst zur Zeit der VI. Delegiertenkonferenz, die vom 15. bis zum 17. September 1951 in Braunschweig stattfand. Im Hauptreferat kritisierte der Berliner Professor für Politische Soziologie, Otto Stammer, die intellektuelle Interesselosigkeit weiter Kreise der Studentenschaft. In diese Kritik schloß er den SDS mit ein, der bisher weitgehend versäumt habe, die Diskussionen und Analysen der sozialistischen Intelligenz der Weimarer Republik aufzuarbeiten und einer größeren universitären Öffentlichkeit zugänglich zu machen. Nach der Diskussion des Referates beschlossen die Delegierten, zukünftig Bundesseminare zu bestimmten Themenkreisen abzuhalten. Auf einem der ersten Bundesseminare, der Ludwigsteiner Tagung vom 27. April bis zum 3. Mai 1952, diskutierten die Delegierten mit Leo Kofler allgemeine Grundlagen des theoretischen Marxismus. Im Schlußprotokoll der Tagung werden eine »Zusammenfassung aller theoretisch arbeitenden Kräfte in der deutschen sozialistischen Bewegung« und die Herausgabe sowohl eines zentralen theoretischen Organs der Sozialdemokratie als auch einer überregionalen parteilichen Tageszeitung durch den SPD-Parteivorstand gefordert. Die erstmals im August 1954 erschienene »Neue Gesellschaft« fand jedoch als Diskussionsforum außerhalb der SPD nur wenig Beachtung. Was die Studenten betrifft, so läßt sich die Bedeutung dieses Organs z. B. während der 1960er Jahre nicht im entferntesten mit der der »neuen kritik« oder des »Arguments« vergleichen. Zu einer überregionalen Tageszeitung hat es die SPD nach Godesberg niemals gebracht.

Auf einer weiteren Ferientagung im Sommer 1952 in Speyer diskutierten die Delegierten u. a. über die Notwendigkeit der Einrichtung von Lehrstühlen für Soziologie und Politikwissenschaft an den westdeutschen Universitäten gegen den Widerstand der klassischen Fakultäten. Anfang der 1950er Jahre versuchten engagierte deutsche Sozialwissenschaftler, von denen viele aus der Emigration zurückgekehrt waren, (oft gezwungenermaßen außerhalb der Universitäten) sozialwissenschaftliche Forschungsinstitute zu etablieren, so das Berliner Institut für politische Wissenschaft und das Frankfurter Institut für Sozialforschung. Die tradierte Universität fürchtete durch die Einrichtung solcher Lehrstühle eine Politisierung der Hochschulen und empfand die Institutionalisierung der Politikwissenschaft als akademische Disziplin als direkten Eingriff ausländischer politischer Instanzen in die Autonomie der Hochschule. Es ist kennzeichnend für die damalige Situation, daß nicht eine repräsentative Gruppe aus der Professorenschaft, sondern ein politischer Studentenverband wie der SDS solche Initiativen öffentlich unterstützte.

Der Tod von Kurt Schumacher

Am 20. August 1952 verlor die SPD mit Kurt Schumacher ihre dominierende Persönlichkeit. Schumacher hatte das innerparteiliche Leben der SPD nach dem Ende des Zweiten Weltkriegs bestimmt. Ohne Widerspruch zu dulden definierte er die Einstellung der Partei gegenüber dem Marxismus, dem Kommunismus und dem bürgerlichen Parlamentarismus. Es ist Theo Pirker zuzustimmen, wenn er konstatiert, daß Schumacher über eine Partei dominierte, »die ideologisch ausgelaugt und in Fragen der Theorie uninteressiert war. Die SPD hatte weder Weimar noch Hitler überwunden oder bewältigt. Für diese

Partei war Kurt Schumacher die Politik und die Doktrin.« Die Überführung des Leichnams von Bonn nach Hannover – vorbei an Hunderttausenden von Arbeitern mit roten Fahnen – wurde zu einer der mächtigsten Demonstrationen der Existenz der sozialdemokratischen Arbeiterbewegung im westlichen Teilstaat Deutschlands.

Diese tatsächlich vorhandene gesellschaftliche Kraft zu mobilisieren stand auf der Tagesordnung. Dazu hätte die Partei ein strategisches Konzept ausarbeiten müssen. Statt dessen schwankte die Oppositionspolitik der SPD unter Erich Ollenhauer zwischen Anpassung, Nachtraben und Verweigerung, zwischen sozialdemokratischem Milieu und Integration in die bundesrepublikanische »Wirtschaftswundergesellschaft«, permanent irritiert und beleidigt über irgendwelche Wahlniederlagen, aber stets der Tradition der Arbeiterbewegung treu.

Wie die Alten, so die Jungen

Auch der SDS als sozialistischer Intellektuellenverband bewies im Herbst 1952 auf seiner VII. Delegiertenkonferenz, daß er unfähig war, die politischen Konsequenzen aus dem Ende der Schumacher-Ära zu ziehen. Statt die notwendige Bestandsaufnahme sozialdemokratischer Nachkriegspolitik in Angriff zu nehmen, diskutierten die Delegierten vom 4. bis 6. Oktober in Münster eine äußerst vage Erklärung über »Grundsätze und Ziele des Sozialistischen Deutschen Studentenbundes«, die in Teilen sogar hinter die Hamburger Richtlinien aus dem Jahre 1946 zurückfielen.

Der Verband verstand sich zwar weiter als »ein Glied der Arbeiterbewegung«; waren in den Hamburger Richtlinien jedoch noch Vorschläge zur Veränderung der kapitalistischen Wirtschaftsordnung gemacht worden, wurde jetzt ein so unspezifischer Begriff von Sozialismus verwendet, daß sich jedes Mitglied des Verbandes dabei denken konnte, was es wollte. Der Erklärung lag das klassenunspezifische humanistische Ideal des sich frei entfaltenden Individuums zugrunde. »Als Gleicher unter Gleichen soll er zum Wohle der Allgemeinheit wirken. Er soll im Mittelpunkt allen gesellschaftlichen Lebens stehen.« Als Voraussetzung dafür forderten die Delegierten denn auch nur noch einen »freiheitlichen Rechtsstaat« und eine »demokratische Wirtschafts-Ordnung«. Ohne die Benennung der materiellen Bedingungen für juristische und soziale Gleichheit blieb dieser Appell an das Gute im Menschen abstrakt und idealistisch. Diese Beschwörung der Rechtsstaatlichkeit muß allerdings als Reaktion auf die Praxis der Klassenjustiz von oben in der DDR gesehen werden. Besonders auffallend ist, daß der Begriff Planung in den »Grundsätzen und Zielen« nicht mehr vorkam, zu einer Zeit, in der er in der SPD noch gang und gäbe war. Entscheidend neu – auch im Vergleich zu Programmen der »Sozialistischen Studentenschaft Deutschlands und Österreichs« seit den 1920er Jahren – war jedoch die These: »Studium ist Arbeit und ist als solche zu bewerten. Die Gesellschaft hat die Voraussetzungen für diese Arbeit zu schaffen.« Diese programmatische Erklärung war in den nächsten zwanzig Jahren Grundlage der Hochschulpolitik des Verbandes.

Die Sozialistische Hochschulgemeinschaft (SHG)

Am 29. Januar 1953 wurde – nach dem Vorbild der gleichnamigen Vorgängerorganisation im Umfeld von Gustav Radbruch – erneut die »Sozialistische Hochschulgemeinschaft« gegründet. Die Initiative ging von vereinzelten Professoren aus, die wie Wolfgang Abendroth und Hans-Joachim Heydorn in einer links-sozialdemokratischen Tradition standen, vom Betriebsratsvorsitzenden der Stuttgarter Zeitung, Fritz Lamm, und vom damaligen SDS-Bundesvorstand mit Ulrich Lohmar und Claus Arndt als Vorsitzenden. Die Gemeinschaft sollte dem zunehmend spürbaren Einfluß der Korporationen und der Alten Herren entgegentreten und die neue Studentengeneration über die historische Rolle der Burschenschaften und Corps aufklären. Darüber hinaus sollte endlich für die Bildungspolitik der SPD an den Hochschulen eine fundierte Konzeption ausgearbeitet werden. Spätestens nach Gründung der Freien Universität in der sozialdemokratischen Hochburg Berlin hatte sich erneut gezeigt, daß die Partei keine konkreten Vorstellungen über den Universitätsbereich entwickelt hatte, weshalb auch an der FU konservative Professoren an Einfluß gewinnen konnten.

Das wichtigste Ereignis vor der Bundestagswahl 1953 war der niedergeschlagene Arbeiteraufstand am 16./17. Juni 1953. Die Tatsache, daß Kommunisten nach 1945 in einem Teilstaat Deutschlands, der DDR, auf demonstrierende Arbeiter schossen, bedeutete für die KPD in dem anderen Teilstaat, der Bundesrepublik Deutschland, das politische Ende. Auch die DKP stand lange unter diesem Trauma.

Die Versuche des damaligen SDS, sich von außen mit Flugblättern und Kommentaren mit den aufständischen Arbeitern in der DDR zu solidarisieren, blieben hilflos und hölzern: »Die gerechte Sache wird siegen«, »Das Volk ist unbesiegbar«, »Das Volk hat sie in eine Sackgasse getrieben, aus der es keinen Ausweg gibt«. Diese Sprache der Ohnmacht ähnelt gespenstisch der Ausdrucksweise der maoistischen Studentenorganisationen Kommunistischer Studentenverband (KSV) und Kommunistische Hochschulgruppe (KHG) in den 1970er Jahren, die auch die Unbesiegbarkeit »des Volkes« beschworen. Trotz zahlreicher Niederlagen seit der Pariser Commune im Jahre 1871 verdrängen immer wieder Teile der linken bürgerlichen Intelligenz die Möglichkeit des historischen Scheiterns der Arbeiterbewegung.

Die zweite verlorene Bundestagswahl

Kurze Zeit später verlor die SPD mit 28,8 Prozent die zweite Bundestagswahl, während das bürgerliche Parteienkartell aus CDU/CSU (45,2 Prozent), FDP (9,5 Prozent), BHE (5,9 Prozent) und DP (3,2 Prozent) fast eine Zwei-Drittel-Mehrheit erzielte. Auch im SDS war das »Trotz alledem!«-Bewußtsein nach dieser Wahlniederlage einem Gefühl von Hoffnungslosigkeit und Vergeblichkeit gewichen. Statt eines Leitartikels zierte die Titelseite des Bundesorgans »Unser Standpunkt« Brechts nach der Machtübergabe an die Nazis geschriebenes Gedicht »An die Schwankenden«, in dieser Situation wahrhaft eine Blasphemie. Wie schon nach der ersten verlorenen Bundestagswahl des Jahres 1949 erwies sich die deutsche Sozialdemokratie auch dieses Mal als unfähig, den Tatbestand der Niederlage ohne Rationalisierungen und Verdrängungen zu akzeptieren. Statt die Ursachen des Fiaskos zu analysieren, ging der Parteivorstand erneut auf die Pirsch nach dem Sündenbock und machte hauptsächlich die Kommunisten für die eigene Niederlage verantwortlich.

Die FU-Gruppe: Auf nach Godesberg!

Im Dezember 1953 erstellte dann eine Arbeitsgruppe von SDS- und SPD-Mitgliedern in der Freien Universität ein Thesenpapier, das sich mit den vermeintlichen Ursachen der Niederlage in der Bundestagswahl vom 6. September 1953 auseinandersetzte. Angelpunkt der programmatischen Argumentation war die Behauptung, es gebe keine Klassengesellschaft mehr und die Marxisten befänden sich daher in einer »geistigen Krise«. Zwar muß man den Autoren zugestehen, daß sie sich nicht davor drückten einzugestehen, daß ihre Partei auf Bundesebene von einem Waterloo zum nächsten taumelte. Mit der Ideologie der nivellierten Mittelstandsgesellschaft, in der die Klassen wegdefiniert werden, konnten sie jedoch nicht die wirklichen Gründe für den (bisher) zweifachen Sieg des Besitzbürgertums in den Griff bekommen. Nicht zuletzt deshalb mußte der programmatische Alternativ-Entwurf für eine neue sozialdemokratische Politik in einer tagespolitisch zurechtgeschusterten Auflistung der Ziele der bürgerlichen Revolution steckenbleiben: »Als verbindliche Ziele der Sozialdemokratie können nur noch die großen sozialen Werte gelten: persönliche Freiheit, Hebung des allgemeinen Wohlstands, soziale Sicherheit und Solidarität.« Das heißt im Klartext aber nichts anderes als Integration der SPD in die bundesrepublikanische Gesellschaft der Kleinbürger in freier Marktwirtschaft.

Spannend wird das Thesenpapier dort, wo es für eine (aufgrund der Erfahrungen der letzten zehn Jahre würde man heute sagen:) Sanierung des historisch gewachsenen sozialdemokratischen Milieus eintritt. Eine SPD neuen Typs setze voraus:

- die Ablösung des alten Funktionärskörpers aus der Arbeiterklasse;
- die Mobilisierung der jungen gegen die alte Generation;
- die Einmottung der herkömmlichen Symbole der Arbeiterbewegung.

Forthin sollten berufliche Fähigkeiten, Charakter und Tüchtigkeit die Kriterien für die Auslese des Funktionärskörpers sein. Damit tat man so, als könnten nur Akademiker und nicht Arbeiter diesen Persönlichkeitsmerkmalen gerecht werden. Letztlich aufgrund einer solchen Konzeption wurde der Organisator der Berliner Urabstimmung gegen die Vereinigung mit der stalinisierten KPD, der sozialdemokratische Arbeiterführer Franz Neumann in die Wüste geschickt. Die Initiatoren des Thesenpapiers waren u. a. die beiden späteren Regierenden Bürgermeister von Berlin, Klaus Schütz und Dietrich Stobbe sowie der langjährige Senator für Finanzen Klaus Riebschläger.

Die organisatorischen Forderungen des Papiers zielten nicht auf einen Ausbau der innerparteilichen Demokratie, sondern auf die Stärkung des Parteivorstandes, die satzungsmäßige Absicherung der Verselbständigungstendenzen der Bundestagsfraktion und die Einrichtung eines nach Fachsektoren untergliederten Generalsekretariats ab. Diese Überlegungen stellten einen Vorgriff auf die Beschlüsse zur Organisationsstruktur auf dem Parteitag der SPD in Stuttgart im Mai 1958 dar, auf dem die innerparteilichen Voraussetzungen für den Godesberger Parteitag geschaffen wurden.

Diese Thesen wurden am 15. Januar 1954 auf der Mitgliederversammlung der SDS-Gruppe an der FU mit 12:10 Stimmen angenommen. Bereits vier Tage später lehnte die SDS-Gruppe an der Hochschule für Politik (das spätere Otto-Suhr-Institut) die 15 Thesen inhaltlich ab. Im Februar verschickte eine Gruppe um Harry Ristock (damals dort wissenschaftlicher Hilfsassistent) eine kritische Stellungnahme, in der die Auffassung zurückgewiesen wurde, die »zu wenig ›bürgerliche‹ Haltung« der SPD sei für die Wahlniederlagen verantwortlich. »Wir wissen, daß die Partei zu wenig sozialistisch und vielleicht sogar zu wenig revolutionär ist und darin sehen wir die Ursachen unseres Mißerfolges.«

2. Kapitel: Flakhelfer- und HJ-Generation

Der Bundesvorstand Lohmar/Arndt

In dieser allgemeinen Resignation setzte sich eine Gruppe um den Bundesvorsitzenden Ulrich Lohmar im SDS durch, die nicht mehr explizit in der Tradition der sozialdemokratischen Arbeiterbewegung stand, sondern eher dazu tendierte, praktische ad hoc-Antworten auf den Vormarsch der CDU/CSU unter Konrad Adenauer zu finden. Für diese SDSler bedeutete eine Führungsposition im Studentenverband den bewußten Beginn einer Parteikarriere in der SPD. Zwar war der SDS nach 1945 immer ein Rekrutierungsfeld für die Parteielite gewesen, diese jungen Macher stellten jedoch einen neuen Typus von Berufspolitikern dar, für den Wissenschaft und Universität nur noch Karriere-Sprungbrett waren.

Beginn der Wehrdebatte

Diese Gruppierung veranstaltete unmittelbar vor der VIII. Delegiertenkonferenz des SDS in Hamburg vom 3. bis 6. Oktober 1953 eine »Wehrpolitische Arbeitstagung« und bereitete Diskussionsthesen für die Delegiertenkonferenz vor. Im Verlauf der Wehrdebatte auf der DK zeichnete sich ab, daß zwischen den Befürwortern einer bundesrepublikanischen Beteiligung an der Europäischen Verteidigungsgemeinschaft (EVG) und einer pazifistisch-sozialistischen Minderheitsfraktion keine inhaltliche Einigung möglich war. Um den Verband nicht kurz nach der verlorenen Bundestagswahl auch noch zu spalten, verzichteten beide Fraktionen offensichtlich auf einen Machtkampf.

Die Mehrheit um Ulrich Lohmar vertrat die Auffassung, die bürgerliche Demokratie sei grundsätzlich verteidigungswert, auch mit militärischen Mitteln. Der demokratische Sozialismus habe nur im »freien Westen« eine Verwirklichungschance. Für beide Fraktionen hatte die Wiedervereinigung Deutschlands Priorität. Die Mehrheitsfraktion gestand in der Diskussion ein, daß die Wiederbewaffnung und die Eingliederung der Bundesrepublik in ein westliches Verteidigungssystem die Spaltung Deutschlands zementieren würden. Die Intensität und die Schärfe der Auseinandersetzungen waren für den Arbeitsstil des Verbandes bis zu diesem Zeitpunkt ungewöhnlich. Daß es die Gruppe um Ulrich Lohmar früher oder später jedoch auf eine Konfrontation ankommen lassen würde, zeichnete sich schon in der von vielen Delegierten als Provokation empfundenen Einladung Helmut Schelskys ab, der zum zweiten Hauptthema der DK, »Das hochschulpolitische Programm des SDS«, das Einleitungsreferat »Bildung als soziale Macht« hielt. Der SDS beschloß, auf der Grundlage der vom Bundesvorstand vorgelegten Hochschuldenkschrift

»Hochschule in der modernen Gesellschaft« für die nächste DK ein grundsätzliches und umfassendes Hochschulprogramm zu erarbeiten, in dem ein intensiverer Ausbau der Sozialwissenschaften, eine stärkere Integration der Hochschule in die Gesamtgesellschaft und eine größere Durchlässigkeit des Studiums als Forderungen konkretisiert werden sollten. Einen weiteren Schwerpunkt der Diskussionen bildete die These, Studium sei Arbeit für die Gesellschaft, für die der SDS die Einführung eines allgemeinen Studienhonorars fordern müsse. An diesen Thesen der Hochschuldiskussion hielt der SDS im wesentlichen auch nach der durch die Wehrdebatte eingeleiteten Spaltung fest. Die Tatsache, daß der SDS Ende der 60er Jahre durchaus mit SPD-Länderregierungen bei der Vorbereitung von Hochschulgesetzen zusammenarbeiten konnte, ist darauf zurückzuführen, daß sowohl die Vertreter des SDS in den Studentenparlamenten als auch die Mitglieder der SPD-Hochschularbeitskreise in der Tradition der SDS-Hochschuldenkschriften standen.

Hochschule und Gesellschaft

Auf der IX. Bundesdelegiertenkonferenz des SDS in Marburg vom 27. bis 29. Oktober 1954 wurde die Denkschrift »Hochschule in der modernen Gesellschaft« beschlossen. In seinem Einleitungsreferat zur Hochschuldebatte wies der 1. Bundesvorsitzende Ulrich Lohmar auf einen Generationenwechsel hin. Er stellte fest, daß zwei Drittel der Delegierten in Marburg zum ersten Mal an einer DK teilnahmen. Die Kriegsgeneration, die 1946 den Verband gründete, habe die Universität verlassen und eine neue Generation sei in den SDS »hineingewachsen«. Dies sei besonders bemerkenswert, weil die neue Generation an den Hochschulen im allgemeinen nur auf eigenen Vorteil bedacht sei. Daher erkläre sich die besondere Anziehungskraft der Korporationen mit ihrer Ämterpatronage durch die Alten Herren. Ein weiterer Grund für den studentischen Zulauf zu dem tradierten Verbindungswesen erkläre gleichzeitig die fehlende Attraktivität des SDS für große Teile der Studentenschaft: das »emotionale Bedürfnis«, die zunehmende Anonymität der Universität durch Anschluß an eine Gemeinschaft zu durchbrechen. Diesem Bedürfnis könne der SDS »nur bis zu einem gewissen Grade Rechnung tragen. Politische Arbeit verlangt ein Minimum an rationeller Einsicht, Bereitschaft, sich von emotionalen Einflüssen zu lösen, zu rationaler Erkenntnis zu gelangen.« (Protokoll) Neben einer konstruierten Entschuldigung für die Stagnation des Verbandes klingt hier ein Appell an die »Sachzwänge« an, mit der der alte Vorstand die Delegierten zur Realpolitik mahnen wollte.

Lohmars Trennung von politischem Lernprozeß, wissenschaftlicher Rationalität und Bewußtseinsveränderung verdeutlicht das Politikverständnis eines neuen Typus sozialdemokratischen Parlamentariers, der weniger durch Klassenkampf als durch kontinuierliche, oft geschaftelhuberische Kleinarbeit in den Institutionen der Partei sozialisiert worden war.

Militanter Protest und Bewußtsein

Es ist bezeichnend, daß in Lohmars Bericht die Initiativen der SDS-Hochschulgruppen Freiburg/Breisgau, Göttingen, Marburg, Frankfurt/Main und West-Berlin zu oftmals militanten Demonstrationen gegen die Aufführung von Veit-Harlan-Filmen oder die Schlägereien mit Korporationen und Polizisten, soweit diese für die Verbindungsstudenten Partei ergriffen, unerwähnt bleiben, obwohl diese Erfahrungen für die Politisierung der Mitglieder offensichtlich eine wichtige Rolle gespielt haben. Bereits am 15. Januar 1952 versuchte die SDS-Hochschulgruppe Freiburg/Breisgau die Aufführung des Veit-Harlan-Films »Hanna Ammon« zu verhindern. Ursprünglich hatte die Gruppe einen Universitätsstreik geplant, der jedoch schon damals von vielen Dozenten mit der Begründung abgelehnt wurde, daß sie als Beamte des Öffentlichen Dienstes nicht streikberechtigt seien. Die studentischen Demonstranten wurden von einer weitverbreiteten antisemitischen und antikommunistischen Pogromstimmung überrascht. Die meisten Polizisten weigerten sich, gegen Passanten einzuschreiten, die die Studenten mit Beschimpfungen wie »Ihr Judenlümmel!«, »Heil Hitler!«, »FDJ-Schweine!« bedachten und zum Teil tätlich angriffen. Die akademische Auseinandersetzung mit dem kleinbürgerlichen Antisemitismus und Rassismus gewann durch solche Erfahrungen eine neue Qualität.

Bei diesen Demonstrationen handelte es sich nicht – wie später in den 60er Jahren – um symbolische »direkte Aktionen« innerhalb einer offensiven Strategie, sondern eher um vereinzelte, oft spontane, z.T. militante ad hoc-Reaktionen zur Abwehr von Symptomen der Restauration. Indem man die Wiederaufführung von Spielfilmen NS-belasteter Regisseure verhinderte, sollte die stillschweigende Rehabilitierung antisemitischer Propagandisten in die bundesrepublikanische Kulturlandschaft abgeblockt werden; Gegendemonstrationen sollten das öffentliche Auftreten von Corpsstudenten in Couleur und vollem Wichs unmöglich machen; durch gewaltsame Besetzung eines Paukbodens erzwangen z.B. linke Studenten den Abbruch von Bestimmungsmensuren. Solche Aktionsformen orientierten sich Anfang der 50er Jahre noch an den antifaschistischen Stoßtrupp-Unternehmen der »Sozialistischen Arbeiterjugend« (SAJ) und der »Eisernen Front« gegen SA-Lokale in Arbeitervierteln in den letzten Jahren der Weimarer Republik.

Das studentische Verbindungswesen wurde von diesen Studenten nicht etwa als anachronistischer Mummenschanz begriffen, sondern als Wegbereiter des Nationalsozialismus. Das später geflügelte Wort »Bonn ist nicht Weimar« hatte für die damalige Generation noch eine ganz andere Bedeutung als für uns heute. War nämlich die Bestimmungsmensur in der Weimarer Republik noch als »Zweikampf mit tödlicher Waffe« verboten, so entschied der 5. (Berliner) Strafsenat des Bundesgerichtshofs am 29. Januar 1953, die Bestimmungsmensur gelte nicht mehr als Zweikampf mit tödlicher Waffe. Damit sanktionierte er ausdrücklich diesen Initiationsritus einer autoritären ständischen Männerwelt als mit dem Grundgesetz vereinbar. Abgesehen von der traditionellen reaktionären Gesinnung im Justizapparat zeigte dieses Grundsatzurteil, daß die kleinen Kritikgruppen schon zu Beginn der 50er Jahre wieder mit dem Rücken an der Wand standen.

Studentenschelte

Der Vortrag zum Thema »Die Hochschule – rechts von der Demokratie?«, das sich Ulrich Lohmar gestellt hatte, wurde nur auf der Ebene der Verbandsarbeit konkret. Eine differenzierte Analyse der Ursachen für die schleichende Restauration gab Lohmar nicht und konnte deshalb auch nicht die Bedingungen für einen historisch notwendigen Strukturwandel der Gesellschaft benennen, der Demokratie erst möglich macht. Der Bundesvorstand Lohmar/Arndt hatte seit 1952 aus Gründen der Parteiräson die kritische Diskussion über Grundsatzentscheidungen besonders der westlichen Militärregierungen, die zur Herausbildung eines separaten Weststaates geführt hatten, systematisch ausgeklammert und die Verantwortung für die Teilung Deutschlands ausschließlich der sowjetischen Regierung angelastet. Die permanente Tabuisierung wesentlicher Aspekte der Nachkriegsgeschichte verhinderte sowohl die theoretische Aufarbeitung der politischen Niederlage der SPD als auch des Sieges des bürgerlichen Blocks. Diese vom Bundesvorstand Lohmar/Arndt mit zu verantwortende Sprach- und Begrifflosigkeit führte denn auch dazu, daß Lohmar am Ende seines Referats die Studentenschaft als »rechts« beschimpfte. Andererseits machte er es sich durch eine solch oberflächliche Abhandlung des Themas unmöglich, die politischen Lernprozesse der verschiedenen SDS-Hochschulgruppen, die für die zukünftige Entwicklung des Verbandes von ausschlaggebender Bedeutung waren, in die Debatte auf der Delegiertenkonferenz mit einzubeziehen. Man muß jedoch sagen, daß nicht nur der Bundesvorstand, sondern der damalige Gesamtverband sein Thema, das Verhältnis zwischen Hochschule/Wissenschaft und nachnationalsozialistischer bürgerlicher Gesellschaft, verfehlte. Erst im September 1961 legte der Verband eine hochschulpolitische Denkschrift vor, die von einer marxistischen Position aus die Voraussetzungen für die Demokratisierung der Universität benannte und konkrete Forderungen aufstellte.

SDS und Gewerkschaften

Der Auftritt des geschäftsführenden DGB-Vorstandsmitglieds Ludwig Rosenberg auf der Marburger Delegiertenkonferenz signalisierte eine Intensivierung der Zusammenarbeit zwischen SDS und DGB jenseits der SPD. In Zukunft, so Rosenberg, solle die gewerkschaftlich organisierte Arbeiterschaft durch die verbandseigene Presse besser über die soziale Lage der Studentenschaft und die Hochschularbeit des SDS informiert werden. Der DGB werde die Auslandsarbeit des SDS finanziell und politisch unterstützen. Es blieb nicht bei der Absichtserklärung. In den folgenden Jahren wurden die bisher nur zufälligen und lockeren Kontakte in der gewerkschaftlichen Schulungsarbeit zwischen einzelnen SDS-Mitgliedern und Gewerkschaftsfunktionären kontinuierlich ausgebaut. Insbesondere der SDS-Landesverband Hessen und hier wiederum besonders die Frankfurter Gruppe stellten nicht nur Referenten, sondern wirkten auch bei der Ausarbeitung von Schulungsprogrammen des DGB und einzelner Industrie-Gewerkschaften mit.

Zur Zeit des Unvereinbarkeitsbeschlusses zwischen SPD-und SDS-Mitgliedschaft im Herbst 1961 bestand eine Vertrauensbasis, die schon so stark war, daß besonders die IG Metall und die IG Chemie noch bis 1967/68 Bundesseminare des SDS finanzierten, ohne damit politische Auflagen zu verknüpfen. Diese Erfahrungen mit der gewerkschaftlichen Schulungsarbeit hatten natürlich auch Rückwirkungen auf die theoretischen Diskussionen innerhalb des SDS über die Rolle der sozialistischen Intelligenz in der bundesrepublikanischen Gesellschaft und auf die Frage, wie Klassenbewußtsein entsteht und sich verändert. Andererseits initiierte und unterstützte der SDS seit 1951 den Aufbau unabhängiger studentischer Arbeitskreise für Gewerkschaftsfragen, die sich ab 1953 als sowohl vom SDS als auch vom DGB unabhängige »Gewerkschaftliche Studentengemeinschaften« (GSG) konstituierten.

Der SDS verzichtete bewußt auf einen Hegemonie-Anspruch in den GSG-Gruppen, um das Prinzip der Einheitsgewerkschaft auf der Hochschulebene nicht in Frage zu stellen. Zwar ist der DGB keine Einheitsgewerkschaft im ursprünglich 1945 geforderten Sinne, sondern nur ein Dachverband für weitgehend selbständige Industriegewerkschaften. Durch die Gründung des DGB im Herbst 1949 wurde jedoch eine erneute Zersplitterung der gewerkschaftlichen Kräfte in politische und religiöse Richtungsgewerkschaften verhindert. Mitte der 1950er Jahre bestand in weiten Kreisen der katholischen Studentenvereine und -Verbindungen die Tendenz, die beabsichtigte Spaltung der Einheitsgewerkschaft durch die Gründung eines »Christlichen Gewerkschaftsbundes Deutschlands« (CGD) zu unterstützen. In dieser Situation sollte besonders »linken« Mitgliedern des RCDS und der Sozialausschüsse in der CDU durch den Verzicht auf einen SDS-Führungsanspruch die Möglichkeit der Mitarbeit in der GSG offengehalten werden.

Zum Verständnis des damaligen Klimas an den westdeutschen Universitäten muß man sich vergegenwärtigen, daß die GSG in weiten Kreisen der Akademikerschaft noch in weit größerem Maße auf Unverständnis, Mißtrauen, Vorurteile, Aggressionen und politische Ablehnung stieß als der SDS. Akademisch gebildet und gleichzeitig Marxist zu sein, so etwas wurde an einer philosophischen oder theologischen Fakultät vielleicht gerade noch geduldet. Aber Sympathien für Gewerkschaften, das war einfach zu viel. Lohnkämpfe, Streiks und Klassenkampf waren im klassenspezifischen Bewußtsein der bürgerlichen Elite als Unruhestiftung verpönt. »Prolet« war damals an den Universitäten noch Schimpfwort und nicht Ehrentitel, wie in den späten 1960er Jahren.

Wiederbewaffnung und nationale Frage

Auf der Marburger Delegiertenkonferenz wurde die auf der VIII. DK in Hamburg durch einen Kompromiß vorübergehend auf Eis gelegte Diskussion über die Wiederbewaffnung verschärft fortgesetzt. Zwei Hochschulgruppen stellten zu diesem Komplex Anträge: einmal die Gruppe Marburg, die stark unter dem Einfluß des linkssozialistischen Juristen und Sozialwissenschaftlers Wolfgang Abendroth stand, und zum andern die Berliner FU-Gruppe.

Der Marburger Antrag ging davon aus, daß eine Wiederbewaffnung beider deutscher Teilstaaten nur durch die Aufnahme direkter Verhandlungen zwischen den Regierungen der Bundesrepublik Deutschland und der DDR verhindert werden könnte. Die Bundesregierung dürfe solchen »Verhandlungen über alle Fragen im Zusammenhang mit der Wiedervereinigung Deutschlands« nicht ausweichen, »weil darin eine Anerkennung des rechtlichen Charakters dieses Regimes gesehen werden könne«. Wenn erst hie Bundeswehr, da Nationale Volksarmee existierten, dann sei Deutschland verloren. Um die nationale Einheit zu wahren, nahm der Antrag bewußt die Möglichkeit in Kauf, daß eine Aufnahme direkter Kontakte zwischen der Regierung der Bundesrepublik und der Regierung der DDR im Ausland als indirekte völkerrechtliche Anerkennung interpretiert werden könnte. Der Antrag forderte weiter, daß der SDS diese Position offensiv in der Partei und in der »deutschen Öffentlichkeit« vertreten und verbreiten sollte.

Demgegenüber hatte der Antrag der Berliner FU-Gruppe eine völlig andere Stoßrichtung: Er forderte die sofortige Einsetzung einer »Studienkommission zur Ausarbeitung von Empfehlungen für eine sozialdemokratische Wehrverfassung«, die die Erfahrungen der österreichischen Sozialdemokraten nach dem Ersten Weltkrieg sowie die der Labour Party und der skandinavischen sozialistischen Parteien einbeziehen sollte. Die Berliner vertraten also einen Standpunkt, der sich zu diesem Zeitpunkt auch im rechten Flügel der SPD durchsetzte. Wenn schon die Wiederaufrüstung nicht verhindert werden könne, dann müsse die Sozialdemokratie Einfluß nehmen, um ein Wiederaufleben des deutschen Militarismus zu verhindern. Die Kommission hätte dann – als intellektueller Zuliefererbetrieb – eine vergleichende Studie erarbeiten sollen, inwieweit die Institution des schwedischen Ombudsmans oder des österreichischen Parlamentskommissärs auf die neue Deutsche Wehrmacht zu übertragen sei.

Daß diese beiden Anträge getrennt dem Plenum vorgelegt wurden, ist offensichtlich darauf zurückzuführen, daß sich die Mitglieder der Antragsprüfungskommission, die am ersten Tag der DK eingesetzt wurde, nicht hatten einigen können. Das Plenum ging einer Kampfabstimmung aus dem Weg, indem es eine neue Kommission einsetzte, die diese beiden konträren Anträge vereinheitlichen sollte.

Der schließlich mit 35 gegen elf Stimmen bei acht Enthaltungen angenommene Kompromißantrag hatte drei Kernpunkte: 1. die Signatarmächte des Potsdamer Abkommens, die jetzigen Großmächte, sollten endlich Verhandlungen und Vereinbarungen über eine friedliche Regelung des Problems der deutschen Wiedervereinigung einleiten; 2. die Regierung der Bundesrepublik sollte direkte Verhandlungen mit der UdSSR, der Garantiemacht der DDR, aufnehmen; 3. zusätzlich sollte die Regierung der Bundesrepublik Deutschland mit der »sogenannten DDR« Verhandlungen über »bestimmte Fragen im Zusammenhang mit der Wiedervereinigung Deutschlands« aufnehmen, da solche Kontakte »mit der Regierung der DDR keine Anerkennung ihrer demokratischen Legitimität bedeuten«. In diesem letzten Punkt hatten sich die Marburger eindeutig durchgesetzt. Der Berliner Vertreter in der neugebildeten Kommission hatte offensichtlich den ursprünglichen Antrag der FU zurückgezogen, um eine Entschärfung in der Frage der möglichen Anerkennung der DDR auszuhandeln. Dieser Beschluß zur Deutschland- und Außenpolitik sollte an den Hochschulen und innerhalb der SPD die Diskussion über eine Neuorientierung des deutsch-sowjetischen Verhältnisses und des Alleinvertretungsanspruchs (Hallstein-Doktrin) und über die Integration ins westliche Verteidigungssystem und die damit verbundene Konzeption der Politik der Stärke initiieren.

Die Bedeutung dieses Beschlusses liegt nicht so sehr darin, daß hier Ansätze der späteren »Ost-Politik« der Brandt-SPD erkennbar wären, wie man aus heutiger Sicht überinterpretieren könnte, sondern darin, daß in der nationalen Frage die Enttabuisierung erstarrter Doktrinen eingeleitet wurde. In den folgenden Jahren sollte sich zeigen, daß diese Debatte auch innerhalb des SDS zu einer weiteren Polarisierung und letztlich zur Trennung der Mehrheit seiner Mitglieder von der SPD führte. Der Beschluß ist auch Indiz dafür, daß der SDS sich als Intellektuellenverband im Vorfeld der Sozialdemokratischen Partei und nicht als eine der tradierten Parteidisziplin unterworfene Unterorganisation der Partei verstand. Folgende Tatsache mag das verdeutlichen: Seit Anfang Mai 1951 gehörte der Bundesvorsitzende Ulrich Lohmar dem neugegründeten SPD-Sicherheitsausschuß an. Zusammen mit Fritz Erler, Adolf Arndt, Horst Ehmke u. a. arbeitete er an einem Alternativ-Entwurf der SPD zu den Fragen der Regelung der Kommando-Struktur, der Absicherung der zivilen Leitung des Verteidigungsministeriums, der parlamentarischen Kontrolle über die Armee, der kontrollierten Personalauslese des zukünftigen Offizierskorps und der verfassungsmäßigen Verankerung des Parlamentsbeauftragten für die Streitkräfte. Obwohl Ulrich Lohmar während der Diskussion über den Beschluß mehrfach versuchte, den Verband auf diese realpolitische Linie des SPD-Parteivorstands in der Wehrfrage festzulegen, bestanden die Delegierten auf ihrem Recht, die Wiederbewaffnung weiterhin abzulehnen und alternative Vorschläge zur Deutschlandpolitik zu unterbreiten.

Zeichnete sich auf den Delegiertenkonferenzen bis 1950 bei der ersten Nachkriegsgeneration noch mehrheitlich eine zustimmende Grundhaltung zur Wehrfrage ab, also eine Position rechts von der SPD, so kündigte sich im Herbst 1951 eine Kräfteverschiebung innerhalb des SDS an, die auf der Marburger DK zu einer mehrheitlichen Ablehnung der Remilitarisierung führte – der SDS stand nun links von der SPD. Dieser Prozeß der

Umorientierung vollzog sich unter dem Primat der Einheit. Da eine Spaltung der Nation für die damaligen sozialistischen Studenten unvorstellbar war, prägte der politische Kompromiß das Erscheinungsbild des Verbandes. Kompromisse kamen jedoch nicht durch Entpolitisierung zustande. Kontroverse Positionen wurden nicht ausgeklammert, sondern eine Reihe von Beschlüssen spiegelte indirekt auch immer die verschiedenen Mehrheitsverhältnisse im SDS wider. Die ständige Bereitschaft, sich trotz massiver interner Auseinandersetzungen auf einen Minimalkonsens zu einigen, erklärt sich letztlich aus der minoritären Position der Linken an der Universität. Gemeinsames Ziel war, die Hegemonie der Konservativen und Reaktionären zu brechen. Dieser Grundkonsens gegen rechts war auch in den 1960er Jahren noch so stark, daß sich auch der im Mai 1960 auf Anregung des SPD-Parteivorstandes gegründete »Sozialdemokratische Hochschulbund« (SHB) gemeinsam mit dem »Bundesverband Deutsch-Israelischer Studiengruppen« (BDIS) und dem »Liberalen Studentenbund Deutschlands« (LSD) in der Höchster Vereinbarung am 30. Mai 1964 zur Zusammenarbeit mit dem SDS verpflichtete, um die Vormachtstellung des »Ringes Christlich-Demokratischer Studenten« (RCDS) und der Korporierten in fast allen studentischen Gremien für die Zukunft zu verhindern.

SDS versus FDJ

Am 18. November 1954 krachte es zwischen FDJ und SDS. Im »Forum«, dem »Organ des Zentralrats der FDJ für die deutschen Studenten«, erschien auf der Seite 1 unter der Schlagzeile »SDS sagt: Nein« ein für diese Zeitschrift ungewöhnlich ausführlicher Bericht über die Marburger Delegiertenkonferenz des SDS. Die Schlagzeile war Teil einer Fotomontage, in der ein Panzer ein friedliches Bauernhaus niederwalzte. Die Beschlüsse der SDS-DK wurden so dargestellt, daß die in dem Artikel von der FDJ vertretene bündnispolitische Konsequenz als einzig logische Schlußfolgerung erscheinen mußte: sofortige Aufnahme direkter Kontakte zwischen FDJ und SDS als wichtige Voraussetzung für gesamtdeutsche Gespräche. Diese Interpretation war Teil des damaligen Versuchs der SED und der kommunistischen Massenorganisationen in der DDR, in der Bundesrepublik unterhalb der Regierungsebene eine Massenbewegung für die Aufnahme diplomatischer Beziehungen als ersten Schritt für die Wiedervereinigung beider deutscher Teilstaaten zu initiieren.

Für den SDS war dieser Artikel eine reine Provokation. Er hatte bewußt Verhandlungen zwischen der Bundesrepublik und der UdSSR (als Signatarmacht des Potsdamer Abkommens und Garant für die Existenz der DDR) auf Regierungsebene gefordert. An direkte Kontakte zur FDJ war überhaupt nicht zu denken, und das aus mehreren Gründen: Der SDS war an den Universitäten der DDR verboten, die SPD war seit Frühjahr 1946 in der DDR illegalisiert, durch die Spaltung Deutschlands hatte die Sozialdemokratie ihre traditionellen Wähler-Hochburgen in Sachsen, Thüringen und in Ost-Berlin verloren.

Darüber hinaus war das Beispiel des gegen die Mehrheit der Bevölkerung erzwungenen »Aufbaus des Sozialismus« in der DDR ein ständiges Wahlkampfthema der bürgerlichen Parteien der Bundesrepublik. Statt sich in dieser Situation mit den Vorstellungen des SDS intellektuell redlich auseinanderzusetzen, versuchte hier der Zentralrat der FDJ, den SDS als willfährigen Bündnispartner zu vereinnahmen.

Die Reaktion des Gesamtverbandes war unzweideutig: Zum ersten Mal in der Geschichte des SDS berief der Bundesvorstand eine außerordentliche Bundesdelegiertenkonferenz für den 12. und 13. April 1955 nach Berlin ein. Schon der Tagungsort war ungewöhnlich und mußte von der FDJ als Kampfansage aufgefaßt werden. Die a. o. DK fand parallel zur V. Internationalen Ostertagung des SDS-Landesverbandes Berlin statt.

Die Ostertagungen des SDS-Landesverbandes Berlin hatten inzwischen im wesentlichen die Funktion, Vertreter ausländischer sozialistischer Studentenorganisationen über die Position des SDS zu informieren und sie auf eine gemeinsame Politik in der Frage der Wiedervereinigung zu verpflichten. Zum Thema der 5. Konferenz vom 7. bis 14. April 1955 in Berlin-Wannsee »Deutschland im Spannungsfeld der Internationalen Politik« sprachen Willy Brandt (SPD), Ernst Lemmer (CDU) und Erich Müller-Gangloff über »Wege zur deutschen Einheit«. Ernst Richert (Institut für politische Wissenschaft) analysierte die sowjetische Deutschlandpolitik, und Arno Scholz (Telegraph, SPD) untersuchte die »Deutschlandpolitik der Westmächte«. An der Tagung beteiligten sich neben den Berlinern 65 Delegierte aus der Bundesrepublik Deutschland und 22 ausländische Gäste, größtenteils Mitglieder der IUSY.

Ein Delegierter der Marburger Hochschulgruppe protestierte denn auch gegen Ort und Zeitpunkt der überstürzt einberufenen Berliner Konferenz. Egon Erwin Müller vom Berliner Landesverband wies in seiner Antwort darauf hin, daß die DK in Berlin nur stattfinden könne, weil Sozialdemokraten »sich vor 9 Jahren … zusammenfanden, die ›nein‹ sagten zur Vereinigung mit den Kommunisten«. Dieser historische Rückblick sollte die Delegierten auf den heroischen Geist des sozialdemokratischen Widerstandes gegen den Führungsanspruch der Kommunisten im Frühjahr 1946 verpflichten.

Die weiteren Ausführungen von Müller zeigten deutlich, daß der »Forum«-Artikel nur Aufhänger für die Einberufung der außerordentlichen DK gewesen war. Tatsächlich ging es dem parteikonformen Flügel um Lohmar/Arndt neben der Frage der Aufnahme direkter Kontakte zur FDJ um Wichtigeres: Abwehr der befürchteten Unterwanderung durch KPD-Mitglieder. Müller versuchte mit seiner Argumentation die Delegierten zu verunsichern und einzuschüchtern: »Wir sollten eine klare Linie in der Frage der Wiedervereinigung vertreten! Der SDS ist das schwächste Glied der Sozialistischen Bewegung! Hier sind Einbruchsmöglichkeiten und Einbruchsstellen, die gut ausgenutzt werden könnten. Der Beschluß der FDJ ist ja bekannt: Alle mit ihm in Verbindung stehenden Studenten sollen dem SDS beitreten. Damit sie die Möglichkeit haben, in unseren Verband einzugreifen, versuchen sie, bestimmte Leute zu stützen und so ihre Politik weiter zu betreiben. Meiner Ansicht nach sollten wir grundsätzlich jeden Kontakt zwischen dem SDS als Organisation und der FDJ als Organisation ablehnen!«

Müller verkörperte den Typus des traditionellen SPD-Jungendfunktionärs, der sich im Hörsaal und sogar auch im SDS eigentlich auf feindlichem Gebiet wähnte. Bei den Intellektuellen vermißte er den sozialdemokratischen Stallgeruch und war schnell bereit, die Kritik am Parteivorstand mit kommunistischer Unterwanderung gleichzusetzen. Das Zitat stellt ein Schulbeispiel für rechtes Vorgehen gegen linke innerparteiliche Opposition in der SPD dar: Zur Einstimmung wurde den Delegierten die relative Bedeutungslosigkeit ihres Verbandes im Vergleich zu anderen Organisationen der Sozialdemokratie vorgehalten, sodann folgten Andeutungen über ein langfristiges Unterwanderungskonzept der mächtigen FDJ-Organisation und zu guter Letzt operierte Müller mit einem so vagen Begriff von Kommunismus, daß im Zweifelsfall jede oppositionelle Regung in dieses unterstellte Unterwanderungskonzept eingepaßt werden konnte. Am Schluß der harten Diskussion folgte Müllers Bekenntnis, das Credo eines gestandenen mittleren Kaders der klassischen Arbeiterbewegung: »Unser Verhältnis muß klar bestimmt werden, wir haben ja nur zu ratifizieren, was die politische Praxis der Partei bisher gewesen ist.«

Mit 50 gegen zwei Stimmen (bei zehn Enthaltungen) nahm die Konferenz eine »Grundsatzerklärung des SDS zum Ost-West-Kontakt« an. »Zwischen dem freiheitlichen Sozialismus und dem Leninismus-Stalinismus gibt es keine politische Gemeinsamkeit. Zwischen dem SDS als Organisation und stalinistischen Organisationen gibt es keine Gleichheit, weder in der politischen Zielsetzung noch in der politischen Methode und der politischen Praxis. Für den SDS als Organisation sind die stalinistischen Organisationen weder Gesprächs- noch Verhandlungspartner ...« Die Gegenstimmen kamen aus den Hochschulgruppen Tübingen (Erhard Moosmayer) und Göttingen (Gerhard Sebode).

Unser Standpunkt

Im Oktober 1950 erschien zum ersten Mal die SDS-Zeitschrift »Unser Standpunkt« als »Mitteilungsorgan des Landesverbandes des Berliner SDS«. Im Editorial der ersten Nummer faßte Chefredakteur Egon Erwin Müller den Titel der Zeitschrift als Programm: »Wir wählten den Namen ›Unser Standpunkt‹, weil wir zu allen Problemen eine klare, unmißverständliche Haltung einnehmen wollen.« In der Wahl der Themen werde es ebensowenig Tabus geben, wie in deren Behandlung unverbindliche Objektivität einen Platz haben sollte.

Die Monatszeitschrift stellte sich erst gar nicht das eingegrenzte Ziel einer Klärung des Selbstverständnisses des Berliner Landesverbandes, sondern erhob von vornherein bewußt einen Anspruch für den Gesamtverband. In einem Studentenbund wie dem SDS mit unterschiedlich großen Hochschulgruppen, in dem sich die ohnehin nicht zahlreichen Kontakte hauptsächlich auf der Funktionärsebene (Bundes-, Landes- und Gruppenvorstände) abspielten und Mitglieder sich bestenfalls auf Delegiertenkonferenzen oder Bundesseminaren trafen, bedeutete die Verfügung über ein regelmäßig erscheinendes Mitteilungsblatt eine innerverbandliche Machtposition. In jedem Heft sollte in einem »grundlegenden Leitartikel ein aktuelles Thema« so behandelt werden, daß die einzelnen Gruppen dies als Schulungsmaterial benutzen könnten.

Müller machte auch gleich den Versuch, den Verband durch seine parteiische Themenauswahl auf bestimmte Fragestellungen festzulegen: ausführliche Berichterstattung über die »Verhältnisse an ostdeutschen Universitäten und Hochschulen«, Artikel über osteuropäische Fragen und »andere Beiträge« über Westberliner Hochschulpolitik und die Arbeit der Studentenvertretungen. In dieser bemerkenswerten Horizontverengung spiegelt sich einmal mehr der Realitätsverlust der Berliner SPD – auch der jungen Generation – wider. Der weitaus größte Teil der Funktionäre, aber auch der einfachen Parteimitglieder sah in der alten Reichshauptstadt den Mittelpunkt nicht nur Europas, sondern, man kann sagen, der Welt. Für diese Scheuklappensicht waren Probleme wie Kolonialpolitik, Dritte Welt, Klassenkampf in den westlichen kapitalistischen Ländern, Fragen der marxistischen Theorie, ja sogar die soziale Lage der Studenten in der Bundesrepublik keine brisanten Themen – ganz zu schweigen von Unterdrückung der Frau, Sexualität und Herrschaft oder Antisemitismus.

Die Berichterstattung über die Delegiertenkonferenz in Mainz ist symptomatisch für die Fixiertheit auf den allgegenwärtigen Feind Kommunismus. Der tatsächliche Verlauf der DK interessierte den Verfasser des Artikels offenbar überhaupt nicht. Der Leser muß den Eindruck gewinnen, als hätte sich die Konferenz nur um die Frage der Kontakte zu Hochschulen der DDR gedreht. Wer für offizielle Kontakte zwischen den Studentenvertretungen und politischen Studentenverbänden in der Bundesrepublik und Studentenräten, FDJ- und FDGB- Hochschulgruppen in der DDR eintrat, wurde im »Standpunkt« bis Ende der 50er Jahre grundsätzlich als Feind West-Berlins disqualifiziert. SDS-Hochschulgruppen, die nicht auf Linie lagen, wurden als FDJ-infiltriert verdächtigt. So wirft Eberhard Beigel zur Einstimmung in die Berliner Sprachregelung der Göttinger SDS-Gruppe »Naivität und Instinktlosigkeit« vor. Die Göttinger hatten gleich zwei Todsünden begangen: Sie hatten das Vorgehen der »Adenauer-Polizei« gegen FDJ-Mitglieder Ende Mai 1950 eindeutig verurteilt. (Mehr als 9.000 FDJ-Mitglieder waren bei ihrer Rückkehr vom »Ersten Deutschlandtreffen der Jugend« in Berlin [DDR] am Grenzübergang Lübeck-Herrenburg in improvisierten Lagern interniert worden, weil sie sich nicht einer »ärztlichen Untersuchung wegen Seuchengefahr« – d.h. auf Tripper, Läusebefall etc. – unterziehen wollten.) Und sie verwandten in der Diskussion die zweite Todsünde – Begriffe wie »Kampf gegen die Bourgeoisie«, »klassenbewußtes Proletariat« und »revolutionärer Elan«. Die Verwendung des klassischen Vokabulars der Arbeiterbewegung konnte der Autor des Artikels nur als »marxistische Romantik« begreifen. Es blieb offen, ob

Beigel die Göttinger für »Trojanische Esel im SDS« (so die Überschrift des Artikels) oder für agents provocateurs der FDJ hielt.

Bereits drei Monate später hatte sich das Blatt zum »Bundesorgan des Sozialistischen Deutschen Studentenbundes« gemausert. Diese Umstellung wurde vor allem durch die finanzielle Unterstützung des Bielefelder Verlegers der »Freien Presse«, Emil Gross, ermöglicht. Gross war der letzte Vorsitzende der »Sozialistischen Studentenschaft von Berlin« und emigrierte 1933 nach Amsterdam.

Seit September 1951 gab Hans Matthöfer (von 1953 bis 1957 Leiter der Abteilung Wirtschaft und von 1961 bis 1972 Leiter der Abteilung Bildung beim Hauptvorstand der IG Metall) die illustrierte Monatszeitschrift »links« heraus, zunächst im Familienunternehmen zusammen mit seiner Frau Traute. Einige Monate später unterstützten einige Industriegewerkschaften, die Jungsozialisten Hessen-Süd und der Landesverband Hessen des SDS finanziell dieses Zeitungsprojekt, »links« erschien dann in drei Ausgaben: für den SDS, für die Jungsozialisten Hessen-Süd und die Jungsozialisten Hamburg. Schon vom lay-out her unterscheidet sich dieses Blatt angenehm von dem, was einem damals (und heute) von linken Zeitungsmachern zugemutet wird. Die gut lesbaren Artikel waren durch zum Teil großformatige Fotos, Collagen und Karikaturen aufgelockert. Auffällig ist eine Reihe von Beiträgen aus der internationalen Gewerkschaftsbewegung, besonders aus dem englischen Sprachraum.

Die Berliner Standpunkt-Redaktion sah in dieser Neugründung ein Konkurrenzunternehmen, und das aus zwei Gründen. Einmal wertete sie dies als Angriff auf ihr innerverbandliches Informations-Monopol, zum anderen waren ihr Redaktion und Inhalt der Frankfurter Zeitschrift ohnehin suspekt, weil für diese der Kampf gegen den Kommunismus offensichtlich nicht das Hauptthema war. Dazu kam, daß sich »links« bis zum November 1952 als »Zeitschrift des Sozialistischen Deutschen Studentenbundes« bezeichnete. Nach Intervention der Berliner beim Bundesvorstand fand Ende Oktober ein Treffen zwischen dem Bundesvorsitzenden Ulrich Lohmar und seinem Stellvertreter Günther Bantzer als Interessenvertretern der Standpunkt-Redaktion mit Vertretern der Redaktion von »links« statt, unter ihnen Hans Matthöfer. Nachdem auf diesem Treffen keine Einigung erzielt werden konnte, beschloß der Bundesvorstand des SDS auf seiner Sitzung am 22./23. November in Hamburg mit knapper Mehrheit, der Zeitschrift »links« aus »technischen, finanziellen und auch politischen Gründen« künftig die Verwendung des Namens »Sozialistischer Deutscher Studentenbund« im Untertitel zu verbieten.

Der lange Marsch nach links

Im Frühjahr 1955 waren in der nationalen Frage die Würfel gefallen. Am 18. März ratifizierte der Bundesrat die »Pariser Verträge«, durch die das Besatzungsstatut aufgehoben wurde, der westliche Teil des ehemaligen Deutschen Reiches ohne das Saargebiet, die Bundesrepublik Deutschland, seine (begrenzte) Souveränität erhielt und eine geplante eigene deutsche Armee in die »North Atlantic Treaty Organization« (NATO) integriert wurde. Diese Entscheidung war gegen den jahrelangen Widerstand von drei gesellschaftlichen Machtfaktoren zustande gekommen: Die Sozialdemokratische Partei und die übergroße Mehrheit sowohl des Deutschen Gewerkschaftsbundes (DGB) und der Evangelischen Kirche in Deutschland (EKD) hatten den Abschluß des Handels »Biete Souveränität gegen Westintegration und Wiederbewaffnung« nicht verhindern können. Seit Februar 1952 hatte sich in den Debatten zunächst über die »Europäische Verteidigungsgemeinschaft« (EVG) und später über den »Generalvertrag« und die »Pariser Verträge« gezeigt, daß Parteivorstand und Bundestagsfraktion der SPD im Unterschied zur Parteibasis die Remilitarisierung weniger aus einer antimilitaristischen oder pazifistischen Haltung heraus ablehnten, sondern vielmehr in einer patriotischen Tradition argumentierten. Obwohl die amerikanische Luftwaffe schon Anfang August 1945 die beiden japanischen Großstädte Hiroshima und Nagasaki mit Atombomben vernichtet hatte und die Regierung der UdSSR nach der erfolgreichen Zündung im Juli 1949 über die Atombombe verfügte, spielte die Problematik der Existenz von Kernwaffen in der Wehrdebatte eine relativ geringe Rolle. Erst nach Zündung transportfähiger Wasserstoffbomben durch die USA im November 1952 und die UdSSR im August 1953 trat dieses Problem mit zeitlicher Verschiebung ins Bewußtsein der Öffentlichkeit.

Remilitarisierung

Nachdem seit dem Sommer 1949 das amerikanische Atomwaffenmonopol nicht mehr bestand, wurden in amerikanischen Militär- und Regierungskreisen erstmals nach dem Zweiten Weltkrieg ernsthafte Überlegungen zum Aufbau eines deutschen Militärkontingents im Rahmen einer internationalen Streitmacht angestellt. Bereits bei der ersten Lesung des Vertragswerks zur »Europäischen Verteidigungsgemeinschaft« (EVG) vor dem Deutschen Bundestag im Februar 1952 formulierte Kurt Schumacher die Gründe für das Nein der SPD zu einem deutschen Wehrbeitrag, die von der Partei im wesentlichen bis zum Frühjahr 1955 vertreten wurden. Schon diesem ersten Entwurf hing ein Hauch von Erpressung an, da die drei westlichen Alliierten die Wiederbewaffnung unverhohlen als Vorbedingung des Zustandekommens des »Deutschlandvertrages« (= »Generalvertrag«) verlangten, durch den das Besatzungsstatut abgelöst werden und die Bundesrepublik ihre Souveränität erhalten würde. Schumacher wies zu Recht darauf hin, daß – ganz abgesehen von der Saarfrage – hier allenfalls eine begrenzte Souveränität zur Diskussion stand. Erstens sei die SPD erst bereit, über die Frage der Wiederaufrüstung und der Westintegration zu diskutieren, nachdem das Besatzungsstatut aufgehoben sei – nicht umgekehrt. Zweitens wollten sich die Westalliierten in dem vorgelegten »Generalvertrag« das Notstandsrecht vorbehalten. Das würde bedeuten, daß die drei Hohen Kommissare angesichts eines drohenden Konflikts den Bundestag in die Ferien schicken und den Notstand ausrufen könnten. (Diese 1955 in den »Pariser Verträgen« abgesicherte Regelung spielte dann in der Auseinandersetzung zur Notstandsgesetzgebung in den 1960er Jahren eine entscheidende Rolle.)

Am 10. März 1952 versuchte die Sowjetunion mit Vorschlägen für einen Friedensvertrag diese Entwicklung zu verhindern und regte eine Vier-Mächte-Konferenz an, auf der unverzüglich die Frage eines solchen Friedensvertrages für ganz Deutschland abgeklärt werden sollte. Die Regierung der UdSSR ließ dabei offen, ob eine gesamtdeutsche Regierung aus allgemeinen freien Wahlen hervorgehen sollte. Durch eine systematische Verzögerungspolitik sowohl der deutschen als auch der amerikanischen Regierung wurde verhindert, daß dieser Vorschlag, der auf eine bewaffnete Neutralität Gesamtdeutschlands hinauslaufen sollte, überhaupt ernsthaft überprüft wurde. Statt dessen schufen Adenauer und die Vertreter der Westalliierten durch die Unterzeichnung des »Generalvertrages« am 26. Mai 1952 in Bonn und des EVG-Vertrags bereits einen Tag später in Paris vollendete Tatsachen. Nachdem die Forderung der SPD, vor der dritten Lesung neue Wahlen durchzuführen und so der Bevölkerung die Gelegenheit zu geben, direkt über die Wiederaufrüstung und die Teilung Deutschlands zu bestimmen, von der Mehrheit des Parlaments abgelehnt worden war, verabschiedete der Bundestag beide Vertragswerke am 19. März 1953 gegen die Stimmen der SPD und KPD. Der EVG-Vertrag scheiterte schließlich an der Ablehnung durch die Französische Nationalversammlung Ende August 1954, eine Entscheidung, die von der SPD als letzte Chance für die Einheit Deutschlands interpretiert wurde.

Bereits im September 1954 zeigte sich, daß die britische und die amerikanische Regierung konkrete Vorstellungen für eine alternative Bündniskonzeption ausgearbeitet hatten. Am 3. Oktober schlugen sie auf der Londoner Neun-Mächte-Konferenz der Bundesrepublik die Souveränität bei gleichzeitigem Aufbau einer eigenen Armee und Integration in die NATO vor. Knapp drei Wochen später wurde das Vertragspaket am Ende der Pariser Konferenz paraphiert und bereits Mitte Dezember in erster Lesung im Bundestag behandelt. Offensichtlich waren die Amerikaner über die Verzögerung und schließliche Ablehnung des EVG-Vertrages durch die Franzosen derart verärgert, daß sie nun innerhalb eines halben Jahres die Voraussetzung für den Aufbau eines neuen Verteidigungsbündnisses erzwangen.

Die »Paulskirchenbewegung«

Die SPD stand im Parlament mit dem Rücken an der Wand. Man hörte sich die Argumente der Sozialdemokraten mehr oder weniger geduldig an und stimmte sie dann nieder. In dieser Situation versuchte die Partei, in den zehn Wochen bis zur dritten Lesung eine außerparlamentarische Bewegung aus dem Boden zu stampfen. Die SPD wiederholte ihren alten Fehler: Als staatstragende Partei verzichtete sie darauf, die Arbeiterklasse und

Teile des politischen Protestantismus in außerparlamentarischen Kampagnen parallel zur parlamentarischen Auseinandersetzung aufzuklären und zu mobilisieren. Wie gewöhnlich in solchen Situationen initiierte sie Massenaktionen erst, als nichts mehr zu retten war. Wie gewöhnlich verstärkte sie – weil die viel zu spät überhastet eingeleitete plebiszitäre Kampagne natürlich nichts mehr ändern konnte – im Bewußtsein großer Teile der Bevölkerung das Gefühl des »die-machen-da-oben-doch-was-sie-wollen« (ganz zu schweigen von der Möglichkeit, den Bundestag zur Arena der Aufklärung der Bevölkerung umzufunktionieren).

Unter dem Motto »Rettet Einheit, Frieden und Freiheit! Gegen Kommunismus und Nationalismus!« veranstalteten u.a. der SPD-Vorsitzende Erich Ollenhauer, der DGB-Chef Walter Freitag, der evangelische Theologe Helmut Gollwitzer, der Soziologe Alfred Weber und der Vorsitzende der Gesamtdeutschen Volkspartei (GVP) Gustav W. Heinemann eine Protestkundgebung gegen die »Pariser Verträge« in der Paulskirche in Frankfurt am Main. Durch die Auswahl des Ortes knüpften sie bewußt an die Tradition der bürgerlichen Revolution von 1848 an. Galt es damals, die Einheit Deutschlands gegen die Kleinstaaterei der deutschen Fürsten und Könige durchzusetzen, so wollte man jetzt die Aufteilung Deutschlands in zwei separate Teilstaaten feindlicher Interessensphären verhindern.

Bei dieser außerparlamentarischen Aktion handelte es sich jedoch nicht um eine Massenveranstaltung im Stile etwa der antiautoritären Studentenbewegung der 1960er Jahre, sondern um Vorträge vor tausend geladenen Gästen. Die Versammlung verabschiedete das »Deutsche Manifest«, zu dem in verschiedenen Bundesländern Unterschriftensammlungen durchgeführt wurden. In dem Appell an die Bundesregierung hieß es, »daß jetzt die Stunde gekommen ist, Volk und Regierung in feierlicher Form zu entschlossenem Widerstand gegen die sich immer stärker abzeichnenden Tendenzen einer endgültigen Zerreißung unseres Volkes aufzurufen«. Durch die Annahme der »Pariser Verträge« werde das deutsche Volk dazu verurteilt, »in dem unnatürlichen Zustand der staatlichen Aufspaltung und einer fortschreitenden menschlichen Entfremdung leben« zu müssen. Im Zuge der von der SPD als »disziplinierte Volksbewegung« bezeichneten »Paulskirchenbewegung« fanden u.a. in Hannover, Dortmund, Aschaffenburg, Essen und Braunschweig Großkundgebungen statt.

Die Bundesregierung reagierte mit einer scharfen Erklärung, jedoch weniger weil sie die Verabschiedung der Verträge durch die außerparlamentarische Initiative der SPD gefährdet sah, sondern weil sie befürchtete, daß die »Paulskirchenbewegung« einen Präzedenzfall für zukünftige plebiszitäre Kampfmaßnahmen darstellte. Am 27. Februar 1955 verabschiedete der Bundestag den Deutschlandvertrag und das Protokoll zur Beendigung des Besatzungsstatutes (324:151 Stimmen, keine Enthaltung), den Truppenvertrag über den Aufenthalt ausländischer Streitkräfte (321:153:0), den Beitritt der Bundesrepublik zur Westeuropäischen Union und zur NATO (314:157:2) und das Saarabkommen

(264:201:9). Die anwesenden Mitglieder der SPD-Fraktion lehnten geschlossen alle vier Gesetzentwürfe ab.

Die Paulskirchenbewegung verlief sich, einzelne anpolitisierte Individuen aus den Gewerkschaften, der evangelischen Kirche und den Universitäten waren enttäuscht über das lasche Verhalten der SPD und standen der Partei forthin kritisch gegenüber. Viele von ihnen arbeiteten später als Aktivisten in der »Ostermarsch-Bewegung«. Mit der Ratifizierung dieses Vertragspaketes durch den Bundesrat am 18. März ging die erste Dekade der deutschen Nachkriegspolitik zu Ende. Den bürgerlichen Parteien, die 1945 noch kompromittiert waren, da ihre Vorgänger im März 1933 Hitlers Ermächtigungsgesetz zugestimmt hatten, war es gelungen, ihre Macht zumindest in einem deutschen Staat neu zu etablieren. Die wichtigste Veränderung in der bundesrepublikanischen Parteienlandschaft war zweifellos die Herausbildung einet überkonfessionellen bürgerlichen Massen- und Integrationspartei neuen Typs, der CDU/CSU. Der Preis, den die deutsche Bourgeoisie für die Wiedererlangung der politischen Macht zahlte, war die eindeutige Entscheidung gegen die Einheit der eigenen Nation.

Das zerrissene Testament des Ulrich Lohmar

In dieser Situation verabschiedete sich Ulrich Lohmar auf der X. o. DK in Göttingen vom 21. bis 23. Oktober 1955 als Bundesvorsitzender. Seine Abschiedsrede »Die Hochschule in der westdeutschen Restauration« hatte er als Vermächtnis für den Verband konzipiert. Die Mahnung, die er den sozialistischen Studenten mit auf ihren Weg gab, lautete: »Die Flucht in die Außenpolitik ist bei uns zum Teil eine kompensatorische Verdrängung, ein Ausweichen vor der Bewältigung konkreter hochschulpolitischer Aufgaben.« Das Protokoll vermerkt an dieser Stelle »Protest«. Die Söhne waren über die etwas kümmerliche Erbschaft sauer. »Die Diskussion kann mich nachher zerreißen, aber erst laßt mich meine Meinung begründen. Mir scheint die Frage der Ostpolitik, der Wiedervereinigung, der Wehrpolitik eine Angelegenheit, über die wir selbstverständlich auch eine politische Meinung herausarbeiten müssen, aber die Durchsetzung erfolgt nach meiner Überzeugung nur in Zusammenarbeit aller sozialistischen Organisationen, und dem Prinzip der Arbeitsteilung nach ist das Sache der Partei.«

In leicht akademisierter Sprache stimmte Lohmar hier dasselbe Tedeum an, das auch Egon Erwin Müller auf funktionärslateinisch stets im Munde führte. Im Klartext: Die Partei, die Partei hat immer recht! Solche Sprüche aus dem Parteialltag wurden von vielen Genossen inzwischen nicht mehr hingenommen. Mit dem Hinweis auf Selbstverständlichkeiten wie die, daß die idealistische Konstruktion des Elfenbeinturms illusorisch ist, oder daß durch die Existenz des Grundgesetzes die Freiheit noch nicht gesichert sei, folgten die Delegierten Lohmars Aufforderung und verrissen seine Argumente in der Diskussion.

Aktueller Anlaß für Lohmars Warnung waren Anträge der Hochschulgruppen Göttingen, Tübingen und Frankfurt/Main zu den Berliner Beschlüssen über Ost-West-Kontakte und zur Frage der Wehrdienstverweigerung sowie der Vorschlag, eine außerordentliche Delegiertenkonferenz in Leipzig durchzuführen. Den Antrag zur Frage der Wehrdienstverweigerung stellten die sozialistischen Studenten aus Göttingen. Zu einem Zeitpunkt, als die Ratifizierung der »Pariser Verträge« unter Dach und Fach war und der Parteivorstand der SPD die »Paulskirchenbewegung« ihrem Schicksal überlassen hatte, forderten die Göttinger die Fortsetzung des Kampfes gegen die Remilitarisierung »mit allen außerparlamentarischen Mitteln wie Versammlungen, Demonstrationen, Flugblättern und Streiks. Der SDS lehnt ... jede Art der Mitarbeit bei der Aufstellung deutscher Streitkräfte ab. Mitglieder des Sozialistischen Deutschen Studentenbundes werden aufgefordert, den Wehrdienst zu verweigern.«

Das Aktionsprogramm umriß einerseits die Position der Vertreter der Kriegsgeneration, die nicht noch einmal die Knarre in die Hand nehmen wollten – und schon gar nicht für den süddeutschen Flügel des politischen Katholizismus. Andererseits schlugen hier aktionistische Traditionen der sozialen Bewegungen in Weimar durch, was mittelfristig auf eine Konfrontation zwischen linken Studenten und Parteivorstand hinauslief, der um seine reine parlamentarische Weste besorgt war. Der Göttinger Antrag wurde mit einem pazifistisch defensiv gehaltenen Antrag der Tübinger Gruppe gekoppelt und in verwässerter Form mit 37 gegen 12 Stimmen bei 7 Enthaltungen angenommen. Außerparlamentarische Kampfmaßnahmen sollten nur noch »bei einer Beeinträchtigung der demokratischen Grundordnung« ergriffen werden. Der Passus, in dem alle Mitglieder des SDS aufgefordert wurden, den Wehrdienst zu verweigern, fehlte in dem Kompromißantrag völlig.

Lohmar, der den Zweiten Weltkrieg nicht als Soldat miterlebt hatte, setzte seine Bejahung der Landesverteidigung gegen die Vertreter der Kriegsgeneration mit dem Hinweis durch, daß die Wehrdienstverweigerung eine Privatsache sei, die jeder SDSler im stillen Kämmerlein mit seinem Gewissen ausmachen müsse. Das Konzept der Göttinger, durch exemplarische Aktionen wie öffentliche Verbrennungen der Einberufungsbefehle, Sitzstreiks vor den Kreiswehrersatzämtern etc. massenhaft die Verweigerung des Kriegsdienstes zu initiieren, fiel dieses Mal noch dem tradierten Konsensusdenken im Verband zum Opfer. Erst nach dem »Studentenkongreß gegen Atomrüstung« an der Freien Universität Berlin im Januar 1959 und dem vom Bundesvorstand mitgetragenen »Kongreß für Demokratie, gegen Restauration und Militarismus« in Frankfurt am Main im Mai 1959 hatte dieses Kompromißverhalten im SDS keine Basis mehr.

In der Auseinandersetzung um die Berliner Beschlüsse (ursprünglich hatte die Frankfurter SDS-Gruppe die Annullierung gefordert) stellte sich heraus, daß es mehrere Positionen in der Frage der Kontakte zwischen Sozialisten und Kommunisten gab, die im SDS auch nach dem Unvereinbarkeitsbeschluß eine wichtige Rolle spielten:

– Pragmatismus von links
– humanistisches Pathos und
– Linkssozialismus.

Der Würzburger Delegierte Otto Köhler vertrat die Ansicht, daß der SDS sich »nicht für alle Zeiten weigern« könne, zu Stalinisten Kontakte aufzunehmen. Im »Liberalen Studentenbund Deutschland« (LSD) gebe es bereits Tendenzen, direkt mit der FDJ zu verhandeln. Falls die Sozialisten den Liberalen die auf lange Sicht notwendigen Initiativen überlassen würden, bestehe für den SDS die Gefahr, unweigerlich ins Abseits zu geraten. Köhler versäumte, zwischen Kontakten auf Regierungsebene und solchen auf Parteien-Ebene zu unterscheiden. Denn offizielle Beziehungen zwischen einem sozialistischen und einem kommunistischen Studentenverband waren letztlich nur möglich auf der Grundlage eines gegenseitigen minimalen politischen Respekts, was bei zwischenstaatlichen Beziehung nicht unbedingt Voraussetzung zu sein braucht.

Für Claus Arndt gab es überhaupt nur einen denkbaren Grund für Kontakte, nämlich »über die FDJ den inhaftierten Studenten und Professoren zu helfen«. Als sich der SDS in den Jahren 1961 bis 1964 für die Freilassung des vom Staatssicherheitsdienst der DDR aus West-Berlin verschleppten Redaktionsmitgliedes der Gewerkschaftszeitung IG Metall, Heinz Brandt, einsetzte, zeigte sich deutlich, daß man nur etwas für die inhaftierten Genossen erreicht, wenn man auf schon bestehende Kontakte zurückgreifen kann. Bei den Verhandlungen über die Entlassung von Heinz Brandt aus der politischen Haft kam dem SDS seiner offiziellen Kontakte zur FDJ wegen eine wichtige Rolle zu, weil zum damaligen Zeitpunkt die IG Metall noch keine solchen Kontakte unterhielt.

Der Göttinger Delegierte Jürgen Kraft umriß in seinem Redebeitrag den Standpunkt der Linkssozialisten zum Stalinismus in der Phase zwischen dem niedergeschlagenen Arbeiteraufstand vom 17. Juni 1953 und dem XX. Parteitag der KPdSU im Jahre 1956 (Chruschtschows Geheimrede über den Personenkult und seine Folgen). Bei allen Differenzen der Linkssozialisten zum Parteivorstand der SPD und zum Bundesvorstand Lohmar/Arndt war es für sie keine Frage, daß man mit der FDJ erst dann Kontakte aufnehmen könne, wenn sich in den kommunistischen Parteien Ansätze für eine Entstalinisierung aus eigener Kraft abzeichneten.

Zentrales Problem seines Redebeitrags ist deswegen auch das Verhältnis von Sozialismus und Stalinismus: »... ich bin der Auffassung, daß der Stalinismus ein konterrevolutionäres System ist, das gegen die Interessen der Arbeiterschaft gerichtet ist. Wer aus irgendwelchen Nomina der Stalinisten ableitet, sie hätten mehr mit uns gemeinsam als nur die Terminologie, der sollte sich mit der Geschichte der Arbeiterbewegung und des Stalinismus befassen. In der Geschichte der Arbeiterbewegung gibt es keine größere Tragödie, außer vielleicht den Faschismus, der uns viel Blut gekostet hat und den Familien viel Schmerz bereitet hat, als den Stalinismus.« (Das Protokoll vermerkt an dieser Stelle Applaus.) »Warum dieser tosende Beifall? Ich möchte doch zu bedenken geben, daß keineswegs nur die ›Rechten‹ unter dem Beil des Stalinismus gefallen sind, sondern gerade die Linken, die auf äußerst brutale Weise ausgerottet wurden. … Ich habe mich kräftig gegen die Berliner Beschlüsse gestemmt, aber ich sehe ein, daß es keine Stärke des LSD ist, wenn eine Gruppe von ihnen direkte Kontakte mit der FDJ hat.«

Die linkssozialistische Fraktion im SDS ließ niemals einen Zweifel darüber aufkommen, daß offizielle aber auch inoffizielle Kontakte zu kommunistischen Organisationen nur unter der Bedingung möglich sein sollten, daß diese darauf verzichteten, den SDS zu Propagandazwecken zu instrumentalisieren und zu vereinnahmen. In der Periode bis zum XX. Parteitag der KPdSU lehnten diese SDSler darüber hinaus jede Kontaktaufnahme ab, solange in der DDR die Stalinschen Verbrechen totgeschwiegen und von der jeweiligen Parteilinie abweichende Positionen mit inquisitorischen Maßnahmen verfolgt wurden. Kontakte ohne jede politische Vorbedingung, wie sie Jürgen Kraft in seinem Redebeitrag dem »Liberalen Studentenbund Deutschlands« (LSD) unterstellte, wurden von allen Fraktionen im Verband abgelehnt.

Krafts Kritik von links richtete sich jedoch nicht ausschließlich gegen den Sowjetmarxismus, sondern auch gegen die Sozialdemokratie und den Austromarxismus. In einer ausführlichen Rezension von Joseph Buttingers Standardwerk über die österreichische Sozialdemokratie im Widerstand »Am Beispiel Österreichs« erhebt er den Vorwurf, die SPD habe ebenso wie die »Sozialdemokratische Partei Österreichs« (SPÖ) ihre Unfähigkeit bewiesen, als sie angesichts der bevorstehenden nationalsozialistischen Machtergreifung eine parlamentarische »Vogel-Strauß-Politik« betrieben habe. Partei, Presse und Gewerkschaften seien in keiner Weise auf die Illegalität vorbereitet gewesen. Ziel der Sozialdemokratie sei ausschließlich die Eroberung der politischen Macht gewesen und deshalb habe sie sich gänzlich auf den Staat hin organisiert. Beide Hauptströmungen der traditionellen Arbeiterbewegung, die Kommunisten und die Sozialdemokraten, die die Hoffnung der Arbeitermassen gewesen seien, hätten sich heute diesen Massen entfremdet: die Bolschewiki durch Terror, zunächst nur gegen Anarchisten, Sozialrevolutionäre, Menschewiki, bürgerliche Konterrevolutionäre, Großbauern, Linkskommunisten etc., schließlich klassenunspezifisch gegen die gesamte Bevölkerung; die Sozialdemokratie durch ihren parlamentarischen Legalismus, ihr Apparate-Denken, ihre Trennung von Theorie und Praxis, letztlich durch eine Integration der Sozialdemokratie in die bürgerliche Ordnung. Als Konsequenz aus dieser historischen Erfahrung plädierte Kraft für eine Renaissance des Marxismus im SDS, eine kritische Aufarbeitung der Stalinzeit und eine realistische Bestandsaufnahme der Politik der SPD in der Weimarer Republik wie während der Zeit der Illegalität in den ersten Nachkriegsjahren.

»Gastrecht« für KPD-Studenten

Nach dem Verbot der KPD durch das Bundesverfassungsgericht am 17. August 1956 wurde Studenten, die Mitglieder der legalen KPD gewesen waren, in einigen Hochschulgruppen des SDS eine Art Gastrecht gewährt, nicht zuletzt, um sie vor der politischen Strafjustiz zu schützen. Im SDS war es offenes Geheimnis, daß dieses Gastrecht in dem Moment nicht mehr gewährt würde, in dem die Mitglieder der illegalisierten KPD versuchten, die Politik dieser Partei im SDS organisiert durchzusetzen. Zu ernsthaften Auseinandersetzungen kam es im Jahre 1959 im Zusammenhang mit den Vorbereitungen zur Gründung der »Deutschen Friedensunion« (DFU), in deren Verlauf auch einige Mitglieder der illegalisierten KPD aus dem SDS ausgeschlossen wurden.

Der Konflikt spitzte sich erneut zu, als im Mai 1964 zu einem Bundesseminar des SDS in West-Berlin über Fragen der »Entwicklung der DDR und der Koexistenz zwischen den beiden deutschen Staaten« der harte Kern der zu diesem Thema in großer Anzahl eingereisten KPD-Sympathisanten in einem putschistischen Akt versuchte, den SDS zur Annahme der von der FDJ aufgestellten Bedingungen zur Einreise in die DDR zu zwingen. Anschließend an das Seminar sollte eine Delegation des SDS eine mehrtägige Reise durch die DDR unternehmen, um dort die diskutierten Probleme in der Praxis kennenzulernen. Wenige Stunden vor der Abreise verlangte die FDJ, daß die SDS-Delegation in eine Delegation des Landesverbandes Berlin und eine Delegation der Hochschulgruppen der Bundesrepublik aufgespalten werden sollte. Die KPD-Mitglieder machten spontan den Vorschlag, nur die »Betroffenen« sollten über diese Bedingungen abstimmen. Eine Annahme hätte die Anerkennung der Drei-Staaten-Theorie durch den SDS bedeutet. Der zweite Bundesvorsitzende Hartmut Dabrowski und der Berliner SDSler Tilman P. Fichter stellten klar, daß eine solche weitgehende Entscheidung nur durch eine Delegiertenkonferenz getroffen werden könne und kündigten den Ausschluß aller SDS-Mitglieder an, die an der von den KPD-Mitgliedern vorgeschlagenen Abstimmung teilnehmen würden. Diese steckten daraufhin zurück.

Zum Eklat kam es im Verlauf der »IX. Weltfestspiele der Jugend und Studenten« in Sofia vom 28. Juli bis zum 6. August 1968. Die Delegation des SDS initiierte am 29. Juli eine Demonstration gegen den amerikanischen Krieg in Vietnam vor der US-Botschaft. Fünf Mitglieder der KPD-Fraktion im SDS organisierten daraufhin zusammen mit der »Sozialistischen Deutschen Arbeiterjugend« (SDAJ) eine Demonstration gegen den SDS, weil die gegen die USA gerichtete Protestaktion den offiziellen bulgarischen Stellen höchst unangenehm war. (Im Verlaufe der Handgreiflichkeiten fing sich der Bundesvorsitzende Karl-Dietrich Wolff eine Ohrfeige ein.) Als auf der folgenden (XXIII.) DK im September 1968 die fünf aus dem SDS ausgeschlossen wurden, zog sich die gesamte Fraktion um die Zeitschrift »facit« aus dem SDS zurück und gründete am 12. Januar 1969 den »Marxistischen Studentenbund Spartakus« (MSB Spartakus).

Theorie: Tabu oder Fetisch?

Im »Standpunkt« fand zwischen Juli 1955 und August 1958 ein Disput zwischen Michael Mauke (Berlin) und Ulrich Lohmar statt über die Möglichkeit und Funktion einer umfassenden sozialistischen Theorie der Gesellschaft. Ausgelöst wurde die Kontroverse durch eine von Michael Mauke als Brief an Ulrich Lohmar verfaßte Rezension des fast abgeschlossenen ersten Jahrganges der Zeitschrift »Die Neue Gesellschaft«.

Positiv bemerkt Mauke, daß die theoretische Diskussion um konkrete Fragestellungen kreise, »wie z. B. ›Wissenschaft, Bildung und Politik‹ – ›Politischer Katholizismus‹ und ›Probleme der Außenpolitik‹. Offensichtlich sollte damit ein Rückfall in den uferlosen und lärmenden Schriftgelehrtenstreit der Weimarer Jahre vermieden werden«. Er kritisierte aber, daß die Diskussion entlang der Realität offenbar zu einer Aufgabe von Theorie schlechthin geführt habe. »Ist denn nicht das Fehlen einer realistischen Gesellschaftstheorie des Sozialismus schon seit dem Jahre 1918 eine ganz entscheidende Schwäche unserer Bewegung gewesen? Es ist mir interessant, daß der Begriff ›Theorie‹ – und Theorie hier immer verstanden als umfassende Gesellschafts- und Aktionslehre – in den Betrachtungen der Herausgeber gänzlich fehlt.« Statt eine sozialistische Theorie zu entwickeln, hätten die Gestalter der Zeitschrift »die entschiedene Konkurrenz und das heillose Durch- und Nebeneinander der verschiedenen sozial relevanten akademischen Wissenschaften in dieses Organ mit hineingenommen«. Auch Mauke wollte keine Fachzeitschrift für Marx-Exegese, kein Vereinsblättchen für ein »verkauztes Häuflein marxistischer ›Briefmarkensammler‹«, er war auch nicht an der Wiederauflage des fruchtlosen Schlagabtauschs zwischen Sozialreformern und Sozialrevolutionären interessiert. Er wies jedoch auf die Gefahr hin, daß die Beschränkung auf Zentralthemen schon eine indirekte, vielleicht unbewußte Zensur bedeuten könnte, sicherlich aber Ausdruck einer parteilichen Festlegung innerhalb des alten Meinungsstreites war. Mauke fordert Lohmar als Redakteur der »Neuen Gesellschaft« auf, in der Zeitschrift endlich eine Diskussion über die Ideologie der »wertfreien« Wissenschaft einzuleiten. Für Mauke war das Gedankengebäude von Karl Marx als Lehre von Klassenherrschaft, Klassenkampf und Revolution so breit angelegt, daß es die engen praktischen Bedürfnisse der Sozialdemokratie im Nachkriegsdeutschland weit überstieg.

In seiner mit »Lieber Michael! Teurer Theoretiker!« überschriebenen Antwort erklärte Lohmar, daß es ihm vorerst um ein »vollständiges Bild von der gesellschaftlichen Wirklichkeit unserer Tage« gehe. Freiheit und Gerechtigkeit sollten die Maßstäbe für die Anpassung an diese gesellschaftliche Wirklichkeit oder deren Veränderung sein. Während für Mauke eine »relative und dynamische Ganzheitsbetrachtung« als Hypothese den Beginn der Analyse bilde, stehe sie für ihn am Schluß. Das bedeutete, daß Lohmar, der sich die sozialistische Theorie nur als »Annäherungswert« vorstellen konnte, die theoretische Erfassung der Totalität Gesellschaft auf den Sankt Nimmerleinstag verschob.

Schon bald zeigte sich, daß sich Michael Mauke hier unvorsichtigerweise auf eine Diskussion mit dem Vertreter eines nur schwer greifbaren Pragmatismus eingelassen hatte, der mit theoretischen Versatzstücken – zumeist aus den bürgerlichen Sozialwissenschaften – die jeweilige Generallinie der Partei zu legitimieren versuchte. Während Michael Mauke sich noch ehrlich bemühte, ein Gespräch zwischen Marxisten und ethischen Sozialisten über den Bezug der Theorie zum praktischen Alltagsleben in Gang zu bringen, arbeitete Ulrich Lohmar zusammen mit anderen »Realisten« über die Köpfe der Marxisten hinweg am Entwurf des Godesberger Programms. Bei diesem Geplänkel zwischen Michael Mauke und Ulrich Lohmar handelt es sich auch keineswegs um den Beginn einer »theoretischen Kontroverse« zwischen Marxisten und »Realisten«, wie Jürgen Briem in seiner SDS-Studie aus dem Jahre 1976 annimmt. Nach dem freundlichen Austausch von offenen Briefen über den Stellenwert einer theoretischen Zeitschrift im Sommer 1955 hüllten sich Lohmar und Mauke zunächst einmal für fast drei Jahre in Schweigen.

Erst nach der dritten verlorenen Bundestagswahl im September 1957, bei der die CDU/CSU mit 50,2 Prozent der Stimmen die absolute Mehrheit errang, meldete sich Lohmar 1958 in der Mai-Nummer des »Standpunkt« erneut mit einem Artikel »Ideologie und Struktur der deutschen Linken« zu Wort. Nach dieser bisher größten Wahlniederlage der deutschen Sozialdemokratie nach Hitler brach in der Partei die Kontroverse über die Notwendigkeit eines neuen Grundsatzprogramms auf. Die bündnispolitische Konzeption des Parteivorstandes bis zum 15. September 1957 hatte zur Voraussetzung gehabt, daß die CDU/CSU und die konservative Splitterparte »Deutsche Partei« (DP) unter der 50-Prozent-Grenze blieben. Diese Voraussetzung war nicht mehr gegeben. Die CDU/CSU erhielt vielmehr 270 Sitze im Bundestag, während die SPD mit 31,8 Prozent nur 169 Sitze bzw. die FDP 41 Sitze erhielten. Die in Niedersachsen erfolgreiche nationalkonservative Mittelstandspartei »Deutsche Partei« (DP) zog darüber hinaus mit nur 3,4 Prozent der Stimmen durch ein Wahlabkommen mit der Union mit 17 Sitzen in den Bundestag ein. Kurzum: Die CDU/CSU verfügte 1957 mit 53,6 Prozent der Stimmen im Bundestag über 287 von 497 Stimmen.

In dieser verzweifelten Situation übernahm das Triumvirat Fritz Erler, Carlo Schmid und Herbert Wehner die Initiative zur Wiederankurbelung der seit Jahren dahinsiechenden Programmdiskussion. Ziel der jetzt wieder intensivierten Programmberatung war: eine organisatorische Begradigung, personelle Konsequenzen, und die Ausformulierung sowohl eines Grundsatz- als auch eines Aktionsprogramms bis zum Frühjahr 1959. (Die beiden ersten Punkte wurden bereits auf dem Stuttgarter Parteitag abgehakt). Der zentrale Vorwurf des Dreigespanns Erler, Schmid, Wehner gegen Marxisten und reformistische Traditionalisten in der SPD lautete, daß diese mit einen zeitlosen marxistischen Kategoriensystem operierten und die jeweiligen politischen Machtverhältnisse außer acht ließen.

Im Vorfeld von Godesberg stieg nun Ulrich Lohmar in die SDS-Arena und ritt eine Attacke gegen die Marxisten. Im Unterschied zur SPD und ihren Unterorganisationen befanden sich die Marxisten im SDS zu dieser Zeit nicht mehr in der Defensive, sondern waren dabei, eine eigene theoretische und praktische Identität zu entwickeln. Lohmars Argumentation ging an der im Verband geführten Diskussion – höchstwahrscheinlich aus Unkenntnis – vorbei. Auf zentrale Themen der Auseinandersetzung wie das Verhältnis von Bürokratie und Partei, Intelligenz und Arbeiterklasse, die Auswirkungen des XX. Parteitages der KPdSU auf die kommunistischen Parteien und den immer wichtiger werdenden Problemkomplex Automatisierung, veränderte Arbeitskräftestruktur und Gewerkschaften – alles Schwerpunktthemen der vorangegangenen »Standpunkt«-Hefte – ging er überhaupt nicht ein. Lohmar mußte eigentlich wissen, daß es damals schon Gruppen gab, die sich anhand der Originaltexte mit dem Marxismus ernsthaft beschäftigten. In seinem Beitrag lieferte er den Beweis, daß er niemals eine Zeile von Marx oder Engels gelesen hatte. Im Gegensatz zur Polemik eines Fritz Erler – dessen intellektuelle Sozialisation in »Neu Beginnen« selbstverständlich auch durch Schriften von Hegel und Marx beeinflußt worden war – liest sich Lohmars Artikel wie das Einführungskolleg eines bürgerlichen Anti-Marxisten für Hörer aller Fakultäten.

Lohmar setzte sich weder mit dem Werk von Karl Marx noch mit der – durchaus konträr geführten – Diskussion über Marx im SDS auseinander, sondern baute sich einen vulgärmarxistischen Pappkameraden auf. So unterstellt er den Marxisten eine undialektische lineare Bestimmung des Bewußtseins durch das materielle Sein und stellt dem die – angeblich nur von den »Realisten« vertretene – Auffassung gegenüber, das Bewußtsein werde nicht nur durch ökonomische, sondern auch durch tradierte, regional unterschiedliche kulturelle Faktoren bestimmt. So weit, so gut. Das hört man allenthalben. Abenteuerlicher wird seine Argumentation jedoch, wenn er als »Realist« den Marxisten gegenüber den Klassenkampf für beendet erklärt, da »der Streit um dieses Problem … eigentlich mit der Einführung des allgemeinen, gleichen, direkten und geheimen Wahlrechts prinzipiell gegenstandslos geworden« sei. Und das, nachdem 1933 die Nazis durch allgemeine, gleiche, direkte und geheime Wahlen die stärkste Partei geworden waren und am 31. März mit Hilfe der bürgerlichen Parteien das Ermächtigungsgesetz im Reichstag legal verabschiedet hatten!

Nachdem Lohmar dann noch ein in der Partei vorherrschendes »Bedürfnis der Mitglieder nach Sicherheit … und den (Wunsch) nach Autorität und Führung« konstatiert hatte, kam er zu dem Schluß: »Hinsichtlich der Bewußtseinslage der Arbeitnehmerschaft und des früheren Mittelstandes wird man mit Schelsky von einer ›nivellierten Mittelstandsgesellschaft‹ sprechen können.«

Es gibt wohl nur eine sinnvolle Erklärung dafür, daß Michael Mauke im folgenden Heft des »Standpunkts« auf Lohmars Aufsatz überhaupt einging: Wahrscheinlich versuchte er im Sommer 1958 schon gar nicht mehr, Lohmar von der Widersprüchlichkeit und Oberflächlichkeit seines Ansatzes zu überzeugen, sondern benutzte seine mit »Lohmars Last« überschriebene Antwort, um ein Exempel zu statuieren. Punkt für Punkt widerlegte er vor aller SDS-Öffentlichkeit die antimarxistischen Vorurteile, wie sie auf dem Höhepunkt des Kalten Krieges gang und gäbe waren.

Für Mauke ist Lohmar weder Marxist noch Revisionist, nicht einmal »Realist«, solange er glaube, »mit Hilfe eines sozialpolitischen ›Werkzeugkastens‹ eine Gesellschaft reparieren zu können, die seit Jahrzehnten einen mörderischen und selbstmörderischen Charakter angenommen hat«. Vor diesem Hintergrund erweise sich Lohmars »status-quo-frommer« sogenannter Realismus als reine Romantik. Gegen Lohmars theoretisches Durcheinander setzt Mauke seine eigene Position: »Diese von ausbeuterischer Herrschaft und vernichtender Konkurrenz, von vielfältiger Entfremdung und totaler Kommerzialisierung bestimmte Lebensweise kann nicht systemimmanent kuriert werden, denn sie ist das System selbst. Die tatsächliche Gleichberechtigung und die konkrete Freiheit und Gerechtigkeit durchsetzen, das bedeutet eine Revolution. Revolution nicht als Barrikadenkampf, sondern als ein bewußt gewollter und leidenschaftlich angestrebter geschichtlicher Prozeß verstanden, der alle geheiligten Institutionen, alle Idole und Tabus des Bestehenden in Frage stellt und unaufhaltsam die Gesellschaft an ihren Wurzeln umformt. In diesem Sinn muß die SPD wieder revolutionär werden: eine Sammlung aller humanistischen Kräfte.«

Dieser Begriff von Politik und Revolution stellte genau den Minimalkonsens dar, auf den sich der SDS in der Phase zwischen Abspaltung von der SPD und antiautoritärer Revolte einigte. In der vorletzten erschienenen Ausgabe des »Standpunkts« (nach Sperrung der finanziellen Unterstützung durch den Parteivorstand der SPD stellte die Zeitschrift das Erscheinen mit der Nummer 3/4 Oktober-Dezember 1959 ein) findet sich eine weitere »freundschaftliche Antwort« Lohmars an Mauke, auf die dieser jedoch öffentlich nicht mehr einging.

Adenauers »Weiterentwicklung der Artillerie«

Eines der politisch wichtigsten Ereignisse in der Bundesrepublik während der zweiten Hälfte der 50er Jahre war zweifellos die »Göttinger Erklärung« von 18 der namhaftesten westdeutschen Atomforscher. Dieser Alarmruf war eine direkte Antwort auf eine Stellungnahme Adenauers während der Pressekonferenz vom 5. April 1957: »Unterscheiden Sie doch die taktischen und die großen atomaren Waffen. Die taktischen Waffen sind nichts weiter als die Weiterentwicklung der Artillerie. Selbstverständlich können wir nicht darauf verzichten, daß unsere Truppen auch in der normalen Bewaffnung die neueste Entwicklung mitmachen.« Hier hatte der Vertreter einer Generation von Politikern gesprochen, deren Vorstellungswelt von Waffentechnik bei der »Dicken Berta« des Ersten Weltkrieges endete. Adenauers Äußerung war der schockierende Beweis dafür, daß auch in der Bundesrepublik alte Männer an den Schalthebeln der Macht saßen, die nicht mehr wußten, wovon sie sprachen und – schlimmer noch – worüber sie die politische Macht hatten.

Die Göttinger Achtzehn versuchten, die CDU/CSU-Politiker, die sich selbstbetrügerisch in eine Bagatellisierung der Bombe geflüchtet hatten, in die Verantwortung zu nehmen. »Taktische Atomwaffen haben die zerstörende Wirkung normaler Atombomben. ... Jede einzelne taktische Atombombe oder Granate hat eine ähnliche Wirkung wie die Atombombe, die Hiroshima zerstört hat. ... Wir kennen keine technische Möglichkeit, große Bevölkerungsmengen vor dieser Gefahr zu schützen.« Die patzige Antwort von Bundeskanzler Konrad Adenauer und Verteidigungsminister Franz Josef Strauß, die Atomwissenschaftler verstünden nichts von Politik und globalen Zusammenhängen, provozierte in der Öffentlichkeit die Frage, ob denn die Regierung mehr über Kernwaffen wisse als die Göttinger Achtzehn über Politik. Die rheinländisch-katholische Schlauheit Adenauers war hier offenbar überfordert.

Im Gegensatz zu den Industriegewerkschaften hielt sich der Parteiapparat der SPD in dieser Frage zunächst zurück und beschränkte sich auf eine Kampagne in der Parteipresse unter dem Motto »Adenauer spielt vabanque mit uns!«. Der Widerstand gegen die atomare Bewaffnung manifestierte sich konkret auf drei Ebenen: Gemeinden weigerten sich, die Vermessungsarbeiten für Raketenbasen durchzuführen oder die Genehmigung dazu zu erteilen; an den Universitäten solidarisierten sich zahlreiche Professoren, Akademische Räte und Assistenten in Unterschriftenaktionen mit den Göttinger Achtzehn; und – was heute am interessantesten ist – im Frühjahr 1958 fanden u.a. in den Henschel-Werken in Kassel, bei VW in Braunschweig und Wolfsburg und in mehreren Werften und Großbetrieben in Bremerhaven Warnstreiks in einem Umfang statt, wie er selbst auf dem Höhepunkt der Kampagne gegen die Notstandsgesetzgebung im Mai 1968 nicht erreicht wurde.

Rückzug in den Elfenbeinturm

Vom 27. bis zum 29. Oktober 1956 fand in Frankfurt/Main die XI. Bundesdelegiertenkonferenz des SDS statt. Was sagte die Avantgarde der sozialistischen Intelligenz an den Universitäten zur bevorstehenden Bundestagswahl und zur zunehmenden Unruhe in der bundesrepublikanischen Bevölkerung über die geplante atomare Aufrüstung der Bundeswehr? Buchstäblich nichts. Statt dessen widmete man sich mit Hingabe der Diskussion über den vorläufigen Ausschluß Otto Köhlers (Würzburg) durch den Bundesvorstand, der ohne Absprache mit dem BV am von der FDJ organisierten Wartburgtreffen teilgenommen hatte. Die Delegierten verabschiedeten mit überwältigender Mehrheit ein Papier zur »Neuordnung des Stipendienwesens« mit konkreten Vorschlägen für ein Studienförderungsprogramm. In der »Neuordnung« wird das Werkstudium ebenso abgelehnt wie das von der CDU befürwortete Stipendienwesen auf Darlehensbasis. Weitere Schwerpunkte der Delegiertenkonferenz waren der Ausbau des Gesundheitsschutzes für Studierende und die Förderung des Zweiten Bildungsweges. Der Verband hatte sich offensichtlich zu einer kurzen politischen Verschnaufpause zurückgezogen.

Dornröschens Erwachen

Die XII. DK des SDS in Dortmund am 16. und 17. Oktober 1957 stand unter dem Eindruck von vier historischen Ereignissen: dem Einmarsch der Roten Armee in Budapest im November 1956; den Streikunruhen in Posen und der Ernennung Wladislaw Gomulkas zum Ersten Sekretär der Kommunistischen Partei Polens im Oktober 1956; dem XX. Parteitag der KPdSU im Februar 1956, in dessen Schatten sowohl der polnische Oktober als auch der ungarische November standen; und – als wichtigstem innenpolitischen Ereignis, das wiederum unter dem Eindruck von Budapest zustande kam, – dem absoluten Wahlsieg der CDU/CSU bei der Bundestagswahl am 15. September 1957.

Seit dem Amtseintritt von Gomulka war in Polen die Kollektivierung der Landwirtschaft zurückgedrängt worden; die Partei hatte ihre Beziehungen zur katholischen Kirche intensiviert mit dem Ziel, die Freiheit des Religionsbekenntnisses und der Religionsausübung zu garantieren; den Arbeitern waren durch die Einrichtung von »Arbeiterräten« begrenzte Mitbestimmungsrechte eingeräumt worden, die kommunale und regionale Selbstverwaltung wurde wiederhergestellt, der Prozeß der Dezentralisierung und Entbürokratisierung der Wirtschaft vorangetrieben. In Wissenschaft und Kultur wurde Kritik in gewissen Grenzen erlaubt, der oftmals kafkaeske Polizeiterror in der Epoche des Stalinschen Ausnahmezustandes hörte fast ganz auf.

Die Delegiertenkonferenz des SDS überschätzte in einer wahren Polen-Euphorie die Bilanz des polnischen Oktober. Als Konsequenz für die praktische Auslandsarbeit des Verbandes beschloß die DK, sofort sowohl zum »Nationalverband Polnischer Studenten« (ZSP) als auch zur »Sozialistischen Jugendverband« (ZMS) Kontakte aufzunehmen, um Vereinbarungen über den Austausch von Delegationen, den Besuch von Seminaren und Tagungen etc. zu treffen. Gleichzeitig forderte die Delegiertenkonferenz normale diplomatische, wirtschaftliche und kulturelle Beziehungen der Bundesrepublik Deutschland zur Volksrepublik Polen. Die Erklärung zur Frage der Oder-Neiße-Grenze fiel dagegen sehr vage aus: diese dürfe eine Normalisierung nicht verhindern.

Polen war in jenen Tagen Thema Nr. 1 im SDS. Der friedlich Austausch der politischen Elite in den Oktobertagen des Jahres 1956 ließ trotz des niedergeschlagenen Volksaufstands in Ungarn viele Intellektuelle in Deutschland erneut hoffen, die Sowjetunion werde den Völkern Osteuropas zukünftig einen selbständigen Weg zum Sozialismus erlauben, solange die Hegemonie der UdSSR unangetastet bleibe. (Eine Illusion, die spätestens beim Einmarsch der Warschauer-Pakt-Staaten in Prag im August 1968 von der Wirklichkeit eingeholt wurde.)

Zur Innenpolitik folgte die DK einem Antrag der Göttinger Hochschulgruppe, der die höchst undialektische These zum Ausgangspunkt hatte, daß nicht der Inhalt, sondern nur die Form der bisherigen Politik der SPD verändert werden müsse. Die Konsequenzen müßten so aussehen: kritische Überprüfung und eventuelle Reform der Struktur des

Parteiapparats, personelle Konsequenzen und eine neue Öffentlichkeitsarbeit. Die DK verzichtete darauf, die Wahlplattform der SPD zur dritten verlorenen Bundestagswahl Punkt für Punkt zu überprüfen und die Frage der Bündnispolitik überhaupt anzudiskutieren. Für die SPD in der Opposition empfahlen die sozialistischen Studenten eine Neuauflage der ach so bewährten Verhinderungsstrategie: Abschaffung der Wehrpflicht, keine Produktion oder Beteiligung an der Produktion und keine Lagerung von Atomwaffen in Deutschland, Abwehr von Übergriffen gegen die demokratische Verfassung und Kampf gegen den weiteren Vormarsch des Klerikalismus. Der Beschluß zeigt zwei Tendenzen im Verband: Einmal bekannte sich der SDS voll zum Prinzip der parlamentarischen Demokratie, ohne sich jedoch irgendwelche Gedanken über eine alternative Taktik und Strategie zur Erringung der parlamentarischen Mehrheit durch die SPD zu machen; zum anderen sollte die Mitarbeit in außerparlamentarischen Aktionsbündnissen gegen die Militärpolitik der Bundesregierung intensiviert werden.

Der Landesvorsitzende des SDS Berlin, Wolfgang Büsch (am 2. Juni 1967 Innensenator in West-Berlin), wurde zum neuen 1. Bundesvorsitzenden, Oswald Hüller (Heidelberg) zum 2. Bundesvorsitzenden gewählt. Beirat: Hans Müller (Bonn), Klaus Pöhle (Hamburg), Kay Tjaden (Frankfurt/Main). Bei der Wahl sowohl des 1. als auch des 2. Vorsitzenden hatte Günter Müller (München) kandidiert und war beide Male durchgefallen.

Der bisher schwärzeste Sonntag in der SPD-Geschichte nach 1945 kam am 6. Juli 1958, als bei der Landtagswahl in Nordrhein-Westfalen zwar ihr Stimmenanteil von 34,5 auf 39,2 Prozent anstieg, die CDU jedoch mit 50,5 Prozent zum erstenmal an Rhein und Ruhr die absolute Mehrheit gewann. Schwärzer ging's nicht. Den Ausschlag für den CDU-Sieg hatte die Vollbeschäftigung in der Rekonstruktionsphase gegeben; die Frage der Stationierung amerikanischer Atomwaffen in Deutschland hatte offensichtlich überhaupt keine Rolle gespielt. Während 83 Prozent der Gesamtbevölkerung sich nur wenige Monate vorher – wie die SPD – gegen die Errichtung von Abschußbasen von Atomraketen ausgesprochen hatten, wählten das Bürgertum, das Kleinbürgertum und der Teil des Proletariats, der in der Tradition der katholischen Arbeiterbewegung stand, eine CDU, die amerikanische Atomwaffen auf deutschem Territorium ausdrücklich befürwortete. Weder die exemplarische Niederlage der CDU/CSU/DP in der außerparlamentarischen Debatte des Bundestages am 23. Januar noch die vom Parteivorstand der SPD einen Tag später beschlossene »Aufklärungskampagne« der Opposition über die Gefahren einer atomaren Aufrüstung und die Kampagne »Kampf dem Atomtod« hatten dieses Ergebnis verhindern können. Die SPD hatte aufgrund der Meinungsumfragen zur Lagerung von Atomwaffen und Einrichtung von Raketenbasen ihre Wahlchancen falsch eingeschätzt. Die große Mehrheit der Bevölkerung war zwar abstrakt gegen die Bombe, die Hiroshima zerstört hatte. Für diese Menschen war es jedoch etwas ganz anderes, sich vorzustellen, daß sie in Essen oder Düsseldorf in Bruchteilen von Sekunden verglühten oder – falls sie überlebten – ihre Kinder ohne Mundöffnung oder Gehirn auf die Welt kommen würden. Das Grauen, das nicht vorstellbar ist, kann auch keine konkreten Konsequenzen für das Wahlverhalten haben; außer der, daß derjenige, der vor der größten Gefahr warnt, unbewußt mit Gefahr schlechthin identifiziert wird. Also flieht man in die gegen solche Vorstellungen immune Idylle des bundesrepublikanischen Eigenheims mit katholischem Vorgarten und wählt CDU. Im Frühjahr 1958 glaubte die SPD noch, daß das Volk aus dem Abscheu über den Massenmord in Hiroshima und Nagasaki politische Konsequenzen ziehen würde. (Weder Ollenhauer noch Wehner hatten sich schließlich mit der Kritischen Theorie auseinandergesetzt.) Die Stoßrichtung der »Kampagne Kampf dem Atomtod« zielte nicht auf eine kontinuierliche Mobilisierung und Politisierung der Bevölkerung durch Kundgebungen, Demonstrationen, Warnstreiks etc., sondern bereitete lediglich die Initiative zu einer Volksbefragung auf Bundes-, Länder- und Gemeindeebene vor. Durch die permanenten parlamentarischen Niederlagen entnervt, sah die SPD in der Frage: Atombomben ja oder nein? die Chance, endlich einmal zu gewinnen, und sei es – entgegen ihrer eigenen Tradition und Überzeugung – durch ein Plebiszit.

Zur Zeit der Landtagswahl in Nordrhein-Westfalen stand im Mittelpunkt der veröffentlichten Meinung schon nicht mehr die atomare Aufrüstung der Bundeswehr, sondern die Frage, ob eine Volksbefragung verfassungskonform sei oder nicht. Durch die Einstweilige Anordnung des Zweiten Senats des Bundesverfassungsgerichts vom 27. Mai zur Aussetzung der geplanten Befragungen in Bremen und Hamburg war die SPD in den Geruch der Verfassungsfeindlichkeit geraten. Für den Wahlkampf kramte die CDU aus ihrem bewährten Arsenal die Evergreens hervor: »Christentum oder Sozialismus«, »Sicherheit und Wohlstand oder Kommunismus« und überhaupt: Wer unseren Soldaten die Atomwaffen nicht gönne, besorge die Geschäfte Moskaus. In der Hauptentscheidung des Bundesverfassungsgerichts vom 30. Juli 1958 wurden die »Volksbefragungs«-Gesetze von Hamburg und Bremen für verfassungswidrig erklärt, da es außerhalb der Kompetenz der Länderparlamente liege, über Befragungen zu einer Bundesangelegenheit zu entscheiden. Für den Parteivorstand der SPD war das der Anlaß, eine Kampagne fallen zu lassen, die ohnehin keinen Gewinn an Wählerstimmen gebracht hatte.

Nach der Entscheidung des Bundesverwaltungsgerichts herrschte im Funktionärskörper der Partei weitgehend ein Gefühl der Erleichterung vor, endlich diese immer nur halbherzig unterstützte Bewegung los zu sein. Offenbar interessierte sich damals kaum jemand für die Konsequenzen dieses Urteils, mit dem das plebiszitäre Element fast vollständig aus dem politischen Leben der Bundesrepublik gestrichen wurde und durch das der Opposition im Bundestag jede Möglichkeit genommen wurde, die Bevölkerung direkt zu Einzelentscheidungen der Regierung zu befragen.

3. Kapitel: Kampf gegen die Atombombe

Zwischen Antistalinismus und Linksopportunismus

Auf der XIII. ordentlichen Delegiertenkonferenz des SDS am 22. und 23. Oktober 1958 in Mannheim setzte sich die Linke im Verband erstmals bei den Vorstandswahlen durch: Erster Bundesvorsitzender wurde Oswald Hüller (Heidelberg), zweiter Bundesvorsitzender Günter Kallauch (Frankfurt/Main). Mitglieder des »wissenschaftlichen Beirats« wurden Monika Mitscherlich (Frankfurt), Horst Steckel (Göttingen) und Jürgen Seifert (Münster). Es wäre jedoch falsch, von einem homogenen linken Vorstand zu sprechen. Hüller hatte im vergangenen Jahr als zweiter Bundesvorsitzender die Minderwertigkeitsgefühle der kleineren Hochschulgruppen gegen die Frankfurter und Berliner erfolgreich für sich mobilisiert. Seine organisatorischen Qualitäten waren umstritten, und wo genau er im linken Spektrum einzuordnen war, wussten damals die wenigsten Delegierten. Kallauch war ein linker antistalinistischer Sozialdemokrat. Er hatte 1946 in Sachsen gegen die bürokratische Vereinigung von SPD und KPD opponiert und deswegen als politischer Häftling neun Jahre im Zuchthaus gesessen. Die Mitglieder des »wissenschaftlichen Beirats« standen der Kritischen Theorie nahe. Allen gemeinsam war aber, daß sie die Mitarbeit im SDS-Bundesvorstand nicht mehr als Ausgangspunkt für eine spätere politische Karriere in der SPD betrachteten. Die Rechte war aus der Verbandsführung verschwunden.

Im Nachhinein bezeichnet Jürgen Seifert die damalige Abwahl der rechten SDSler als »Putsch« von links: »Das hat es in der Parteigeschichte nur ganz selten gegeben. ... Die rechten SDSler wandten sich an die Partei und versuchten uns nach dem Motto: Papa, sieh mal, was die Bösen machen! madig zu machen. ... Unser Fehler war es, daß wir nicht erkannt haben, daß Leute, die nur im SDS sind, um eine Parteikarriere zu starten, uns attackieren mußten: Wir waren doch ein Hemmnis. Durch uns wurde der direkte Kontakt zum ›Machthaber‹ blockiert.«

Der politische Machtwechsel drückte sich auch deutlich in den verabschiedeten Beschlüssen aus. So forderte die Mehrheit der 55 Delegierten auf Antrag der Marburger Hochschulgruppe alle SDS-Hochschulgruppen auf, die »studentischen Aktionsausschüsse gegen den Atomtod« verstärkt zu unterstützen. Die Delegierten lehnten außerdem die Aufforderung der SPD-Bundestagsfraktion an die Mitglieder der sozialdemokratischen Jugendorganisationen ab, sich freiwillig für die Unteroffiziers- und Offizierslaufbahn in der Bundeswehr zu melden. Die SPD-Führung befürchtete nämlich damals, daß Adenauer bei seinem Versuch, »die Sozialdemokratie aus diesem Staat herauszudrängen«, die Bundeswehr als CDU-Schule der Nation mißbrauche. Durch den Eintritt geschulter sozialdemokratischer Jugendfunktionäre sollte die Bundeswehr – so Fritz Erler – »im innerpolitischen Machtkampf neutralisiert« werden. Gegen diese Konzeption des SPD-Fraktionsvorstands protestierte nicht nur der SDS, sondern auch die »Sozialistische Jugend ›Die Falken‹« und die »Naturfreundejugend«.

Auf Antrag der Frankfurter SDS-Hochschulgruppe beschloß die Delegiertenkonferenz: »Die Bundesdelegiertenkonferenz des SDS hat mit Befremden von dem Beschluß des Fraktionsvorstandes Kenntnis genommen, der die in Frage kommenden jüngeren Parteimitglieder zum Eintritt in die Bundeswehr auffordert. Die DK fordert den PV auf, derartige unzulässige Verpflichtungen der Gesamtpartei durch den Fraktionsvorstand in Zukunft zu verhindern ...« Dieser Beschluß war eine offene Kampfansage an die neue Wehrpolitik der Sozialdemokratie seit März 1956, für die sich besonders Helmut Schmidt und Fritz Erler eingesetzt hatten. Damals hatte die SPD-Bundestagsfraktion für die zweite »Wehrergänzung des Grundgesetzes«, die sogenannte Wehrverfassung, gestimmt, um die Einführung eines »Ersatzdienstes« für Kriegsdienstverweigerer zu garantieren. Faktisch hatte dieses Votum jedoch eine Aufweichung der bisherigen Linie gegen die Wiederaufrüstung signalisiert.

Auch die noch vom alten SDS-Bundesvorstand eingebrachte Resolution über den französischen Kolonialkrieg in Algerien dokumentiert das wachsende antiimperialistische Selbstverständnis des SDS. Die Delegierten traten mehrheitlich für das Selbstbestimmungsrecht des algerischen Volkes, für den Abzug aller französischen Truppen und für freie, allgemeine und durch die UNO kontrollierte Wahlen in Algerien ein. Die Bundesregierung wurde aufgefordert, den »algerischen Flüchtlingen« ebenso politisches Asylrecht zu gewähren wie den »ungarischen Freiheitskämpfern«.

Seit 1957/58 hatte eine Reihe von SDS-Mitgliedern den »Front de Liberation Nationale« (FLN) aktiv unterstützt. Zu ihrer Solidaritätsarbeit gehörte es, polizeilich gesuchten und untergetauchten Algeriern Wohnungen und Lagerräume für kurzfristige Aufenthalte, für Geheimtreffen und für die Lagerung von Propagandamaterial zur Verfügung zu stellen. Außerdem gehörte dazu die »legale Beschaffung« oder Fälschung von Personaldokumenten und sonstigen Papieren, der Druck und Transport von Flugblättern, Broschüren usw., die Information der deutschen Presse über die tatsächlichen Verhältnisse in Algerien und die Durchführung von grenzüberschreitenden Kurierdiensten, manchmal auch der »Personentransfer« von polizeilich gesuchten und gefährdeten FLN-Kadern. Laut Claus Leggewie diente die »ruhige« Bundesrepublik damals als »logistische Rückzugsbasis« für die »Organisation des Widerstandes« des FLN in Frankreich und in Nordafrika. An dieser Unterstützungsarbeit waren Mitglieder der trotzkistischen IV. Internationale, der »Falken«, der »Naturfreunde«, des SDS, des DGB und der SPD beteiligt. An den gefährlicheren »Personentransfers« über die »grüne Grenze« vor allem bei Saarbrücken und Weißenburg hätten sich »hauptsächlich Studenten- und Falkengruppen« in Kooperation mit französischen Aktivisten des »Riseau Jeanson« beteiligt.

Bereits damals spielte Hans-Jürgen Wischnewski, bei seinen Freunden auch als »Ben Wisch« bekannt, bei der Organisierung dieser Unterstützungsarbeit eine wichtige Rolle. Ursprünglich hatte Wischnewski wohl zur entristischen Fraktion der Kölner Trotzkisten gehört. Sein Marsch durch die SPD begann bei den Jungsozialisten und endete schließlich im Bundeskabinett von Helmut Schmidt. Eine kleine Fußnote zum Kapitel deutsch-französische Freundschaft bleibt zu berichten: Als der ehemalige SDS-Bundesvorsitzende der Jahre 1964 bis 1966, Helmut Schauer, in Frankreich Ende der 70er Jahre von der französischen Gendarmerie nachts aus dem Hotelbett gerissen und festgenommen wurde, teilte ihm der verhörende Kommissar süffisant mit, daß gegen ihn und einen »gewissen Genossen Wischnewski« Ausweisebefehle vorlägen. Der Ukas gegen Wischnewski sei natürlich nur für die Zeit seines Ministeramtes auf Eis gelegt. Schauer möge ihm das bei Gelegenheit mitteilen. Schauer wurde am nächsten Tag an der Grenze den deutschen Behörden übergeben.

Der Studentenkongreß gegen Atomrüstung

Die autonomen studentischen Arbeitskreise gegen eine atomare Aufrüstung der Bundeswehr hatten bereits im Juni 1958 einen zentralen Kongreß beschlossen, der an der Freien Universität Berlin stattfinden sollte. Mitten in die Vorbereitungen platzte am 27. November 1958 das Berlin-Ultimatum Chruschtschows. Die Regierung der UdSSR kündigte in gleichlautenden Noten an die Westalliierten, die Bundesrepublik Deutschland und die Deutsche Demokratische Republik den Viermächte-Status von Berlin. Innerhalb von sechs Monaten sollten Verhandlungen über eine entmilitarisierte »freie Stadt Westberlin« eingeleitet werden.

Als der Studentenkongreß dennoch am 3. Januar 1959 im Neubau der »Wirtschafts- und Sozialwissenschaftlichen Fakultät« eröffnet wurde, nahmen an der Tagung 318 Vertreter aus 20 westdeutschen und Westberliner studentischen Arbeitskreisen gegen die Atomrüstung und ca. 200 deutsche und ausländische Gäste teil. Zur Begrüßung erschienen von der SPD-Parteileitung nur der stellvertretende Berliner Landesvorsitzende Kurt Mattick und der Vorsitzende des Bonner »Kampf-dem-Atomtod«-Ausschusses und Parlamentarische Geschäftsführer der SPD, Walter Menzel; der SPD-Landesvorsitzende und Regierende Bürgermeister, Willy Brandt, hatte demonstrativ abgesagt. Anwesend war noch ein dritter Sozialdemokrat, der Wehrexperte der SPD-Bundestagsfraktion, Helmut Schmidt. Die Kongreßteilnehmer bildeten fünf Arbeitsausschüsse: »Demokratie«, »Wiedervereinigung und Atomrüstung«, »Außenpolitik der Westmächte«, »Verantwortung des Wissenschaftlers« und »Christliche Verantwortung«. Außerdem wurde ein »Hauptausschuß« gebildet. Nach einem kämpferischen Referat von Erich Kuby verabschiedete der Arbeitsausschuß »Wiedervereinigung und Atomrüstung« einen Entschließungsantrag zur Wiedervereinigungspolitik, der dem Plenum auf der Abschlußsitzung vorgelegt werden sollte. Zum

Redaktionsausschuß des Antrags gehörten außer Erich Kuby die »Konkret«-Redakteure Ulrike Meinhof, Reinhard Opitz und Hans Stern.

Der Text dieser Resolution, die in den nächsten Tagen und Wochen in Universität, Presse und SPD eine wahre Panikstimmung auslöste, lautete: »Die weltpolitische Lage wird in Kürze die beiden Teile Deutschlands zwingen, miteinander zu verhandeln. Damit solche Verhandlungen möglich werden, ist es nötig, daß Formeln wie ›Mit Pankow wird nicht verhandelt‹ aus der politischen Argumentation verschwinden. Das Ziel notwendiger Verhandlungen, die bisher stets von der Bundesregierung ungeprüft zurückgewiesen wurden, muß sein: 1. die Umrisse eines Friedensvertrages zu entwickeln, 2. die möglichen Formen einer interimistischen (vorläufigen) Konföderation zu prüfen.«

Das Kongreßplenum nahm den Antrag in seiner letzten Sitzung am 4. Januar 1959 mit 108 gegen 79 Stimmen bei 12 Enthaltungen an. Der SPD-Wehrexperte Helmut Schmidt und der Dekan der »Wirtschafts- und Sozialwissenschaftlichen Fakultät« der FU, Otto Stammer, distanzierten sich in der schroffsten Form von dem Beschluß und verließen den Kongreß unter Protest. Am folgenden Tag berichtete die Berliner Abendzeitung »Der Kurier« über den Studentenkongreß unter der Schlagzeile »Totengräber unserer Freiheit«. Veranstalter des Kongresses waren die verschiedenen studentischen Fraktionsausschüsse, nicht der SDS. Als Reaktion auf die Berichterstattung der Presse, in der weitgehend der SDS als alleiniger Veranstalter bezeichnet wurde, veröffentlichte der SDS-Bundesvorstand ein Flugblatt, das, in hoher Auflage gedruckt, von fast allen SDS-Hochschulgruppen an die westdeutsche Studentenschaft verteilt wurde:

»Berliner Studentenkongreß gegen Atomrüstung – Beginn eines neuen Denkens! Presse und Rundfunk haben in den letzten Tagen tendenziös und diffamierend über den Studentenkongreß gegen Atomrüstung in Berlin am 3. und 4. Januar berichtet. Die ursprünglichen Ziele und die Ergebnisse des Kongresses wurden dadurch vor der Öffentlichkeit bewußt verfälscht. Die Behauptung, der Kongreß sei kommunistisch unterwandert gewesen, ist unwahr; sie zielt vielmehr darauf ab, dem Kongreß seine Berechtigung abzusprechen, die Lebensfrage des deutschen Volkes zu diskutieren. ... Der Sozialistische Deutsche Studentenbund begrüßt die Beschlüsse des Kongresses, die einwandfrei demokratisch zustande kamen und fordert gleichzeitig die gesamte Studentenschaft auf, den Ausschüssen gegen die Atomrüstung an allen Hochschulen und Universitäten beizutreten. Der Sozialistische Deutsche Studentenbund fordert von der Bundesregierung eine ernsthafte Prüfung des Rapacki-Planes sowie die Annahme von Verhandlungen über einen politischen Status, der beide Teile Deutschlands miteinander verbindet und damit die Voraussetzungen für eine Wiedervereinigung schafft.«

Durch diese Flugblattaktion entstand erstmalig seit 1945 ansatzweise eine studentische Gegenöffentlichkeit, die dann in der zweiten Hälfte der sechziger Jahre entscheidend zum Zustandekommen der antiautoritären Studentenbewegung beigetragen hat. In einem zweiten SDS-Flugblatt schrieb Jürgen Seifert. »SDS-Mitglieder haben für und gegen die

Resolution gestimmt. Wir wehren uns gegen die Verleumdung des Kongresses.« Diese Formulierung war auch gegen Helmut Schmidt gerichtet. Auf dem Studentenkongreß hatten Monika Mitscherlich, Jürgen Seifert und Helmut Schmidt noch einmal ein persönliches Gespräch. Das Gespräch endete damit, daß Monika Mitscherlich die Unterredung abbrach und Helmut Schmidt demonstrativ den Rücken zukehrte

Der Kongreß für Demokratie – gegen Restauration und Militarismus

Unmittelbar nach dem Berliner Studentenkongreß ging der Bundesvorsitzende des SDS, Oswald Hüller, daran, anläßlich des zehnten Jahrestages der Verkündung des Grundgesetzes einen weiteren Kongreß in Frankfurt zu organisieren, auf dem die verschiedenen Gruppierungen der sozialistischen Jugend vertreten sein sollten. Er konnte sich auf einen Beschluß der XIII. ordentlichen Delegiertenkonferenz des SDS in Mannheim berufen, der den neuen Bundesvorstand beauftragte, in Zusammenarbeit mit der SPD, den Jungsozialisten, den »Falken«, der »Naturfreundejugend« und den studentischen Arbeitskreisen gegen Atomrüstung ein »Konzept für eine neue Form sozialistischer Jugendarbeit« auszuarbeiten. Der Rest-Bundesvorstand, der unter dem Einfluß der Frankfurter Linken stand, verweigerte Hüller zunächst die Zustimmung zu seinen Plänen. Man wollte der »Konkret«-Redaktion nicht auf Kosten des SDS eine Propagandabühne zur Verfügung stellen. Statt dessen befürworteten vor allem Günter Kallauch, Monika Mitscherlich und Jürgen Seifert die Vorbereitung und Durchführung eines Kongresses zur innenpolitischen Situation in der Bundesrepublik, dessen Ergebnisse auch einer wissenschaftlichen Überprüfung standhalten könnten.

Hüller stellte jedoch die übrigen Mitglieder des Bundesvorstands vor vollendete Tatsachen: Er hatte die Referenten für den Kongreß bereits eingeladen. Der Bundesvorstand stimmte der Durchführung des Kongresses schließlich nur unter der Bedingung zu, daß es ein »Arbeitskongreß« werden müsse, auf dem die Zusammenarbeit der Arbeiterjugendverbände konkrete Formen annehmen sollte. Der zweiten Auflage des SDS-Bundesvorstands, daß keine Resolutionen beschlossen werden dürften, entzog sich Hüller durch die – taktische – Behauptung, das Organisationskomitee sei nicht vom SDS, sondern von den mitveranstaltenden Jugendorganisationen eingesetzt und könne somit allein über die Annahme von Resolutionen entscheiden. Dem Organisationsausschuß gehörten an: Oswald Hüller (SDS), Heinz Brakemeier (Jungsozialisten), Heiner Halberstadt (Falken) und Herbert Faller (Naturfreundejugend).

Während Hüller am SDS-Bundesvorstand vorbei operierte und zu wichtigen Sitzungen nicht erschien, beauftragte der Rest-Bundesvorstand Monika Mitscherlich mit der Vorbereitung eines Bundesseminars, in dem sich die SDSler gemeinsam auf ihre Teilnahme am Frankfurter Kongreß vorbereiten sollten, um nicht Gefahr zu laufen, sich von arrangierten Massenszenen beeindrucken und überrumpeln zu lassen. Die inhaltlichen

Vorbereitungen des Seminars zum Thema »Antagonismen in der kapitalistischen Gesellschaft« und die Auswahl der Referenten belegen, daß die Frankfurter Linken das Thema des Kongresses »Für Demokratie – gegen Restauration und Militarismus« wissenschaftlich ernst nahmen. Die Hauptreferenten waren Fritz Opel vom Hauptvorstand der IG Metall und Ruth Fischer. Ruth Fischer war Mitbegründerin der Kommunistischen Partei Österreichs (KPÖ) und 1921–1925 Mitglied des Zentralausschusses der KPD. 1923 hatte sie die Bolschewisierung der KPD eingeleitet und wurde nach Differenzen mit der KPdSU im Sommer 1926 aus der Partei ausgeschlossen. Anschließend gründete sie zusammen mit anderen Dissidenten den oppositionellen »Lenin-Bund«; nach 1933 floh sie nach Paris und 1940 in die USA. Dort schrieb sie u.a. ein Rechtfertigungsbuch über ihre Rolle in der KPD unter dem Titel »Stalin und der deutsche Kommunismus« und denunzierte in den 40er Jahren ihren Bruder Gerhard Eisler als Kommunisten. Danach arbeitete sie in mehreren pro-amerikanischen Organisationen. Erst nach dem 20. Parteitag der KPdSU bekannte sich Ruth Fischer erneut zum Sozialismus und ergriff jetzt offen Partei für die Politik Nikita Chruschtschows. Kurzum: eine interessante, wenn auch höchst umstrittene Referentin. Ganz sicher aber keine Agentin von Ulbrichts Gnaden, sondern eher eine linke CIA-Intellektuelle.

Am ersten Tag des Frankfurter Kongresses hielt Wolfgang Abendroth (Marburg) nach dem Einleitungsvortrag von Oswald Hüller das Referat »Restauration und Gefährdung der Demokratie in der Bundesrepublik«. Abendroth war von der Frankfurter SDS-Hochschulgruppe über den Verlauf der Kongreßvorbereitungen und die undurchsichtige Rolle Hüllers unterrichtet worden. In einem ausgewogenen Vortrag versuchte er mäßigend auf die Teilnehmer einzuwirken. Sein Vorhaben wurde jedoch schnell durchkreuzt, als nach ihm das Mitglied der Labour-Fraktion im britischen Unterhaus, Konny Zilliacus, die Kongreßteilnehmer mit der Formulierung aufpeitschte: »Seid mutig, Genossen, die Labour Party steht hinter Euch!« Derart eingestimmt, teilte sich der Kongreß in drei Arbeitsgruppen auf. I. »Gesellschaftliche Ursachen der Restauration«; II. »Der Militarismus in der Bundesrepublik« und III. »Restaurative Tendenzen in Staat, Justiz und Verwaltung«. Referenten dieser Arbeitsgruppe waren u.a. Ruth Fischer mit einem Beitrag zum Thema »Faschismus als letzter Ausweg« und der hessische SPD-Landtagsabgeordnete Olaf Radke mit einem Referat über die Gewerkschaften im Restaurationsprozeß.

Wie schon auf dem Berliner Studentenkongreß gegen Atomrüstung im Januar 1959 hatte auch in Frankfurt eine Gruppe von Studenten um die Zeitschrift »Konkret«, darunter Ulrike Meinhof, Erika Runge, Gerhard Bessau, Hans Stern und Reinhard Opitz, Resolutionsentwürfe für die einzelnen Arbeitsgruppen vorbereitet, die dann in veränderter Fassung dem Schlußplenum zur Verabschiedung vorgelegt wurden. Die umstrittenste Resolution – sie kam aus der Arbeitsgruppe II – nahm zur Existenz der Bundeswehr, zu einem Friedensvertrag und zur Oder-Neiße-Grenze Stellung. Die Resolution lehnte sich im Stil an die antimilitaristischen Reden Karl Liebknechts an die deutsche Jugend am Vorabend des Ersten Weltkriegs an. Konkrete Forderungen waren: die Abschaffung der allgemeinen Wehrpflicht, die Ausschaltung des alten Offizierskorps der Wehrmacht in der Bundeswehr, Verhandlungen der beiden deutschen Staaten mit dem »Ziele einer stufenweisen Zusammenführung der Teilstaaten« und die Anerkennung der Oder-Neiße-Grenze.

Abendroth warnte die Kongreßteilnehmer mit dem Hinweis auf den »Deutschlandplan« der SPD vom März 1959 ausdrücklich davor, die Resolution anzunehmen. Seine Forderung war ein paralleler Abbau der Streitkräfte in beiden deutschen Teilstaaten, der Bundeswehr und der »Nationalen Volksarmee«. Dennoch verabschiedeten die Kongreßteilnehmer in einer Kampfabstimmung die Resolution mit 108 gegen 79 Stimmen bei zwölf Enthaltungen. (Damals trat Erich Kuby also noch vehement für die Einheit der Nation ein. Als sie 1989 tatsächlich auf der Tagesordnung stand, stieß Kuby einen Kassandra-Ruf nach dem anderen aus. Das Wehnersche Mißtrauen gegen Kuby wurde so nachträglich gerechtfertigt.)

Durch dieses Vorpreschen hatte die »Konkret«-Fraktion zum zweitenmal innerhalb eines halben Jahres versucht, den SDS-Gesamtverband auf eine bestimmte Linie in der Deutschlandpolitik festzulegen. Angesichts dieser Konstellation rückten der SDS-Landesverband Berlin und die Hochschulgruppen in Frankfurt, Göttingen und Tübingen enger zusammen. Bei aller kritischen Distanz im SDS zur Entwicklung der SPD im Vorfeld des Stuttgarter Parteitages war die große Mehrheit der SED-kritischen Linken im SDS nicht länger bereit, der »Konkret«-Gruppe die Festlegung von Zeitpunkt und Inhalt des politischen Konflikts mit dem SPD-Parteivorstand zu überlassen. Darüber hinaus traten die meisten SDSler für eine Abrüstung in beiden deutschen Staaten ein, waren aber gegen eine einseitige Abrüstung der Bundeswehr, wie sie auf dem Frankfurter Kongreß am 23. und 24. Mai 1959 mehrheitlich gefordert wurde. Nach dem »Kongreß für Demokratie – Gegen Restauration und Militarismus« traf Jürgen Seifert auf der Rückfahrt nach Münster in Bonn Horst Heidermann, der damals noch persönlicher Referent von Waldemar von Knoeringen war. Seifert unterrichtete den späteren Funktionär der Friedrich-Ebert-Stiftung über die Einschätzung des Kongresses durch die undogmatische Mittelfraktion im SDS. Ob Heidermann diese Information jemals an den Parteivorstand weitergegeben hat, ist unbekannt.

Die Suspension

Bereits einen Tag nach dem Frankfurter Kongreß fand eine informelle Sitzung des SDS-Bundesvorstands statt, auf der dieser einstimmig beschloß, am 6. Juni eine ordentliche Bundesvorstandssitzung abzuhalten. Eine völlig neue Situation ergab sich jedoch durch zwei Briefe von Michael Mauke an Jürgen Seifert vom 30. und 31. Mai 1959. Alarmiert durch eine polemische Rede des parlamentarischen Fraktionsgeschäftsführers der SPD, Karl Mommer, vor der »Albert-Schweitzer-Gruppe« an der Universität Bonn – eine der

SDS-Gruppen, die schon bald den harten Kern des »Sozialdemokratischen Hochschulbundes« (SHB) bilden sollten –, hatte Mauke herauszufinden versucht, inwieweit die Äußerungen von Mommer nur seine persönliche Verärgerung widerspiegelten oder ob sie der allgemeinen Stimmung im Parteivorstand entsprachen. Laut FAZ hatte Mommer u.a. folgendes ausgeführt: »Es ist unmöglich, den Kommunisten so in die Hände zu arbeiten, wie es in Frankfurt geschah. Es zeigt sich, daß die kommunistische Infiltration bei uns beachtliche Erfolge erzielt, die man nicht noch größer werden lassen sollte. Man muß den Anfängen wehren. Ich bin der Meinung, die sozialistischen Studenten, die sich nicht als trojanische Esel für Pankow einspannen lassen wollen, sollten sich vom SDS trennen. Es ist notwendig, eine klare Trennungslinie zu ziehen.«

In einem vertraulichen Gespräch hatte ein Mitglied des Berliner Parteivorstands Michael Mauke mitgeteilt, daß die Aufforderung von Mommer zum Austritt aus dem SDS das lang abgesprochene Signal zur Gründung von Spaltergruppen in Heidelberg, Bonn und Köln sei. Eine Gruppe um den Schatzmeister der SPD und Vorsitzenden der »Friedrich-Ebert-Stiftung«, Alfred Nau, betreibe – so Michael Mauke in seinem zweiten Eilbrief vom 31. Mai 1959 – systematisch die Spaltung des SDS. Es handele sich hier offensichtlich um eine längerfristige Strategie. Im April 1959 hätten sich »alle Interessierten und Akteure« auf einer »Freizeit«-Veranstaltung in der Heimvolkshochschule der »Friedrich-Ebert-Stiftung« in Bergneustadt versammelt. Mommers Aufforderung, aus dem SDS auszutreten, sei ein abgesprochenes Signal zur »Gründung von Separatgruppen in Heidelberg, Bonn und Köln« gewesen. Wichtigster Stützpunkt der Liquidatoren – so Michael Mauke in seinem ersten Brief vom 30. Mai 1959 – sei die SDS-Gruppe an der »Deutschen Hochschule für Politik« in Berlin, wo die »hiesige Parteileitung« längst die Gründung eines »Brandt-frommen ›Sozialdemokratischen St. Bundes‹« vorbereitet habe.

Durch die provozierten innerorganisatorischen Kämpfe im SDS sollte der SPD-Parteivorstand unter Druck gesetzt werden, die entstandenen Fakten »realpolitisch« anzuerkennen, die sogenannte Revolte zu legalisieren und die Spaltung des SDS zu legitimieren. Um diese Ränke und Intrigen der späteren SHB-Gründer zu durchkreuzen, schlug Mauke Sofortmaßnahmen »gegenüber den Rechten und gegenüber den anarchistischen Hasadeuren von Konkret« vor: »Bitte, lieber Jürgen, unterdrücke ausnahmsweise mal Deinen Dich sonst sehr ehrenden ›Tierschutz‹-Instinkt (sich immer auf die Seite der Minorität zu stellen) und erwäge, ob nicht folgende Maßnahmen von Euch aus, d.h. von Euch als BV-Mitgliedern und von den Euch nahestehenden Gruppen dringend geworden sind:

1. Sofortige Suspendierung von Hüller und Bessau, wozu Ihr, wenn ich mich recht entsinne, statuarisch ermächtigt seid. 2. Einberufung einer außerordentlichen DK von Euch aus, ehe es die anderen tun, und unter Euren Bedingungen!«

Unabhängig von den Mauke-Briefen verlegten Monika Mitscherlich und Günter Kallauch die Bundesvorstandssitzung auf den 3. Juni 1959 nach Köln. Gegen die Stimme des ersten Bundesvorsitzenden wurden Oswald Hüller und der Pressereferent des Bundesvorstands, Gerhard Bessau, von ihren Ämtern suspendiert. An die Stelle von Hüller trat der bisherige stellvertretende Bundesvorsitzende, Günter Kallauch. Zum neuen Pressereferenten wurde Heinz Grossmann ernannt. In der Begründung zur Absetzung von Hüller nahm die Mehrheit des Bundesvorstands auf seine Behauptung im Vorfeld des Frankfurter Kongresses Bezug, daß das Organisationskomitee nicht vom SDS, sondern von den mitveranstaltenden SPD-nahen Jugendorganisationen eingesetzt worden sei: »Hüller hat durch Täuschung den Eindruck erweckt, als müsse man sich im Organisationskomitee der Mehrheit der mitveranstaltenden Verbände beugen und so die Revision des BV-Beschlusses, Resolutionen auf dem Kongreß nicht zu verabschieden, erzwungen. ... Hüller nahm auf der Bundesvorstandssitzung am 3.6. eine Spaltung des Verbandes bewußt in Kauf ... und war nicht gewillt, sich Mehrheitsbeschlüssen des BV unterzuordnen.«

Weiterhin beschloß der Bundesvorstand, die Mitgliedschaft im SDS und die Mitarbeit an der Zeitschrift »Konkret« für unvereinbar zu erklären. Dieser Beschluß sollte keine rückwirkende Kraft haben, sondern den SDS-Mitgliedern in der »Konkret«-Fraktion die Möglichkeit offen lassen, entweder ihre Mitarbeit bei der Zeitschrift aufzugeben oder aus dem SDS auszutreten. Zugleich distanzierte sich der Bundesvorstand von einigen Entschließungen des Frankfurter Kongresses »Für Demokratie – gegen Restauration und Militarismus«. Er stellte sich auf den Boden des »Deutschlandplans« der SPD und lehnte einen einseitigen Abbau der Streitkräfte in der Bundesrepublik ab, forderte einen Friedensvertrag, der beide Teile Deutschlands umfassen sollte und sprach sich gegen eine endgültige Grenzregelung vor Abschluß des Friedensvertrages aus.

Der Bundesvorstand leitete ferner Ausschlußverfahren gegen die »Konkret«-Redakteure Reinhard Opitz, Hans Stern, Erika Runge und Eva-Maria Titze ein. Darüber hinaus eröffnete die FU-Hochschulgruppe ein Ausschlußverfahren gegen den »Konkret«-Redakteur Hans Stern. Bei der Abstimmung auf der Vollversammlung des Berliner Landesverbandes am 19. Juni 1959 wurde aber die nötige Zwei-Drittel-Mehrheit für den Ausschluß nicht erreicht. Stern blieb also Mitglied im SDS, siedelte aber wenig später in die DDR um.

Die Reaktion der SDS-Hochschulgruppen auf die Beschlüsse des Bundesvorstands war unterschiedlich. Die Marschrichtung für die Verbandsspalter hatte die SDS-Gruppe Wilhelmshaven-Rüstersiel bereits am 31. Mai 1959 gegeben. Die Gruppe betrachtete ihre Mitgliedschaft im Gesamtverband bis auf weiteres für ruhend und drohte »im Zusammenwirken mit anderen Gruppen eine neue Basis für unser politisches Wirken im Hochschulraum zu schaffen«. Rechtzeitig vor der nächsten Delegiertenkonferenz ließ die Gruppe ihre Mitgliedschaft jedoch wieder aufleben, um an der »innerverbandlichen Klärung in der augenblicklichen Situation« mitzuwirken. Für diese Richtung entschieden sich mehrheitlich die Hochschulgruppen Köln, Bonn, Stuttgart, Hannover, Freiburg, München und Düsseldorf. Diese Gruppen unterstützten zwar die Suspension von Hüller und Bessau, sprachen jedoch gleichzeitig dem jetzigen Bundesvorstand das Mißtrauen aus und forderten eine sofortige Neuwahl auf einer außerordentlichen Delegiertenkonferenz.

Mit dem Bundesvorstand Kallauch/Seifert/Mitscherlich/Steckel und den beiden BV-Referenten Wolfgang Hindrichs und Heinz Grossmann solidarisierten sich im wesentlichen die SDS-Gruppen, die nach der Anerkennung des »Sozialdemokratischen Hochschulbundes« (SHB) am 23. Mai 1960 durch den SPD-Parteivorstand für die Weiterexistenz eines autonomen SDS kämpften. Das waren u. a. die Gruppen Frankfurt a. M., Freie Universität Berlin, Technische Universität, Otto-Suhr-Institut (vormals Deutsche Hochschule für Politik in Berlin), Tübingen, Kiel, Braunschweig, Erlangen und Würzburg, die Hamburger gewerkschaftsnahe »Akademie für Gemeinwirtschaft« und die Pädagogische Hochschule in Weilburg an der Lahn. Der Bundesvorstand Kallauch war gegen die Einberufung einer außerordentlichen Delegiertenkonferenz. Um jedoch einer weiteren Zuspitzung der Konfrontation im Verband aus dem Weg zu gehen, verlegte er als Kompromiß die ordentliche Delegiertenkonferenz auf den 30. Juli 1959 nach Göttingen.

Die Hochschulgruppen Germersheim, Speyer, Mannheim, Technische Hochschule Karlsruhe, Technische Universität Berlin, Technische Hochschule München, der Universitäten Heidelberg, Münster, Saarbrücken, Marburg, Mainz und der Kunstakademie Karlsruhe, deren Delegierte auf der XIII. ordentlichen Delegiertenkonferenz in Mannheim fast alle für Hüller als ersten Bundesvorsitzenden gestimmt hatten, protestierten scharf gegen die Suspendierung Hüllers und Bessaus. Am 20. Juli 1959 stellte der Bundesvorstand in einem Rundschreiben fest, daß die nach § 29 der Bundessatzung erforderliche Zwei-Drittel-Mehrheit für die Bestätigung der Absetzung Hüllers nicht erreicht worden sei, da 24 Gruppen dafür und 13 Gruppen dagegen gestimmt hätten. Hüller werde jedoch auf eigenen Wunsch die Amtsgeschäfte nicht wiederaufnehmen. Im Verlauf dieser Auseinandersetzungen hatte sich im SDS ein neuer Kern von Hochschulgruppen herausgebildet, den man als »SDS-Fraktion« bezeichnen könnte. Andererseits kam es zu zahlreichen persönlichen Ressentiments, die auch heute noch gelegentlich virulent sind. So war z. B. die Frage, ob der Ausschluß der »Hüller/Konkret-Fraktion« Ende der fünfziger Jahre mit demokratischen oder undemokratischen Methoden erfolgt war, auf dem Berliner Symposium zur Geschichte des SDS im Juni 1985 noch einmal ein Thema, das kontrovers diskutiert wurde.

Hüller schloß sein Studium 1959 als Diplom-Volkswirt ab und trat anschließend in die Stabsabteilung Organisation des Krupp-Konzerns ein. Er wurde zunächst persönlicher Assistent des Krupp-Direktors Otto Proksch und übernahm dann 1963 die Geschäftsführung der »Wirtschaftsförderungsgesellschaft« für den Kreis Unna. In den 70er und 80er Jahren war Hüller dann als Industrieberater für die Ansiedlung vornehmlich amerikanischer Großkonzerne im Ruhrgebiet tätig. Kurzum: Hüller ist ein Mann mit mehreren Gesichtern.

Eine undogmatische linke Mehrheit

Auf der XVI. ordentlichen Delegiertenkonferenz, die vom 30. Juli bis 1. August 1959 im Göttinger Gewerkschaftshaus stattfand, meldete Jürgen Seifert vor 88 Delegierten aus 34 Hochschulgruppen den Führungsanspruch der undogmatischen »Mittelfraktion« an. Er begrüßte ausdrücklich das »Ausmaß der Politisierung des Gesamtverbandes« und warnte vor einer Personalisierung der bisherigen Konflikte. Die Auseinandersetzungen im SDS seien nicht »bloßer Cliquen-Streit«, sondern typisch für die zu erwartenden inhaltlichen Auseinandersetzungen in der bundesrepublikanischen »sozialistischen Bewegung«. Blosses Verkleistern der strategischen Differenzen löse das Problem nicht, sondern verdränge es nur. Ausgangspunkt jeder Strategiediskussion müsse die Tatsache sein, daß die SPD die drei Bundestagswahlen nach Hitler verloren habe. Die Macht des Gegners sei »größer und größer« geworden. Die ökonomische Restauration sei weitgehend abgeschlossen, der Klerikalismus befinde sich auf dem Vormarsch, und die Zukunft Deutschlands sei ungewisser denn je. Das Dilemma der CDU/CSU-Wiedervereinigungspolitik werde durch die »aufgestachelten antikommunistischen Ressentiments« verschleiert und richte sich im Endeffekt gegen die Opposition. Darüber hinaus konstatierte Seifert einen »Mangel an politischem Bewußtsein in der Arbeiterschaft«.

Wer in dieser Situation – und damit griff Seifert die späteren SHB-Gründer offen an – gegen eine Politisierung der Studentenschaft opponiere und die Verbandsarbeit auf »Hochschulpolitik, studentische Selbstverwaltung und Hochschulreform« beschränken wolle, resigniere im Klima des vorherrschenden Antikommunismus und verzichte darauf, eine klare Trennungslinie zwischen »Freund und Feind« zu ziehen. Die »Entideologisierung« der Studentenpolitik durch den Rückzug in eine vermeintliche Sachlichkeit sei selber Ideologie. Der »Konkret«-Fraktion warf Seifert vor, die innenpolitischen Probleme der Bundesrepublik auf die Formel »Ost-West« zu reduzieren und sich nicht mehr an den Interessen und Zielen der »sozialistischen Bewegung«, sondern nur noch an der Macht zu orientieren. Man frage nicht mehr nach Inhalten, sondern passe sich dem Status quo an, instrumentalisiere und manipuliere die Bündnispartner. Die Verbandsarbeit müsse mehrere Schwerpunkte haben: die sozialistische Praxis und die Erarbeitung und Vermittlung sozialistischer Theorie, d. h. systematische Bewußtseinsbildung in der Arbeiterklasse. Unmittelbare Ziele für den ersten Schwerpunkt seien: Kampf für die Verwirklichung des sozialen Rechtsstaats und gegen die galoppierende Aushöhlung des Grundgesetzes; Entlarvung der bürgerlichen Ideologien an den Universitäten; entschiedenes Eintreten für eine umfassende Hochschulreform, die nicht nur die Demokratisierung des Lehr- und Forschungsbetriebes sicherstelle, sondern »allen Schichten eine wirklich angemessene Ausbildung« gewährleiste; kritische Distanz zum Kommunismus in Deutschland, aber auch Ablehnung jeden »blinden Antikommunismus«; offensive Unterstützung des Deutschlandplanes der SPD, gerade auch gegenüber der FDJ; und – was für das künftige

Verhältnis zwischen SDS-Bundesvorstand und SPD-Parteivorstand besonders wichtig war – eine kompromißlose Fortsetzung der außerparlamentarischen Aktionen gegen die atomare Aufrüstung der Bundeswehr »bei jeder sich bietenden Gelegenheit«.

Die zweite Stoßrichtung seines Referats zielte auf eine koordinierte Ausweitung der Theoriearbeit im SDS und eine stärkere thematische Konzentration auf bestimmte Arbeitskreise in den einzelnen Hochschulgruppen. In den kommenden Jahren sollten folgende Themen im Mittelpunkt der Verbandsdiskussion stehen: Entwicklungstendenzen in der DDR, der Volksrepublik Polen, der CSSR und der UdSSR; Probleme der zyklischen Krisen in der kapitalistischen Volkswirtschaft; empirische Studien über die Arbeiterselbstverwaltung in Jugoslawien; bzw. theoretische Arbeiten über das Problem der Entfremdung in der spätkapitalistischen Gesellschaft und Untersuchungen zur Frage der »Verapparatisierung und Bürokratisierung« der Arbeiterparteien.

Jürgen Seifert gehörte damals zum informellen »Elzer Kreis«, der im Frühsommer 1959 in Elze (südlich von Hannover) von rund 30 undogmatischen Gewerkschaftern, Jungsozialisten, SPD-Mitgliedern und SDSlern gegründet worden war, um bündnis- und organisationspolitische Fragen zu diskutieren. Die Kristallisationsfigur dieses Zirkels war Peter von Oertzen. Strategische Hauptthemen waren laut Seifert: »Wie kann man in der SPD Gegenpositionen durchsetzen?« und »Wie kann man verhindern, daß undogmatische linke Positionen aus der Sozialdemokratie herausgedrängt werden?«.

Erik Nohara, der verantwortliche Redakteur des »Standpunkt«, unterschied im Sommer 1959 zwischen drei mehr oder weniger fest geschlossenen Gruppierungen im SDS, die auf der Göttinger Konferenz aufeinanderprallten. Den stärksten Zusammenhalt, die klarste Konzeption und das »ausgeprägteste politische Fingerspitzengefühl« schrieb er der undogmatischen Mittelfraktion – rund 45 % der Delegierten – um den Restbundesvorstand Kallauch /Mitscherlich /Seifert /Steckel zu:»Sie trat ein für eine eindeutige Bestätigung der drei Grundprinzipien eines durch 13 Jahre Verbandsarbeit überlieferten Selbstverständnisses: 1. Die organisatorische und ideelle Unabhängigkeit des SDS als einer im Raum der Universitäten und Hochschulen wirkenden Studentenorganisation; 2. die Einordnung in die politische Strategie der demokratisch-sozialistischen Arbeiterbewegung, wie sie von der SPD bestimmt wird; 3. die Abwehr aller Versuche verbandsfremder Organisationen und Institutionen, diese beiden ersten genannten Prinzipien durch ferngesteuerte Fraktionen außer Kraft zu setzen oder zu unterminieren.«

Der zweiten Gruppierung um den Wilhelmshavener Delegierten Werner Hasselbring und den Bonner Ernst Eichengrün gehörten laut Nohara rund 30 Prozent der Delegierten an: »Hier ging es darum, einen Rückfall in den Anarchismus und die SED-hörige Fraktionsbildung nach der Art des Frankfurter Kongresses für alle Zukunft zu unterbinden und den Verband auch ideell auf die Programmatik der SPD zu verpflichten. Um dieses Zieles willen war sie bereit, notfalls auch auf die organisatorische Unabhängigkeit des SDS zu verzichten.«

Die Hüller-«Konkret«-Fraktion war durch den für sie unerwarteten Unvereinbarkeitsbeschluß des SDS-Bundesvorstands vom 3. Juni 1959 und die Suspendierung Hüllers und Bessaus in die Defensive gedrängt worden. Sie zählte laut Nohara auf der Göttinger Delegiertenkonferenz rund 20 Prozent der Delegierten: »Die dritte Gruppierung setzte sich zusammen aus den ehrenwerten Anarchisten und in ihrer Gewissensnot zu keiner Einordnung mehr bereiten Kämpfern gegen Atombewaffnung und Militarismus wie auch aus den sehr viel weniger ehrenwerten Vertretern der ›Konkret‹-Fraktion und ihrer Politik eines Friedensvertrages im Interesse des ›Weltfriedenslagers‹. Ihnen wäre eine Abspaltung der zweiten Gruppe vom Verband nur recht gewesen – in der durchaus richtigen Erkenntnis, auf diese Weise entweder zu einer Mehrheit zu werden oder einen entscheidenden meinungsbildenden Faktor der deutschen Studentenschaft auszuschalten.«

Nach dem Referat von Jürgen Seifert verblaßte der Versuch Oswald Hüllers, seine bisherige Politik im SDS zu rechtfertigen. Er fühle sich als »Sündenbock« des Gesamtverbandes für den Frankfurter Kongreß. Die Mehrheit des alten Bundesvorstands sei der Ansicht, daß eine »fruchtbringende politische Arbeit« im SDS nur möglich sei, wenn man »ausschließlich und streng marxistisch« argumentiere. Im Gegensatz zu diesem Politikverständnis habe er schon immer die Ansicht vertreten, daß »zwar im innerverbandlichen Leben«, besonders in theoretischen Seminaren, gegen dieses Theorieverständnis nichts einzuwenden sei, daß man aber in seiner Bündnis- und Kongreßpolitik auf die »heutige Bewußtseinslage breiter Schichten« Rücksicht nehmen müsse«. Letztlich lief Hüllers Argumentation auf eine Bestätigung weit verbreiteter antimarxistischer Ressentiments in der Nachkriegssozialdemokratie hinaus.

Nach einer chaotischen Flut von Initiativanträgen und Gegenanträgen zum Fall Hüller /Bessau wurde Oswald Hüller »mit Mehrheit« das Mißtrauen ausgesprochen. Vor der Wahl des neuen Bundesvorsitzenden nahmen Vertreter der Hüller-Fraktion Kontakt zu den späteren SHB-Gründern auf, nachdem die undogmatische Mittelfraktion jede Annäherung mit ihnen kategorisch abgelehnt hatte. Der vorgesehene Kandidat der »Rechten«, der nordrhein-westfälische Landesvorsitzende Jochen Cornelius (Düsseldorf), zog daraufhin seine Kandidatur aus Protest gegen dieses opportunistische ad-hoc-Bündnis zurück. Der Kompromißkandidat der Hüller-Rechts-Koalition, Jochen Grönert (Münster), unterlag jedoch mit 35 Stimmen äußerst knapp Günter Kallauch, der 37 Stimmen erhielt.

Anatomie einer Ausgrenzung

Nach der schweren Niederlage der SPD in der Bundestagswahl vom 15. September 1957 bemühte sich die Parteiführung verzweifelt um eine »programmatische Eingliederung« der SPD – so Theo Pirker 1965 – in die »herrschende Ideologie der Bundesregierung«. Nur so, glaubten Fritz Erler, Willy Brandt, Helmut Schmidt und Herbert Wehner, könne die Sozialdemokratie die »schreckliche Vereinsamung«, in der sie sich auf dem Höhepunkt der Adenauer-Ära befand, aufbrechen. Die Auseinandersetzungen zwischen dem SPD-Parteivorstand und der großen Mehrheit der sozialistischen Studenten Ende der 50er Jahre müssen vor diesem Hintergrund gesehen werden.

Am 11. Februar 1959 schrieb Ernst Eichengrün, später Bundessekretär des »Sozialdemokratischen Hochschulbundes« (SHB), in einem Brief an Fritz Erler, die »Demokraten im SDS« müßten demnächst »höchstwahrscheinlich resignieren«, wenn der SPD-Parteivorstand dem SDS-Bundesvorsitzenden Oswald Hüller weiterhin »Rückendeckung« gebe. Soweit aus den Protokollen des SPD-Parteivorstands ersichtlich ist, beschäftigte sich dieses Gremium am 13. Februar 1959 zum ersten Mal mit der »personell und politisch sehr verworrenen Lage beim SDS«.

Der stellvertretende SPD-Vorsitzende Waldemar von Knoeringen berichtete zunächst ausführlich über eine anscheinend schon weit vorangeschrittene »Infiltration« des SDS durch die »Studentenzeitung KONKRET« und forderte, der Parteivorstand müsse die SPD-Ortsvereine darüber informieren. Am 14. Februar 1959 finde außerdem ein »Gespräch mit den Spitzen aller unserer Jugendorganisationen« über die Unterwanderung des SDS durch die, »konkret«-Gruppe statt. Vorstandsmitglied Egon Franke (Hannover) wandte sich jedoch gegen eine »Entscheidungsverlagerung auf die örtliche Ebene«: Wenn notwendig, müsse die Partei eine »neue Studentenorganisation« aufbauen. Durch das Spaltungsvorhaben aufgeschreckt, fragte Irma Keilhack (Hamburg), Vorstandsmitglied im SPD-PV, ob der Parteivorstand nicht über die »Sozialistischen Hochschulgemeinschaften« (SHG) mäßigend auf den SDS einwirken könne. Daraufhin betonte Willi Eichler, der SDS sei »völlig unabhängig« und lasse sich auch von der Partei »überhaupt nicht ansprechen«.

Demgegenüber verlangte Fritz Erler, daß der SDS noch einmal vor die Frage gestellt werden solle, ob er »nun die SPD unterstützen wolle« oder nicht. Erst aus dieser Antwort ergebe sich das weitere Verhalten. Im Gegensatz zu Egon Franke und Willi Eichler lehnte Erler noch im August 1959 – vermutlich aufgrund seiner persönlichen Erfahrungen mit den Disziplinierungsmaßnahmen von Erich Ollenhauer in der Berliner »Sozialistischen Arbeiterjugend« (SAJ) in den Jahren 1931/32 – administrative Maßnahmen des SPD-Parteivorstands gegen die sozialistischen Studenten ab und hoffte statt dessen auf eine »Selbstreinigung« des Studentenbundes. Ganz anders schätzte dagegen Helmut Schmidt, der ehemalige SDS-Bundesvorsitzende für die britische Zone in den Jahren 1947/48 und PV-Mitglied, die Situation seines alten Verbandes am Ende der fünfziger Jahre ein. In einer ad-hoc-Einschätzung der politischen Traditionen im SDS unterschied er auf der Sitzung des SPD-Parteivorstands am 13. Februar 1959 vier Gruppen: »SBZ-gesteuerte Gruppe, Trotzkisten oder linkeste SPD, SPD-Anhänger, Ultrarechte«.

Es fällt auf, daß Schmidt – wie fast alle Parteivorstandsmitglieder in den kommenden Monaten – mit keinem Wort die undogmatische, marxistische Mittelfraktion um Günter Kallauch, Jürgen Seifert und Monika Mitscherlich erwähnte. Möglicherweise war er zu diesem Zeitpunkt über die tatsächlichen Kräfteverhältnisse im SDS nicht mehr informiert, oder aber die Existenz der unabhängigen »Mittelfraktion« paßte nicht in sein Kalkül. Abschließend machte SPD-Schatzminister Alfred Nau deutlich, daß der SDS-Bundesvorstand bisher von der Partei monatlich insgesamt nur 500,– Mark erhalte. Die »großen Mittel« bekomme der Verband »vom Bundesjugendplan und von der Friedrich-Ebert-Stiftung«. Faktisch war also – laut Nau – der SDS bereits zum damaligen Zeitpunkt vom Parteivorstand mehr oder minder finanziell unabhängig.

Für die Sitzung des SPD-Parteivorstands hatte der Parteiapparat ein »vertrauliches«, elf Seiten starkes Dossier zum Thema »konkret« vorbereitet. Der Gruppe sei es um die bedingungslose Radikalisierung einer »noch so kleinen Minderheit« unter den Studenten gegangen. Diese Argumentationsweise kriminalisierte faktisch die gesamte »Konkret«-Redaktion und grenzte sie aus der politischen Kultur der Bundesrepublik aus. Auf der Sitzung des Parteivorstands diskutierten dann die 27 anwesenden Vorstandsmitglieder auf der Grundlage des Dossiers und im Vorfeld der geplanten XIV. ordentlichen Delegiertenkonferenz des SDS in Göttingen noch einmal ausführlich eine mögliche Spaltung des Verbandes. Zunächst berichtete von Knoeringen über den Stand der innerorganisatorischen Situation. Er erklärte, daß erst 13 Hochschulgruppen die »Absetzung des Hüller« gebilligt hätten. Da laut Satzung jedoch eine Zwei-Drittel-Mehrheit, also 25 SDS-Hochschulgruppen, erforderlich sei, um die Absetzung Hüllers zu bestätigen, gebe es nun erneute »Austrittsbestrebungen, verbunden mit der Neugründung sozialdemokratischer Studentengruppen«. Tatsächlich war der Suspendierungsbeschluß jedoch nur an einer einzigen Stimme gescheitert, da nicht – wie von Knoeringen fälschlich annahm – 13, sondern 24 SDS-Gruppen gegen Hüller votiert hatten. Dennoch hatte der Restbundesvorstand Kallauch/Mitscherlich/Seifert einen politischen Sieg errungen und die geplante Spaltung des SDS vorerst abgewendet. Nachträglich ist nicht mehr zu klären, ob von Knoeringen die Fakten ursprünglich richtig vorgetragen hatte und eventuell der Schriftführer falsch mitprotokolliert hat.

Knoeringen muß sich im Verlauf der vorangegangenen Sitzung für eine vorübergehende Stillhaltepolitik gegenüber dem SDS ausgesprochen haben, allerdings ohne Erfolg; denn der Regierende Bürgermeister von Berlin, Willy Brandt, erklärte ausdrücklich, die »überwiegende Meinung im Landesvorstand Berlin« sei gewesen, das vom »Gen. von Knoeringen empfohlene Experiment« habe nach der Absetzung Oswald Hüllers »keinen Sinn« mehr. Was man – gewissermaßen unfreiwillig – erreichen könne, sei höchstens eine Verbesserung der Infiltrationsmethoden: »Man muß befürchten, daß nur besser getarnte Leute jetzt die Führung übernehmen.«

Gemeinsam unterstützten Egon Franke und Helmut Schmidt die Gründung eines neuen parteinahen sozialdemokratischen Hochschulbundes. Schmidts Position war laut Protokoll die folgende: »›Konkret‹ ist eine Kaderorganisation. Daher sollte man die Mitarbeit darin für unvereinbar mit der Mitgliedschaft in der SPD erklären. An einen günstigen Verlauf des Delegiertenkongresses glaube er nicht. Man solle eine Arbeitsgemeinschaft Sozialdemokratischer Studenten auf Bundesebene ins Leben rufen. Damit muß noch nicht sofort eine Trennung vom SDS verbunden sein.«

Wie schon auf den letzten Sitzungen, versuchten Irma Keilhack und Fritz Erler mäßigend auf die Mitglieder des Parteivorstands einzuwirken. Erler sprach sich zwar einerseits für einen »klaren Schnitt« aus, gab jedoch zu bedenken, daß man sich nicht gleichzeitig vom SDS trennen und um seine Führung kämpfen könne. Er jedenfalls habe die »Hoffnung« auf eine gemeinsame Zukunft mit dem SDS noch nicht aufgegeben. Die Partei müsse sich endlich auch »lokal um die Gruppen« kümmern. Im Gegensatz zur letzten Vorstandssitzung sprachen sich auch der Kronjurist der Partei, Adolf Arndt, und Emil Gross für eine behutsamere Linie aus. Besonders interessant ist jedoch, daß Herbert Wehner in seinem organisationspolitisch gehaltenen Redebeitrag ausdrücklich für »regionale Zusammenkünfte« der »sozialdemokratischen SDS-Mitglieder« auf Bezirksebene eintrat: »Wenn es keine Mehrheit gibt auf dem Kongreß, so habe man dann doch eine Auffangstellung.« Genau nach diesem Strickmuster wurde dann auch im Februar 1960 der »Sozialdemokratische Hochschulbund« (SHB) von »unten« her aufgebaut.

Abschließend einigten sich die Vorstandsmitglieder darauf, ein Parteiordnungsverfahren nach § 27 gegen Oswald Hüller beim Unterbezirk Mannheim einzuleiten, verabschiedeten das Konzept einer regionalen Vorbereitung der SDS-Delegiertenkonferenz in Göttingen und stellten fest, daß künftig eine Mitarbeit an der Zeitschrift »Konkret« und die Mitgliedschaft in der SPD unvereinbar seien. Am 4. November 1960 wurde Hüller, der laut Geheimbericht gar nicht Parteimitglied war, aus der Partei ausgeschlossen. Der Grund dafür war jedoch nicht in erster Linie seine »Konkret«-Affinität, sondern sein Auftritt auf dem Gründungskongreß der »Vereinigung Unabhängiger Sozialisten« (VUS) am 5. und 6. November 1960. Jürgen Seifert ist heute der Meinung, die damalige Aussageverweigerung der undogmatischen SDS-Bundesvorstandsmitglieder im Ausschlußverfahren gegen Hüller sei wahrscheinlich für Herbert Wehner ein letzter Beweis dafür gewesen, daß die nonkonformistischen Intellektuellen im SDS längst mit der tradierten Parteidisziplin gebrochen hätten. Man war einfach nicht mehr bereit, sich an bürokratischen Ausschluß- bzw. Diaziplinarverfahren zu beteiligen. Hier deutete sich u. E. erstmals das spätere antiautoritäre Verhalten an.

»Ungesühnte Nazijustiz«

Auf der XIV. ordentlichen Delegiertenkonferenz in Göttingen am 30. Juli 1959 hatte das Plenum auf Antrag der Berliner Delegierten Dieter Koch, Helmut Maier und Götz Langkau ohne Gegenstimmen und bei nur einer Enthaltung beschlossen, die von Reinhard Strecker (Berlin) vorbereitete »Aktion gegen nationalsozialistische Juristen, die heute in der Bundesrepublik Ämter bekleiden«, zu unterstützen. Der SDS-Bundesvorstand gab der Aktion den Namen »Ungesühnte Nazijustiz« und forderte alle Hochschulgruppen auf, solche Aufklärungsaktionen vorzubereiten«. Damals zeichnete sich ab, daß die Verfolgungsfrist für einen Großteil der während der NS-Zeit von Richtern und Staatsanwälten in »Sonder- und Volksgerichtshöfen« verübten Verbrechen gegen die Menschheit am 8. Mai 1960 verjährt sein würde. Nach diesem Zeitpunkt wäre es nur noch möglich gewesen, die Betreffenden durch Disziplinierungsverfahren zu belangen. Die auf umfangreiche Dokumentenmaterialien gestützte Aktion sollte einerseits die Öffentlichkeit wachrütteln und die Konstruktion der Justiz, daß nur Personen zur Verantwortung gezogen werden sollten, die aus »niedrigen Beweggründen« gehandelt hätten, ad absurdum führen. Andererseits stellte sie einen Bruch mit der bis dahin geltenden Fromel »Kollektivschuld: Nein – Kollektivverantwortung: Ja« dar, indem sie individuell Schuld und Verantwortung nachwies. In Fällen begründeten Verdachts wollte der SDS-Bundesvorstand Strafanzeige erstatten.

Die Wanderausstellung – mit Dokumenten aus der Volksrepublik Polen, der DDR und Israel über damals wieder tätige Richter und Staatsanwälte, die bis 1945 Verbrechen gegen die Menschheit begangen hatten – sollte von Karlsruhe, dem Sitz des Bundesverfassungsgerichts, ihren Ausgang nehmen. Als aber die nach wie vor mit Oswald Hüller sympathisierenden beiden Karlsruher SDS-Hochschulgruppen – mit Gerhard Bessau und Berthold Höch an der Spitze – versuchten, die Initiative über ein von ihnen eingesetztes Kuratorium in ihrem Sinn umzufunktionieren, geriet die Aktion in den üblichen Mißkredit. Der SDS-Bundesvorsitzende Günter Kallauch lehnte es daraufhin ab, in diesem Kuratorium mitzuwirken und forderte die SDS-Hochschulgruppen in Karlsruhe auf, die Verbandsdisziplin einzuhalten. Nachdem die SDS-Gruppe an der Technischen Hochschule Karlsruhe für die Ausstellung innerhalb der SPD gesammelt hatte, distanzierte sich der SPD-Parteivorstand am 24. November 1959 von der Aktion, weil er einen neuen »Frankfurter Kongreß« befürchtete.

Am 25. Januar 1960 stellte Reinhard Strecker dann im Auftrag des Bundesvorstands des SDS Strafantrag gegen 43 schwer belastete Richter. Strecker hatte mit einer schon fast »neurotischen Besessenheit« Akten aus allen Teilen Europas zusammengetragen. Im SPD-Parteivorstand konnte man sich – so Jürgen Seifert – »ganz einfach nicht vorstellen, daß ein Mensch so etwas macht«. Das Echo in der veröffentlichten Meinung war abwartend mißtrauisch bzw. schwach. Erneut unterstellte z. B. die Frankfurter Allgemeine Zeitung den sozialistischen Studenten, sie hätten sich vor den Karren der SED spannen lassen. Zwar bedauerte auch die FAZ die heimliche Rehabilitierung der NS-Juristen; doch weil sie die Aufklärer als mögliche Agenten verdächtigte, hielt sie eine öffentlich wirksame Aktion gegen frühere NS-Juristen für schädlich. Solange freilich die konsequente Forderung des SDS nach strafrechtlichen Verfahren gegen die NS-Mörder im Amt primär unter dem Aspekt gesehen wurde, inwieweit sie den Kommunisten propagandistisch nützen könnte, mußten die NS-Verbrechen gegen die Menschheit notwendigerweise ungesühnt bleiben. Denn im Gegensatz zur DDR gab es in der Bundesrepublik bzw. in Österreich keine Regelung, die es verbot, frühere NS-Juristen wieder in den Dienst zu nehmen. So gab es 1964 noch immer 71,4 Prozent »alte Justizjuristen« – so der Rechtssoziologe Hubert Rottleuthner – am BGH und 61,3 Prozent an den Oberlandesgerichten.

Mit dem Ulmer Einsatzgruppen-Prozeß vom 28. April bis zum 29. August 1958 hatte die bundesrepublikanische Justiz erstmalig die Phase des juristischen Beschweigens des Mordes an den Juden durchbrochen und mit den Hakenkreuzschmierereien am 24. Dezember 1959 in Köln holte die Vergangenheit die Bundesrepublik dann endgültig wieder ein. Zwei 25jährige Mitglieder der »Deutschen Reichspartei« (DRP) beschmierten das Denkmal für die Opfer des Nationalsozialismus am Kölner Hansaring und die Kölner Synagoge mit schwarzer Farbe. In den ersten Januartagen folgten weitere neo-nationalsozialistische und antisemitische Schmieraktionen in Hamburg, Bremen, Dortmund, Nordbayern, Rheinland-Pfalz, Braunschweig und Coburg. Wegen dieser antisemitischen Ausschreitungen befürchtete die CDU/CSU/DP-Bundesregierung außenpolitische Schwierigkeiten. Nicht zuletzt um das zu erwartende Legitimationsdefizit aufzufangen, führte damals eine Allparteienkoalition in den Schulen das Pflichtfach »Gemeinschaftskunde« ein und rief nach Politologen und Soziologen. Man hoffte, daß die kritische Intelligenz, die mittlerweile in Frankfurt und Berlin herangewachsen war, die mühsame Arbeit einer demokratischen Aufklärung der westdeutschen Jugend übernehmen könnte und zwar möglichst im vorpolitischen Raum und nicht im Rampenlicht der Öffentlichkeit.

Obwohl durch die antisemitischen Hakenkreuzschmierereien Zeitpunkt und Notwendigkeit der SDS-Wanderausstellung »Ungesühnte Nazijustiz« indirekt voll gerechtfertigt waren, beschloß das SPD-Präsidium am 18. Januar 1960 faktisch die Spaltung des SDS: »Das Präsidium empfiehlt die Anerkennung sozialdemokratischer Studentengruppen, wenn entsprechende Anträge gestellt werden. Eine Distanzierung von der SDS-Zeitschrift ›Standpunkt‹ wird für notwendig gehalten.«

Es mutet seltsam ironisch an, daß der Parteivorstand auf seiner Sitzung am 29. Januar 1960 zunächst eine demonstrative Teilnahme der SPD an der Gedenkfeier in Bergen-Belsen anläßlich der 15jährigen Wiederkehr des Befreiungstages beschloß. Anschließend erläuterte von Knoeringen die Präsidiumsempfehlung zur Anerkennung sozialdemokratischer Studentengruppen. Ursache für diesen Beschluß war u.a. die Aufklärungsaktion des SDS über ungesühnte NS-Verbrechen. Dem Protokoll zufolge stellte Erich Ollenhauer am Ende die einhellige Zustimmung des SPD-Parteivorstands zu folgenden schwerwiegenden bündnis- und organisationspolitischen Entscheidungen fest: 1. Anerkennung sozialdemokratischer Studentengruppen, wenn entsprechende Anträge gestellt werden, 2. Distanzierung des PV von der SDS-Zeitschrift ›Standpunkt‹ (womit sich für den Verleger Emil Gross die Konsequenz der Einstellung des kostenlosen Drucks ergibt), 3. der PV lehnt die Fortsetzung der Ausstellung ›Ungesühnte Nazijustiz‹ ab, 4. der PV schließt die SDS-Mitglieder Koppel, Bessau, Höch (Veranstalter der Ausstellung in Karlsruhe) in Abänderung des PV-Beschlusses vom 19.1.1960 auf Ansuchen des Unterbezirkes Karlsruhe nach § 29 aus.«

Das Protokoll verzeichnet, anfangs habe sich noch das SPD-Vorstandsmitglied Ludwig Metzger aus Darmstadt gegen den Ausschluß der drei SDS-Mitglieder aus Karlsruhe, die für die dortige Ausstellung »Ungesühnte Nazijustiz« verantwortlich gewesen waren, ausgesprochen. Nachdem aber Fritz Erler und Herbert Wehner die Ausschlußgründe im einzelnen dargestellt hätten, habe Metzger seine Bedenken zurückgenommen. Es gibt u.E. inzwischen viele Indizien dafür, daß zumindest Gerhard Bessau Mitglied der illegalen KPD gewesen ist, was für uns jedoch das Vorgehen des Parteivorstands noch nicht sinnvoll erscheinen läßt. Bessau war dann wieder Mitglied des SDS in seiner antiautoritären Phase, wo er eher durch ödes dogmatisches Gerede als durch subversives Verhalten auffiel.

»Gerichtstag halten über uns selbst«, das war Anfang der 60er Jahre das Anliegen des sozialdemokratischen Generalstaatsanwalts Fritz Bauer aus Hessen, als er den Auschwitz-Prozeß nach Frankfurt am Main holte, der vom 20. September 1963 bis zum 20. August 1965 dauern sollte. Bauer war gleichzeitig Ankläger und Volkspädagoge. Es ging ihm angesichts einer damals weitverbreiteten »Schlußstrich-Mentalität« um politische Aufklärung. Doch die von Bauer angestrebte »demokratische Vergangenheitsbewältigung« blieb zunächst weitgehend aus. Erst die amerikanische Fernsehserie »Holocaust« Ende Januar 1979 erreichte dann doch noch die Herzen der Menschen in Deutschland und Österreich. Die Phase des »kommunikativen Beschweigens« der Nazi-Verbrechen fand ein überraschendes Ende. Millionen von Menschen reagierten betroffen. Was in 183 Verhandlungstagen das Frankfurter Schwurgericht nicht erreichen konnte, nämlich eine massenhafte Aufklärung über den Mord der Nationalsozialisten an den europäischen Juden, war auf einmal Wirklichkeit geworden. Man redete nun in beiden deutsche Teilgesellschaften sowie in Österreich über Auschwitz. Mehr als dreißig Jahre nach 1945! Millionen von Deutsche und Österreicher waren betroffen und sahen sich mit unserer jüngsten Geschichte konfrontiert.

Die Spaltung

Auf die Anerkennung der sozialdemokratischen Studentengruppen durch das SPD-Präsidium hatten die potentiellen SDS-Spalter Werner Hasselbring (Wilhelmshaven), Jürgen Maruhn (Stuttgart), Waldemar Ritter und Manfred Geßner (Otto-Suhr-Institut Berlin), Peter-Paul Henckel (Saarbrücken), Ernst Eichengrün (Bonn), Jochen Grönert (Münster) und Konrad Grube (Bonn) nur gewartet. So trug z.B. der Wilhelmshavener Delegierte Hasselbring schon zur XIV. ordentlichen Delegiertenkonferenz des SDS in Göttingen ein fertiges SHB-Statut in der Aktentasche, das er in dem Moment auf den Tisch legen wollte, in dem Günter Kallauch und Jürgen Seifert mit Oswald Hüller und der »Konkret«-Fraktion koalieren würden. Tatsächlich war es dann in Göttingen – u.E. aus einer gemeinsamen kulturellen Antipathie – zu einem allerdings kurzfristigen Bündnis der späteren SHB-Gründer und der »Konkret«-Fraktion gegen die undogmatische Linke gekommen.

Am 9. Februar 1960 teilte Waldemar von Knoeringen dem ersten SDS-Bundesvorsitzenden Günter Kallauch die Beschlüsse des Parteivorstands in einem Brief kommentarlos mit. Der SDS-Bundesvorstand Kallauch/Schmidt/Heilmann/Hoffmann/Mitscherlich /Wunder wurde von diesem Beschluß nicht zuletzt deshalb überrascht, weil sich von Knoeringen nur wenige Monate zuvor – als Reaktion auf die Delegiertenkonferenz in Göttingen – in einem persönlichen Brief an Kallauch für ein Verbleiben der sozialdemokratischen »rechten Gruppen« im SDS ausgesprochen hatte.

Da der SPD-Parteivorstand seinen Beschluß vom 29. Januar 1960 nicht begründete, muß man wohl davon ausgehen, daß durch die Verabschiedung des neuen Grundsatzprogramms auf dem außerordentlichen SPD-Parteitag in Bad Godesberg Ende November 1959 neue machtpolitische Bedingungen geschaffen worden waren. Das Programm von Godesberg war im Grunde ein atheoretischer und ahistorischer »ethischer Appell« (Wolf-Dieter Narr), der die gesamte Partei bedingungslos auf den Westen und das Projekt einer friedlichen Nutzung der Atomenergie festlegte. Den Vätern von Godesberg war natürlich bewußt, daß die große Mehrheit der SDSler die soziologische Einschätzung der Bundesrepublik als einer »nivellierten Mittelstandsgesellschaft«, die dem Programm von Godesberg zugrunde lag, nach wie vor ablehnte. Gleichwohl begrüßte aber ein Teil der undogmatischen Linken die Entrümpelung der SPD von pseudorevolutionärem Vokabular einerseits und angepaßter Mittelmäßigkeit und Routine andererseits.

Auch im SDS hatte sich der mit der fatalistischen Weltanschauung eines Karl Kautsky verkoppelte orthodoxe Marxismus längst überlebt. So kritisierte z. B. Thomas von der Vring in einem vieldiskutierten Beitrag für die »neue kritik« (nk) im Juli 1961 den »alten Kautskyanismus« in der Sozialdemokratie. Der Gedanke, daß die Geschichte letztlich ein unbeeinflußbarer mechanischer Prozeß sei, der »notwendig« in der klassenlosen Gesellschaft ende, habe in der Sozialdemokratie die Vorstellung genährt, man könne auf »riskante Auseinandersetzungen« verzichten. »Die Verhunzung des Marxismus zur Weltanschauung, zum Glauben an den Sieg des Sozialismus, wird zur Rechtfertigungsideologie für alle, die nichts riskieren wollten – dieses geistesgeschichtliche Phänomen ist eines der wenigen, bisher unzerstörbaren Traditionsmerkmale der sozialdemokratischen Linken.«

Die meisten SDSler lehnten jedoch andererseits auch die abstrakte Grundsätzlichkeit ab, die das gesamte Grundsatzprogramm durchzog und mit der man schließlich »beinahe jede pragmatische Politik« (Theo Pirker) rechtfertigen konnte. Daß erst 25 Jahre nach Godesberg im Mannheimer »Orientierungsrahmen 85« der naive Glaube an die Moderne angesichts der ökologischen Krise und der wachsenden atomaren Gefahr zerbrach und die SPD wieder laut über einen »dritten Weg« für Europa nachdachte, zeigt, wie zerbrechlich der Kompromiß von Godesberg gewesen ist. Durch die beabsichtigte Gründung eines programmatisch unbedenklichen und parteitreuen »Sozialdemokratischen Hochschulbundes« (SHB) versuchten u. E. die »Godesberger« damals sozusagen prophylaktisch, weitere theoretische Diskussionen in der SPD über die zukünftige Politik der Partei auszugrenzen. So erlösten die »Erneuerer von Godesberg« (Peter von Oertzen) zwar die Sozialdemokratie aus ihrer vulgärmarxistischen Selbstverkrampfung, zerstörten in der Partei jedoch paradoxerweise zugleich die Möglichkeit eines undogmatischen Umgangs mit der Theorie.

»Abschied vom Elfenbeinturm«

Am 22. Februar 1960 bat der SDS-Bundesvorstand – trotz oder gerade auch wegen der drohenden Spaltung – den SPD-Parteivorstand, die »anfallenden Kosten« für ein geplantes mehrtägiges Vorbereitungsseminar zum VI. Deutschen Studententag des VDS in Berlin zu übernehmen. Das Präsidium der SPD hielt die Durchführung eines solchen Seminars jedoch für »nicht erforderlich« und schlug dem SDS statt dessen vor, seine »Fraktionssitzung« in Berlin unmittelbar vor Eröffnung des Studententages durchzuführen. Diese erneute Brüskierung durch die Partei hielt jedoch den Studentenverband nicht von seinen hochschulpolitischen Plänen ab. Wie ernst dieser Themenschwerpunkt im SDS Ende der 1950er Jahre genommen wurde, belegt die Tatsache, daß der in Göttingen neugewählte Bundesvorstand bereits auf seiner ersten Sitzung am 12./13. September 1959 in Frankfurt die Errichtung eines »Hochschulpolitischen Beirates« beschlossen hatte. Neben dem Hochschulreferenten des Bundesvorstands, Dieter Wunder, gehörten ihm Jürgen Bork (FU Berlin), Klaus Meschkat (FU Berlin), Peter Schöngarth (München) und Horst Stecken (Göttingen) an. Am ersten Hochschulseminar, das vom 10. bis 13. November 1959 in Schloß Schney bei Lichtenfels stattfand, nahmen laut Dieter Wunder 17 SDSler teil, obwohl eine Teilnehmergebühr erhoben wurde, was im SDS schon lange nicht mehr üblich gewesen war. 15 angemeldete Teilnehmer kamen – teilweise ohne Begründung – entweder nicht oder erst am letzten Tag.

Hauptthema in Schney war eine Denkschrift des Bundesinnenministeriums zur aktuellen hochschulpolitischen Situation, zu dem die Seminarteilnehmer ein umfangreiches Kritikpapier erarbeiteten. Die Berliner SDS-Zeitung »debatte« und das »Standpunkt«-Nachfolgeorgan »neue kritik« bereiteten den »Deutschen Studententag« zum Thema »Abschied vom Elfenbeinturm« in Berlin Anfang April 1960 theoretisch, organisatorisch und agitatorisch sorgfältiger vor als alle anderen Studentenverbände. Trotz der angespannten finanziellen Situation veranstaltete der SDS am 23./24. Januar 1960 in München ein weiteres Vorbereitungsseminar zum Thema »Studentenwohnheime«.

Auf dem VI. »Deutschen Studententag« in Berlin war der SDS mit ungefähr 50 Mitgliedern vertreten, die sich unmittelbar zuvor bei einem gemeinsamen Seminar in Berlin auf die Arbeit in den verschiedenen Arbeitskreisen vorbereitet hatten. Insgesamt gab es 49 Arbeitskreise. Die anwesenden SDSler beteiligten sich schwerpunktmäßig in den Diskussionsgruppen »Wege zur Hochschulreife«, »Studentenförderung als Instrument der Nachwuchsplanung«, »Studentenbuden – Studentenhotel – Studentenwohnheim«, »Das Honnefer Modell in Kritik und Würdigung«, »Ausländerbetreuung« und »Politische Bildung«. Die beiden SDS-Mitglieder Klaus Meschkat und Dieter Bielenstein hielten Korreferate vor dem VDS-Plenum. Insgesamt bewies der Studententag, daß der SDS mittlerweile einen entscheidenden Einfluß auf die Politik des VDS ausübte.

Den Mitgliedern des SPD-Parteivorstands mag bereits damals klar geworden sein, daß der SDS trotz des Ausgrenzungsbeschlusses nicht klein beigeben würde. Was über das große Interesse, das die antiautoritäre Revolte in der Gesellschaft gefunden hat, heute oft vergessen wird, ist die Tatsache, daß der SDS auch in der Periode der Revolte in erster Linie ein Studentenverband gewesen ist. Die studentischen Streiks im Wintersemester 1997/98 haben deutlich gezeigt, daß heute an den Universitäten keine linke Studentengruppe mehr existiert, die bundesweit gemeinsam ausdiskutierte politische Konzepte auf den studentischen Vollversammlungen vorschlägt, bzw. durchsetzt. Auch die JUSO-Hochschulgruppen haben diese Qualität zur hochschulpolitischen Intervention niemals entwickelt.

Konformismus und Nonkonformismus

Bereits im Spätsommer 1959 waren in Heidelberg, Köln und Saarbrücken vom SDS unabhängige sozialdemokratische Hochschulgruppen gegründet worden. Am 26. März 1960 beschloß der SDS-Bundesvorstand, dem Antrag der Saarbrücker SHB-Gruppe auf Aufnahme in den SDS unter der Bedingung stattzugeben, daß sie den Unvereinbarkeitsbeschluß zwischen Korporations- und SDS-Mitgliedschaft akzeptiere. Da die SHB-Gruppe dies ablehnte, wurde sie nicht aufgenommen. Am 2. Mai suspendierte der SDS-Bundesvorstand außerdem die SDS-Gruppe Saarbrücken, weil sie sich geweigert hatte, die Mitglieder Gerhard Lambrecht und Hans Schurze aus dem Verband auszuschließen. (Beiden wurden Kontakte zur illegalisierten KPD vorgeworfen. Sie waren zu diesem Zeitpunkt bereits aus der SPD ausgeschlossen worden.) In Saarbrücken gab es also keinen SDS mehr.

Am 6. Mai beschloß dann die Bonner »Albert-Schweitzer-Gruppe« mehrheitlich, aus dem SDS auszutreten und künftig an keiner Delegiertenkonferenz mehr teilzunehmen. Ein Teil der Mitglieder verließ die Bonner Gruppe und blieb weiterhin im SDS. Bereits einen Tag nach der Sezession der »Albert-Schweitzer-Gruppe« nahmen zwei Vertreter des Bonner SHB an der Konferenz des SDS-Landesverbandes Nordrhein-Westfalen in Düsseldorf teil, auf der sie – zusammen mit den Düsseldorfer Delegierten sowie dem SDS-Landesvorsitzenden Heinz Niedrig – gegen die Stimmen der Kölner und der Bonner SDS-Restgruppe den Austritt des Landesverbandes aus dem SDS und den Anschluß an den SHB beschlossen. Da die Bonner SHBler mitgestimmt hatten, obwohl sie gerade erst am Vortag den Austrittsbeschluß gefaßt hatten, fochten die Delegierten der SDS-Hochschulgruppen Köln und Münster den Beschluß an.

Auch in anderen Landesverbänden hatte der Konflikt zwischen SDS und dem parteikonformen SHB organisatorische Konsequenzen. Z.B. wählte die SDS-Gruppe am »Otto-Suhr-Institut« (OSI) an der Freien Universität Berlin am 6. Mai 1960 ihren bisherigen ersten Vorsitzenden Manfred Geßner wegen »nicht mehr zu leugnender Unfähigkeit« ab. Am 7. Mai gründeten daraufhin die ehemaligen SDS-Mitglieder Manfred Geßner, Waldemar Ritter, Hans Adolph, Hermann Klag und Udo F. Löwke eine SHB-Gruppe am OSI. Geßner wurde zum provisorischen ersten Vorsitzenden des geplanten SHB-Landesverbandes Berlin bestimmt, Ritter in den noch nicht bestehenden Bundesvorstand nach Bonn delegiert; Löwke wurde Gruppenvorsitzender am OSI.

Am Vormittag des 9. Mai 1960 gab Jürgen Maruhn die Gründung des »Sozialdemokratischen Hochschulbundes« (SHB) in Bonn durch »15 sozialdemokratische Studentengruppen aus dem Bundesgebiet einschl. Berlin« vor der Presse bekannt. Zum ersten provisorischen Vorsitzenden wurde Jürgen Maruhn (Bonn) berufen. Seine beiden provisorischen Stellvertreter waren Waldemar Ritter (Berlin) und Peter-Paul Henckel (Saarbrücken). Die SHB-Gründer bekannten sich ausdrücklich zum neuen Grundsatzprogramm der Partei. Darüber hinaus wollte der SHB hauptsächlich praktische Hochschulpolitik betreiben und sich an der politischen Bildung in der Partei beteiligen. Wesentliche pädagogische Ziele waren, einerseits die »Auseinandersetzung mit dem Kommunismus« und andererseits die »Verbreitung der Idee des demokratischen Sozialismus«. Die SHB-Initiatoren waren der ewigen kritischen Distanz der Linksintellektuellen überdrüssig geworden. Sie forderten das Positive.

Daß der SDS aufgrund seiner Widerständigkeit schon bald zum Initiator und Interpreten einer studentischen Revolte werden sollte, konnten sich die Spalter damals noch nicht vorstellen. Ihr Ziel war im Grunde eine sozialdemokratische, parteikonforme Arbeitsgemeinschaft an der Universität. Radikale Nonkonformisten waren in der SPD Anfang der sechziger Jahre nicht gefragt. Dennoch erklärt der im SPD-Parteivorstand damals vorherrschende Antiintellektualismus nicht die Taktik der offenen üblen Nachrede und Verdächtigungen, wie sie auf der Bonner SHB-Pressekonferenz gegen den SDS in Umlauf gesetzt wurden. So behauptete der gerade erst ernannte neue SHB-Bundesvorstand, im SDS gebe es Leute, »die direkte Beziehungen zur SED« unterhielten. Insbesondere in Berlin existiere ein »enger Kontakt« zwischen einigen SDS-Gruppen und den »mitteldeutschen Kommunisten«. Der Berliner SDS-Landesverband habe darüber hinaus häufig Aktionen unterstützt; die »vorher in Ost-Berlin« angelaufen seien. Darüber hinaus sprachen sich die SHB-Funktionäre gegen eine Fortsetzung von »aufwendigen Kongressen einflußloser Leute über große Politik« aus. Der SHB werde – so die »Frankfurter Allgemeine Zeitung« – kein »Wanderer zwischen zwei Welten« sein, sondern »entschieden für die Sache des freien Westens« arbeiten. Ferner bejahe der provisorische SHB-Bundesvorstand ausdrücklich die »Landesverteidigung bei gleichzeitiger Sicherung des Rechts auf Wehrdienstverweigerung aus Gewissensgründen.

Selten haben sich eine mehrheitssozialdemokratische Führung – und eine bürgerlich-konservative Presse – über die Grundstimmung in der studentischen Linken so sehr getäuscht wie zu Beginn der sechziger Jahre. Obgleich führende SPD-Funktionäre wie Fritz Erler, Waldemar von Knoeringen und Willy Brandt gegen Ende der 1920er Jahre selbst zum rebellierenden Teil der Arbeiterjugend gehört hatten, forderten sie vom SDS nun eine bedingungslose Unterordnung unter die – parteiintern nie ausdiskutierte – langfristige Bündnispolitik der SPD. Ein Dialog über Ziele, Strategien und Taktik blieb tabu.

Auf der SHB-Pressekonferenz unterstellte Maruhn – wie vorher schon Wehner in einem Interview – dem SDS, fellowtraveller der Kommunisten zu sein. Wehner wie Maruhn redeten freilich selbst in der entfremdeten Sprache der stalinistischen Bürokratie über den angeblich unterwanderten und von außen gesteuerten SDS. Die kommenden Jahre sollten indessen zeigen, daß von einer Unterwanderung des SDS durch dogmatische Parteikommunisten überhaupt keine Rede sein konnte. Statt dessen entstand im SDS ein Fokus für neue Aktionsformen und theoretische Kommunikationszusammenhänge. Es gelang dem SDS vorübergehend, die Politik in die Alltagsverhältnisse der Studenten und Jugendlichen zu übersetzen. So entwickelte sich Mitte der sechziger Jahre in großen Teilen der bundesrepublikanischen Jugend eine alternative Lebensform, die von der Faszination einer autonomen Politik jenseits der klassischen Großorganisationen der Arbeiterbewegung und von einer kulturellen und politischen Widerständigkeit geprägt war.

Trotz alledem

Im Berliner SDS, der seine politische Identität u.a. in der Auseinandersetzung mit der FDJ entwickelt hatte, traten von etwa 200 Mitgliedern nur elf zum SHB über. Noch nie war die Haltung gegenüber der Partei im Berliner Verband so geschlossen gewesen wie auf der Landesvollversammlung am 1. Juni 1960. Laut einer vom Berliner SDS-Landesverband im Oktober 1960 herausgegebenen »Dokumentation zur Spaltung des SDS. Oder: Die erstaunliche Story vom illegitimen Kind der Partei« entschieden sich die anwesenden 115 stimmberechtigten SDSler – unter ihnen 62 eingeschriebene Mitglieder der SPD – einstimmig, ohne Gegenstimme und ohne Enthaltung, gegen die vom SPD-Parteivorstand offensichtlich geplante bürokratische Spaltung des SDS: »Der Landesverband Berlin des SDS bleibt im Sozialistischen Deutschen Studentenbund und steht nach wie vor loyal zur Sozialdemokratischen Partei Deutschlands.«

An der vorangegangenen hitzigen Diskussion hatten sich u.a. Günter Kallauch (erster SDS-Bundesvorsitzender), Klaus Meschkat (ehemaliger Vorsitzender des VDS 1957), Harry Ristock (Berliner Vorsitzender der Sozialistischen Jugend »Die Falken«), Ansgar Skriver, Manfred Rexin, Reinhard Strecker, Norbert Adrian und Wolfgang Büsch (Mitglied des Abgeordnetenhauses) beteiligt. Starke Empörung löste der offizielle Sprecher des SPD-Landesvorstands Berlin, Harry Liehr, aus, als er einen Unvereinbarkeitsbeschluß über die Mitgliedschaft in der SPD und im SDS ankündigte: »Genossinnen und Genossen, es gibt für den Landesvorstand, und darüber will ich keine Zweifel lassen, seit jenem Beschluß vom 30. Mai nur noch einen Studentenverband, der seitens der Partei gefördert wird, und es handelt sich dabei um den Sozialdemokratischen Hochschulbund ... Wenn Ihr wollt, Genossinnen und Genossen, wird der SDS zukünftig, entschuldigt diesen beispielhaften Vergleich, die Rolle eines unehelichen Kindes spielen (Gelächter) ..., daß es sich dabei also um ein uneheliches Kind handelt, bei dem die Vaterschaft bestritten wird und bei dem verweigert wird, Alimentenzahlungen vorzunehmen. Das schließt aber nicht aus, liebe Genossinnen und Genossen, daß dieses uneheliche Kind adoptiert werden kann, d.h., um es deutlich zu machen und von diesem beispielhaften Vergleich wegzukommen, daß der Landesvorstand der SPD alle sozialdemokratischen Studenten auffordert, den Sozialdemokratischen Hochschulbund zu unterstützen ... Dem Landesvorstand liegt daran, den Bruch mit dem SDS zwar eindeutig zu vollziehen, aber unnötige Härten dabei tunlichst zu vermeiden. Ich darf darauf hinweisen, daß von dieser, wenn Ihr so wollt, entgegenkommenden Haltung des Landesvorstandes (Unruhe) ...«

Als die Berliner SDSler nicht klein beigaben, kündigte der SPD-Landesvorstand prompt die Räume des SDS-Büros in der Charlottenburger Zietenstraße zum 1. Juli und die Parteistipendien für SDS-Funktionäre zum September 1960 statt zum Oktober 1961. Ab 1. Juli wurden die Zahlungen für die Miete des »Sven-Hedin-Heims« eingestellt; außerdem mahnte der SPD-Landesvorstand eine Schuld des SDS in Höhe von 3 500 Mark an. Aber die Sozialdemokraten in Berlin mußten schon bald eine ähnlich bittere Erfahrung machen wie 1948 bei der Gründung der Freien Universität Berlin durch Studenten der Universität Berlin (spätere Humboldt-Universität) – damals von der SPD noch begrüßt – die SED: Die sozialistischen Studenten von Berlin ließen sich nicht einschüchtern. Trotz der Ausgrenzung hatte der Berliner SDS-Landesverband im Frühjahr 1961 ca. 260 Mitglieder, er war also stärker als vor der Spaltung.

Alles in allem verlor der Gesamtverband durch die Abspaltung nur einhundertundelf Mitglieder. Sehr viel schwerer wog der Verlust der zahlreichen regionalen Kontakte zur Sozialdemokratie. Zwar war der SDS ein autonomer Studentenbund gewesen, gleichwohl hatte er sich doch all die Jahre als fester Bestandteil des sozialdemokratischen Milieus verstanden. Fast alle aktiven SDSler hatten irgendwann einmal als Referenten bei den Jungsozialisten, den »Falken« oder einer der anderen zahlreichen Arbeitsgemeinschaften gesprochen. Und trotz aller Spannungen mit der Partei hatten sich die verschiedenen SDS-Hochschulgruppen regelmäßig an den regionalen und überregionalen Wahlkämpfen der SPD beteiligt. Durch die kritische Loyalität zur Partei geprägt, war für viele der älteren SDSler eine politische Zukunft außerhalb der Partei zunächst überhaupt nicht vorstellbar. Deshalb klammerten sich auch viele von ihnen noch lange an die Hoffnung, der SPD-Parteivorstand werde sich spätestens nach der nächsten Bundestagswahl erneut mit seinem »unbequemen SDS« (Günter Kallauch) aussöhnen. Aber trotz des fast sentimentalen Verhältnisses zur Sozialdemokratie verteidigten mehr als 1.000 SDS-Mitglieder ihre Organisation.

Erst als sich immer deutlicher herausstellte, daß der Parteivorstand tatsächlich die Zerschlagung des SDS anstrebte, gaben die meisten der sozialistischen Studenten ihre lebensgeschichtlich begründete Treue zur Partei auf und brachen auch innerlich mit der Sozialdemokratie. Wie widersprüchlich dieser Ablösungsprozeß war, dokumentiert die folgende Episode: Bereits am 5. März 1960, so Jürgen Seifert, hatte der SDS-Bundesvorstand »sehr klar analysiert«, daß der damalige SPD-Parteivorstand auf eine »Ausgrenzung« des SDS hinarbeitete. Dennoch beschloß er – zusammen mit den Bundesvorstandsreferenten Wolfgang Hindrichs, Dieter Wunder und Reinhard Hoffmann –, im Falle eines Unvereinbarkeitsbeschlusses den SDS aufzulösen und »in den neuen sozialdemokratischen Hochschulbund« demonstrativ einzutreten:

»Wir alle (außer Hoffmann) haben uns dann anders verhalten. Das ganze hatte eine Eigengesetzlichkeit; wir hätten uns selbst aufgegeben; wir hätten uns als nicht anständig angesehen.« Die ursprünglich geplante taktische Verhaltensweise gegenüber einem Ausschluß wurde also im Moment des Ausschlusses aus einer bürgerlichen politischen Moralität heraus abgelehnt. Hiermit hatte die damals bereits längst kleinbürgerlich dominierte Sozialdemokratie nicht mehr gerechnet. Diese politische Moral spielte dann in den 1960er Jahren im SDS eine ausschlaggebende Rolle bei der Auseinandersetzung mit der verdrängten deutschen Vergangenheit sowie der menschenverachtenden Kriegführung der Vereinigten Staaten in Vietnam. Bedauerlicherweise verkam in der Gewalt-Eskalation – besonders nach dem Attentat auf Rudi Dutschke – diese Moral zu jacobinerischer Rechthaberei und schließlich bei den abgesplitterten RAF-Desperados zu bedingungslosem Haß, der vor Mord nicht haltmachte.

»Arm, aber ungebrochen«

Auf der ordentlichen XV. Delegiertenkonferenz, die am 1./2. Oktober 1960 im Studentenhaus der Johann-Wolfgang-Goethe-Universität in Frankfurt stattfand, tagten über 60 Delegierte aus 30 Hochschulgruppen. Als Gäste kamen demonstrativ u.a. Fritz Opel (IG Metall), Werner Thönnessen (IG Metall), Hans Matthöfer (IG Metall), Erich Gerlach (SPD, MdL Niedersachen), Olaf Radke (SPD, MdL Hessen), Michael Mauke (SDS-Landesverband Berlin), Ossip K. Flechtheim (SPD Berlin), Heinz Maus (Marburg), Herbert Faller (Naturfreundejugend) und Manfred Teschner (SDS Frankfurt). Angesichts des bevorstehenden Unvereinbarkeitsbeschlusses war die Teilnahme in Frankfurt ein für weitere Karriereaussichten innerhalb der SPD im Zweifelsfall ein nicht ungefährlicher Solidaritätsakt.

Der scheidende SDS-Vorsitzende Günter Kallauch betonte denn auch in seinem Rechenschaftsbericht vor allem die wachsende Solidarität im Umfeld des SDS: »Wir haben schwere Schläge einstecken müssen. ›Genossen‹ und ehemalige Freunde haben uns beschimpft und verleumdet. Die Presse ist über uns hergefallen. Wir aber sind enger zusammengerückt, wir haben weitergearbeitet und überraschend viele neue Mitglieder gewonnen ... Der SDS ist heute zum ersten Male völlig unabhängig. Das ist seine Schwäche, aber das ist zugleich auch seine Stärke. Der Zulauf, den wir im vergangenen Semester hatten, zeigt, daß ein Teil der Studentenschaft die Verleumder zu durchschauen vermag, und daß sie zu uns kommen, weil sie der bestehenden politischen Herrschaftsstruktur oppositionell gegenüberstehen. Sie scheuen zunächst die direkte Bindung an eine politische Partei und werden zumeist erst durch die Arbeit unserer Gruppen für die Arbeiterbewegung gewonnen. Wir können auch im wissenschaftlichen Bereich zeigen, daß unser politisches Handeln auf kritischem und wissenschaftlichem Denken beruht. Die völlige organisatorische Unabhängigkeit kann sich unter Umständen für unsere Arbeit als sehr viel wichtiger erweisen als die schon immer begrenzte finanzielle Förderung durch die SPD.«

In dieser Rede drückte sich zum ersten Male ein trotziger Stolz auf die – eigentlich ungewollte – Autonomie des Verbandes aus. Waren die SDS-Delegierten bisher auf Kosten der Partei bequem mit der Bundesbahn angereist, so hatten sich die meisten Delegierten dieses Mal per Anhalter nach Frankfurt durchgeschlagen. Gäste und Delegierte schliefen auf Feldbetten oder Luftmatratzen. Doch war die neue Bescheidenheit nicht einmal der wichtigste Unterschied zu früher. Dort, wo einst die »gewohnten Vertreter des Parteivorstandes« gesessen hatten, blieben nunmehr die Plätze demonstrativ unbesetzt. Aus dem einst »wohldotierten« SDS war mittlerweile ein »bettelarmer Verein« geworden: »Wir haben also rund 8.000 DM Schulden«, schloß der Finanzreferent seinen »Defizitbericht« ab. Letztlich führte jedoch der Entzug der Förderung durch den Bundesjugendplan, die »Friedrich-Ebert-Stiftung« und die Partei im SDS zu weniger Bürokratie und mehr politischer Phantasie.

Durch die Abspaltung der SHB-Gründer und den Ausschluß der »Konkret«-Gruppierung hatte der SDS unterdessen eine gemeinsame politische und theoretische Basis erreicht, wie er sie nie zuvor gehabt hatte. Auf der anderen Seite verdeutlichte die antiintellektuelle Polemik des SHB gegen das vermeintlich bloße Theoretisieren in den sogenannten esoterischen SDS-Zirkeln nur die Angst sozialdemokratischer Pragmatiker vor der subversiven Aussagekraft der gesellschaftstheoretischen Analyse. Anfang der sechziger Jahre vereinigten sich im SDS drei Qualitäten, die ansonsten zumeist auseinanderfallen: die Erfahrung der Ausgrenzung, rebellische Subjektivität und starke intellektuelle Neugierde.

Die XVI. ordentliche Delegiertenkonferenz des unabhängigen SDS

An der darauffolgenden XVI. ordentlichen Delegiertenkonferenz – sie fand am 6./7. Oktober 1961 im Studentenhaus der Frankfurter Universität statt – nahmen 43 Delegierte aus 26 Hochschulgruppen teil. Trotz der Spaltung existierten im SDS mittlerweile wieder arbeitsfähige Landesverbände in Baden-Württemberg, Bayern, Niedersachsen, Nordrhein-Westfalen, Schleswig-Holstein, Hamburg und Berlin. In seinem Rechenschaftsbericht erklärte der scheidende erste Bundesvorsitzende Michael Schumann zur Situation des Verbandes: »Unsere Organisation, die vor 15 Jahren gegründet wurde, konstituierte sich als ein unabhängiger sozialistischer Studentenverband. Diese Unabhängigkeit wurde damals von Erich Ollenhauer als ein besonderes Kennzeichen des Verbandes genannt. Ein Jahr nach seiner Gründung hat der Verband noch einmal ausdrücklich beschlossen: Der SDS ist keine Organisation einer politischen Partei. Jede Vollversammlung hat aufs neue zu beschließen, welche Parteien in ihrer politischen Praxis und in ihrem Programm einen freiheitlichen demokratischen Sozialismus vertreten. Im Laufe der folgenden Jahre entwickelte sich der Verband mehr und mehr zu einer in gewisser Beziehung abhängigen Organisation der SPD, so daß die vor einem Jahr erfolgte Distanzierung der SPD von unserer Organisation von vielen mit einer Auflösung des Verbandes gleichgesetzt wurde. Der SDS ist wieder zu seinem Ausgangspunkt zurückgekehrt. Er kann sich heute mit Recht als unabhängiger sozialistischer Studentenverband bezeichnen. Wir alle, glaube ich, können heute feststellen, daß ein Experiment geglückt ist, auf das sich mancher im Oktober 1960 nur skeptisch eingelassen hat.«

Die Schwerpunkte Hochschulpolitik, Internationalismus und Theorie bestimmten den Alltag der 30 SDS-Gruppen. Der Berliner Hochschularbeitskreis legte auf der Delegiertenkonferenz außerdem die 180 Seiten starke Denkschrift »Hochschule in der Demokratie« vor. Die Verfasser, Wolfgang Nitsch, Uta Gerhardt, Claus Offe und Ulrich K. Preuß, hielten zwar an den emanzipatorischen Inhalten der Universität Humboldts und Fichtes fest; gleichwohl kritisierten sie die seit der Zeit des kleindeutschen Kaiserreichs zunehmende Anpassung der deutschen Universitäten an die Anforderungen der kapitalistischen Gesellschaftsordnung. Mit der Behauptung, ihr Bemühen um Wahrheit sei zweckfrei, habe sich die Universität längst der Möglichkeit begeben, die an sie herantretenden gesellschaftlichen Ansprüche auf ihre Legitimation hin zu überprüfen. Dadurch habe sie jedoch die wissenschaftlichen Ergebnisse des zweckfreien Strebens an beliebige Zwecke ausgeliefert. Die freiwillige Gleichschaltung der deutschen Wissenschaft Anfang der dreißiger Jahre sei das prägnanteste, wenn auch nicht das einzige Beispiel für diese Selbstaufgabe der Universität.

In seinem Rechenschaftsbericht setzte sich Schumann auch mit der Politischen Justiz in der DDR auseinander. Zunächst forderte er die Verantwortlichen in der DDR auf, die noch inhaftierten SDS-Mitglieder Edgar Gude, Joachim Staritz und Heinz Dieter

Schweikert freizugeben. Gleichzeitig begrüßte er die Freilassung »unseres zwei Jahre lang in DDR-Zuchthäusern inhaftierten Mitgliedes Gero Gandert durch die dortigen Behörden«. Sodann protestierte Schumann im Namen des SDS auf das schärfste gegen die Verschleppung und anschließende Verhaftung des IG-Metall-Redakteurs Heinz Brandt durch die Behörden der DDR. Brandt habe bereits unter Hitler in den Konzentrationslagern Sachsenhausen, Auschwitz und Buchenwald für seine sozialistische Überzeugung leiden müssen. Der SDS schätze Brandt, weil er »unermüdlich für eine innerdeutsche Entspannung und Verständigung« eingetreten sei. Die Verhaftung von Heinz Brandt sei für den SDS ein erneuter Beweis dafür, daß die SED am »Abbau« des Kalten Krieges nicht ernsthaft interessiert sei. Um der Forderung nach einer bedingungslosen Freilassung Brandts aus seiner »widerrechtlichen Haft« Nachdruck zu geben, schloß sich die Bundesdelegiertenkonferenz mit großer Mehrheit dem Aktionskomitee »Freiheit für Heinz Brandt »an. Ferner unterstützte die Bundesdelegiertenkonferenz den vom SDS-Landesverband Berlin beschlossenen »Protest gegen die Wiederaufnahme der sowjetischen Atomversuche«. Die neuerlichen sowjetischen Atomversuche bedeuteten eine »zusätzliche Erhöhung der Kriegsgefahr« und widersprächen der von der Sowjetunion selbst verkündeten Politik der friedlichen Koexistenz. Diese Beschlüsse belegen, daß bereits damals im SDS die Verhältnisse in der UdSSR und der DDR zumindest punktuell kritisiert wurden.

Zum Abschluß seines Grundsatzreferats erörterte Michael Schumann noch einmal ausführlich ein innenpolitisches Thema: Er setzte sich kritisch mit der gescheiterten Wahlkampfkonzeption der damaligen sozialdemokratischen Führungsmannschaft unter Herbert Wehner auseinander. Trotz der Personalisierung des Wahlkampfes hatte die SPD am 15. September 1961 wiederum nur 36,6 Prozent der abgegebenen Stimmen erhalten. Zwar hatte die Partei ihre Stimmen auf 11.406.253 gegenüber 9.495.571 im Jahr 1957 steigern können; letztlich war dies aber nur ein »rein wahlarithmetischer« Durchbruch geblieben. Erneut war die SPD vom Wähler in die Oppositionsrolle verwiesen worden.

Schumann führte das erneute Scheitern der damaligen SPD-Parteiführung hauptsächlich auf eine fehlerhafte Politikberatung zurück. Sein Beharren auf einem auf das gesellschaftspolitische System insgesamt bezogenen makroanalytischen Ansatz für eine parteiliche Wahlforschung im Umfeld der SPD mußte freilich von Schütz und von Wehner angesichts der jüngsten Wahlniederlage als zentraler Angriff auf ihre politischen Führungsqualitäten angesehen werden. Doch verstand Schumann seine Analyse trotz der inhaltlichen Schärfe seiner Kritik am offiziellen Wahlkampfkonzept nicht als eine indirekte Unterstützung für linke oder pazifistische Splittergruppen am Rande der SPD, sondern als solidarische Kritik innerhalb der Partei. Inwieweit der Unvereinbarkeitsbeschluß des SPD-Parteivorstands vom 6. November 1961 zwischen der Mitgliedschaft in der SPD und im SDS auch eine Reaktion auf die Kritik von Michael Schumann an der SPD-Wahlkampfleitung gewesen ist, läßt sich anhand der von uns eingesehenen Akten nicht beantworten. Festzuhalten bleibt jedoch, daß der SPD-Parteivorstand im offiziellen

Jahrbuch der Sozialdemokratischen Partei Deutschlands 1960/61 den Stimmengewinn bei der Bundestagswahl 1961 völlig unkritisch als »Rekordergebnis« feierte. Als diese geschönte Analyse erschien, war der SDS längst aus der westdeutschen Sozialdemokratie ausgegrenzt worden.

Zum Abschluß der Delegiertenkonferenz wählten die Delegierten die Frankfurter Eberhard Dähne und Peter Brokmeier als neue Bundesvorsitzende. Mitglieder des Beirats wurden Dietrich Staritz (Berlin), Matthias Manz (München) und Diethard Kars (Göttingen). Daß Lelio Basso, Mitglied des Direktoriums der »Sozialistischen Partei Italiens« (PSI), die SDS-Delegierten in einem persönlichen Grußwort aufgefordert hatte, auf keinen Fall gegenüber dem SPD-Parteivorstand klein beizugeben, empfand die Parteispitze als Einmischung in ihre inneren Angelegenheiten. Hier deutete sich eine internationale Kooperation der »Neuen Linken« an, die in ihrer Kritik am Verhalten der traditionellen Großorganisationen der westeuropäischen Arbeiterbewegung übereinstimmte. (Heute wissen wir, daß Dietrich Staritz bereits zum damaligen Zeitpunkt für das Ministerium für Staatssicherheit in der DDR und – nach eigenen Angaben – gleichzeitig für das westberliner Landesamt für Verfassungsschutz spioniert hat. Damit war es dem MfS gelungen, in dieser Übergangszeit nach dem Unvereinbarkeitsbeschluß einen Agenten im SDS zu plazieren, was ihm in der antiautoritären Phase – soweit wir aus den Akten der Gauck-Behörde wissen – nicht mehr gelungen ist.)

Die »Sozialistischen Förderergemeinschaften«

Zahlreiche sozialdemokratische Professoren und Gewerkschafter, die die Arbeit des SDS in der Vergangenheit unterstützt hatten und die großenteils Mitglieder der »Sozialistischen Hochschulgemeinschaft« (SHG) gewesen waren, gründeten am 8. Oktober 1961 in Frankfurt a. M. die seit längerem geplante »Sozialistische Förderergesellschaft der Freunde, Förderer und ehemaligen Mitglieder des Sozialistischen Deutschen Studentenbundes e.V.«. An der Gründungsversammlung im Studentenhaus der Frankfurter Universität nahmen laut Anwesenheitsliste 260 Wissenschaftler, Schriftsteller, Gewerkschafter und ehemalige bzw. aktive SDS-Funktionäre teil.

In den Grundsatzreferaten der Politologie-Professoren Wolfgang Abendroth und Ossip K. Flechtheim sowie des Gewerkschafters Fritz Lamm (Betriebsratsvorsitzender bei der »Stuttgarter Zeitung«) drückte sich das politische Selbstverständnis dieses linkssozialistischen Milieus am Rande der Sozialdemokratie aus. Abendroth ging in seinem Referat »Das Ringen um die Verteidigung des Grundgesetzes« davon aus, daß der ursprüngliche Text des Grundgesetzes aus dem Jahr 1949 juristisch noch die Möglichkeit zum »demokratischen und rechtsstaatlichen Ausbau der politischen Ordnung« beinhaltet habe. Erst durch die Eskalation des Kalten Krieges, die Rüstungskonjunktur und die Stabilisierung der kapitalistischen westdeutschen Wirtschaftsordnung seien die »politischen Voraussetzungen des Grundgesetzes« verschoben worden. Die Großkonzerne und Trusts, aber auch die Exekutive des Staatsapparats versuchten nunmehr zunehmend – u.a. auch mit Hilfe der geplanten Notstandsgesetzgebung – das Grundgesetz in ihrem Sinne zu unterwandern und auszuhöhlen.

Flechtheims Beitrag zur Frage der innerparteilichen Demokratie setzte sich mit den offensichtlichen, oligarchischen Tendenzen in den bundesrepublikanischen Volksparteien auseinander. Durch das Verbot der KPD, die Einführung der Fünf-Prozent-Klausel und die Verankerung der Mitwirkung der Parteien bei der politischen Willensbildung des Volkes durch Art. 21 des Grundgesetzes sei diese Entwicklung abgesegnet und der Status quo zementiert worden. Ämterpatronage und Finanzierung der vier parlamentarischen Parteien im Bonner Bundestag durch Steuermittel hätten diese in die »Nähe der mit besonderen Staatsprivilegien ausgestatteten traditionellen Großkirchen« gerückt. Auch die SPD sei keine sozialdemokratische Programm- und Massenpartei mehr, sondern eine »Wähler-, Patronage- und Führerpartei«.

Fritz Lamms Hauptthese – von ihm als »besondere Tragikomödie der Geschichte« apostrophiert – war die, daß die SPD, die noch 1914 unter dem »Ruf der internationalen Verbrüderung aller Arbeitenden« angetreten sei, nun in der Zeit der weltweiten multinationalen Konzerne die Interessen des westdeutschen Teilstaates vertrete. Eine sozialistische Außenpolitik müsse jedoch konsequent gegen jede Rüstung im nationalen Rahmen und für die Emanzipation aller Völker eintreten.

Danach beschlossen die Anwesenden einstimmig die Gründung der Förderergemeinschaften in Form eines eingetragenen Vereins. Dem Vorstand gehörten Wolfgang Abendroth, Heinz J. Heydorn, Oberregierungsrätin Helga Einsele (Leiterin der Frauenstrafanstalt Frankfurt/Main-Preungesheim), Erich Söchtig (Betriebsratsvorsitzender in Wattenstedt-Salzgitter und Mitglied des Beirats der IG Metall), Heinz Brakemeier (Handelsschullehrer) und Monika Seifert-Mitscherlich (Diplomsoziologin) an. Im ersten Jahr nach dem Unvereinbarkeitsbeschluß überwies die Förderergesellschaft an den SDS-Bundesvorstand DM 4.500. Organisierte Freundeskreise der Förderergesellschaft gab es zum damaligen Zeitpunkt in Kiel, Berlin, Hamburg, Solingen, Frankfurt/Main, Stuttgart, Hannover, Bielefeld, Dortmund, Wuppertal, Duisburg, Ulm, Marburg und München. Ende 1962 hatte der Kreis ca. 300 Mitglieder.

Der Unvereinbarkeitsbeschluß

Am 16. Oktober 1961 legte Herbert Wehner dem SPD-Partei- und Fraktionsvorstand ein weiteres vertrauliches, 27-seitiges Dossier über die Entwicklung des SDS vor. Diesem Exposé zufolge war der Verband seit der Delegiertenkonferenz in Mannheim im Oktober 1958 immer »stärker in das Fahrwasser extremer Kräfte« geraten. So sei die umstrittene Resolution zur Wiedervereinigungspolitik auf dem Berliner Studentenkongreß gegen

Atomrüstung Anfang Januar 1959 im »östlichen Sinne« und in »östlichen Vokabeln« abgefaßt worden. Selbst die »Prawda« habe am 4. Februar 1959 ausdrücklich die Beschlüsse dieses Studentenkongresses gelobt. Ferner habe Anfang 1959 in Oberursel/Taunus ein SDS-Seminar stattgefunden, an dem auch Vertreter der FDJ teilgenommen hätten.

Statt politischer Argumente wurde also erneut offenes und nichtoffenes Material vom und über den SDS vorgelegt. Die Quellen wurden – wie schon in den anderen erwähnten Berichten – entweder nicht genannt oder verschleiert. Die Analyse der gewonnenen Erkenntnisse wurde zudem oft durch wilde Spekulationen ersetzt. So hieß es über den undogmatischen linken Bundesvorstandsflügel, er umfasse rund 40 Prozent der Delegierten, die sich selber gern als die »Mitte« bezeichneten, in Wirklichkeit jedoch in ihrer Argumentation die »jugoslawische Linie« förderten und »Trotzki und Lenin« bewunderten. Diese Gruppierung lehne den Kommunismus nicht grundsätzlich ab, sondern nur die »stalinistischen Auswüchse« bzw. die »Ulbricht-Demokratie«. Ferner akzeptierten diese SDSler in der SPD lediglich »Abendroth als Theoretiker«. Im sozialdemokratischen Flügel würde indes ein »gesundes Verhältnis zwischen Theorie und Praxis« angestrebt. Im Gegensatz dazu seien der »Konkret«-Gruppierung und der Bundesvorstandsmehrheit das »Ressentiment gegen die SPD«, »die Relativierung der westlichen Position« und eine »emotionale Radikalisierung« gemeinsam.

Zum Beleg für diese These über eine heimliche Zusammenarbeit zwischen der »Konkret«-Gruppierung und dem Bundesvorstandsflügel galten den Verfassern folgende zwei Beispiele: Zum einen habe das Berliner SDS-Mitglied Klaus Meschkat auf der Göttinger Delegiertenkonferenz am 30. Juli 1959 erklärt, daß »Mitglieder mit kommunistischer Gesinnung« solange im Verband bleiben dürften, wie sie nicht durch ihr »Verhalten den Verband in der Öffentlichkeit schädigten oder bei eindeutigen Unterwanderungen ertappt würden«. Zum anderen habe Jürgen Seifert gegen den Ausschluß der »Konkret«-Redakteurin Ulrike Meinhof aus dem SDS-Münster gestimmt.

Alles in allem wurden hier in gedrängter Form all jene Vorwürfe wiederholt, die die SHB-Gründungsmitglieder im Verlauf der letzten Jahre immer wieder schriftlich und mündlich in Umlauf gesetzt hatten. Neu war einzig das Argument, der jetzige SDS-Bundesvorstand habe »auf eine Wahlniederlage der SPD« bei der letzten Bundestagswahl gehofft, um endlich einen »Führungswechsel in der Partei mit herbeiführen zu können«.

Auf dieses Dossier gestützt, schlug Wehner auf der Sitzung des Partei- und Fraktionsvorstands am 16. Oktober 1961 vor, künftig solle die »Mitgliedschaft im SDS« und in der »Förderergesellschaft« mit der Mitgliedschaft in der SPD unvereinbar sein. Das Vorstandsmitglied Ludwig Metzger (Darmstadt) sprach sich sowohl gegen die Form als auch gegen den Zeitpunkt des Ausgrenzungsbeschlusses aus. Metzger plädierte dafür, das vorliegende Material zunächst den SPD-Mitgliedern Heinz J. Heydorn und Otto Stammer zur »Kenntnis« zu bringen. Sodann sollte ein Vertreter des SPD-Parteivorstands mit den beiden »Genossen« sprechen. Das SPD-Vorstandsmitglied Irma Keilhack (Hamburg) schloß sich der Intervention von Metzger an. Helmut Schmidt hielt dagegen eine sofortige Beschlußfassung für erforderlich. Erwin Schoettle aus Stuttgart vertrat zwar einerseits die Auffassung, daß die Mitgliedschaft im SDS mit der Mitgliedschaft in der SPD nicht länger vereinbar sei, setzte sich jedoch zugleich für ein »differenziertes« Vorgehen gegen die »anderen Gruppen« ein. Welche anderen Gruppierungen in diesem Zusammenhang gemeint waren, geht aus dem Protokoll des Partei- und Fraktionsvorstands leider nicht hervor. Der Schatzmeister der SPD, Alfred Nau, meinte, jeder, der etwas für die Förderung der Studenten tun wolle, solle künftig den »Sozialistischen Hochschulbund« (SHB) unterstützen. In einem längeren Redebeitrag betonte Willy Brandt zunächst, daß man »nicht innerhalb und außerhalb der Partei« stehen könne. Zugleich bat er jedoch, den Beschluß zurückzustellen, da einige Berliner Genossen ihn ersucht hätten, ein »klärendes Gespräch« mit den Betroffenen zu führen. Leider sei das im Vorfeld der letzten Bundestagswahl nicht möglich gewesen, man solle jedoch den Berlinern, die »an ihn herangetreten« seien, jetzt die Chance geben. Angesichts dieses Vorschlages betonte der SPD-Parteivorsitzende Ollenhauer, man habe in der jüngsten Vergangenheit dem SDS immer »eine große Geduld« bewiesen. Deshalb müsse »jetzt ... gehandelt« werden, und auch die Mitglieder der Fördererkreise wüßten genau, worum es in dieser Angelegenheit politisch gehe. In der Sache könne es deshalb – so Ollenhauer – »keine Meinungsverschiedenheiten« im Parteivorstand mehr geben. Man könne höchstens die Bekanntgabe des Unvereinbarkeitsbeschlusses noch etwas hinausschieben, um weitere Zeit für Gespräche mit befreundeten Professoren zu finden. Abschließend beschlossen die 34 anwesenden Mitglieder des Partei- und Fraktionsvorstands bei fünf Stimmen Enthaltung, daß künftig die Mitgliedschaft im SDS und in den Förderergesellschaften unvereinbar mit der Mitgliedschaft in der SPD sei. Dieser Beschluß solle »Ende des Monats« in Kraft treten.

Auf der Sitzung des Partei- und Fraktionsvorstands am 6. November 1961 berichtete zunächst der Berliner SPD-Landesvorsitzende Kurt Mattick über sein Gespräch mit den Professoren Otto Stammer, Ossip K. Flechtheim, Fritz Borinski, Gert von Eynern, Werner Stein und dem Mitglied des Berliner Abgeordnetenhauses Werner Bloch. Wie Mattick berichtete, war das Gespräch wie das »Hornberger Schießen« ausgegangen. Denn alle, außer Flechtheim, hätten zwar einerseits erklärt, daß sie »keiner Organisation« angehörten, andererseits hätten sie jedoch dem Berliner Parteivorstand mitgeteilt, »rein privat« den SDS auch in Zukunft »finanziell« unterstützen zu wollen. Im Verlaufe des Gesprächs habe Otto Stammer mehrfach auf seine »42-jährige Mitgliedschaft in der SPD« hingewiesen und erklärt, daß er sich vom Parteivorstand in Bonn nicht »aus der Partei drängen lasse«. Stammer habe in diesem Zusammenhang – ebenso wie die anderen Professoren – ausdrücklich betont, daß er weder der »Frankfurter Förderergesellschaft« noch einer anderen Unterstützungsorganisation für den SDS angehöre. Aus diesem Grund – so Mattick plane der Berliner SPD-Landesvorstand »noch einen zusätzlichen Beschluß«, der jede weitere finanzielle Unterstützung des SDS durch Mitglieder des Berliner Landesverbandes verhindern solle. Anschließend berichtete der Darmstädter Bürgermeister Ludwig Metzger über sein Gespräch mit Heinz J. Heydorn. Heydorn sei nach wie vor der Meinung, daß eine »Verbindung mit dem SDS« aufrechterhalten werden müsse, wenn die »jungen Menschen nicht von vornherein in die Hände der Kommunisten« getrieben werden sollten. Metzger identifizierte sich zwar nicht mit Heydorns Position, erklärte jedoch ausdrücklich, daß seiner Meinung nach der Parteivorstand »durch einen solchen Beschluß einen Fehler« mache.

Zum Abschluß legte Ollenhauer noch einmal eine überarbeitete Fassung des bereits beschlossenen Unvereinbarkeitsbeschlusses zur Abstimmung vor, der im Anschluß an die Sitzung veröffentlicht werden sollte: »Die Mitgliedschaft in dem Verein Sozialistische Förderergemeinschaften der Freunde, Förderer und ehemaligen Mitglieder des Sozialistischen Deutschen Studentenbundes e. V. ist unvereinbar mit der Mitgliedschaft in der Sozialdemokratischen Partei Deutschlands. Wie es ebenso unvereinbar ist, Mitglied des SDS und der Sozialdemokratischen Partei Deutschlands zu sein.« Bei dieser zweiten Abstimmung enthielten sich nur noch Ludwig Metzger (Darmstadt) und Ella Kay (Berlin-Britz) der Stimme.

4. Kapitel: Rebellion der Kriegskinder

Als am 19. Dezember 1964 die Zeitungen berichteten, daß in West-Berlin am Vortage mehr als 600 deutsche und schwarzafrikanische Studenten aus beiden Teilen der Stadt unter der Leitung des SDS die Ketten der Bereitschaftspolizei durchbrochen und innerhalb der Bannmeile des Schöneberger Rathauses den damaligen kongolesischen Ministerpräsidenten Moise Tschombé mit Eiern und Tomaten beworfen hatten (vgl. S. 140), fragten sich viele verwundert: »SDS – gibt's den denn noch?« In der Tat hatte man seit Herbst 1961 kaum etwas von den sozialistischen Studenten gehört, nur an den geisteswissenschaftlichen Fakultäten der Hochschulen kannte man die SDSler sehr genau. Waren sie es doch, die am Ende der Ära Adenauer allgemein akzepierte Autoritäten respektlos in Frage stellten – und das auf einem theoretischen Niveau, das auch konservativen Professoren unmöglich machte, sich der Diskussion zu entziehen, ohne vor der Studentenschaft ihr Gesicht zu verlieren.

Seminarmarxismus

Auf der XVII. o. Delegiertenkonferenz des SDS am 4./5. Oktober 1962 in Frankfurt/Main umriß der scheidende Bundesvorsitzende Eberhard Dähne in seinem Rechenschaftsbericht die Stellung des SDS gegenüber den traditionellen Parteien der Arbeiterklasse: »Jede Vollversammlung hat aufs neue zu beschließen, welche Parteien in ihrer politischen Praxis und ihrem Programm einen freiheitlichen, demokratischen Sozialismus vertreten. Die Unabhängigkeit und die damit verbundene Diskussionsbreite innerhalb unseres Verbandes ist das wesentliche Element unserer Stellung an den Hochschulen.« Höhepunkt der DK waren die Referate von Elisabeth Lenk zur sozialistischen Theorie in der Gruppenarbeit des SDS und von Claus Offe zur Hochschulpolitik des Verbandes nach der Veröffentlichung der SDS-Denkschrift »Hochschule in der Demokratie« im September 1961.

Elisabeth Lenk knüpfte an das in einigen kleineren Gruppen vorhandene Unbehagen über esoterische (= nur für Fachleute und Eingeweihte bestimmte und verständliche) Arbeitskreise im SDS an, die sich »als Gehirn der Gesellschaft« verstünden. Wenn das für den Gesamtverband typisch werde, müsse sich die ohnehin zwischen sozialistischer Intelligenz und Arbeiterklasse bestehende Kluft noch vertiefen. Zwar akzeptierte sie die Kritik an bestimmten Verselbständigungstendenzen der Theorie-Diskussion, wandte sich aber gleichzeitig entschieden gegen einen gewissen revolutionären Pragmatismus, der trotz aller Niederlagen sein geschaftelhuberisches Heil in der Organisationsarbeit, Agitation und Propaganda der Alltagspolitik suche. Es sei jedoch falsch, Theorie und Praxis im SDS gegeneinander auszuspielen, entscheidend sei die Frage, was sozialistische Theorie eigentlich bedeute. »Sozialistische Theorie«, so Lenk, »ist die Respektlosigkeit, ... gesellschaftlich gesetzte Grenzen des Nachdenkens zu überschreiten. Sie sucht nicht nur Teilstücke, sondern die Gesellschaft als Ganzes zu durchschauen.« Als drei notwendige Schritte zur praktischen Veränderung der Gesellschaft schlug Elisabeth Lenk vor: Entwurf der Perspektive einer neuen Gesellschaft aufgrund der technisch-ökonomischen Möglichkeiten; Aufzeigen der Mechanismen, die diese Entwicklung hemmen und »im Bewußtsein der Menschen den status quo verewigen«, und Benennung der neuralgischen Punkte der kapitalistischen Gesellschaft. Konkrete Themen für die empirisch-theoretische Arbeit des Verbandes in den kommenden Jahren sollten sein: wirtschaftliche Konzentration, Änderung der Kooperationsformen, Konkretisierung und Erweiterung der Mitbestimmung, Analyse der gesellschaftlich notwendigen und der nutzlosen Arbeit, Kulturindustrie. »Sozialistische Theorie sprengt die Borniertheit und Zukunftslosigkeit des spätbürgerlichen Bewußtseins ... Unsere Theorie sollte ... einem Scheinwerfergerät gleichen, dessen Licht stark genug ist, ein Stück des Wegs in die Zukunft zu erhellen, das aber zugleich, auf die gegenwärtige Gesellschaft gerichtet, grell ihre Risse, Sprünge, jahrhundertealten Staub, Muff und Spinnweben beleuchtet, wenn wir unsere Arbeit betrachten, werden wir vielleicht dem Anspruch gerecht, wirklich Neue Linke zu sein.«

Claus Offe ging von den damals wie heute gängigen Schlagwörtern »Zurück zu Humboldt« und »Vorwärts zu einer marktgerechten Produktion von Akademikern« aus. Die bürgerliche Gesellschaft habe keinerlei Vorstellung davon, wie sie mit der sich abzeichnenden Massenuniversität fertig werden wolle. Sie halte demgegenüber an den akademischen Vorstellungen einer Wert-Elite fest. Dieser Widerspruch sei der konkrete Ansatzpunkt für die Hochschulpolitik des SDS. Der Verband müsse zum Zentrum des Widerstandes gegen jede Art von ideologischer Manipulation der Studentenschaft werden. Die Möglichkeiten des SDS lägen in der Bewußtseinsbildung und Aufklärung einer diskutierenden Studentenschaft durch die Veranstaltung von öffentlichen Foren und Arbeitskreisen. Die Studentenschaft dürfe nicht Objekt, sondern müsse letztlich treibende Kraft der Reform der bürgerlichen Universität sein.

In Heft 18 der »neuen kritik« vom November 1963 bezeichnete der gerade neu gewählte Bundesvorsitzende Manfred Liebel den SDS als Organisation junger sozialistischer Intelligenz. Das stellte nun tatsächlich einen Bruch mit dem bisherigen Selbstverständnis des Verbandes als der von der SPD geführten sozialdemokratischen Arbeiterbewegung dar. Da die Rolle der Intellektuellen im Staatsapparat, in den Massenmedien, in den Organisationen der Arbeiterbewegung und nicht zuletzt in den Forschungslabors der kapitalistischen Wirtschaft ständig an Bedeutung gewinne, müsse die Intelligenz eindeutig Partei ergreifen. Der bürgerliche Intellektuelle als wertfrei forschender Wissenschaftler sei passé, die Zukunft gehöre dem sozialistischen Wissenschaftler, der gelernt habe, mit anderen zu diskutieren und zusammenzuarbeiten. »Von hier aus gesehen liegt die Bedeutung des SDS nicht darin, die geballte Macht von tausend Intellektuellen zu sein, sondern eine Gruppierung, in der junge sozialistische Intelligenz lernt zu kooperieren, um ihre gemeinsame Kritik an der bestehenden Gesellschaft in einer Weise wirksam werden zu lassen, die mit zu einer sozialistischen Veränderung dieser Gesellschaft beitragen kann.«

Was Manfred Liebel andeutete, faßte Dieter Rave im nächsten nk-Heft konkret in Thesen zum technischen Fortschritt und zur gesellschaftlichen Funktion von Wissenschaft: Seit dem – von Marx analysierten – Frühkapitalismus habe sich das Verhältnis von Arbeit und Intelligenz gewandelt. Einmal werde die Handarbeit heute durch Maschinen ersetzt, bei denen der Arbeiter nicht mehr seine körperliche Kraft, sondern seine Intelligenz zur Steuerung und Regulierung des Prozesses anwenden müsse; zum anderen werde die technische Funktion der Intelligenz durch Computer ersetzt, die der Arbeiter nur noch überwachen müsse. »Beide Tendenzen laufen auf eine Ausgliederung des Arbeiters aus dem unmittelbaren Arbeitsprozeß hinaus.« (Hier wurde bereits das Problem der Wegrationalisierung von Arbeitsplätzen durch Investitionen in automatische Fertigungs- und elektronische Steuerungsanlagen diskutiert.) Innerhalb dieser Entwicklung komme der Wissenschaft wachsende gesellschaftliche Bedeutung zu, die technische Perfektionierung des Produktionsprozesses, die ständige Verfeinerung der Manipulation des Bewußtseins durch die Kulturindustrie stabilisiere die kapitalistische Gesellschaft. Wissenschaft sei nicht von sich aus eine revolutionäre Kraft, sondern könne im Rahmen der gesellschaftlichen Machtverhältnisse und des Machbaren nur begrenzte Modifikationen des Bestehenden aufzeigen. Dieser technischen Intelligenz, die nach Rave in letzter Konsequenz durch Rationalisierung Arbeitslosigkeit erzeugt, stellte er die hinterfragende Intellektualität der Frankfurter Schule gegenüber, die in ihrer Kritischen Theorie an der historisch notwendigen Emanzipation der Arbeiterklasse durch Vermittlung sozialistischen Bewußtseins festhalte. Aufgabe des SDS sei die Vermittlung zwischen diesen beiden Fraktionen der bürgerlichen Intelligenz. Im Klartext: Die linken Geisteswissenschaftler müssen sich endlich mit Naturwissenschaften und Technik beschäftigen, um dort den Durchblick zu gewinnen, und die objektiv reaktionäre technische Intelligenz müsse – zumindest im Kopf – revolutioniert werden.

Die Diskussion im SDS in der Phase vom Unvereinbarkeitsbeschluß bis Ende 1964 kreiste immer wieder um die Probleme, welchen Standort und welche Funktion der sozialistischen Intelligenz in der Klassengesellschaft zukomme und ob Wissenschaft eine revolutionäre Produktivkraft sein könne. Die Frage: Wie kann der SDS seine Zielgruppen, Studentenschaft und sozialwissenschaftliche und technische Intelligenz, mobilisieren und politisieren? wurde erst zaghaft gestellt und andiskutiert. Das Leib- und Magenthema bis hin zum Bundesvorstand Kallauch/Seifert/Mitscherlich, das Verhältnis des SDS zur SPD, hatte sich schließlich von selbst erledigt. Der Verband verstand sich bei allen Widersprüchlichkeiten und Unklarheiten immer mehr als theoretische Avantgarde-Organisation, die langfristig die Mehrheit der bürgerlichen Intelligenz für ihre emanzipatorischen Ziele gewinnen wollte, und nicht mehr als Rekrutierungsfeld für Führungspositionen der traditionellen Arbeiterbewegung.

An der Hochschule begriff sich der SDS zunehmend als Vertreter der Interessen nicht nur der sozialistischen Studenten, sondern aller nichtprivilegierten Mitglieder der Universität. Auf der XIX. o. DK 1964 warnte der SDS bereits vor der Gefahr, mit Numerus clausus und Zwangsexmatrikulation nur an Symptomen herumzudoktern. Auch sei die Erweiterung des »Mittelbaus« ohne eine gleichzeitige Demokratisierung der Ordinarienuniversität, d.h. Abbau der Allmacht der Lehrstuhlinhaber, keine Lösung. Der SDS war sich darüber im klaren, daß das langfristige Ziel der Demokratisierung der Hochschule nicht ohne Streiks, Demonstrationen und letztlich Konfrontation mit dem Staatsapparat zu erreichen war. Trotzdem scheute er sich nicht, kurzfristig ein ausgesprochen reformistisches Programm zur Strukturveränderung der Universität für den Mittelbau vorzulegen: Vermehrung der Stellen und Verbesserung der »Laufbahnchancen« (Karrieremöglichkeiten) für Assistenten und Tutoren, Beseitigung der unangemessenen Statusvorrechte für Lehrstuhlinhaber, Begrenzung der Zeit, während derer Assistenten einem Professor unterstellt sind, auf ein bis zwei Jahre und Möglichkeit zur Mitarbeit in Forschungsgruppen, Recht auf Mitbestimmung in Forschung und Lehre, Förderung und prüfungsrechtliche Anerkennung von Gemeinschaftsarbeiten anstelle von Habilitationsschriften und – wegen der starken Diskrepanz zu vergleichbaren Stellen in der Wirtschaft – Anhebung der Besoldung von Assistenten, Tutoren und Hilfsassistenten.

Die DK beschloß ein Aktionsprogramm gegen den Numerus clausus, die Zwangsexmatrikulation und das »Herausprüfen« aus der Universität. Die Delegierten bestätigten die »Höchster Vereinbarungen« vom 30. Mai 1964, eine vom SDS initiierte Einheitsfront der Studentenverbände SDS, SHB, LSD und ISSF (Internationaler Studentenbund) als Reaktion auf die Gründung der rechtsstehenden »Studentenunion«. Durch das Bündnis war ebenfalls die Absicht des SPD-Parteivorstands gescheitert, den SDS durch Gründung des SHB in der Studentenschaft auszugrenzen und zu isolieren. (Der Bundesverband Deutsch-Israelischer Studiengruppen, BDIS, schloß sich dieser Vereinbarung fünf Monate später an.)

Die DK forderte – damals ein durchaus ungewöhnlicher Schritt – die Aufhebung des KPD-Verbots, da dieses Verbot eine politische Strafjustiz in Gang gesetzt habe, die die Verketzerung jedes politischen Gegners juristisch ermögliche. Die DK beschloß, daß der SDS mit einer selbständigen Delegation an den nächsten Weltjugendfestspielen teilnehmen sollte. Der SDS-Landesverband Berlin wurde mit der Ausarbeitung einer Dokumentation zur Entwicklung der »Südvietnam-Frage« beauftragt. Zum neuen 1. Bundesvorsitzenden wurde Helmut Schauer (Hamburg) gewählt, zum 2. Vorsitzenden Hartmut Dabrowski (Hamburg). Beirat: Horst Stemmler (Frankfurt/Main), Urs Müller-Plantenberg (Berlin) und Thomas Schmitz-Bender (München).

Freud – Marcuse – Reich

Die antiautoritäre Bewegung war u. E. die erste massenhafte Auseinandersetzung mit der nationalsozialistischen deutschen Vergangenheit. Sie hinterfragte zugleich Probleme des gesellschaftlichen Zusammenhangs. In ihrem Protest gegen die Mißachtung der Menschenrechte solidarisierte sie sich mit allen Befreiungsbewegungen, vor allem denen der Dritten Welt, die die radikale Befreiung von Herrschaft überhaupt forderten und nicht nur einen Austausch von Eliten. Diese Radikalität versuchte zu verstehen, wie Herrschaft im Menschen selbst verankert wird. Dabei entdeckte sie die Frankfurter Schule Horkheimers, Adornos und Marcuses wieder, die die marxistische Kapitalismuskritik mit der Psychoanalyse menschlichen Verhaltens und sozialpsychologischer Kulturkritik verband. So sehr sie die Abgründe der menschlichen Psyche verständlich zu machen versprach, die Auschwitz möglich gemacht hatten, behielt sie doch die Hoffnung auf die marxsche »grüne Wiese«, eine »vernünftige Gesellschaftsordnung«, in der die Herrschaft von Menschen über Menschen abgeschafft sein würde.

Diese Phase der »Aneignung und Neuaneignung der im Nationalsozialismus zerstörten Denktraditionen und Denkbewegungen« Marxismus, Psychoanalyse und Kritische Theorie bezeichnet 1988 der ehemalige SDS-Vorsitzende Reimut Reiche als »Rekonstruktionsphase«. Da in dieser Zeit jeder in den Archiven neu gefundene alte Text vervielfältigt und in vervielfältigter Form zugänglich gemacht wurde, sei dies eine »archäologische, konkretere Form der Aneignung« gewesen, die eine »besondere identitätsstiftende Euphorie und das besondere Hochgefühl einer inneren Verbundenheit« gefördert habe. Am Ende der 1950er Jahre und Anfang der 1960er Jahre herrschte die Beschäftigung mit der Geschichte von Massenvernichtung und Kulturzerstörung vor, eines der wichtigsten Ergebnisse war die SDS-Ausstellung »Ungesühnte Nazijustiz«, maßgeblich von Reinhard Strecker erarbeitet.

Im Frankfurter Institut für Sozialforschung hatte man schon vor 1933 damit begonnen, die Wurzeln faschistischen Verhaltens nicht allein in der Ökonomie und der Arbeitslosigkeit zu suchen, sondern auch in bestimmten Familienkonstellationen und Erziehungsidealen. Untersucht wurden die sozialpsychologischen Voraussetzungen totalitärer Wahnsysteme und ethnischer und nationalistischer Vorurteile sowie der Zusammenhang politischer Ideologien mit der psychischen Beschaffenheit ihrer Anhänger. Die Resultate sagen Wesentliches aus über die psychologischen Mächte, die die Menschen anfällig für die Reklame des Nationalsozialismus oder anderer totalitärer Ideologien machen. Der »autoritätsgebundene Charakter« steht als Ergebnis der Forschung dem freien, nicht blind an Autorität gebundenen gegenüber.

Das Buch »The Authoritarian Personality« behandelte die Charakterstruktur von für Antisemitismus anfälligen Personen und entwickelte ein Instrument zur Feststellung der Anfälligkeit für Antisemitismus, die »F-Skala«. Rolf Wiggershaus zitiert dazu in seiner

Geschichte der Frankfurter Schule Adorno, der nach Beendigung der Korrekturen befriedigt feststellte: »Wenn man das Buch gelesen hat, weiß man, was ein Antisemit ist.« Nach dem 1963 erschienenen Werk von Alexander Mitscherlich »Auf dem Weg zur vaterlosen Gesellschaft« war endlich offenkundig, was die meisten verdrängt hatten, daß nämlich die Verstrickung der Elterngeneration ihre Wirkung auf das Verhalten der Kinder hatte. Es gab noch viele unbewußte Identifikationen mit den oft ungeliebten Eltern, und daher auch eine unfreiwillige Schonung.

Den Antisemitismus glaubten manche SDSler als Folge der Erziehung in sich selbst zu spüren. In dem Verlangen, sich mit den Opfern ihrer Väter zu identifizieren, steigerten sie sich in die Rolle der von diesen falsch erzogenen Kinder hinein, die darunter litten, an dem Zustand der Gesellschaft auch mitschuldig zu sein. Das ging soweit, daß es eine Hierarchie des Gestörtheitsgrades gab: Je kaputter, desto höher in der Aufrechten-Skala. In dieser kranken Gesellschaft mußte man ja kaputt sein, wenn man nicht selber Faschist war, das war die Logik.

Um sich selbst Klarheit über den Grad der Gestörtheit zu verschaffen, bot sich zunächst die Rezeption der Werke von Sigmund Freud an. Diese vollzog sich im Argument-Club und im SDS eher »im Geheimen«, jedenfalls lange nicht so spektakulär wie die Herbert Marcuses oder gar Wilhelm Reichs. Die »Drei Abhandlungen zur Sexualtheorie«, in denen Freud die sexuelle Komponente des normalen und des pathogenen Verhaltens beschreibt, waren für die »Freudianer« in der Neuen Linken ebenso Pflichtlektüre wie »Das Unbehagen in der Kultur« oder »Massenpsychologie und Ich-Analyse«. In »Das Unbehagen in der Kultur« kommt Freud zu dem Schluß, daß jede Kultur dazu zwinge, das Lustprinzip zur Befriedigung bestimmter zu seiner biologischen Veranlagung gehörender Triebe im Interesse des Realitätsprinzips zu unterdrücken und seine »Libido« mittels »Sublimierung« in kulturelle Leistungen umzuwandeln. Die »Massenpsychologie und Ich-Analyse« war geeignet, Erklärungen über das Verhalten der meisten Deutschen dem »Führer« gegenüber zu geben, besonders auf Massenveranstaltungen. Freud griff darin auf die Ergebnisse seiner Trieblehre zurück: Massen werden durch libidinöse Bindungen zusammengehalten, durch Identifizierung mit den anderen, die ebenso wie man selbst einen Führer verehren und lieben. Die ursprünglich sexuellen Triebe führen zur »Verliebtheit« in den Führer als Objekt für die narzißtische Libido, man »liebt es wegen der Vollkommenheit, die man fürs eigene Ich angestrebt hat«.

Die deutsche Ausgabe von Marcuses Auseinandersetzung mit Freuds »Unbehagen in der Kultur«, das Werk »Eros and Civilization«, erschien schon 1957 im Ernst Klett Verlag unter dem Titel »Eros und Kultur« (später »Triebstruktur und Gesellschaft«). Es stellte »eine Art triebdynamische Fundierung der kritischen Theorie« (Wiggershaus) dar und war Marcuses Hauptwerk. Im ersten Teil »Unter der Herrschaft des Realitätsprinzips« unternahm er den Versuch der Widerlegung der These Freuds, daß Zivilisation nur bei Triebverzicht, Triebunterdrückung und Anerkennung des Realitätsprinzips möglich sei.

Außer der zum zivilisierten Fortbestehen der Menschheit notwendigen Unterdrückung zur Modifikation der Triebe gebe es die durch Herrschaft bedingte »zusätzliche Unterdrückung« (»Surplus-Repression«), die zu überwinden möglich sei. Dann könne an die Stelle des Konflikts zwischen Lust- und Realitätsprinzips, zwischen Sexualität und Kultur die Idee »von der einenden und befriedigenden Macht des Eros« treten, »der in einer kranken Kultur gefesselt und erschöpft ist«. Eros als »Garant einer Zivilisation ohne Unterdrückung« (Wiggershaus). Am Ende des zweiten Teils »Jenseits des Realitätsprinzips« stellte er den Tod durch Krankheit einem »›natürlichen‹ Ende nach einem erfüllten Leben« gegenüber: »Nicht die, die sterben, stellen die große Anklage gegen unsere Kultur dar, aber die, die sterben, ehe sie müssen und wollen, die, die in Todesqual und Schmerzen starben.«

Die erste Phase der Aneignung alter Texte ging nach Reiche ab 1965 in die zweite Phase, die »aktuelle Vorbereitungsphase der Revolte«, über, in der sich alle Fragestellungen aus Marxismus, Psychoanalyse und Kritischer Theorie der westdeutschen Linken nach ihrer Relevanz für die internationalen Klassenkämpfe legitimieren mußten. Im Zentrum des Interesses standen Kapitalismus, Imperialismus und Faschismus. Der gerade begonnene Prozeß einer kollektiven Erinnerung und einer Aufarbeitung der Bedingungen der damaligen Identität der Linken als Erben der nationalsozialistischen Vergangenheit wurde während dieser Phase wieder vergessen.

In seinem 1967 auf deutsch erschienenen Buch »Der eindimensionale Mensch« sagte Herbert Marcuse, daß in der fortgeschrittenen Industriegesellschaft »Ungebundenheit dort gewährt wird, wo sie die Unterdrückung stärkt«. Es herrsche »die gesetzliche, ja organisierte Anstrengung«, jenseits aller Höflichkeit und Rücksichtnahme »das ureigene Recht des Nächsten nicht anzuerkennen, Autonomie selbst in einer kleinen, reservierten Daseinssphäre zu verhindern«. Immer mehr Bürger würden in der Gefangenschaft der »Zügellosigkeiten« ihrer Mitbürger gehalten, »deren Vergnügungs- und Erbauungsmedien einen zwingen, ihre Töne, ihren Anblick und ihre Gerüche über sich ergehen zu lassen«, was schon zu Hause »die Entwicklung des Bewußtseins und Gewissens« hemme. Demgegenüber bestand aber nach Marcuse bei dem Stand der Entwicklung der Produktivkräfte und der Produktion unerhörten Reichtums an Gütern die Chance zu einer qualitativen Änderung, einer »Neubestimmung der Bedürfnisse«, ohne allerdings genauer darauf einzugehen, wer denn diese neuen Bedürfnisse definieren und vor allem in der Bevölkerung durchsetzen sollte. Gerade die Freiheit zu Ungebundenheit und Zügellosigkeit gehörte dann ja wohl zu den Freiheiten, die abgeschafft werden müßten. Der Schluß des »Eindimensionalen Menschen« diente Teilen des SDS – so z. B. Ulrike Meinhof und ihren Mädchen aus der Fürsorgeerziehung – zur Formulierung der »Randgruppentheorie«: »… die Ausgebeuteten und Verfolgten anderer Rassen und anderer Farben, die Arbeitslosen und die Arbeitsunfähigen … existieren außerhalb des demokratischen Prozesses; ihr Leben bedarf am unmittelbarsten und realsten der Abschaffung unerträglicher Verhältnisse und Institutionen. Damit ist ihre Opposition revolutionär, wenn auch nicht ihr Bewußtsein.

Ihre Opposition trifft das System von außen und wird deshalb nicht durch das System abgelenkt ... Die Tatsache, daß sie anfangen, sich zu weigern, das Spiel mitzuspielen, kann die Tatsache sein, die den Beginn des Endes einer Periode markiert.«

Noch deutlicher wurde Herbert Marcuse mit seinem Aufsatz »Repressive Toleranz«, der – gleichzeitig mit Frantz Fanons »Die Verdammten dieser Erde« – 1966 auf deutsch in dem Band Robert Paul Wolff/Barrington Moore/Herbert Marcuse »Kritik der reinen Toleranz« erschien. Er unterschied zwischen revolutionärer und reaktionärer Gewalt. Ethisch gesehen seien beide Formen, die von den Unterdrückern ausgehende und die von den Unterdrückten ertragene, »unmenschlich und von Übel – aber seit wann«, fragt Marcuse, »wird Geschichte nach ethischen Maßstäben gemacht?« Für die Unterdrückten sei es unmöglich, sich ohne eigene Gewaltanwendung von der Gewalt der Unterdrücker zu befreien. Und genau zu dem Zeitpunkt ethische Maßstäbe anzuwenden, in dem jene sich gewaltsam gegen diese auflehnten, heiße, die Befreiungsbewegung zu schwächen. Gewalt herrsche auch in den Zentren der fortgeschrittenen Industriegesellschaften. »Für unterdrückte und überwältigte Minderheiten« gebe es »ein ›Naturrecht‹ auf Widerstand ..., außergesetzliche Mittel anzuwenden, sobald die gesetzlichen sich als unzulänglich herausgestellt haben.« Die, die gegen die herrschenden Gesetze kämpften, »nicht für persönlichen Vorteil und aus persönlicher Rache, sondern weil sie Menschen sein wollen, ... beginnen ... keine neue Kette von Gewalttaten, sondern zerbrechen die etablierte. Da man sie schlagen wird, kennen sie das Risiko, und wenn sie gewillt sind, es auf sich zu nehmen, hat kein Dritter, und am allerwenigsten der Erzieher und Intellektuelle, das Recht, ihnen Enthaltung zu predigen.«

Herbert Marcuse ließ – wie Rudi Dutschke – offen, welche Formen von Gewalt für die Unterdrückten in den Industriegesellschaften er meinte, ob die des bewaffneten Kampfes oder lediglich die Verweigerung oder andere Formen gewaltlosen bürgerlichen Ungehorsams, die von der herrschenden Justiz als Gewalt eingestuft werden, wenn sie sich gegen die Interessen der Herrschenden richten. Dadurch initiierten beide in der Neuen Linken eine kontroverse Auseinandersetzung über die Gewaltfrage, die jedoch die ambivalente Haltung zur Gewalt weiter in der Schwebe hielt. In seinem Hauptreferat auf dem SDS-Kongreß »Vietnam – Analyse eines Exempels« in der Frankfurter Universität gab Herbert Marcuse am 22. Mai 1966 auf die Frage, ob die Dritte Welt eine Alternative zur repressiven technologischen Rationalität des westlichen wie des sowjetischen Industrialisierungsprozesses darstellen könne, die Antwort: »Was würde der Sieg der nationalen Befreiungsbewegung in Vietnam bedeuten? Ein solcher Sieg würde bedeuten, und hier ist meiner Meinung nach der entscheidende Aspekt, daß eine elementare Rebellion von Menschen gegen den mächtigsten technischen Repressionsapparat aller Zeiten erfolgreich sein kann.«

In der – nach Reimut Reiche – dritten Phase mit dem historischen Abschnitt nach dem 2. Juni 1967, mit dem Tod Benno Ohnesorgs und dem »Massenhaftwerden der Bewegung, ... was ›Aktionsphase‹ genannt wird«, mit ihrer »manischen Beschwörung der Einheit von

Theorie und Praxis«, war plötzlich Wilhelm Reich da, für viele als Autor von Texten, für andere von vornherein nur als Parole, als Erkennungszeichen, als Metapher für die unbedingte Forderung, mit der Revolution bei uns selbst zu beginnen. Und hier kommt die neben dem Wunsch nach Verständnis der jüngste deutschen Geschichte zweite Ursache der Rezeption der Psychoanalyse durch die Studenten zum Tragen: die sexuellen Probleme der einzelnen Individuen. Die »Pille« war gerade erfunden, das verklemmt verlogene Ideal der Jungfräulichkeit der Frauen für die Ehe gehörte inzwischen ebenso zum Misthaufen der Geschichte wie der »Kuppelparagraph«, nach dem es Vermietern von »Studentenbuden« verboten war, abends nach 22 Uhr noch Besuch von Studenten des jeweils anderen Geschlechts zu dulden.

Über die psychischen Störungen von Studenten gab es schon relativ früh, im Mai 1965, alarmierende Zahlen der psychotherapeutischen Beratungsstelle (Beratungsstelle für Intimfragen) der Freien Universität Berlin: Von 74 Studenten (60 männlich, 14 weiblich) litten 59 an einer Neurose, 29 davon waren dringend behandlungsbedürftig. Im Vordergrund der Symptome standen Kontaktschwierigkeiten zum anderen Geschlecht (36), Kontaktschwierigkeiten im allgemeinen (30), Depressionen und suppressive Verstimmungszustände (22), Suizidgedanken (22), Konzentrations- und Arbeitsstörungen (15). Als Ursachen für die Schwächung des Ichs wurden entweder die sehr strenge Erziehung oder das ungleichmäßige und unberechenbare Verhalten der Eltern erkannt. Die sexuellen Probleme der Studenten seien viel größer als sie der einzelne Student zugebe oder erkenne. Die an einer Neurose erkrankten Studenten und Studentinnen verfügten bei der beobachteten Zahl über eine gute, zum Teil ausgezeichnete Intelligenz.

Zu dieser Zeit erscheinen die ersten Raubdrucke in der Geschichte der Studentenbewegung und damit in der Geschichte der Bundesrepublik. Die Kommune I druckte als erstes die »Massenpsychologie des Faschismus« von Wilhelm Reich nach und verkaufte sie auf dem Campus. Die Druckvorlage stammte aus der Bibliothek des Instituts für politische Wissenschaft, damals eine Fundgrube für weitere Raubdrucke. (Dieses von Arkadij Rudolph Lang Gurland und Otto Stammer 1950 gegründete interdisziplinäre Forschungsinstitut wurde Anfang der 1990er Jahre zusammen mit vielen Institutionen der DDR abgewickelt und die vom Alt-SDSler Hartmut Zimmermann aufgebaute unersetzbare Bibliothek dreigeteilt und damit letztlich zerschlagen.)

Die sexualökonomische Lehre von Wilhelm Reich besagt, daß die Einschränkung der genitalen Befriedigung durch gesellschaftliche Sexualmoral und repressive Institutionen zu neurotischen Charakterdeformationen und autoritären Unterwürfigkeiten führe, zu »Krebs und Faschismus«, oder zu »emotionaler Pest«. Das sexualökonomische Postulat, daß individuelle und gesellschaftliche Gesundheit durch orgastische Potenz erreichbar sei, führte in der Studentenbewegung mit den in Reichs »Charakteranalyse« gegebenen Handlungsanweisungen zu einer Quantifizierung der Koitusakte im Dienste der Selbst- und der gesellschaftlichen Befreiung. Oder wie es Heide Berndt es ausdrückte – und damit ging sie auch auf Dieter Kunzelmanns verbale Provokation »Was kümmert mich Vietnam, ich habe Orgasmusschwierigkeiten« ein: »Und gerade die späteren Überarbeitungen, die Reich selbst an seinem Werk vorgenommen hat, haben dieses verkürzte Verständnis von Sexualität gefördert, daß man sich durchs Bumsen selber befreit und damit die Revolution voranbringt, um es 'mal kurz zu sagen.« In manchen Fällen steigerte sich das innere Spannungspotential ins Unerträgliche, und förderte zweifellos den Ausstieg in Drogenkonsum und Illegalität.

In der Kampagne-Phase des späten SDS gewannen direkte Anwendungen psychoanalytischer Erkenntnisse an Bedeutung. In der selbstkritischen Analyse der »Springer-Kampagne« »Der Untergang der Bild-Zeitung« vom Frühjahr 1968 kam das SDS/KU-Autorenkollektiv zu dem Schluß, daß »durch Entlarvung der Manipulateure« in noch so klugen Büchern letztlich keine emanzipative Agitation möglich sei und nur die gemeinsame Aktion von Arbeitern und Studenten dem Spuk der Manipulation ein Ende bereiten könne.

Anders die Rezeption der Psychoanalyse durch die Kommunarden: Ähnlich der Umsetzung durch den Springer-Konzern, der sich jener zur Manipulation und Desinformation bediente, benutzten diese die Psychoanalyse als direkte Anweisung zum Handeln, als Anwendung von Psychoterror gegen Richter und Staatsanwälte in den Gerichtssälen. In der Justizkampagne wurde dies als »eine praktikable und organisierbare Möglichkeit, die mindestens in geringem Umfang Erfolg verspricht«, ausdrücklich bejaht. »Zur Begründung der Taktik des Psychoterrors gegen reaktionäre Richter und Staatsanwälte ziehen wir ein einfaches Gesetz der Lerntheorie heran: Eine Belohnung, die auf ein bestimmtes Verhalten erfolgt, erhöht die Tendenz zu diesem Verhalten (in unserem Fall die sadistische Befriedigung darüber, es einem asozialen Subjekt gegeben zu haben); keine Belohnung oder gar materielle Sanktion für ein bestimmtes Verhalten verringert die Tendenz zu diesem Verhalten (in unserem Fall gilt es also, die sadistische Befriedigung des Verurteilens durch entsprechende Unlusterzeugung zu übertreffen). Daß der Psychoterror gegen Richter und Staatsanwälte nur ein Mittel unter anderen innerhalb der Justizkampagne sein kann, sei nur am Rande bemerkt.«

Nach der Auflösung des SDS wurde die Beschäftigung mit Psychoanalyse von den maoistischen Kleinstparteien als Subjektivismus, als studentische Bourgeoismentalität, falsches Klassenbewußtsein diffamiert. Ein Indianer weint nicht, ein Revolutionär hat keine Depressionen. Und hat er sie, dann ist die Arbeit in der Fabrik die richtige Therapie.

Die Studentenrevolte hatte natürlich in Kreisen der gestandenen Psychoanalytiker Deutschlands ihren interpretierenden Niederschlag. In der von Alexander Mitscherlich herausgegebenen Zeitschrift »Psyche« äußerten sich die führenden Vertreter zur »Unruhe der Studenten«. Alle – Frederick Wyatt (USA), M. L. Moeller (Gießen), H. W. Ziolka (Berlin), Herrmann Roskamp (Stuttgart), Manfred Pohlen (München), C.P. Kuiper (Amsterdam) – betonten die starke »gefühlsgetragene Anteilnahme an öffentlichen

Dingen«, die die Studenten zu »einem politischen Engagement« führte, die große Mehrheit sah darin jedoch nur krankhaftes »Agieren« ungelöster ödipaler Konflikte und die Unfähigkeit, sich in die bundesrepublikanische Gesellschaft zu integrieren. Anders Paul Parin, der dem Kampf der Studenten »für die Freiheit und Unabhängigkeit« positiv gegenüberstand und in ihm eine Wiederholung der Grundkonflikte der Persönlichkeit in der Auseinandersetzung um Autonomie sah. Menschen, »die im Abwehrkampf gegen ihnen unerträgliche Triebregungen ... zu keiner ... annehmbaren Lösung gekommen sind«, neigten im allgemeinen nicht dazu, sich für öffentliche Angelegenheiten zu engagieren.

Subversive Aktion

Im April 1959 konstituierte sich eine Schwabinger Künstlergruppe »SPUR« als deutsche Sektion der »Situationistischen Internationale« (S.I.). Sie verstand sich als Widerstandszelle im Kulturbetrieb in der aufrührerisch-künstlerischen Tradition des Dadaismus. Hatte der Dadaismus gegen das sinnlose Massenmorden im Ersten Weltkrieg protestiert, so lehnten sich die Avantgarde-Künstler der SPUR-Gruppe jetzt gegen die neue kleinbürgerliche Innerlichkeit der Adenauer-Ära auf. Die resignative Grundstimmung in der damaligen europäischen Intelligenz (Kalter Krieg, Auswirkungen des Stalinismus, die Herrschaft de Gaulles in Frankreich, der Konservativen in Großbritannien, des Christdemokraten De Gasperi in Italien und des politischen Katholizismus in der Bundesrepublik) verführte die Situationisten zu einer seltsamen Praxis: Durch »experimentelle Verhaltensweisen« sollte in kollektiver Organisation eine »einheitliche Umgebung« als »konstruiertes Moment des Lebens« herbeigeführt werden. Jeder, der diese »praktische Tätigkeit von Situationen« ausübe, sei ein Mitglied der »Situationistischen Internationale«.

Während der IV. Konferenz der S.I. in London im September 1960 vertrat die Gruppe SPUR, vertreten durch die Schwabinger Dieter Kunzelmann und Heimrad Prem, eine elitäre und letztlich auch putschistische Konzeption, die auf entschlossenen Widerstand aller anderen Sektionen stieß. Die Schwabinger lehnten die von den anderen Delegierten beabsichtigte Unterwanderung der Organisationen der Arbeiterbewegung ab, da die Arbeiterklasse nicht mehr revolutionär, sondern »zufrieden« und von der Bürokratie beliebig manipulierbar sei. Die Annahme einer allgemeinen Unzufriedenheit der Massen und einer Tendenz zur Revolte sei Illusion. Deshalb müsse die Situationistische Internationale alle Avantgarde-Künstler in Europa mobilisieren und organisieren, um ihr Programm allein zu verwirklichen. (So abstrakt und grotesk heute die Vorstellung anmutet, daß Künstler allein sich als revolutionäres Subjekt setzen, so gespenstisch konkret waren die Auswirkungen eines solchen putschistischen Avantgarde-Konzepts Anfang der 1970er Jahre, z.B. in der Roten Armee Fraktion, RAF.)

Dieses elitären Münchner Revolutionsprogramms wegen wurde die deutsche Sektion/Gruppe SPUR aus der Situationistischen Internationale ausgeschlossen. Unmittelbar danach verschärften sich die persönlichen und politischen Spannungen zwischen Dieter Kunzelmann und den anderen Avantgarde-Künstlern der Schwabinger Gruppe. Kunzelmann warf diesen ein narzißtisches Künstlerdasein und ein bloßes Kokettieren mit der Revolte vor. Er löste sich von ihnen und nahm statt dessen Kontakte zu Christofer Baldeney (ehemaliger Theologiestudent und Spezialist für psychoanalytische Literatur) und Rodolphe Gasché (Soziologiestudent mit besonderem Interesse für marxistische Literatur) auf und gab mit ihnen im Dezember 1962 die »Unverbindlichen Richtlinien 1« heraus. Dieses Konglomerat von Ideen stellt eine programmatische Erklärung dreier Individuen mit unterschiedlichem intellektuellen Hintergrund dar. Bereits der erste Satz der Einführung zeigt das distanzierte Verhältnis der Herausgeber zu aktuellen politischen Ereignissen. Ende Oktober 1962 waren der Herausgeber des Nachrichtenmagazins DER SPIEGEL, Rudolf Augstein, und einige Redakteure unter dem Verdacht des Landesverrats verhaftet worden. Mehrere hundert Studenten, Schriftsteller und Journalisten hatten daraufhin in Berlin, München und anderen Universitätsstädten für die Pressefreiheit demonstriert. Vor diesem Hintergrund formulierten die Herausgeber der »Unverbindlichen Richtlinien« ihre ironisch distanzierte Solidaritätsadresse für die bürgerliche Pressefreiheit: »In einer Zeit, die so fortschrittlich ist, daß keiner mehr befürchten muß, der Meinungsfreiheit beschnitten zu werden, kann das Unternehmen der Herausgeber nicht mehr als Wagnis bezeichnet werden.«

Diese Solidaritätsadresse beleuchtet schlaglichtartig das gebrochene Verhältnis dieses winzigen Literatenzirkels zur Politik. Von der Kritischen Theorie der Frankfurter Schule stark beeinflußt – ohne jede politische Praxis – tasteten sie sich an politische Fragestellungen heran, zugleich angewidert vom politischen Alltag. Man darf jedoch heute bei der Lektüre dieser Texte nicht vergessen, wie das damalige politische Klima in Gesellschaft und Hochschule aussah. Wenn man den seinerzeitigen antikommunistischen Grundkonsens in breitesten Teilen der Bevölkerung am Ende de Adenauer-Ära vergißt und diese ahistorisch als literarische Kunstwerke konsumiert, läuft man Gefahr, die Autoren entweder als Wirrköpfe zu denunzieren oder die Schriften als Handlungsanweisung für heute mißzuverstehen. Wer weiß aber heute noch, wie schmal die Basis für oppositionelles Denken zur Zeit der SPIEGEL-Affäre war?

Am 31. Oktober 1962 versammelten sich auf dem Steinplatz in West-Berlin ganze 500 Studenten, Schriftsteller, Journalisten, Schauspieler, unter ihnen nur wenige Mitglieder der Gewerkschaften und der »Falken«. Mitglieder des SDS und des »Argument-Clubs« trugen Plakate und Spruchbänder mit Aufschriften wie »Die Demokratie braucht den Spiegel«, »Keine Nacht- und Nebelaktion«, »Deckt die Hintergründe auf«, »Grundgesetz Artikel 5« und »Carl von Ossietzky 1929, Augstein 1962«. Diese Parolen verdeutlichen das damals bestehende radikaldemokratische Selbstverständnis der wenigen Gruppierungen, deren politisches Engagement überhaupt noch soweit reichte, daß sie für eine politische Sache auf die Straße gingen. Übergriffe und Schikanen der Polizei führten noch nicht zu lautstarken Protesten der Studentenschaft. Als Beispiel eine Demonstration gegen einen Empfang, den der spanische Generalkonsul am 18. Juli 1961 im Westberliner Harnackhaus anläßlich des 25. Jahrestages des faschistischen Putsches gegen die gewählte Regierung der Republik Spaniens gab: Ungefähr 150 SDS- und Argument-Clubmitglieder stellten gegenüber dem Harnackhaus eine mit Trauerflor versehene Fahne der spanischen Republik auf. Die Bereitschaftspolizei zerstörte drei Plakate der Demonstranten. Professoren und Studenten der FU wurden von den Beamten teilweise mit Gummiknüppeln auseinandergetrieben und 30 von ihnen auf einen Polizeieinsatzwagen verladen und in eine entlegene Gegend des Grunewalds gefahren. Die Polizeiaktion blieb damals auch in der Universität so gut wie unbeachtet.

Die »Unverbindlichen Richtlinien« wurden hauptsächlich in einigen Zirkeln von Avantgarde-Künstlern sowie in Seminaren von Ernst Bloch (Tübingen), Theodor W. Adorno und Max Horkheimer (Frankfurt/Main) und Hans-Joachim Lieber (Berlin) diskutiert. Die Kritik einer literarischen Vorgehensweise führte im Sommer 1964 zur Gründung der »Subversiven Aktion« die in den »Unverbindlichen Richtlinien 2« ein verändertes Programm aufstellte, das Produkt einer unausdiskutierten Zusammenarbeit verschiedener Individuen mit unterschiedlichen Ideen. Die theoretischen Vorstellungen der Subversiven Aktion setzten sich im wesentlichen aus zwei Komponenten zusammen: dem »utopisch-aktionistischen Revolutionsmodell« der Münchner Sektion um Dieter Kunzelmann und den »historisch-ökonomischen Analysen« der »Berliner Schule« um Rudi Dutschke und Bernd Rabehl. Obwohl die Differenzen nicht ausdiskutiert waren, veröffentlichten beide Fraktionen im August 1964 die erste Nummer einer neuen Zeitschrift »Anschlag«. In den Themen und Inhalten spiegelte sich die Zerrissenheit der Subversiven Aktion wider.

Nachdem der Versuch, »aktionsfähige Mikrozellen« in zahlreichen Städten der Bundesrepublik zu gründen, gescheitert war und direkte Aktionen in Stuttgart anläßlich der Jahrestagung des Bundes deutscher Werbeleiter und Werbeberater und des 80. Deutschen Katholikentages keine öffentliche Resonanz gefunden hatten, traten nach dem Hamburger Konzil im September 1964 Mitglieder der Subversiven Aktion in verschiedene örtliche SDS-Gruppen ein mit der Absicht, »aktionistische Fraktionen zu etablieren und schließlich die politische Ausrichtung und die Kampfformen des SDS insgesamt zu ändern« Während die Mitglieder der Münchner Sektion mit diesem Unterwanderungskonzept scheiterten, traten die Berliner schon bald aus der Subversiven Aktion aus, um sich in den Berliner Landesverband des SDS zu integrieren. Durch ihre theoretischen Beiträge und praktische Arbeit übten sie in den folgenden fünf Jahren starken Einfluß auf die Inhalte und Aktionsformen dieses Studentenverbandes aus.

Die Eroberung der Universität

Bis Mitte der 1960er Jahre war die überwiegende Mehrheit der studentischen Selbstverwaltungsgremien der Universitäten und Hochschulen West-Berlins und der Bundesrepublik fest in Händen der schlagenden Verbindungen und des RCDS. Als am 30. Januar 1963 der 14. Konvent der Freien Universität Berlin das Mitglied der schlagenden Burschenschaft »Saravia« stud. jur. Eberhard Diepgen (Junge Union, CDU), mit 32 gegen 18 Stimmen bei 9 Enthaltungen zum neuen 1. AStA-Vorsitzenden wählte, brachte dieser Akt überheblicher Arroganz in West-Berlin das Faß zum Überlaufen.

Laut Satzung waren an der Freien Universität Burschenschaften und Corps verboten. Die Wahl Diepgens war der bisher schwerste Affront gegen den stets beschworenen »Gründergeist«, den Konsensus gegen Staatseingriffe, für eine Universitätsreform im Humboldtschen Geiste der Gemeinschaft von Lehrenden und Lernenden und für ein politisches Selbstverständnis der Bürger der Universität. Im Februar fand über diese Provokation eine Urabstimmung statt, an der sich 70,8 Prozent der Studenten der FU beteiligten. Zwar stimmten 64,5 Prozent für Diepgens Abwahl und 60 Prozent der Studenten sprachen dem Konvent ihr Mißtrauen aus und stimmten für dessen Auflösung, bei den Neuwahlen zum 15. Konvent im Juni errangen jedoch die Rechten noch einmal die Mehrheit mit 36 Sitzen, während die Linken nur 17 und die »politisch Unabhängigen« 16 Sitze errangen. (Das bedeutet, daß ein Teil der RCDS-Wähler in der Urabstimmung gegen die stillschweigend Rehabilitierung der schlagenden Verbindungen an der FU votiert hatte.)

Immerhin war der Ausgang der Urabstimmung ein deutliches Symptom dafür, daß die Allmacht des politischen Konservatismus an den deutschen Hochschulen brüchig zu werden begann. Als einziger politischer Studentenverband begriff der SDS dieses Zeichen der Zeit. Schon ein halbes Jahr später fielen bei den regulären Konventswahlen 24 Sitze an die »Linke«, 26 an die »Rechte« und 21 an »politisch Unabhängige«. Neuer 1. Vorsitzender des AStA wurde der spätere Juso-Vorsitzende Wolfgang Roth (SHB). Ein Jahr später gelang dann der Linken, die in der Höchster Einheitsfront den Wahlkampf gemeinsam gegen die Rechte geführt hatte, der Durchbruch: an den RCDS fiel nur noch ein Sitz, die Korporationen erhielten sieben Sitze. 23 Kandidaten der Linken wurden gewählt (8 vom SDS und Argument Club, 6 vom SHB, 3 vom LSD, je 1 von GSG, »Freunden der Publizistik« [FdP] und SPD, 3 von der ESG). 48 Konventsabgeordnete zählten sich zur »unabhängigen« Fraktion, unter ihnen befanden sich allerdings zahlreiche »U-Boote« der Linken. Diese Entwicklung an der Freien Universität war typisch für die Tendenzwende nach links an den westdeutschen Hochschulen bis Ende der 60er Jahre. Wenn der Avantgarde-Anspruch Berlins als Hauptstadt nach Gründung der Bundesrepublik überhaupt je eine Berechtigung hatte, dann als Hauptstadt der deutschen Studentenrevolte.

Freiheit für Heinz Brandt

Der SDS hatte endgültig den Schock des Unvereinbarkeitsbeschlusses von 1961 überwunden. Die neu immatrikulierten Studenten, die dem SDS beitraten, kamen bereits in einen unabhängigen, konsolidierten Verband. Ohne auf parteitaktische Gesichtspunkte Rücksicht nehmen zu müssen und gegen alle historisch gewachsenen Tabus in der Bundesrepublik nahm der SDS als erster Jugend- oder Studentenverband im Mai 1964 mit einer offiziellen Delegation am Deutschlandtreffen der FDJ in Berlin (DDR) teil und vertrat dort offensiv seine sozialistische Position. Abgeschirmt von Angehörigen der Betriebskampfgruppen, die verhinderten, daß einige Hundert nicht geladene DDR-Jugendliche an der Veranstaltung teilnahmen, trug der 2. Bundesvorsitzende des SDS, Hellmut Lessing, einem Auditorium von ungefähr 400 FDJ-Mitgliedern aus beiden Teilen Deutschlands und SDSlern seine »Thesen zum Verhältnis von Wissenschaft und Politik« vor.

Jede Instrumentalisierung von Wissenschaft durch die tagespolitische Taktik der Arbeiterparteien ablehnend, vertrat Lessing die zentrale These, daß die Wissenschaft zwar von gesellschaftlichen Verhältnissen abhängig sei, jede Korrektur ihrer Ergebnisse durch Herrschaftsinstanzen jedoch dem Prinzip rationaler wissenschaftlicher Forschung widerspreche. Solche Eingriffe müßten entweder zu entpolitisiertem Positivismus oder zur Dogmatisierung der Politik führen.

Der größte Affront in Lessings Rede richtete sich gegen die Regierungen beider deutscher Teilstaaten: er forderte die Beendigung der politischen Justiz in ganz Deutschland und die sofortige Freilassung der politischen Häftlinge aus den Gefängnissen der Bundesrepublik und der DDR, namentlich die Freilassung des in die DDR verschleppten Gewerkschaftsfunktionärs Heinz Brandt. Dies war kein bequemes Heimspiel, hier schlug sich der SDS zum erstenmal auf fremdem Platz, und das mit Erfolg. An der Diskussion über die Thesen beteiligten sich Kurt Hager (Mitglied des Politbüros, Mitglied und Sekretär des ZK der SED für Kultur, Wissenschaft und Volksbildung), der ehemalige Atomwaffen-Spion für die UdSSR, Klaus Fuchs (Institut für Kernforschung in Rossendorf b. Dresden), und der Prorektor der Humboldt-Universität Heinz Sanke. Nach der Konfrontation war der SDS in den großen Universitätsstädten der DDR so etwas wie ein Geheimtip. Die Ausgabe der nk, in der Lessings Referat abgedruckt war, wanderte in zahlreichen Kopien von Hand zu Hand.

Auf einer Informationsveranstaltung am 2. Juni 1964, auf der der SDS-Landesverband Berlin im überfüllten Theatersaal des Henry-Ford-Baus der FU über seine Erfahrungen bei der FDJ in Ost-Berlin berichtete, zeigte sich, daß die Studenten durchaus bereit waren, eine sozialistische Position jenseits von SPD und KPD/SED zu akzeptieren. Die zunehmend oppositionelle Stimmung an den Universitäten hatte im wesentlichen drei Ursachen: 1. die Politik der Stärke à la Konrad Adenauer und John Foster Dulles war gescheitert, die Wiedervereinigung war vorerst verspielt, das wurde auch von Konservativen nicht mehr bestritten, 2. die zunehmend autoritären Tendenzen des CDU-Staates auf dem Weg zur »Formierten Gesellschaft« stießen nicht nur in den Gewerkschaften, sondern auch in der Studentenschaft auf Ablehnung; 3. die Sparmaßnahmen, die seit 1949 jahraus jahrein hauptsächlich den Bildungssektor getroffen hatten, eskalierten zur Bildungskatastrophe. In der damaligen Situation führte der bundesweite »Verband Deutscher Studentenschaften« (VDS) einen überregionalen Tag des Protests gegen den Bildungsnotstand an fast allen westdeutschen und Westberliner Universitäten und Hochschulen durch. An dieser »Aktion 1. Juli« beteiligten sich über 50.000 Studenten. Allein in München und West-Berlin zogen ca. 10.000 Studenten und Professoren mit Parolen wie »Schlechte Schulen garantieren manipulierbare Wähler« und »Sei schlau – lern bei Bau« durch die Innenstadt.

Demokratie vor dem Notstand

Nachdem sich die Fraktionsvorsitzenden der drei Bundestagsfraktionen CDU/CSU, FDP und SPD am 21. Mai 1965 über die Grundgesetzänderung zum »Notstandsrecht« geeinigt hatten, riefen die Bundesvorstände der »Höchster Verbände« SDS, SHB, LSD und BDIS sowie der »Humanistischen Studentenunion« (HSU), die sich ebenfalls der Vereinbarung angeschlossen hatte, zu einem Kongreß »Demokratie vor dem Notstand« auf, der in Bonn stattfinden sollte. Damit hatten die Höchster Verbände ihr ursprüngliches Programm der gemeinsamen Vertretung studentischer Interessen von hochschulpolitischen auf gesamtgesellschaftliche Probleme ausgeweitet. Bereits am 15. April 1965 hatten 21 Hochschulprofessoren an die im Deutschen Gewerkschaftsbund (DGB) zusammengeschlossenen Gewerkschaften sowie an die Gewerkschaft der Polizei appelliert, sich gegen eine Verabschiedung der verfassungsändernden Notstandsgesetze noch in dieser Legislaturperiode zu wehren. Zu den Initiatoren zählten u. a.: Der Marburger Soziologe Heinz Maus, das Mitglied des Sozialistischen Bundes, der Berliner Politologe Ossip K. Flechtheim, das Gründungsmitglied der hessischen CDU, Eugen Kogon aus Darmstadt, der spätere FDP-Innenminister Werner Maihofer, damals Mitglied der Universität des Saarlandes, und der Kölner Soziologe Erwin K. Scheuch, später Bund Freiheit der Wissenschaft. Es ist bezeichnend für das veränderte politische Bewußtsein an den Universitäten, daß die Professoren ihren Appell nicht an die SPD oder an die Mitglieder des Bundestages richteten, sondern an die zum damaligen Zeitpunkt einzig funktionsfähige außerparlamentarische Organisation.

Unter dem Eindruck der massiven Mobilisierungskampagne an allen Hochschulorten, zahlreicher Podiumsveranstaltungen, auf denen auch offizielle Vertreter der Gewerkschaften auftraten, einer zentralen Flugblattaktion (während derer fast 14 Tage lang an allen Universitäten eine Reihe von durchnumerierten Informations-Flugblättern verteilt wurden) und regionaler Pressekonferenzen beschlossen SPD-Parteivorstand, Parteirat und die »Regierungsmannschaft der SPD im Bundestagswahlkampf« einstimmig, daß die SPD-Bundestagsfraktion in dieser Legislaturperiode des Bundestages den geplanten Grundgesetzänderungen zum »Notstandsrecht« nicht mehr zustimmen werde. Dies veranlaßte den CDU-Innenminister Hermann Höcherl in der Notstandsdebatte vom 16. Juni 1965 zu der denkwürdigen Attacke, die SPD hätte sich mit ihrer »besseren Einsicht« nicht gegen die Gewerkschaften durchsetzen können, die jede verfassungsändernde Notstandsgesetzgebung ablehnten. »Sie haben es nicht geschafft. Sie haben einen Klotz am Bein. Sie sind nicht unabhängig. Wer an die Regierung will, muß auch unpopuläre Maßnahmen durchsetzen können.« Das waren im Klartext die Bedingungen der deutschen Bourgeoisie für den Eintritt der Sozialdemokratie in eine Große Koalition.

Die ungefähr 1.200 Personen, die am 30. Mai 1965 an den drei Arbeitskreisen des Bonner Kongresses teilnahmen, fühlten sich nicht mehr als akademischer Debattierverein, sondern als eine außerparlamentarische Kraft, die zusammen mit den Gewerkschaften in diesem Land eine politische Veränderung herbeigeführt hatte. Die Themen der Arbeitsgruppen waren: »Notstand und parlamentarische Kontrolle« »Pressefreiheit im Notstandsfall« und »Streikrecht und Zivildienst«. Hauptreferenten waren die ersten Bundesvorsitzenden des SDS, Helmut Schauer, und des SHB, Hajo Haus, von der IG Metall der Leiter der Pressestelle, Werner Thönessen, und das Vorstandsmitglied Georg Benz, der Chefredakteur der »Gewerkschaftlichen Monatshefte« Walter Fabian; als Vertreter der SDS-Generation, die den Verband nach dem Unvereinbarkeitsbeschluß der SPD weiterführten, Michael Schumann, Jürgen Seifert und Thomas von der Vring sowie die Professoren Karl Dietrich Bracher, Thomas Ellwein (FDP), Jürgen Habermas, Helmut Ridder und Rechtsanwalt Heinrich Hannover. Weiterhin sprachen der politische Schriftsteller Bernt Engelmann (SPD), der spätere Bundesminister Werner Maihofer (FDP) und der Rundfunk-Redakteur Alexander von Cube. An der Schlußkundgebung im Universitätshof der Friedrich-Wilhelms-Universität nahmen etwa 2.000 Menschen teil. Der SPD-Parteivorstand fiel aus allen Wolken, als am 17. Juni 1965 der SHB-Bundesbeirat in der Frage der Notstandsgesetze voll und ganz die Aktionseinheit des eigenen Verbandes mit dem SDS billigte, der nun allerdings die Unterstützung einer Reihe von Industrie-Gewerkschaften hatte. Der SHB geriet damals immer stärker in den Sog des SDS.

In der Eröffnungsrede des Bonner Kongresses erklärte der SDS-Bundesvorsitzende Helmut Schauer zur Öffentlichkeitsarbeit und Kongreßpolitik des Verbandes: »Hinter verschlossenen Türen haben die Fraktionsvorsitzenden und ihre Experten über eine Änderung des Grundgesetzes der Bundesrepublik beraten, mit der Absicht, das Parlament und selbst die Fraktionen zu bloßen Akklamationsmaschinen zu machen ... Wenn Entwürfe zu einer Verfassungsänderung fast wie eine Geheimsache behandelt werden, wird die demokratische Diskussion der Öffentlichkeit zur unmittelbaren Kritik. Das wissenschaftliche Räsonnement über die Vorlage zur Notstandsgesetzgebung auf diesem Kongreß sollte und soll Parteien und Institute der öffentlichen Meinung daran erinnern, daß die Demokratie ohne Öffentlichkeit und öffentliche Diskussionen nicht funktionieren kann.«

Für den SDS fielen Demokratie und Sozialismus nicht auseinander, darin unterschied er sich nicht nur vom Post-Stalinismus, sondern auch von der Strategie und Taktik eines Herbert Wehner auf dem Wege zur politischen Macht.

»Schaut auf diese Stadt!« (Ernst Reuter 1948)

Wenn man verstehen will, warum es gerade Mitte der 1960er Jahre eine Kulturrevolution der bürgerlichen Intelligenz gegen die bundesrepublikanische Gesellschaft in diesem Ausmaß gegeben hat, so muß man sich mit dem Berlin-Syndrom auseinandersetzen. Die Berliner Studenten waren die Lokomotive der Revolte. Die Tradition der Rebellion der akademischen Jugend dieser Stadt hatte zwei Wurzeln: einmal den Auszug eines Teils der Studentenschaft aus der Humboldt-Universität aus Protest gegen bürokratische Eingriffe der SMAD und der SED in die Autonomie der Hochschule (nebenbei: die meisten Professoren blieben damals zunächst einmal abwartend bei der altehrwürdigen alma mater. Die Altersversorgung der FU-Professoren stand schließlich noch in den Sternen). Zum anderen zeigte sich bereits in den antiautoritären Happenings bei den Kuny-Demonstrationen Anfang Dezember 1949 eine Tendenz zum intellektuellen Nonkonformismus. Was hier als unpolitischer Aufstand gegen die Absurdität der gesellschaftspolitischen Entwicklung in beiden – soeben gegründeten – deutschen Teilstaaten begann, offenbarte seine bis dahin latente eindeutig antifaschistische Stoßrichtung zum Beispiel bei der militanten Demonstration gegen die in Berlin nicht zugelassen neofaschistische »Sozialistische Reichspartei« (SRP) im Juli 1950 durch einige Hundert FU-Studenten und manifestierte sich Anfang Dezember 1950 als politische Kraft, als 4.000 Studenten ein Gastspiel des Wiener Burgtheaters mit Werner Krauss verhinderten, der in dem antisemitischen Veit-Harlan-Film »Jud Süß« die Hauptrolle gespielt hatte.

Jakob Kuny, ein älterer Herr mit Künstlermähne, war als Koch bei der britischen Besatzungsmacht in Berlin beschäftigt. Er erklärte sich selbst zum Kunstwerk und forderte in improvisierten Reden die Studenten der Technischen Universität auf, sich seiner »Kunyologischen Glaubensbewegung« anzuschließen. Nach einer Ankündigung am Schwarzen Brett der Technischen Universität, daß Jakob Kuny am 14. Dezember 1949 um 20.30 Uhr in der Jebenstraße zu seinen »Jüngern« sprechen würde, versammelten sich mehr als 500 Studenten gegen 19 Uhr am Bahnhof Zoo und forderten in Sprechchören »Kunyologie an allen Universitäten«, »Wenn schon Politologie, dann auch Kunyologie«. Die Polizei ging mit Gummiknüppeln gegen die Studenten vor. Nach mehrmaligem Durchbrechen der Polizeiketten zogen sich die Studenten zum Bahnhof Zoo zurück. Etwa 30 Studenten wurden festgenommen, 19 von ihnen vor Gericht gestellt. Am 16. Dezember wurden die Studenten von der Anklage des Landfriedensbruchs freigesprochen. Am 21. Dezember überraschte der Polizeipräsident in Berlin, Stumm, die akademische Öffentlichkeit durch die Mitteilung, daß die Kunyologen von der FDJ unterwandert seien. Eine vom AStA der FU veranstaltete Diskussion »Wurden die Studenten zu Recht verhaftet?« zu der tausend Studenten erschienen waren, mußte wegen »Erkrankung« des Hauptreferenten der Polizei ausfallen.

Dies scheint nach dem verlorenen Zweiten Weltkrieg das erste Mal gewesen zu sein, daß die Berliner Polizei in einem programmierten und eingeübten Verhaltensmuster nach

Dienstvorschrift eine Menschenmenge niederknüppelte, die sich nicht Berlin-konform verhielt. Von Stumm über Duensing bis Hübner scheint es das tragische Schicksal aller Polizeipräsidenten dieser Stadt zu sein, die Willkür ihrer Beamten nachträglich mit verläßlicher Regelmäßigkeit durch kommunistische Unterwanderung – bekanntlich das E 605 für den Berliner Bären – zu legitimieren.

Es mag von Interesse sein, daß schon nach der Demonstration der FU-Studenten gegen den Auftritt von Werner Krauss am 11. Dezember 1950 die drei Stadtkommandeure der Westsektoren Berlins der Schutzpolizei erlaubten, künftig Tränengas gegen Demonstranten einzusetzen. (Die Demonstranten hatten die Polizeiketten durchbrochen und das Gastspiel verhindert.) Die Bewaffnung der Berliner Polizei beginnt also nicht erst Mitte der 1960er Jahre, sondern bereits 1950 gegen eine Generation, die gerade aus Schützengraben und Kriegsgefangenenlagern zurückgekommen war und die Schnauze voll hatte.

Was sich in Berlin ankündigte, der fällige Aufstand der Bürgersöhne gegen ihre Nazi-Väter, dann jedoch in der Wirtschaftswunder-Euphorie zu individueller antifaschistischer Motzerei verkam, stand der bundesrepublikanischen Gesellschaft mit einer zeitlichen Verschiebung Mitte der 60er Jahre voll ins Haus. Der Focus dieser zweiten Runde war erneut Berlin. Und das nicht von ungefähr.

Die Freie Universität Berlin unterschied sich für die Studenten durch mindestens vier spezifische Bedingungen von den Hochschulen der Bundesrepublik:

- das »Berliner Modell« die satzungsmäßige Verankerung der Mitbestimmungsrechte der Studenten in der akademischen Verwaltung der Universität und die institutionalisierte Förderung politischer Studentengruppen;
- der unmittelbare Kontakt zu Kommilitonen der Humboldt-Universität, die Möglichkeit, politische Bücher aus der DDR zu kaufe sowie Theateraufführungen im östlichen Teil Berlins zu besuchen;
- das Fehlen einer allgemeinen Wehrpflicht, da West-Berlin kein Land der Bundesrepublik Deutschland war;
- die Frontstadtatmosphäre: ein Gemisch aus Angst, Bedrohung, Stagnation, Filzokratie, bornierter Arroganz und individueller Verklemmtheit.

Vom Ende des Zweiten Weltkrieges bis zum Jahre 1989 lebte West-Berlin ständig in der Angst, daß sich sein traumatisches Erlebnis wiederholen könnte: der Einmarsch der »Russen«. Dieses kollektive Trauma erklärt sich jedoch nicht nur aus der Eroberung Berlins durch die Rote Armee, zehn Tage Straßenkämpfe, Plünderungen und massenhaften Vergewaltigungen Berliner Frauen durch sowjetische Soldaten. Diese Erinnerungen dominieren auch deshalb noch so stark, weil durch sie möglich wird, andere Erfahrungen weitgehend aus dem Bewußtsein zu verdrängen: Einmarsch in Prag 1938, Überfall auf Polen im September 1939, 1940 auf Norwegen und Dänemark, auf Frankreich, die Niederlande, Belgien, Luxemburg, Griechenland, Jugoslawien und schließlich am 22. Juni 1941 auf die

Sowjetunion; systematische Ausrottung der jüdischen Bevölkerung in allen besetzten Ländern, planmäßige Vernichtung der polnischen Intellektuellen und der Kader der KPdSU (Kommissarbefehl), ökonomische Ausplünderung der okkupierten Länder, Verschleppung ausländischer Zwangsarbeiter in die deutsche Rüstungsindustrie. Insgesamt verschuldete Deutschland den Tod von über 50 Millionen Menschen. Auch der Berliner Alltag der letzten Kriegsjahre ist der Verdrängung anheimgefallen: systematische Flächenbombardements der britischen und amerikanischen Bomberverbände, zunehmende Terrorisierung der kriegsmüden Bevölkerung durch die Gestapo und der sinnlose Endkampf gegen die »bolschewistische Gefahr«, der noch in den letzten zehn Tagen über 150.000 deutsche Soldaten und Zivilisten das Leben kostete. Die Vorstellung, alle diese Verbrechen mitverschuldet oder geduldet zu haben, das war für ein normales Gewissen zu viel. Da mußte eigene Schuld wegrationalisiert und auf andere projiziert werden.

Erich Kuby beschreibt dieses gestörte Verhältnis der deutschen Bevölkerung zur Wirklichkeit am Ende des Hitler-Krieges treffend wie kaum jemand sonst: »Auch wenn sie (die Soldaten der Sowjetarmee, T.F., S.L.) sich wie die himmlischen Heerscharen benommen hätten, wäre das Ergebnis vermutlich nicht anders gewesen. Sie hatten verspielt, noch ehe sie einen Fuß auf deutsches Gebiet setzten – nicht wegen der Verbrechen, die sie begangen haben, sondern wegen der von Deutschen in der Sowjetunion begangenen Verbrechen. ... Nein, die Sowjets haben durch ihre Übergriffe im Frühjahr 1945 Deutschland nicht verspielt; sie haben dadurch nur den Deutschen die Möglichkeit gegeben, ihnen den Schwarzen Peter zuzuschieben, haben den Deutschen einen moralischen Fluchtweg geöffnet ...«

Die Komplexität des Berliner Bewußtseinszustandes wurde dadurch noch erhöht, daß klassenspezifische Ungleichheiten und Ungleichzeitigkeiten bestanden. Noch bei den Reichstagswahlen am 6. November 1932 erhielten die KPD 31,02 Prozent, die SPD 23,30 Prozent und die NSDAP nur 25,97 Prozent der abgegebenen gültigen Stimmen, d.h. die Arbeiterklasse in Berlin hatte trotz des offenen nationalsozialistischen Bürgerkriegsterrors fast geschlossen gegen die Nazis und für die beiden Arbeiterparteien gestimmt. Neben den Industriegebieten in Sachsen und Thüringen und dem Ruhrgebiet war Berlin in den 1930er Jahren eine Hochburg des proletarischen Widerstandes gegen die braune Pest. Hunderte von Sozialdemokraten und Kommunisten hatten in Berlin im illegalen Kampf ihr Leben gelassen. Noch in den Jahren 1933 und 1934 gab es Arbeiterbezirke, in die sich nach 21 Uhr kein SA- oder SS-Mann in Uniform allein hineintrauen konnte.

Trotzdem hatte die deutsche Arbeiterklasse den Überfall der Wehrmacht auf den ersten Arbeiter- und Bauernstaat, die UdSSR, nicht verhindern können. Im Gegenteil, die große Mehrheit der Landser im feldgrauen Rock, die in die Sowjetunion einfielen, waren von Haus aus Proleten. Und als die Rote Armee schließlich die Vororte Berlins erreichte und nicht nur bei ihren Offizieren die Hoffnung bestand, daß zumindest Teile des Berliner Proletariats die Gewehre gegen die Faschisten richten würden, zeigte sich fast kein Widerstand. Statt dessen bauten Kinder in HJ-Uniform und alte Männer des Volkssturms zusammen mit den Resten der SS in den traditionellen Arbeiterbezirken Panzersperren und schossen mit Panzerfäusten auf die anrückenden T 34. Die Fahnen wurden erst fünf Minuten nach zwölf herausgehängt: die weißen vom Kleinbürgertum, die roten – soweit einzelne Arbeiter das nicht verhindern konnten – von mittleren und kleineren Nazis. Bei den Rotarmisten hatte sich schnell herumgesprochen, daß dort, wo überhaupt keine Fahnen hingen, die Reste des für ein Zu-Kreuze-Kriechen zu stolzen deutschen Proletariats wohnten.

Über die Entstehungsgeschichte und die Bedeutung dieses Berlin-Syndroms waren sich die Studenten in den 60er Jahren nicht im klaren.

Kuby, Krippendorff, Korporationen

Seit Anfang des Sommersemesters 1965 bestand an der FU in Berlin eine besondere Situation: Der seit April amtierende AStA, dessen Mitglieder vorwiegend aus dem SDS oder dem »Argument-Club« stammten, konnte sich nicht auf eine Stimmenmehrheit im Konvent, dem Studentenparlament der FU, stützen. Die Wahl des 1. AStA-Vorsitzenden Wolfgang Lefèvre war am 19. Februar 1965 im Gegensatz zu den Hoechster Vereinbarungen erfolgt, nach denen die Mitgliederverbände BDIS, LSD, SHB und SDS bei den Wahlen zu den studentischen Selbstverwaltungsgremien nicht gegeneinander kandidieren sollten. Lefèvre kandidierte ohne Absprache mit dem SHB gegen dessen Kandidaten Christoph Zöpel und wurde – mit den Stimmen der Korporierten – gewählt. Die Rechten spekulierten dabei offensichtlich auf einen baldigen Sturz des linken AStA und auf eventuelle Neuwahlen zum Konvent nach einer entsprechenden Urabstimmung. Eine Retourkutsche zum Fall Diepgen also.

Daß sich die beiden AStA-Vorsitzenden Wolfgang Lefèvre (SDS, AC) und Peter Damerow (AC) überhaupt bis zum Wintersemester halten konnten, ist auf zwei Faktoren zurückzuführen: Einmal war der AStA nicht mehr bereit, Konflikte mit der Universitätsverwaltung zu verschweigen, um das Verhältnis zum Rektor nicht zu belasten; zum anderen versuchte die Ordinarienuniversität angesichts der sich abzeichnenden Reformbestrebungen im Hochschulsektor ihre Stellung zu sichern und die im »Berliner Modell« garantierten Rechte der Studentenschaft abzubauen. Der AStA verstand sich jetzt zunehmend als direkte Interessenvertretung der Studenten und nicht mehr als Sprecher des Organs »Studentenschaft«, das nur dem universitären Gesamtinteresse verpflichtet war. Das Sommersemester 1965 ging als das Semester der »drei K« in die Geschichte der FU ein: Kuby, Krippendorff, Korporationen.

K1: Der amtierende Rektor der FU, Herbert Lüers, hatte sich geweigert, dem AStA für ein Podiumsgespräch zum Thema »Restauration oder Neubeginn – Die Bundesrepublik 20 Jahre danach« für den 7. Mai das Auditorium maximum zur Verfügung zu stellen, da der politische Schriftsteller Erich Kuby teilnehmen sollte. Kuby hatte im Juni 1958 auf einem »Politischen Forum« des AStA der FU zum Problem Freie Universität erklärt, »... daß der Name ein äußerstes Maß von Unfreiheit zum Ausdruck bringt«. Durch die Worte »Freie Universität« werde eine innere antithetische Bindung an die andere unfreie Universität jenseits des Brandenburger Tores fixiert. Damit habe er – so Lüers – die FU »in herabsetzender Weise« mit der Humboldt-Universität in Verbindung gebracht. Der AStA weigerte sich, Kuby auszuladen und machte den Konflikt öffentlich. Alle politischen Studentenverbände – mit Ausnahme des RCDS und der Korporationen, die sich schweigend verhielten – liefen gegen dieses Redeverbot Sturm. Der SDS organisierte als Protest gegen das »Raumvergabeverbot« am OSI für den 18. Mai 1965 den ersten Vorlesungsstreik an der Freien Universität. Die AStA-Veranstaltung fand, wie vorgesehen, mit Erich Kuby, Rudolf Krämer-Badoni, Fritz Vilmar, Ulrich Sonnemann und Ludwig von Friedeburg (Diskussionsleitung) statt, jedoch an der Technischen Universität.

K2: Die zweite Stufe der Eskalation wurde durch einen Artikel des FU-Assistenten Ekkehart Krippendorff im »Spandauer Volksblatt« ausgelöst. Dort hatte dieser die – als Gerücht kenntlich gemachte – Information weitergegeben, Rektor Lüers habe den Philosophen Karl Jaspers in einem persönlichen Schreiben gebeten, anläßlich des 8. Mai nicht an der FU zu sprechen. (Offenbar wollte die reaktionäre Mehrheit der Ordinarien eine Veranstaltung zum Tage der Befreiung um jeden Preis verhindern.) Obwohl Krippendorff seine Vorwürfe am 19. Mai in derselben Zeitung zurücknahm, da er keine Beweise beibringen konnte, wurde sein Vertrag als Assistent auf Anweisung des Rektors nicht – wie sonst üblich – verlängert. Diese Maßnahme geschah über den Kopf des Geschäftsführenden Direktors des OSI, Gilbert Ziebura, hinweg, bei dem Krippendorff beschäftigt war und der sich hinter seinen Assistenten stellte. SDS und AStA griffen diesen Fall besonders deshalb auf, weil hier ein Vertreter des nicht organisierten und in der Satzung der FU nicht rechtlich abgesicherten »Mittelbaus« durch Zerstörung der Existenzgrundlage exemplarisch eingeschüchtert werden sollte. (Als der 1. AStA-Vorsitzende Wolfgang Lefèvre auf der Immatrikulationsfeier zum Sommersemester im vollbesetzten Auditorium maximum das Verhalten von Rektor und Akademischem Senat in den Fällen Kuby und Krippendorff kritisierte, erzwangen einige Dekane den Abbruch der Rede.)

K3: Auf dem 10. Deutschen Burschentag im Juni 1965 forderte der FU-Professor Karl August Bettermann die versammelten 5.000 Waffenstudenten und Alten Herren in Anwesenheit des Rektors der FU, Herbert Lüers, und des Regierenden Bürgermeisters von Berlin und SPD-Kanzlerkandidaten Willy Brandt auf: »Machen Sie einen neuen Anfang, bringen Sie uns unsere Universität wieder in Ordnung. In diesem Sinne rufe ich: Burschen heraus!«

Dadurch, daß der AStA die bürokratischen Maßnahmen der Universitätsspitze mit der Studentenschaft diskutierte, entstand nicht nur eine universitäre Öffentlichkeit, sondern zugleich ein politisiertes Widerstandspotential. Jeder, der sich in dieser Situation gegen die Politik des AStA ausgesprochen hätte, wäre damit als Gegner der studentischen Interessen und objektiver Agent der Ordinarienuniversität entlarvt worden. Die im nachhinein wichtigste Auswirkung des Sommersemesters war, daß jetzt zu Vollversammlungen aller Fakultäten durchschnittlich mehr als 1.000 Studenten, Assistenten und Professoren erschienen. Einen solchen Grad der politischen Mobilisierung hatte es seit den Auseinandersetzungen an der Humboldt-Universität im Jahre 1948 nicht mehr gegeben. Wie weit die Entfremdung zwischen Studentenschaft und Rektor bereits fortgeschritten war, zeigt dessen Äußerung auf einer Pressekonferenz am Ende des Semesters. AStA und Konvent der FU hätten durch »Fehlinterpretationen und falsche Informationen« in letzter Zeit den »Ruf der Freien Universität« gefährdet und die »akademische Freiheit« der FU in Frage gestellt.

Das Vietnam-Semester in Berlin

Am 26. Oktober 1965 wurde der SDS-AStA Lefèvre/Damerow mit 33 zu 22 Stimmen bei 2 Enthaltungen gestürzt. Lefèvre und Damerow hatten im August 1965 einen Aufruf »Frieden für Vietnam« unterschrieben, der sich gegen die US-Intervention in Vietnam richtete. Initiator des Aufrufes war der SED-nahe »Ständige Arbeitsausschuß für Frieden, nationale und internationale Verständigung, West-Berlin«. Nach einer zweimonatigen Kampagne der Springer-Presse unter dem Motto »AStA auf SED-Kurs« sah der SHB seine Chance, dem Berliner SDS den Bruch des Höchster Verbändeabkommens heimzuzahlen und wählte zusammen mit den Rechten den AStA ab. Auf Lefèvres politische Argumentation (»Es kommt nicht darauf an, wer einen Aufruf formuliert, sondern was der Aufruf aussagt ... die Methoden der amerikanischer Kriegführung in Vietnam ... sind zweifellos die schlechtesten, die eine hochentwickelte Industrienation gegen ein Entwicklungsland anwenden kann.«) ging die Mehrheit der Redner nicht ein. Der SHB war hier in der äußerst delikaten Situation, den SDS-AStA in einer Frage zu Fall zu bringen, wo mindestens sein linker Flügel politisch mit diesem übereinstimmte. Der neue, im 2. Wahlgang mit den Stimmen des SDS und des AC gewählte 1. AStA-Vorsitzende Niels Kadritzke (SHB) rechtfertigte sein Eintreten für die Abwahl von Lefèvre damit, daß nur ein »unbelasteter« AStA-Vorsitzender die erforderlichen Konsequenzen aus den Ereignissen des Sommersemesters ziehen könne.

Dennoch unterstützte der SHB-AStA mit Niels Kadritzke als erstem und Gerd Börnsen als zweitem Vorsitzenden im Wintersemester 1965/66 alle vom SDS-Landesverband Berlin initiierten Aktivitäten gegen den amerikanischen Krieg in Vietnam (z. B. eine Ausstellung von Bildern und Dokumenten, Filmveranstaltungen, wöchentliche Presseschauen, Podiumsdiskussionen und Demonstrationen).

Seit Anfang 1965 beschäftigte sich der Arbeitskreis »Südvietnam«, eine Gruppierung um die SDS-Mitglieder Jürgen Horlemann, Peter Gäng und Klaus Gilgenmann, mit der sozioökonomischen, politischen und militärischen Situation in Vietnam seit Ende des Zweiten Weltkrieges. Dadurch entstand aber auch schon eine Art Spezialistentum für Vietnam – so wie es schon Spezialisten für Hochschulpolitik und Apartheid-Politik in Südafrika gab –, und die Mitglieder des SDS delegierten die Beantwortung aller Fragen aus den jeweiligen Spezialgebieten an die entsprechende Gruppe.

Als Ouvertüre zum Vietnam-Semester forderten die z. T. nicht mehr aktiven SDS-Mitglieder Peter Furth (Akademischer Rat an der FU), Wolfgang Fritz Haug (Assistent an der FU), Klaus Meschkat (Assistent an der FU), Ulrich K. Preuß (Mitarbeiter am Institut für Bildungsforschung in Berlin) und Gerhard Schoenberner (Schriftsteller) die Intellektuellen in einem Brief auf, eine »Erklärung über den Krieg in Vietnam« zu unterschreiben: »... Wir halten es für kein moralisch vertretbares Prinzip, Unrecht nur anzuklagen, wenn es auf der anderen Seite geschieht, wie es heute in Ost und West zur politischen Praxis gehört. Wir meinen, daß wir die Verurteilung des Krieges, den die USA gegen das vietnamesische Volk führt, nicht den Kommunisten und ihren Anhängern allein überlassen dürfen. Daß dieser Aufruf vom geteilte Berlin ausgeht, ist kein Zufall. Keineswegs ist die Situation in Vietnam der in dieser Stadt gleichzusetzen, wie blinde Antikornmunisten uns einreden möchten. Man erweist den Interessen Berlins einen schlechten Dienst, wenn man uns rät, das amerikanische Vorgehen in Vietnam zu billigen oder zumindest keiner Kritik zu unterziehen ...«

Die Resolution spiegelt eine Neuorientierung im SDS Berlin auf drei Ebenen wider:

1) Die geographisch-politische Lage Berlins wurde bewußt ins Spiel gebracht. Die Kritik des SDS richtete sich hier nicht abstrakt gegen den Neokolonialismus, sondern konkret gegen eine der drei westlichen Schutzmächte. Der SDS war sich darüber im klaren, daß Berlin einer der letzten Orte auf der Welt war, wo sich die Bevölkerung fast ausnahmslos mit der Politik der Vereinigten Staaten identifizierte. Gerade dadurch wurde Berlin aber auch für die Innenpolitik der USA zum neuralgischen Punkt. Denn wenn in Berlin die Intelligenz gegen den amerikanischen Krieg in Vietnam auf die Straße ging, dann fühlten sich die konservativen Kreise in den Vereinigten Staaten von ihren letzten Freunden verlassen. Durch eine gezielte Eskalation der Kampagne gegen die amerikanische Kriegführung in West-Berlin sollte die Anti-Kriegs-Bewegung in den USA massiv unterstützt werden. So das interne Konzept des Berliner SDS.
2) Der Aufruf dokumentierte, daß der Verband im Herbst 1965 bewußt als eigenständige dritte Kraft im linken Spektrum auftrat, jenseits der Sozialdemokratie und des Kommunismus.
3) Adressaten der Bündnispolitik des SDS waren deshalb auch nicht mehr in erster Linie die traditionellen Organisationen der Arbeiterbewegung, sondern die bürgerliche Intelligenz als gesellschaftliche Gruppe. In ihrer prompten Reaktion bewies die Reaktion, daß sie bereits ahnte, daß an der Freien Universität der Insulaner-Konsensus drastisch in Frage gestellt wurde. Die acht Berliner Tageszeitungen starteten auf Anregung des

Herausgebers des sozialdemokratischen »Telegraf« und unter dem ökonomisch Druck des Springer-Konzerns – unter dem sie im übrigen bis heute stehen – eine Spendenaktion zum Weihnachtsfest, mit der dem ganzen amerikanischen Volk symbolisch gezeigt werden sollte, wo Berlin stehe. Alle amerikanischen Familien, die einen Angehörigen im Vietnam-Krieg verloren hatten, erhielten eine Nachbildung der Freiheitsglocke, hergestellt von der Königlichen Porzellan Manufaktur (KPM), der auf diese Weise ein Auftrag zugeschanzt wurde. Der Kabarettist Wolfgang Neuss, selbst ein Produkt der Berliner Insulaner-Atmosphäre und des Kalten Krieges, machte hier nicht mehr mit und reagierte in seiner Zeitung »Neuss Deutschland« mit einem Aufruf, in dem er »um Unterstützung der amerikanischen Politik für Hitler in Vietnam« bat: »Wir bitten um Gasmasken und Luftschutzkeller für die Redaktionsstäbe der Westberliner Tageszeitung. Wie leicht fällt aus Versehen so eine Napalmbombe der Amerikaner auf das Ullsteinhaus.« (Neuss hatte sich schon vorher bei den Berlinern fürchterlich unbeliebt gemacht, als er am Morgen vor der Ausstrahlung der letzten Folge des TV-Krimis »Der Halstuchmörder« in einer Anzeige im Tagesspiegel mitteilte: »Dieter Borsche ist der Mörder.«)

Die Erfahrung, die der SDS an der FU am 26. Februar 1965 mit dem von ihm veranstalteten Streitgespräch mit Mitgliedern der US-Mission in Berlin über den amerikanischen Krieg in Vietnam gemacht hatte, beeinflußte seine spätere Öffentlichkeitsarbeit und Kongreßpolitik entscheidend. Während der Veranstaltung war es mehrfach zu Mißfallenskundgebungen der Studenten gekommen, als sich die Vertreter der US-Mission – im Unterschied zu den Sprechern des SDS, Erik Nohara und Jürgen Horlemann, die ihre Argumentation jeweils sofort mit in- und ausländischen Pressezitaten belegten – in Widersprüche verwickelten und keine Belege für ihre Thesen anführten. Trotz zahlreicher weiterer Aufforderungen blieb dies das einzige Mal, daß offizielle Vertreter der amerikanischen Regierungspolitik einer SDS-Einladung folgten. Auf dieser Podiumsdiskussion – einem Vorläufer der teach-ins – gelang es den Rednern des SDS, die Vertreter der US-Mission so zu provozieren, daß diese unfreiwillig den Hauptvorwurf der Linken bestätigten, die USA führten ihren Krieg in Vietnam gegen das Volk und nicht mit dem Volk gegen eine fremde Macht. (Im Gegensatz zum heutigen Brauch organisierte der SDS seine Öffentlichkeitsarbeit noch nach dem Prinzip: Direkte Konfrontation statt parteiliches Monologisieren.)

Michael Vester untersuchte in Heft 30 der neuen kritik, inwieweit in der amerikanischen Anti-Kriegs-Bewegung die »Analyse historischer Alternativen« an die Stelle von tradierten Formen des Protestes getreten sei. Am Beispiel eines ersten großen teach-ins am 15. Mai 1965 in Washington, auf dem die amerikanische Ostasien-Politik seziert wurde, versuchte Vester zu zeigen, daß von Studenten in den USA eine »wichtige Technik ernsthafter Diskussion« die in der Tradition der direkten Demokratie stehe, wiederentdeckt worden sei. Das Argument im Disput sei jeder Gesinnungskundgebung haushoch überlegen. Das Washingtoner teach-in wurde über Rundfunk in die Universitäten von 35 Staaten übertragen und setzte dort neue Diskussionen und teach-ins in Gang. Die Strategie der teach-ins wurde wesentlich vom amerikanischen Studentenverband »Students for a Democratic Society« (SDS) geprägt.

Die Plakataktion

Nach der Anti-Tschombé-Demonstration traten am 27. Januar 1965 Bernd Rabehl und Rudi Dutschke in den Berliner SDS ein. Der SDS und der »Argument-Club« hatten am 18. Dezember 1964 zusammen mit lateinamerikanischen bzw. afrikanischen Studentengruppen eine Protestdemonstration gegen den Berlin-Besuch des kongolesischen Ministerpräsidenten Moise Tschombé veranstaltet. Er mußte auf einer anderen als vorgesehenen Route vom Flughafen zum Rathaus Schöneberg fahren. Den Studenten gelang es, die Polizeiketten am Mehringdamm zu durchbrechen und sich später vor dem Rathaus, also innerhalb der Bannmeile, zu versammeln. Sie bewarfen Tschombés Auto bei dessen Abfahrt mit Eiern und Tomaten. An dieser Protestdemonstration hatten übrigens auch Angehörige der FDJ und der SED Westberlin teilgenommen. Zur Vorbereitung der Aktion waren damals FDJler aufgetaucht und hatten aktive – auch finanzielle – Unterstützung angeboten. Zu einer Einigung was es jedoch dann wegen eines Passus über die Mauer in einem SDS-Flugblatt nicht gekommen. Die Demonstranten trugen Plakate mit Aufschriften wie »Congo Oui – Tshombe non« oder »Mörder Tschombo«. Der RCDS distanzierte sich von der Demonstration.

Im Sommersemester 1965 veranstalteten Dutschke und Rabehl zusammen einen Marxismus-Arbeitskreis, der sich im folgenden Wintersemester in die Arbeitskreise »Probleme des Marxismus« (Rabehl) und »Formierte Gesellschaft« (Dutschke) teilte. Beide gingen arbeitsteilig vor: während Rabehl die neu zum SDS gekommenen Mitglieder in marxistischer Theorie schulte, zielte Dutschke darauf ab, Mitglieder des Argument-Clubs zu agitieren und langfristig aus dem Club herauszubrechen. (Der Vorläufer des »Argument-Clubs«, die Mitte der 1950er Jahre entstandene »Studentengruppe gegen Atomrüstung an der Freien Universität Berlin«, gab seit Februar 1959 »Das Argument«, eine lose durchnumerierte Reihe von Flugblättern heraus. Ab März 1960 erschien »Das Argument« in broschierter Form als »Blätter für Politik und Kultur«. Herausgeber ist bis heute Wolfgang Fritz Haug, der Anfang der 1960er Jahre zu den Schwerpunktthemen der Hefte eine Reihe von einzelnen Arbeitskreisen organisierte. Themen, die zum Teil in mehreren Heften in unregelmäßigen Abständen wiederaufgenommen wurden, waren u. a.: »Atomare Situation«, »Das neue Polen und die Deutschen«, Emanzipation der Frau, Probleme der Ästhetik, Faschismustheorien, Probleme der Entwicklungsländer und Schule und Erziehung. Bis Anfang der 1970er Jahre war »Das Argument« neben der nk das wichtigste theoretische Organ der Neuen Linken in der Bundesrepublik und West-Berlin. Später stand diese Zeitschrift der DKP/SED nahe, sie versuchte allerdings, bei aller Solidarität gegenüber der DDR und der Sowjetunion, eine kritisch loyale Position zu finden, die nicht nötig hatte, die eigene Vergangenheit zu verdrängen.)

Einzelne Mitglieder der Arbeitskreise von Dutschke und Rabehl sowie des Vietnam-Arbeitskreises um Jürgen Horlemann und Peter Gäng bereiteten damals insgeheim eine Aktion für den Vorabend der ersten großen Studentendemonstration gegen den amerikanischen Krieg in Vietnam vor. In der Nacht vom 3. zum 4. Februar 1966 wurden in sieben Berliner Bezirken und auf dem Universitätsgelände der FU Plakate geklebt, in denen es u.a. hieß: »Erhard und die Bonner Parteien unterstützen MORD ... Ost und West arrangieren sich immer mehr auf Kosten der wirtschaftlich unterentwickelten Länder. Jetzt bleibt den Unterdrückten nur noch der Griff zu den Waffen. Für sie heißt Zukunft: REVOLUTION ...« Unterschrieben war der Text mit »INTERNATIONALE BEFREIUNGSFRONT«.

Der illustre Name des Plakatkleber-Zirkels war Ausdruck eines Konzepts, den Verband durch im SDS nicht diskutierte direkte Aktionen vor vollendete Tatsachen zu stellen. Vor allem Dutschke und Rabehl versuchten so, zunächst einmal dem Berliner Landesverband ihre Themen aufzuzwingen und ihn langfristig auf eine bestimmte Praxis festzulegen. Die Festnahme von fünf Plakatklebern hatte unmittelbare Auswirkungen, jedoch nicht im Sinne von Dutschke und Rabehl. Zunächst einmal besetzte die »Alte-Keulen-Riege«, eine lose Gruppierung von Altgenossen, die dem Verband zum größten Teil schon vor 1961 angehört hatten, das SDS-Zentrum und forderte den sofortigen Ausschluß der an der Plakataktion Beteiligten. Die Mehrheit der jüngeren Berliner SDSler, die der verpatzten Plakataktion im übrigen kritisch gegenüberstanden, lehnten die versuchte Strafexpedition der Altgenossen ab.

Eine Einschätzung von Wolfgang Lefèvre, der nun wirklich niemals zur Dutschke/Rabehl-Fraktion gehört hat, verdeutlicht die Vorbehalte gegen die Intervention der z.T. hysterisierten Altgenossen, die ihrerseits durchaus verschiedener Meinung waren: »Da war eine Sitzung im Zentrum, also was heißt Sitzung: Da sausten die Altgenossen mit Schraubenziehern ran und entfernten erst mal die SDS-Embleme von der Tür, um den Überfall der Schwarz-Hundertschaften zu vermeiden, und setzten sich also an den Tisch und schimpften. Sie wollten sofort ausschließen, da aber nur die Leute bekannt waren, die auch saßen, wollten sie in Abwesenheit der Betroffenen ausschließen. Zum Teil haben sie sich aufgeregt über die Philologie, also schlechten Satzbau, zum Teil noch außerdem über den Inhalt. Es war eine satirische Situation, weil man einige Genossen seit einem Dreivierteljahr das erste Mal wieder im SDS sah.« Die eigentlichen Rausschmeißer dieser Diskussion waren jedoch nicht die Mitglieder der späteren »November-Gesellschaft«, sondern Vertreter einer weitgehend praxislosen Theorie im »Argument Club« (AC) wie Peter Furth und Wolfgang Fritz Haug. So versuchte Haug, die Plakatgruppe mit einem inzwischen bei solchen Gelegenheiten gängigen Marx-Zitat zu erschlagen: »An die Stelle der kritischen Anschauung setzt die Minorität eine dogmatische, an die Stelle der materialistischen eine idealistische. Statt der wirklichen Verhältnisse wird ihr der bloße Wille zum Triebrad der Revolution. Während wir den Arbeitern sagen: ›Ihr habt 15, 20, 50 Jahre Bürgerkrieg und Völkerkämpfe durchzumachen, nicht nur um die Verhältnisse zu ändern, sondern euch selbst zu ändern und zur politischen Herrschaft zu befähigen‹, sagt ihr im Gegenteil: ›Wir müssen gleich zur Herrschaft kommen, oder wir können uns schlafen legen.‹«

Diese Gruppierung von Altgenossen gründete nach Bildung der Großen Koalition im Jahre 1966 außerhalb des SDS und gegen den Landesverband Berlin die »November-Gesellschaft«. Nach den Aktionen der Kommunen I und II (»Fachidioten«-Flugblatt) waren u.a. Horst Mahler, Walter Barthel, Ulrich K. Preuß, Dietrich Staritz, Solveig Ehrler, Lothar Pinkall, Klaus Meschkat, Barbara und Johannes Agnoli, Bernhard Blanke, Urs Müller-Plantenberg und Karl Guggomos überzeugt, daß der SDS in unpolitischen Aktionismus verfallen werde. Die Mitglieder der November-Gesellschaft gründeten am 30. April 1967 den »Republikanischen Club e.V.«, der in der Wielandstraße unmittelbar am Kurfürstendamm in bis dahin für die deutsche Linke ungewohnt gediegenen Räumlichkeiten mit guter Restauration residierte. (Außerdem wissen wir heute aus den Akten der Gauck-Behörde, daß hier dem MfS mit Walter Barthel, Karl Guggomos und Dietrich Staritz der Einbruch in eine der wichtigeren linken Organisationen gelang.)

Letztlich verhalf die Plakataktion der Demonstration vom 5. Februar nur zu ein wenig mehr Publizität. Sie mobilisierte vielleicht einige Hundert Studenten zusätzlich, konnte aber beim besten Willen nicht als Beginn des Aufstands in den Metropolen interpretiert werden. Am Nachmittag des 5. Februar beteiligten sich über 2.500 Studenten an der von SDS, AC, SHB, LSD und HSU veranstalteten Demonstration gegen den »schmutzigen Krieg in Vietnam«. Vor dem Maison de France blockierten die Demonstranten erstmalig durch einen Sitzstreik für ungefähr 20 Minuten den Verkehr auf dem Kurfürstendamm. Ein Teil der Demonstranten zog anschließen zum Amerika-Haus, veranstaltete dort einen weiteren Sitzstreik und holte die amerikanische Flagge nieder. Aber was das Schlimmste war, ein SDS-Mitglied hatte den Gedanken, eine Zehnerpackung Frischeier aus deutschen Landen zu kaufen, von denen dann tatsächlich neun an die Fassade des Amerika-Hauses geklatscht wurden. Die Berliner Presse reagierte wie vom SDS vorausberechnet und vergrößerte dadurch die politische Wirkung der Demonstration um ein Vielfaches. (»Die Narren von West-Berlin«, »... SED unterstützt Studentendemonstration«, »... eine Schande für unser Berlin!« »Beschämend! Undenkbar Kurzsichtig ...«. Der als Linksliberaler gewählte neue Rektor der FU, Hans-Joachim Lieber, fühlte sich »nicht nur als Berliner Bürger« verpflichtet, ein devotes Entschuldigungsschreiben an den amerikanischen Stadtkommandanten in Berlin zu richten. Ein ähnliches Schreiben verfasste auch der Regierende Bürgermeister von Berlin, Willy Brandt, an denselben Herrn.

Nachdem die unerhörten Vorfälle vor dem Amerika-Haus drei Tage lang die Titelseiten der Gazetten gefüllt hatten, legten die Berliner CDU, die Junge Union Berlin und der RCDS noch einen Zahn drauf und veranstalteten eine »Sympathiekundgebung« gegen die

»antiamerikanischen Ausschreitungen einiger linksorientierter Studenten«. Redner waren Ernst Lemmer, Franz Amrehn und Jürgen Wohlrabe (Herbert Wehner: »Übelkrähe«). Ungefähr 600 CDU-Mitglieder, Sympathisanten und Korporierte nahmen mit Fackeln an der Kundgebung teil. Mehrere langhaarige Jugendliche wurden von Kundgebungsteilnehmern unter Gewaltanwendung und der Parole »Gammler raus« in den S-Bahnhof Zoo gedrängt und gezwungen, eine S-Bahn-Fahrkarte nach Friedrichstraße (Berlin, DDR) zu lösen. Anschließend wurden die Jugendlichen auf den Bahnsteig geschleift. Franz Amrehns Auslassungen über die »geistige Knochenerweichung« der akademischen Jugend waren typisch für die Pogromstimmung an diesem Abend. Die Mehrheit der SDS-Mitglieder war damals überrascht, daß es in West-Berlin noch ein derartiges faschistisches Potential gab und dieses kurzfristig mobilisierbar war.

Auf dem Jour fixe des SDS zum Thema »Legalität und Illegalität« am 9. Februar 1966 fand eine verbandsinterne Manöverkritik statt. An der achtstündigen Diskussion im SDS-Zentrum nahmen etwa 150 Mitglieder des Verbandes teil. Hauptkontrahenten waren der aus Frankfurt/Main angereiste 1. Bundesvorsitzende Helmut Schauer, Rudi Dutschke und Klaus Meschkat. Im Verlauf der Diskussion stellte sich heraus, daß inzwischen auch Dutschke und Rabehl davon überzeugt waren, daß die gut vorbereitete legale Demonstration eine größere Resonanz gehabt hatte als die schlecht vorbereitete illegale Plakataktion, deren Wirkung mehr oder minder verpufft war.

Die abstrakte Lukácssche Gegenüberstellung von Legalität und Illegalität, so der Hauptvorwurf Meschkats gegen Dutschke, sei angelesen und gehe vollkommen am realen Stand der Klassenkämpfe in West-Berlin und der Bundesrepublik vorbei. Georg Lukács hatte seine Begriffe und Kategorien im Juli 1920 in seinem Aufsatz »Legalität und Illegalität« zu einer Zeit entwickelt, als noch offen war, ob als Folge der russischen Oktoberrevolution und der ungeheuren Verelendung des Proletariats nach dem Ersten Weltkrieg in Europa weitere Revolutionen erfolgreich sein würden. Die ahistorische Übernahme dieser Kategorien durch die Dutschke-Fraktion lasse außer acht, daß Lukács hier keine zeitlose philosophische Wahrheit verkündet habe, sondern sich mit der Strategie und Taktik der Komintern in einer bestimmten geschichtlichen Konstellation auseinandersetzte. Die Mehrheit der Anwesenden war sich darin einig, daß direkte Aktionen nur im Zusammenhang mit massenhaften Demonstrationen erfolgen dürften. Klandestinen Zirkeln sollte nicht erlaubt sein, den Gesamtverband durch undiskutierte avangardistische Aktionen in der Öffentlichkeit festzulegen; wenn man so will, eine Warnung an die sich gerade bildenden Kommunen.

Kongreßpolitik

Im Herbst 1965 begann auf der XX. Delegiertenkonferenz eine Kontroverse über Stellenwert und Charakter von Großveranstaltungen und Kongressen für die Politik des Verbandes. Die Diskussion wurde durch die Kritik der Berliner am Bonner Kongreß »Demokratie vor dem Notstand« im Mai 1965 ausgelöst. Sie kritisierten vor allem die Bündniskonzeption, die dem Kongreß zugrunde lag, aber auch den Verlauf der Diskussion in den drei Arbeitskreisen. Um die Koalition mit den anderen Studentenverbänden nicht zu gefährden, seien vom Bundesvorstand gezielt nur solche SDS-Genossen zu Redebeiträgen eingeladen worden, bei denen Schauer und Dabrowski sicher waren, daß sie sich strikt an den ausgehandelten Minimalkonsens halten würden. Der BV hätte den Berlinern durch eine von langer Hand vorbereitete Manipulation der Rednerliste unmöglich gemacht, ihre Position darzulegen und zu verteidigen. Aufgrund dieser negativen Erfahrungen mit der bisherigen Kongreßpolitik schlugen sie – ermutigt durch den Verlauf des Streitgespräches vom 26. Februar 1965 mit Mitgliedern der US-Mission in Berlin – die Durchführung großer überregionaler teach-ins anstelle von straff durchorganisierten Kongressen vor.

In seinem Rechenschaftsbericht setzte sich Helmut Schauer indirekt mit der Position des Berliner Landesverbandes auseinander, indem er kritisch auf Michael Vesters nk-Artikel »Die Strategie der direkten Aktion« einging. Die Institution teach-in versuche zwar, die im Spätkapitalismus eingeengte Öffentlichkeit wiederherzustellen und demokratische Verhaltensformen einzuüben, sie müsse aber scheitern, da sich die Repräsentanten der öffentlichen Gewalt den demokratischen Normen einer öffentlichen Diskussion nur selten stellen würden. Hier reagierten die Berliner sauer, hatten sie doch gerade dem BV das vorgeworfen, was dieser jetzt den Repräsentanten der öffentlichen Gewalt vorwarf. Schauer beharrte darauf, daß der SDS kein »neutraler Veranstaltungszirkel« für die Durchführung von teach-ins sei, sondern der Verband müsse eine »entschiedene, feste, hoffentlich klare und eindeutige klassenbewußte Position« verbindlich vertreten. Schauer verteidigte offensiv die Bündnispolitik des Bonner Kongresses, denn die dort z.B. mit dem SHB und dem LSD eingegangene politische Koalition zur Verhinderung der Notstandsgesetze vor der Bundestagswahl 1965 sei bereits eine Form der politische Aktion gewesen, die »weitaus verbindlicher ist, als es ein teach-in unter Einschluß aller möglichen Positionen gewesen wäre«.

Auf der XX. o. DK vom 14. bis 17. Oktober 1965 in Frankfurt/Main wurde eine Resolution zum amerikanisch-vietnamesischen Krieg verabschiedet, in der die amerikanische Regierung des Genocids an der vietnamesischen Landbevölkerung beschuldigt wurde. Der SDS richtete einen Spenden-Fonds »Aufklärung über Vietnam« ein, mit dem der Frankfurter SDS-Kongreß »Vietnam – Analyse eines Exempels« am 22. Mai 1966 finanziert wurde. Helmut Schauer und Hartmut Dabrowski wurden als Bundesvorsitzende wiedergewählt. Beirat: Frank Deppe (Marburg), Rudi Dutschke (Berlin) und Christof Helberger

(Mannheim). Die Wahl Dutschkes, der auf eine Kandidatur zum 1. Bundesvorsitzenden gegen Schauer im letzten Moment verzichtet hatte, um sein geliebtes Berlin nicht verlassen zu müssen, zeigte nicht nur die Bereitschaft des Bundesvorstandes, die Berliner Fraktion in die Verbandsarbeit einzubinden, sondern war auch Rudi Dutschkes Eingeständnis, daß das Unterwanderungskonzept der Subversiven Aktion obsolet geworden war. Darüber hinaus bedeutete die Übernahme einer Funktion im Verband für Dutschke den Schritt vom freischwebenden revolutionären Individuum zum Funktionär, der bestimmte organisatorische Traditionen akzeptierte und letztlich auch repräsentierte.

Anfang Januar 1966 legte der Bundesvorstand den SDS-Hochschulgruppen »Vorüberlegungen für einen Studentenkongreß ›Vietnam – Analyse eines Exempels‹« vor. Die bisherigen kritischen Äußerungen zu der amerikanischen Vietnam-Politik hätten sich weitgehend entweder auf humanitäre oder auf unmittelbar politische Argumentation beschränkt. Eine analytische Erklärung sei bisher in breiten Kreisen des SDS nicht sichtbar geworden. Dies könne nicht nur durch das Fehlen einer »lebendigen modernen Imperialismustheorie« erklärt werden. Fehlende marxistische Analyse würde sich aber auf die Dauer als praktischer Mangel erweisen, weil die Schwäche der Linken den SDS zur Resignation treibe, wenn deren Ursachen nicht reflektiert würden. Die Aufgabe des SDS sei, den Studenten die Gründe und die Methoden des amerikanischen Krieges in Vietnam zu erklären und damit ein sozialistisch-wissenschaftliches Verständnis ihrer eigenen Lage vorzubereiten. Zugleich müsse der SDS Arbeitsformen der Aufklärung entwickeln und praktizieren, die ernsthaft die Chance hätten, über den schon politisierten studentischen Kreis hinaus vorzustoßen.

Am 5. März 1966 erklärte der SHB-Bundesvorstand, der Sozialdemokratische Hochschulbund sei bereit, als Mitveranstalter des Kongresses »Vietnam – Analyse eines Exempels« aufzutreten, falls der vom SDS-BV geplante Kongreß »unter möglichst großer Objektivität« durchgeführt werde. Die Sozialdemokraten legten besonderen Wert darauf, daß auch Politiker der im Bundestag vertretenen Parteien und Angehörige der amerikanischen Botschaft eingeladen würden.

Es entbehrt nicht einer gewissen Ironie, daß die SHB-Forderung nach Einladung von amerikanischen Botschaftsangehörigen gerade vom Berliner SDS schon am 26. Februar 1966 übertroffen worden war. Die Berliner hatten nicht nur den Botschafter der USA in der Bundesrepublik, Howard McGhee eingeladen, sondern auch die Professoren Arthur Schlesinger, Henry Kissinger, Herman Kahn (Rand-Corporation), Hans-Joachim Morgenthau, George Kahin und Herbert Marcuse, die Journalisten Isidor Feinstein Stone und Philip Potter sowie die Senatoren Robert Kennedy, Wayne Lyma Morse und James William Fulbright. Die Vorstellung des Berliner SDS war, exponierte Vertreter des amerikanischen Imperialismus wie auch hervorragende Sprecher der amerikanischen Anti-Kriegsbewegung an die Universität einzuladen, deren Gründung nach 1945 von den Amerikanern mit initiiert und finanziert wurde. Vor der versammelten Studentenschaft sollten sie Rede und Antwort zum Völkermord in Vietnam stehen. Der Erfolg der Veranstaltung vom 26. Februar 1965 ließ sich jedoch nicht wiederholen, das offizielle Amerika kniff. Nur Herbert Marcuse kam, auf eigene Kosten allerdings, zum Frankfurter Kongreß.

Hauptsächlich kam der Widerstand gegen Schauers Kongreßpolitik, der mit dem SHB verhandelte und nicht mit dem eigenen Verband, aus Köln und West-Berlin. Während der Vorsitzende der Kölner SDS-Gruppe, Karl-Heinz Roth, der damals noch der illegalisierten KPD nahestand, sich im Namen der Kölner Gruppe zwar gegen »eine bloße akademische Behandlung des Vietnam-Krieges« und für Agitation und freie Diskussionen im Plenum aussprach, grundsätzlich aber die Bereitschaft der Kölner zum Ausdruck brachte, den Kongreß zu unterstützen, auch wenn er nicht ihren Vorstellungen entsprechen sollte, bereiteten die Berliner stillschweigend ihren Gegenschlag vor.

Am 4. Mai teilte der SDS-Bundesvorstand den Gruppen überraschend mit, daß der SHB »in einem nunmehr bereits weitgediehenen Stadium der Vorbereitung seine Zusage zurückgezogen hat, mit uns gemeinsam den Kongreß ... zu veranstalten«. (Offenbar hatte der Parteivorstand interveniert. Schließlich standen mal wieder Bundestagswahlen vor der Tür und der SPD-Parteivorstand hatte den SHB nicht hochgepäppelt, damit er nun mit dem von der SPD gefeuerten SDS gemeinsame Sache machte.)

Am folgenden Tag kritisierte der SDS-Landesvorstand Berlin trotz der vorangegangenen Diskussion mit dem Bundesvorsitzenden Helmut Schauer in einer Stellungnahme das geplante Programm des Vietnam-Kongresses: »Wir sind, ebenso wie der BV, der Meinung, daß die Opposition in der BRD und Westberlin über ein Engagement in der Vietnam-Frage zu integrieren sei. Im Gegensatz zum BV sind wir aber der Meinung, daß die Integration der Opposition nicht mittels immanenter Kritik an der Verletzung bürgerlicher Normen in Vietnam geschehen kann ...«. Die harte Kritik der Berliner richtete sich vor allen Dingen gegen Themen wie »Politische und juristische Probleme des Vietnamkrieges (Selbstbestimmungsrecht, Internationale Abkommen etc.)«, die vom wesentlichen Prozeß des Befreiungskampfes der Völker der Dritten Weit nur ablenkten. Aufgabe des Kongresses hätte zu sein, die politisch diffuse Oppositionsbewegung in der Bundesrepublik auf den Stand der Theorie und der militanten Praxis der Opposition in anderen Ländern (besonders Frankreich, Italien und die USA) gegen den vom internationalen Kapitalismus in Gang gebrachten Formierungsprozeß zu bringen. Die Berliner legten einen Vorschlag zur Themenplanung vor, der seinerseits wiederum ein Kompromiß zwischen der Dutschke/Rabehl-Fraktion und dem Vietnam-Arbeitskreis um Horlemann und Gäng war. Auf Dutschkes Konto ging z.B. ein Vergleich der Imperialismus- und Revolutionstheorien von Wladimir Iljitsch Lenin, Mao Tse Tung und dem algerischen Revolutionär Frantz Fanon, die Politik des sozialistischen Lagers am Beispiel Vietnams und die Probleme der permanenten Revolution. Horlemann trug u.a. folgende Spezialisten-Themen bei: »counter insurgency« (organisierte Konterrevolution und Sabotage) und »Refeudalisierung und Nanh Vi in Südvietnam«. Die Berliner sahen eine solche Umorientierung des Kongresses als »einzig mögliche Konsequenz« da auch andere Gruppen Vorschläge in dieser Richtung gemacht hätten. (Auf dem Kongreß selber zeigte sich, daß die Berliner mit schlechtem Blatt hoch gepokert hatten: ihre Redner gingen – mit Ausnahme von Rudi Dutschke – in der Diskussion weitgehend unter.)

Der BV entsandte auf diese Stellungnahme hin das Mitglied des Politischen Beirats Frank Deppe am 8. Mai nach Berlin, um mit dem dortigen Landesvorstand über die Forderungen der Berliner zu diskutieren. Die Diskussion ergab Einigkeit in drei allgemeinen Feststellungen: Eine Imperialismus-Analyse sei unbedingt wichtig, um sozialistisches politisches Bewußtsein zu entwickeln; Gewalt dürfe für die Befreiungskämpfe der Dritten Welt nicht prinzipiell abgelehnt werden; und der SDS müsse sich über die politische Funktion und die möglichen Konsequenzen einer »schlechten Identifikation« mit den kämpfenden Nationen der Dritten Welt im klaren sein. Neben der Wiederholung der alten Forderungen aus der Stellungnahme vom 5. Mai 1966 stellten die Berliner zwei neue Forderungen auf und unterbreiteten für den Fall der Ablehnung einen abgestuften Plan von passiver und aktiver Sabotierung des Kongresses.

Sollte die erste Forderung, eine die wesentlichen Ergebnisse aller Arbeitsgruppen zusammenfassende Podiumsdiskussion, nicht erfüllt werden, drohten die Berliner, nicht am Kongreß teilzunehmen und die Hochschulgruppen München, Köln u.a. ebenfalls zur Nichtteilnahme zu bewegen. Die Berliner hofften, auf dieser Podiumsdiskussion ihre praktischen Erfahrungen mit der Demonstration vom 5. Februar und der Reaktion der Springer-Presse dort einzubringen. Bei Erfüllung dieser ersten Forderung und gleichzeitiger Ablehnung der zweiten (Jürgen Horlemann sollte in der Arbeitsgruppe III »Außenpolitische Aspekte des Vietnam-Konflikts« das Hauptreferat halten) wollten die Berliner den Kongreß durch Totschweigen indirekt sabotieren und nur einige redegewandte Kader schicken. Manche Passagen des Berichts von Frank Deppe über die Vorstellungen der Berliner lesen sich heute wie absurdes Theater: »Um eine Überbrückung der relativ kurzen Zeit zwischen der Podiumsdiskussion und der Demonstration am Paulsplatz zu gewährleisten, sollen auf dem Universitätsgelände Würstchenstände aufgebaut werden. Der Demonstrationsplatz muß außerdem mit Jupiterlampen beleuchtet sein.« Höchstwahrscheinlich wollten die Berliner jedoch nicht – wie man vermuten könnte – das BV-Mitglied Deppe vergackeiern, sondern hinter diesen Formulierungen stand das durchaus ernst zu nehmende Konzept von Rudi Dutschke, daß auch während des Essens die Diskussionsgruppen zusammen am Ort bleiben und sich nicht in die ohnehin überfüllten Kneipen der Umgebung zerstreuen sollten. Jeder, der Jürgen Horlemann näher kannte (er verstarb im Jahre 1996 an Magenkrebs), weiß, daß er immer schon ein Faible für die technischen Errungenschaften im Kommunikationssektor hatte: Ohne Jupiterlampen keine Fernsehübertragung.

Im Anschluß an die Diskussion mit Deppe diskutierten die Berliner SDSler die Verabschiedung eines Flugblattes, das ursprünglich für die Vorbereitung des nicht zustande gekommenen teach-ins mit amerikanischen Befürwortern und Gegnern der US-Intervention in Vietnam vorgesehen war. Das Flugblatt war von einer Gruppe von acht Genossen vorbereitet worden, die z. T. schon an der Plakataktion beteiligt gewesen waren.

Die wichtigste und zugleich umstrittenste Passage stellte eine neue Qualität der politischen Argumentation im SDS dar: »Die demokratisch aufrechte Gesinnung wird ihr Gewicht erst wiedergewinnen, wenn sie sich endlich an die rechte Adresse wendet, wenn sie erkennt, daß mit den Henkern im Weißen Haus nicht mehr zu diskutieren ist. ›Abzug der amerikanischen Truppen‹, ›Freie Wahlen für Südvietnam‹, das sind Forderungen an den Vietcong, einen gerechten Frieden endlich zu erzwingen, Forderungen, die nicht hilflos bleiben in der Solidarität mit den Unterlegenen, die eine lahme deutsche Protestbewegung bis heute bejammerte, sondern die schlagkräftig werden in der Solidarität mit den Siegern, schlagkräftiger werden mit jedem abgeschossenen amerikanischen Flugzeug, mit jedem verbrannten Einberufungsbefehl. Was bis heute versäumt wurde, in den Verurteilten, die sich erfolgreich zu Wehr setzten, uns selbst wiederzuerkennen und sie darum nicht nur mit Jammer abzusingen, das ist endlich zu leisten. Unser richtig verstandenes Interesse, das einsieht, daß jeder Sieg des Vietcong ein Sieg für unsere Demokratie bedeutet, ist die Triebfeder der folgenden Blätter.« (Mit dieser Passage sollte dann auch der Abbruch des geplanten teach-ins begründet werden.)

Abgesehen davon, daß es richtig ist, nicht nur gegen die Intervention zu protestieren, sondern sich auch mit den kämpfenden Völkern zu solidarisieren, ist die Aufforderung an die vietnamesische Befreiungsfront, endlich einen gerechten Frieden zu erzwingen, genauso hilflos wie ein weinerlicher Pazifismus. Natürlich war es richtig, in Deutschland zum ersten Mal auszusprechen, daß die Befreiungsfront das Recht hatte, amerikanische Flugzeuge abzuschießen, die Menschen töteten und Felder verwüsteten. Hier wurden durch vage Formulierungen Assoziationen geweckt, ähnliches hier unternehmen zu können. Später ist die RAF diesen Weg gegangen, wobei mancher ihrer Aktivistinnen und Aktivisten in dem Irrglauben lebte, dies stellvertretend für die arbeitende Bevölkerung zu tun.

Der Bundesvorstand des SDS, der nur seinen Kongreß in Gefahr sah, reagierte auf die politische Herausforderung des Flugblatts »Informationen über Vietnam und Länder der Dritten Welt Nr. 1« relativ undifferenziert. Nach mehreren vorausgegangen Telefonaten und Diskussionen faßte er am 11. Mai mit 4 : 1 Stimmen (Gegenstimme: Rudi Dutschke) den Beschluß: Der BV sei der Ansicht, daß das Flugblatt des Berliner Landesverbandes die »Durchführung wie die politische Effektivität des Vietnam-Kongresses ernsthaft in Frage stellt und der bisherigen Vietnam-Politik des Verbandes wie vor allem aber auch der Berliner (siehe Brief an McGhee) widerspricht«. Seine unverhüllte Drohung, die Redaktion des Flugblattes aus dem SDS zu feuern, mußte der BV allerdings fallenlassen, weil fast der gesamte Berliner Landesverband sich gegen jede Art disziplinierender Einmischung in die inneren Angelegenheiten der Berliner Gruppe aussprach und für die Veröffentlichung des Flugblattes votierte, obwohl dessen Inhalt äußerst kontrovers diskutiert wurde.

Da der BV satzungsmäßig nicht berechtigt war, einzelne Mitglieder auszuschließen, hätte er den gesamten Berliner Landesverband auflösen müssen – eine groteske Vorstellung. Die Debatte wurde leider nicht mit der notwendigen intellektuellen Redlichkeit zu Ende geführt, die sonst üblich war. Hier trägt der SDS ein Stück moralische Verantwortung für die Entwicklung in den 1970er Jahren.

Am 22. Mai 1966 fand dann endlich nach langem Hin und Her der SDS-Kongreß »Vietnam – Analyse eines Exempels« in der Frankfurter Johann-Wolfgang-Goethe-Universität statt. Das Hauptreferat hielt der 1933 nach Amerika emigrierte marxistische Philosoph der Frankfurter Schule, Herbert Marcuse, ein klassisches Beispiel einer engagierten Analyse des amerikanischen Imperialismus Ende der 60er Jahre. An diesem Kongreß nahm eine repräsentative Auswahl der europäischen linken Intelligenz teil. Wolfgang Abendroth, Norman Birnbaum, Bo Gustafsson, Jürgen Habermas, Oskar Negt, Theo Pirker, Konny Zilliacus, Claude Bourdet, Heinz Brandt u. a. Die über 2.200 Teilnehmer, Professoren, Gewerkschaftler und Studenten, verabschiedeten fast einstimmig die Schlußerklärung: »1. Der Vietnamkrieg ist ein nationaler und sozialer Befreiungskampf der südvietnamesischen Bevölkerung und zugleich ein Akt politischer Notwehr ... 2. Der Vietnamkonflikt ist keine zufällige Einzelerscheinung, sondern ein Modellfall für ähnliche – bereits sich entfaltende Konflikte in den halbkolonialen Agrarländern Asiens, Afrikas und Lateinamerikas ... 3. Die Interventionspolitik der USA bedroht nicht nur die Existenz des vietnamesischen Volkes, sie widerspricht auch den elementaren Lebensinteressen der großen Mehrheit der Bevölkerung in den USA und den ihr verbündeten Ländern ... 4. Der Vietnamkonflikt hat die Tendenz, sich zu einem großen, allgemeinen Krieg auszuweiten ...«.

Höhepunkt und Ende der Kongreßpolitik von Helmut Schauer und Hartmut Dabrowski war der von der IG Metall finanzierte Kongreß »Notstand der Demokratie« am 30. Oktober 1966 in Frankfurt/Main. Otto Brenner hatte schon seit Sommer 1966 damit gerechnet, daß die SPD bereit war, für den Eintritt in eine Große Koalition mit der CDU/CSU den Preis der Zustimmung zu den verfassungsändernden Notstandsgesetzen zu zahlen. Deshalb holte er sich auch den ehemaligen Bundesvorsitzenden des SDS, Helmut Schauer, als persönlichen Referenten zur Vorbereitung des Kongresses in die IG-Metall-Zentrale.

Auf der XXI. o. DK des SDS vom 1. bis 4. September 1966 in Frankfurt/Main wurden Reimut Reiche (Argument-Club, Frankfurt/Main) zum ersten und Peter Gäng (FU Berlin) zum zweiten Vorsitzenden gewählt. Mit Helmut Schauer und Hartmut Dabrowski, die nicht wieder kandidierten, trat die Generation im SDS in den Hintergrund, die schon 1961 zur Zeit des Unvereinbarkeitsbeschlusses im Verband mitgearbeitet hatte. Politischer Beirat: Erich Eisner (München), Wolfgang Lefèvre (FU) und Lothar Wolfstetter (GSG, Herausgeber der gewerkschaftlich orientierten Heidelberger Blätter, Mannheim). Die Hauptreferate der DK hielten Wolfgang Lefèvre zum Thema »Möglichkeiten für die Hochschulpolitik des SDS« und die beiden Marburger Genossen Frank Deppe und Kurt

Steinhaus zum Thema »Politische Praxis und Schulung im SDS«. Die DK beauftragte den neu zu wählenden Bundesvorstand, ein »Programm der innerverbandlichen Schulung als ein wesentliches Mittel für die innere Konsolidierung und für die Verbesserung der politischen Aktionsfähigkeit des Verbandes« zu entwickeln. Beim BV wurde ein »Schulungsreferat« eingerichtet. Aufgrund der bisherigen innerverbandlichen Diskussionen über richtige Aktions- und Aufklärungsformen gegen und über den amerikanischen Krieg in Vietnam beschloß die DK, der SDS werde auch »weiterhin allein oder gemeinsam mit anderen Organisationen die entschiedensten und aktivsten Teile der Opposition gegen den Vietnam-Krieg in der Bundesrepublik zu wirksamen öffentlichen Kundgebungen und Demonstrationen zusammenführen. Er fordert seine Mitglieder auf, sich durch ein sorgfältiges Studium der Ursachen und des tatsächlichen Verlaufs des Vietnam-Krieges auf die Tätigkeit als Referenten und Diskussions-Teilnehmer in öffentlichen Veranstaltungen vorzubereiten.«

... stürmt die Festung Universität!

Das einzig konkrete Projekt der Hochschulfraktion des Berliner SDS waren Rezensionen von Lehrveranstaltungen, die seit Februar 1966 im »FU-Spiegel« erschienen. Dies war eine Umsetzung der Forderung nach studentischer Öffentlichkeit. Die Genossinnen und Genossen in den Seminaren sollten – so die damalige studentische Sprecherin im Akademischen Senat, Sigrid Rüger (SDS) – als Spione der Hochschulöffentlichkeit die »Fragwürdigkeit der Ordinarienoligarchie aufzudecken versuchen«. Diese Rezensionen waren jedoch für eine Mobilisierung und Politisierung der Masse der Studenten kaum geeignet. Die theoretische Auseinandersetzung über Vorlesungen, Übungen und Seminare blieb auf Darstellung und Gegendarstellung im »FU-Spiegel« beschränkt und wurde nur von den unmittelbar Betroffenen mit Interesse verfolgt.

Ernst Fraenkel weigerte sich, auf die Rezension seines Seminars »Zur Theorie der Demokratie (unter Berücksichtigung der neueren amerikanischen Literatur)« inhaltlich einzugehen, da es sich bei der »sogenannten Rezension« um eine Wiederholung eines Argument-Artikels von Joachim Bergmann (Frankfurt/Main) handele. (Das betreffende Argument-Heft erschien allerdings erst über einen Monat nach dem Zeitpunkt, zu dem Fraenkel bereits die Druckfahnen des FU-Spiegels erhalten hatte.) Außerdem warf er dem Rezensenten vor, »dogmatisch gebundener Befehlsempfänger« zu sein. Fraenkel erklärte kurzerhand sein Seminar zum »Forschungsseminar«. Forschungsseminare fänden nicht nur »hinter geschlossenen, sondern schalldichten Türen« statt. Als der FU-Spiegel begann, auch Prüfungen zu rezensieren, hielt Fraenkel keine Prüfung mehr ab und ließ die ausgesperrten Studenten in der Luft hängen, bis der FU-Spiegel alle Rezensionen – aus den im Text genannten Gründen – einstellte.

Viel wichtiger für die Polarisierung und Mobilisierung der Studenten war z. B. die Einführung der befristeten Immatrikulation an den Hochburgen der Korporationen, der Juristischen und Medizinischen Fakultät der FU. Durch das Verbot einer Urabstimmung der Studenten über die »Zwangsexmatrikulation« war eine Stufe der Eskalation erreicht, wo die Studenten sogar ihr Recht auf demokratische Willensäußerung verteidigen mussten. Für den Zeitpunkt der folgenden Sitzung des Akademischen Senats am 22. Juni 1966 wurde eine studentische Versammlung anberaumt, die auf dem Platz unterhalb des Sitzungssaales des Akademischen Senats dieselbe Tagesordnung behandeln sollte wie das Ordinarien-Gremium. Dabei brachen die studentischen Sprecher im Akademischen Senat, Sigrid Rüger und Peter Dehn (SHB), das bis dahin übliche Vertraulichkeitsprinzip und informierten die Studentenschaft über die Vorgänge im Akademischen Senat.

Am Vorabend dieses ersten großen teach-ins und sit-ins an einer deutschen Universität fand ein nahezu historisches Treffen zwischen SDS und Burschenschaften statt. Unter der Leitung des Sprechers der Juristischen Fakultät, Franz Kirchberger, Mitglied des Cartellverbandes der Katholischen Deutschen Studentenverbindungen (CV), und Wolfgang Lefèvre, Mitglied des Landesverbandes Berlin des Sozialistischen Deutschen Studentenbundes (SDS), wurde ein gemeinsames Aktionsprogramm zur Verhinderung der Zwangsexmatrikulation an der Juristischen und Medizinischen Fakultät ausgehandelt. Beide Seiten stellten fest, daß bei allen bestehenden politischen Differenzen dieses Zweckbündnis ausschließlich zur Vertretung studentischer Interessen geschlossen wurde. Die Konsequenz dieses Aktionsbündnisses war, daß von den konservativen und sozialistischen Aktionskernen am nächsten Tag über 3.000 Studenten für die Versammlung mobilisiert werden konnten. Am späten Nachmittag wurde die Veranstaltung auf Vorschlag eines SDSlers in ein sit-in in der Halle des Henry-Ford-Baus umfunktioniert, auf dem das plebiszitäre Element stark in den Vordergrund rückte: Durch unmittelbare Demokratie gaben die Studenten ihre Repräsentation durch AStA und Konvent zeitweise auf, entschieden sich sogar gegen ihre Repräsentanten. Sie entwickelten ein Bewußtsein von der Möglichkeit politischer Selbstbestimmung, indem sie diese selber aktiv wahrnahmen. Daß die Diskussion über insgesamt zehn Stunden geführt wurde, war in der Hauptsache auf ca. 20 SDS-Mitglieder zurückzuführen, die zu allen anstehenden Themen Ad-hoc-Referate hielten.

Die von den Versammelten verabschiedete Resolution war von Mitgliedern des SDS, u. a. von Wolfgang Nitsch und Ulrich K. Preuß (beide Mitverfasser der Hochschuldenkschrift von 1961), Rudi Dutschke, Wolfgang Lefèvre, Klaus Meschkat und Johannes Agnoli vorgelegt worden. Bei der Beurteilung dieser Resolution muß man sich vergegenwärtigen, wo, wann und von wem sie verabschiedet wurde: nämlich in der Frontstadt West-Berlin am Ende der Adenauer-Ära von der versammelten Studentenschaft der FU, d. h. nicht nur von Linken, sondern auch von den Hunderten der anwesenden Korporierten. Die

Präambel der Resolution lautete: »Wir kämpfen nicht nur um das Recht, längere Zeit zu studieren und unsere Meinung stärker äußern zu können. Das ist nur die halbe Sache. Es geht uns vielmehr darum, daß Entscheidungen, die die Studenten betreffen, demokratisch nur unter Mitwirkung der Studenten getroffen werden. Was hier in Berlin vor sich geht, ist ebenso wie in der Gesellschaft ein Konflikt, dessen Zentralgegenstand weder längeres Studium noch mehr Urlaub ist, sondern der Abbau oligarchischer Herrschaft und die Verwirklichung demokratischer Freiheit in allen gesellschaftlichen Bereichen. Wir wenden uns gegen alle, die den Geist der Verfassung, gleich welcher Art, mißachten, auch wenn sie vorgeben, auf dem Boden der Verfassung zu stehen. Es gilt, die Freiheit der Universität als Problem zu sehen, das über den Rahmen der Universität hinausweist. Aus diesem Grunde sieht die Studentenschaft die Notwendigkeit, mit allen demokratischen Organisationen der Gesellschaft zusammenzuarbeiten, um ihre Forderungen durchzusetzen.«

Ursprünglich hatte es geheißen: »die Notwendigkeit, mit den Gewerkschaften zusammenzuarbeiten«. Der SDS verzichtete jedoch auf diese Formulierung, um die Aktionseinheit mit den Burschenschaften nicht zu gefährden. Während die alternativen politischen Vorstellungen des SDS-Landesverbandes Berlin auf dem Bonner Kongreß »Demokratie vor dem Notstand« im Mai 1965 und ein Jahr später auf dem Kongreß »Vietnam – Analyse eines Exempels« so gut wie keine Rolle spielten, eroberten die Berliner nun eine ganze Universität im Sturm. Damit übernahmen sie eine Avantgarde-Funktion für die gesamte deutsche Studentenschaft.

Der Ausschluß der Kommune I

Im Juni 1966 kamen am Kochel-See in Bayern neun Männer, fünf Frauen und zwei Kleinkinder zusammen (z. T. Mitglieder der Münchner Sektion der »Subversiven Aktion« um Dieter Kunzelmann und Mitglieder des Berliner SDS-Arbeitskreises »Formierte Gesellschaft«), um eine Woche lang über die Möglichkeiten revolutionärer Praxis, speziell das Projekt eines Wohnkollektivs zu diskutieren. Kernproblem dieser Diskussion war die Frage nach Vermittlung von politischem Anspruch und bürgerlicher Existenz.

Der allgemeinen Einschätzung lag die gerade veröffentlichte Arbeit von Herbert Marcuse »Der eindimensionale Mensch« zugrunde. Die kapitalistische Gesellschaft der 1960er Jahre sei durch das Gefühl der Vereinsamung des einzelnen charakterisiert, die Anpassung an die gesellschaftliche Ungleichheit könne nicht mehr durch die Vater-Familie geleistet werden, sondern erfolge durch Massenmedien, Reklame etc., also durch direkte und indirekte politische Manipulation. Das Unbehagen an der Vereinsamung manifestiere sich als ungerichtete Aggressivität. In ihrer wiederum sehr eindimensionalen Interpretation von Marcuses Text über die gesellschaftliche Situation in den USA behauptete der Kreis um Dieter Kunzelmann die totale Manipulation, Verwaltung und Paralyse der spätbürgerlichen Gesellschaft.

Relativ verwirrend war schon damals, daß es drei Gründerkreise für die Kommune-Bewegung gab: 1) der Kreis um Rudi Dutschke und Bernd Rabehl sah letzlich in kollektiven Lebensgemeinschaften in Wohnkommunen keine Alternative zur politischen Arbeit im SDS; 2) der Kreis um Dieter Kunzelmann, Rainer Langhans, Fritz Teufel und Hans-Joachim Hameister orientierte sich an der holländischen Provo-Bewegung und gründete am 1. Januar 1967 in der Wielandstraße in Berlin-Wilmersdorf die Kommune I; 3) ein Kreis um den ehemaligen Jungsozialisten Eike Hemmer, um Jan Karl Raspe und Jörg Schlotterer gründete später im SDS-Zentrum die Kommune II. Der Gründerzirkel der Kommune II provozierte am 26. November 1966 den Abbruch einer Diskussionsveranstaltung des AStA mit dem Rektor der FU, Hans-Joachim Lieber über die Zwangsexmatrikulation. Eike Hemmer, kreidebleich, entriß dem braungebrannten Professor Lieber das Mikrophon und ratterte wie ein Leseautomat den Text des »Fachidioten-Flugblatts« herunter, unter Mißfallenskundgebungen der versammelten Studenten. Objektiv ermöglichte dieses Stoßtruppunternehmen dem Rektor, der von AStA und SDS auf das härteste bedrängt wurde, einen relativ eleganten Abgang.

In dem Flugblatt hieß es u. a.: »Wir müssen uns herumschlagen mit schlechten Arbeitsbedingungen, mit miserablen Vorlesungen, stumpfsinnigen Seminaren und absurden Prüfungsbestimmungen. Wenn wir uns weigern, uns von professoralen Fachidioten zu Fachidioten ausbilden zu lassen, zahlen wir mit dem Risiko, das Studium ohne Abschluß beenden zu müssen ... Nach fünf Monaten Kollaboration ruft uns der AStA zu diesem Gespräch mit dem Rektor, bei dem der Mensch Lieber verständnisvoll in das Publikum horcht, während der Funktionär Lieber beschämt in der Ecke wartet. Von diesem Gespräch haben wir nichts zu erwarten. An unserer Lage wird sich nichts ändern, solange nicht diejenigen sich selbst organisieren, die es wirklich betrifft ... »Unterschrieben war das Flugblatt von einem »Provisorischen Komitee zur Vorbereitung einer studentischen Selbstorganisation«. Das Komitee, das sich hier zum Alleinerben des teach-ins vom 22./23. Juni hoch stilisierte, gab es in Wirklichkeit niemals, es organisierte also auch keine teach-ins oder sit-ins und beteiligte sich auch nicht an der kontinuierlichen Hochschularbeit im SDS. Die allerdings zu Recht angesprochenen Probleme einer Spezialisten-Universität wurden knapp ein Jahr später in der »Kritischen Universität« aufgenommen.

Eike Hemmer wurde das Mikrophon wieder weggenommen und unter Protest der Studenten gegen die »Störer« verkündete der AStA-Vorsitzende Knud Nevermann (SPD) das Ende der Versammlung. »Mitglieder« des »Komitees« versuchten danach, die Diskussion fortzusetzen, jedoch verließ die überwiegende Mehrheit der Studenten den Hörsaal. (Vier ehemalige Rektoren der FU, Gerhard Schenck, Ernst E. Hirsch, Ernst Heinitz und Herber Lüers, stellten wegen des »Fachidioten«-Flugblatts Strafanzeige gegen Unbekannt wegen Beleidigung.)

Die Aktion war höchst wahrscheinlich von Rudi Dutschke, Bernd Rabehl, Hans-Joachim Hameister, Eike Hemmer und Manfred Hammer vorbereitet worden. Sie waren gegen die Politk der Gruppe um Wolfgang Lefèvre, Wolfgang Nitsch und Peter Damerow, da sie die – ungerechtfertigte – Vermutung hegte, daß die »Hochschulpolitiker« des SDS mit dem SHB um die Brüder Kadritzke, Hartmut Häußermann und Knut Nevermann kooperierten und letztlich nur Universitäts-Karrieren machen wollten. Deshalb entwickelten sie die Vorstellung einer Gegenuniversität, die innerhalb und außerhalb der Uni stattfinden sollte, und in deren Mittelpunkt die Revolution in den Metropolen und in der Dritten Welt stehen sollte. (1967 wurde dann auf Vorschlag Bernhard Blankes der Arbeitskreis »Formierte Gesellschaft« ins Leben gerufen, um die Differenzen deutlich zu machen und auszudiskutieren.)

Die Vorbereitungsgruppe für die Kommune-Gründung hatte beschlossen, die Veranstaltung von AStA und Rektor zu sprengen, da nach ihrer Meinung »von diesem Gespräch nichts zu erwarten« war. Den Text des Flugblatts hatte Bernd Rabehl entworfen, wobei er Gedanken des Chairmans des schwarzen »Student Non-Violent Coordinating Committee« (SNCC), Stokely Carmichael, aufnahm und für für die geplante Aktioen aktualisiert. Eike Hemmer war zum Verlesen des Flugblatts ausgewählt worden, weil ihn keiner kannte.

Weit mehr Furore in der Öffentlichkeit machte die Kommune I, die am 10. Dezember 1966 eine SDS-Demonstration gegen den amerikanischen Krieg in Vietnam in eine Art Happening gegen Terroristen in Uniform umfunktionierte. In Sprechchören wie »Weihnachtswünsche werden wahr, Bomben made in USA« und »Am toten Vietnamesen soll die freie Welt genesen« demonstrierten ungefähr 200 Studenten auf dem Kurfürstendamm, nachdem sie den Hauptdemonstrationszug von 2.000 Teilnehmern verlassen hatten, der durch eine menschenleere Umgehungsstraße pilgerte. Nach der Tschombé-Demonstration vom Dezember 1964 war dies die erste große Konfrontation zwischen Berliner Polizei und FU-Studenten, wiederum begleitet vom üblichen Aufschrei der Berliner öffentlichen Meinung (diesmal einschließlich der Berliner Industrie- und Handelskammer). Der Landesverband Berlin des SDS zog blitzschnell nach und veranstaltete zusammen mit der Kommune I am 17. Dezember, einem weiteren verkaufsoffenen Sonnabend, eine »Spaziergang-Demonstration« auf dem Kurfürstendamm. Ungefähr 200 Studenten bildeten auf entsprechende Signale aus einer Kindertrompete hin mehrmals einen Demonstrationszug und verteilten Flugblätter mit Ratschlägen an die Demonstranten und Spaziergänger: »Um uns nicht zusammenschlagen zu lassen, um nicht die hilflosen Objekte der Aggressivität junger Leute in Polizeiuniform zu sein, demonstrieren wir nicht in der alten Form, sondern in Gruppen als Spaziergänger. Wir treffen uns an vorher bestimmten Punkten, um uns bei Nahen der Freunde von der Polizei zu zerstreuen und an einem anderen Ort wieder aufzutauchen.« Der SDS gab folgende Parolen aus: »Keine Keilerei mit der Polizei« und »Kommt die Polizei vorbei/gehen wir an ihr vorbei/an der nächsten Ecke dann/fängt das Spiel von vorne an.« Wie vorausberechnet reagierte die Polizei bierernst und z. T. hysterisiert: 74 Studenten, Schüler und Passanten, besonders solche mit Weihnachtspaketen unter dem Arm, wurden festgenommen. Vier Polizeibeamte in Zivil arretierten Rudi Dutschke, auch mit einem Weihnachtspaket unter dem Arm. (In dieser Nacht diskutierte Rudi mit mehreren nationalkonservativen Polizeioffizieren, die von Hans-Joachim Lieber in die Geheimnisse des Sowjetmarxismus eingeweiht worden waren. Dutschke: »Die armen Genossen Polizisten, was der Lieber denen für einen Scheiß beigebracht hat!«)

Im Februar 1967 eroberten die Kommunarden zeitweilig den SDS-Landesverband: Uwe Bergmann, Jörg Schlotterer, Rainer Langhans, Eike Hemmer und Eberhard Schultz wurden als Arbeitskollektiv zum Vorstand des Landesverbandes gewählt, um nach einigen Wochen wieder zu verschwinden und eine eigene Kommune II zu gründen. Sollte damit die bisherige Verbandsstruktur aufgegeben werden, zu einem Zeitpunkt, als die Studenten Berlins voll hinter dem SDS standen?

Und ein großer Teil der Studenten in West-Berlin stand tatsächlich hinter dem SDS. Am 26. Januar 1967 hatte die Politische Polizei auf der Suche nach Hinweisen auf die Verfasser des »Fachidioten-Flugblattes« die Räume des SDS-Zentrums besetzt und die Mitgliederkartei beschlagnahmt. Zwei Tage später solidarisierten sich auf einer Protestdemonstration über 2.000 Studenten, Professoren und Schriftsteller gegen die Polizeiaktion, unter Beteiligung aller politischen Studentenverbände, einschließlich des RCDS. Auf der Abschlußkundgebung an der Gedächtniskirche sprachen Günter Grass, Hans Magnus Enzensberger, der gerade an die FU berufene Soziologe Dieter Claessens und der 1. AStA-Vorsitzende der FU, Knut Nevermann (SPD).

Auf dem ersten Höhepunkt seiner antiautoritären Phase war der Berliner SDS offenbar in eine schwierige Situation geraten: Er stand im Kreuzfeuer der Kritik von Kommune und »Alter-Keulen-Riege« des Republikanischen Clubs. Die Genossen der »Alten-Keulen-Riege«, die über ein großes Maß an organisatorischer Erfahrung verfügten, hatten sich außerhalb des SDS organisiert und versuchten so, langfristig auf den Verband wieder Einfluß zu nehmen. Am Tage der Bildung der Großen Koalition, am 26. November 1966, hatten sie in West-Berlin die »November-Gesellschaft« gegründet. In der Diskussion wurde einerseits die These vertreten, nach der Bildung der Großen Koalition würde sich die SPD spalten und der SDS sei nicht in der Lage, die Gegner der Großen Koalition außerhalb der Studentenschaft aufzunehmen. Insoweit wurde die Gründung einer neuen Partei ins Auge gefaßt, besonders von Horst Mahler. Andererseits wurde argumentiert, der SDS laufe Gefahr, sich in einen anarchistischen Studentenverband zu transformieren, falls sich die Kommunarden durchsetzen sollten. Die »November-Gesellschaft« könnte dann eine Auffangbasis für die SDS-Mitglieder sein, die sich einer solchen Tendenz nicht anschlössen. Soweit die älteren Genossen auf der Landesvollversammlung des SDS am 4. Februar 1967 anwesend waren, stimmten sie ostentativ für die Kommune als neuen Vorstand.

1) Lefèvre kommentierte 1969 in einem Interview diese unheilige Allianz zwischen »Alter-Keulen-Riege« und der Kommune so: »Die November-Gesellschaft hatte sich

verstanden als diese sozialistische Avantgarde, die solche Grüppchen wie den SDS von außen stabilisiert und auf den richtigen Pfad bringt. Das ist also der wüste Plan alter Männer, anders kann man das überhaupt nicht mehr bezeichnen. Das war aber natürlich auf die Dauer unpraktisch. Außerdem gab es auch sehr bald Differenzen in der November-Gesellschaft selbst; die war nämlich viel zu breit angelegt.« Dort habe es auch Leute gegeben, die in der »Drehscheibe« (der Kneipe des damaligen SED-nahen Berliner EXTRA-Dienstes, T. F./S. L.) gesessen hätten. Hier meinte Lefèvre offensichtlich Karl L. Guggomos, Walther Bartel, Dietrich Staritz, oder Hannes Schwenger. »Es ist richtig,« so Lefèvre weiter, »daß ... auf dieser Sitzung die Politik verfolgt wurde, die Kommunarden, vor allem Leute wie Eike Hemmer, als Arbeitskollektiv in den Vorstand hineinzuschicken, und zwar, wie ich glaube ... aus keinem anderen Grunde als dem, daran den SDS zerbrechen zu lassen.«

2) Die aktiven Mitglieder im SDS hatten sich seit zwei Jahren in Aktionskerne aufgeteilt, die sowohl theoretisch-empirisch arbeiteten als auch einzelne Kampagnen vorbereiteten. Die Arbeitskreise Hochschulpolitik, Vietnam, Notstandsgesetze und Formierte Gesellschaft hatten sich dabei zunehmend voneinander isoliert und waren in eine Art Konkurrenz zueinander getreten. Durch die theoretische Arbeit und die Kampagnen wurde die gesamte Arbeitskraft der Mitglieder beansprucht, so daß es immer schwieriger wurde, Genossen für die allgemeine Verbandsarbeit zu finden. Der SDS Berlin war damals lediglich die Summe der einzelnen Kampagnen ohne eine gemeinsame strategische Diskussion. Die fand erst nach der Suspendierung der Kommune I im Mai 1967 wieder statt.

3) Der SDS konnte als Organisation, die allen Mitgliedern ein Höchstmaß innerverbandlicher Demokratie garantierte, nur funktionieren, solange sich alle an den Grundkonsensus hielten, theoretische Fragestellungen, konkrete Projekte und langfristige Kampagnen mindestens im Politischen Beirat vorzutragen und auszudiskutieren. (War dort keine Einigung möglich, so mußten die Mitglieder, die in Rundbriefen über alle Vorgänge informiert wurden, auf einer a. o. Landesvollversammlung entscheiden.) Sobald eine Fraktion diesen Konsensus brach und sich der Diskussion entzog, war sie nicht mehr kontrollierbar und konnte den Verband zeitweise usurpieren, falls sie – auf welche Weise auch immer – in einem Coup die Mehrheit der auf einer Landesvollversammlung anwesenden Mitglieder für sich einnehmen konnte. Da der SDS niemals einen Berufsfunktionärskörper anstrebte, war seine Stärke, die lebendige innerverbandliche Demokratie, zugleich auch seine Schwäche.

4) Die Aktionsformen der Kommune: Happenings, phantastische Verkleidungen, scheinbare Aufhebung der Geschlechterrolle, Umfunktionieren des deutschen Liedguts, Vermeidung von physischer Gewalt, wobei sie gleichzeitig die Polizei der Lächerlichkeit preisgab, aber auch der voluntaristische Versuch, neue, nichtautoritäre Lebensformen zu finden, Wohnkommunen, Auflösung von Zweierbeziehungen und rationale Aus-

tragung von Gruppenkonflikten übten nicht nur auf SDS-Mitglieder und Studenten, sondern darüber hinaus auch auf große Teile der Jugend zunächst einmal eine gewisse Faszination aus. Die Diskrepanz zwischen Wort und Bild in der betont negativen Berichterstattung von Boulevardpresse und Fernsehen hatte eine nicht zu unterschätzende Multiplikator-Funktion. Fritz Teufel, Dieter Kunzelmann, Rainer Langhans und später auch Georg von Rauch lasen nur noch Bild und BZ. Waren schicke Fotos von ihnen drin, dann war die Revolution auf dem Vormarsch.

Die Happening-orientierte Kommune I wurde am 5. April 1967 von der Gewalt des Staatsapparats getroffen: Beamte der Abteilung I (Politische Polizei) nahmen elf Studenten fest. Sie seien »unter verschwörerischen Umständen zusammengekommen und hätten hierbei Anschläge gegen das Leben oder die Gesundheit des amerikanischen Vizepräsidenten Hubert Horatio Humphrey mittels Bomben, mit unbekannten Chemikalien gefüllten Plastikbeuteln oder mit anderen gefährlichen Tatwerkzeugen wie Steinen usw. geplant«. Diese Polizeimeldung war falsch: Nach einer Untersuchung der gefundenen Gegenstände stellte sich heraus, daß es sich um Rauchkerzen, Plastikbeutel mit Farbe, Pudding und Mehl handelte. Der SDS veranstaltete am Abend des 6. April 1967 eine Demonstration vor dem Schloß Charlottenburg und später vor dem Springer-Hochhaus gegen die Anwesenheit des US-Vizepräsidenten in West-Berlin. Trotz strömenden Regens nahmen ca. 2.000 Studenten an der Demonstration teil, die die sofortige Freilassung der festgenommenen Studenten forderten.

Am 19. April fand das zweite große sit-in an der FU statt, wiederum als Parallelveranstaltung zu einer Sitzung des Akademischen Senats, der u.a. wieder den Dauerbrenner »Förderungswürdigkeit des SDS« auf die Tagesordnung gesetzt hatte. Diesmal rief der Rektor nach vorheriger Warnung an die Versammelten die Polizei, die von den noch verbliebenen ungefähr 1.000 Studenten um Mitternacht in 20 Minuten ca. 100 hinaustrug. Nachdem die durch die Seitenausgänge Hinausgetragenen durch den Haupteingang wieder hereingekommen waren, sah der leitende Polizeioffizier das Sinnlose dieses Tuns ein und brach nach telefonischer Rücksprache mit dem Polizeipräsidenten die Aktion ab. Rektor und Akademischer Senat sahen sich in dieser Situation vom bürgerlichen Staat schmählich in Stich gelassen. Rektor Lieber, der noch während des sit-ins vom 22./23. Juni 1966 die Studenten aufgefordert hatte, die Autonomie der Universität nicht leichtfertig aufs Spiel zu setzen, lieferte diese nun, um seiner Autorität als Rektor willen, an die Berliner Exekutive aus und war sauer, als diese ihn praktisch aufforderte, für seinen Laden selber zu sorgen.

Der Rektor der FU sperrte als Reaktion auf das sit-in die Bezüge der beiden AStA-Vorsitzenden Hartmut Häußermann und Bernhard Wilhelmer und des Konventsvorsitzenden Wolfgang Lefèvre und leitete gegen sie und darüber hinaus gegen den Ältesten des Konvents, Knut Nevermann, sowie gegen den märkischen Agitator Rudi Dutschke Disziplinarverfahren ein. Am 26. April 1967 sprach der Konvent der FU den beiden

AStA-Vorsitzenden und dem Konventsvorsitzenden das Vertrauen aus und protestierte gegen die eingeleiteten Disziplinarverfahren. Über diesen Beschluß setzte er für Anfang Mai eine Urabstimmung der Studentenschaft fest. An dem folgenden Wahlkampf beteiligten sich fast alle Mitglieder des SDS, einschließlich der Karteileichen. Nachdem Rektor Lieber der Studentenschaft angeboten hatte, die Disziplinarverfahren zu stoppen, falls die Studenten den Konventsbeschluß ablehnten, sprachen von 10.173 FU-Studenten, die an der Urabstimmung teilnahmen, 4.709 (46,1 %) dem Konvent das Vertrauen aus und 4.383 (43,3 %) stimmten für den Rektor. Der sogenannte »Dritte Weg« (eine Tarnorganisation der Korporierten) gab die Devise aus, weder für AStA und Konvent noch für den Rektor, sondern ungültig zu stimmen. 1.081 Studenten gaben weiße Stimmzettel ab. Das Ergebnis spiegelte die Kräfteverhältnisse an der FU wider. Nach rund zwei Jahren Mobilisierung bedeutete dies zwar einen großen Erfolg, zeigte aber andererseits, daß die Linke in einer polarisierten Situation nur eine äußerst knappe Mehrheit hinter sich hatte.

In dieser Situation, in der es indirekt auch um die satzungsmäßig abgesicherten Arbeitsmöglichkeiten des SDS an der Freien Universität ging, fiel die Kommune I den sozialistischen Studenten mit fünf Flugblättern in den Rücken, die mit »SDS« unterzeichnet waren. Dieter Kunzelmann, Fritz Teufel & Co. verhöhnten den Rektor, den Akademischen Senat, den AStA und die politischen Studentengruppen an der FU, bezeichneten die Studenten als »Lahmärsche und Karrieremacher« und mokierten sich über die Institution der demokratischen Urabstimmung durch die Studentenschaft. Die Quintessenz dieser dadaistischen Kunstwerke war, daß sie im Namen des SDS die Studenten aufforderten, zu Hause zu bleiben, und die Position des SDS an der Hochschule schwächten. Einen Tag später wurde die Kommune I vom SDS-Landesverband Berlin mit ausdrücklicher Zustimmung des Bundesvorstandes mit sofortiger Wirkung von ihren aktiven und passiven Mitgliedsrechten suspendiert. (Rainer Langhans stimmte als Mitglied des Landesvorstandes noch dafür. Keine Woche später war er selber in der K I.) Diesmal wurde nicht lange gefackelt: Am 12. Mai 1967 schloß eine a.o. Landesvollversammlung des Berliner SDS die Kommune I aus dem Verband aus.

Wolfgang Lefèvre setzte sich in seinem Referat zur Begründung des Antrages auf Ausschluß nicht nur gegen die »Pseudo-Linke«, sondern auch gegen die »Alte-Keulen-Riege« ab. Er bestritt nicht, daß bestimmte Aktionen der Kommune den politischen Lernprozeß innerhalb der Studentenschaft begünstigten und pathologische Reaktionen der Administration hervorriefen. Solche Happenings müßte die Kommune jedoch unter eigenem Firmenzeichen durchführen. Für einen sozialistischen Studentenverband sei es untragbar, daß ein SDS-Mitglied (Dieter Kunzelmann) in der Springer -Presse seinen Ausspruch kolportieren lasse: »... was geht mich Vietnam an – ich habe Orgasmusschwierigkeiten.« Wenn Rudi Dutschke später, im Juli 1977, erklärte: »Der Ausschluß der Kommune aus dem SDS war ein weiterer verkrampfter Versuch, eine politische Glaubwürdigkeit als

Sozialisten durchzuhalten«, so setzte er seine damalige humanzentristische Position der Beschwichtigung fort, nach dem Motto: Bloß keinem weh tun – richtig betrachtet, sind wir in allerletzter Konsequenz doch alle Sozialisten/Kommunisten.

Richtig wäre gewesen, sich schon vor dem 4. Februar 1967 mit den Kommunarden der K I und K II politisch konsequent auseinanderzusetzen, anstatt ihnen kampflos den Landesvorstand zu überlassen.

Die längst fällige Diskussion über die Organisationsstruktur begann auf derselben Landesvollversammlung, auf der die Kommune gefeuert wurde. Der Landesverband sollte in sieben Projektgruppen umstrukturiert werden, die nicht mit den »Zellen« der alten KPD identisch seien. »Der Begriff ›Projektgruppe‹ soll andeuten, daß es sich hier nicht mehr um Arbeitskreise handelt, sondern um verbindliche Kollektive, die theoretisch diskutieren, gleichzeitig aber auch Gruppen sind, die gemeinsam verschiedene Praxisformen der Demonstration und anderer Aktionen ausprobieren.« Statt eines Landesvorstands wurde ein »erweiterter Beirat« gewählt, der sich aus den Aktivisten der zukünftigen Projektgruppen zusammensetzte und nach einem Rotationsprinzip die Arbeiten verteilen sollte. Diese Konstruktion hatte bewußt eine Konzentration der Kräfte des Gesamtverbandes zum Ziel. Mitglieder des erweiterten Beirates wurden Rolf Czeskleba, Peter Damerow, Rudi Dutschke, Sigrid Fronius, Manfred Hammer, Ursel Henning, Karl-Joachim (Kajo) Heymann, Nikolaus Kuhnert, Wolfgang Lefèvre, Dirk Müller, Peter Neitzke, Hermann Pfuetze, Ulrich K. Preuß, Bernd Rabehl, Christian Semler und Ulrich Ströhle. Knapp einen Monat später, nämlich am 2. Juni, stellte sich heraus, daß der SDS Glück hatte. Da die Kommune von sich aus ihren Ausschluß aus dem SDS erzwungen hatte, koordinierten am 2. Juni statt einer abgewirtschafteten Politkommune handlungsfähige Führungskader die Abwehr-Aktionen des SDS gegen den Staatsapparat.

Die Revolte

Am 2. Juni 1967 wurde der 26-jährige Student der Freien Universität stud. phil. Benno Ohnesorg bei einer Demonstration gegen den Schah von Persien vor der Deutschen Oper vom Polizeiobermeister Karl-Heinz Kurras durch einen Kopfschuß von hinten getötet. Die Erschießung von Benno Ohnesorg war ein Wendepunkt in der Geschichte der studentischen Protestbewegung in West-Berlin und der Bundesrepublik. Sie löste eine verschärfte Eskalation von Gewalt und Gegengewalt zwischen Staatsapparat und Studentenschaft aus. Die Polizei, der Senat von Berlin, das Abgeordnetenhaus, die von Axel Cäsar Springer beherrschte Boulevardpresse – allen voran BILD-Zeitung, BZ und »Berliner Morgenpost« – kriminalisierten gemeinsam die Studenten von Berlin. Die Polizei, vom Präsidenten bis zum einfachen Wachtmeister, verschwieg hartnäckig die Wahrheit, bis durch unwiderlegbare Indizien, Beweise und Augenzeugenberichte Unbeteiligter der Ablauf des Angriffs vor der Oper minuziös rekonstruiert wurde. Der Senat von Berlin bestrafte den studentischen Verstoß gegen Ruhe und Ordnung und die diplomatischen Höflichkeitsformen mit dem nicht erklärten Notstand vor der Oper und einem totalen Demonstrationsverbot. Aus dem Abgeordnetenhaus und den Redaktionsstuben schallte den Studenten die Sprache der Gewalt entgegen.

Während der Totenfeier mit Helmut Gollwitzer und des anschließenden Trauerkonduktes für ihren erschossenen Kommilitonen hörten die Studenten über Transistorradios, wie der SDS und andere linke Studentenverbände unter dem Beifall im Berliner Abgeordnetenhause mit den Nazis gleichgesetzt wurden. Die Springer-Presse hatte schon in den ersten Kommentaren die Polizei frei- und die Studenten schuldig gesprochen. Unmittelbare Folge des Todes von Benno Ohnesorg war, daß der Funke der Rebellion auf die Universitäten der Bundesrepublik übersprang. Der Kongreß in Hannover am 9. Juni 1967, an dem über 7.000 Studenten teilnahmen bot den Vertretern des Berliner SDS die Möglichkeit, in direktem Streitgespräch mit Vertretern der Kritischen Theorie wie Jürgen Habermas und Linkssozialisten wie Wolfgang Abendroth ihre Thesen über den Charakter der spätbürgerlichen Gesellschaft außerhalb Berlins zu vertreten. Die Revolte begann.

Der Kongreß in Hannover

Jürgen Habermas bezeichnete in seinem Redebeitrag die Bundesrepublik Deutschland und West-Berlin nach Bildung der Großen Koalition als leidlich funktionierende Demokratie mit restaurativen Tendenzen. Der »legale Terror« in West-Berlin bedeute eine manifeste Einschränkung der Demokratie. Die Studentenproteste, so seine These, übernähmen die Aufgaben der nicht oder nur noch unzureichend funktionierenden Kontrollmechanismen in der Demokratie. Er kritisierte die ausschließlich unter Gesichtspunkten der Produktivität betriebene Reform der Universitäten. Habermas sah jedoch keine langfristige Möglichkeit einer Weiterentwicklung der Studentenrevolte. Er hatte den Verdacht, daß gerade die Studenten das Spannungsverhältnis zwischen Theorie und Praxis, »politischem Engagement und Berufsvorbereitung«, Bedürfnis nach Gesamtorientierung und wissenschaftlicher Rationalität nicht aushalten und in Indifferenz, Regression oder Irrationalismus verfallen könnten. Gegen Habermas gerichtet, erklärte Hans-Jürgen Krahl (SDS Frankfurt/Main), daß das Argument, Provokation von Gewalt sei faschistisch, nicht mehr gelte. Das »blutige und brutale Dreinschlagen der losgelassenen und jederzeit gegen die Studenten mobilisierbaren staatlichen Gewaltmaschinerie« sei nur deshalb möglich, weil die Studentenschaft nicht organisiert sei und chaotisch reagiere. Es sei notwendig, daß die nicht mit materiellen Waffen bewaffneten Studenten »ritualisierte Formen der Provokation finden und … eine … materiell manifeste Gewaltlosigkeit demonstrativ auf der Straße in der Öffentlichkeit darstellen«.

Rudi Dutschke hielt Habermas entgegen, daß gerade heute die objektiven Bedingungen für die Umsetzung emanzipativer Theorie in die Praxis mehr und mehr gegeben seien und daß sich damit das traditionelle Theorie-Praxis-Verhältnis im Marxismus verändere. »Alles hängt vom bewußten Willen der Menschen ab, ihre schon immer von ihnen gemachte Geschichte endlich bewußt zu machen, sie zu kontrollieren, sie sich zu unterwerfen, das heißt, Professor Habermas, Ihr begriffloser Objektivismus erschlägt das zu emanzipierende Subjekt.« Die durch Mechanisierung des Arbeitsprozesses notwendig gewordene Verwissenschaftlichung des Produktionsprozesses sei »die Grundlage einer neuen Funktionsbestimmung der Universität durch den Spätkapitalismus«, nämlich »Ausgangspunkt einer antiautoritären Politisierungsmöglichkeit der Universität durch uns«. Die in West-Berlin entstehenden »räteartigen Gebilde«, die Aktionszentren, unterliefen in der direkten Auseinandersetzung mit der etablierten Ordnung auch die festen Organisationen der Studentenschaft, wie AStA, SDS, SHB, LSD u.a. Nur die praktisch-kritische Entfaltung der bewußtesten Teile der Studentenschaft durch Aktionszentren auch in der Bundesrepublik ermögliche die politische Kontinuität der Auseinandersetzungen in der Studentenschaft. Dutschke forderte die westdeutschen Studenten zur Gründung solcher Aktionszentren als »weitere Zeichen der Solidarität von den westdeutschen Universitäten« auf. Auf die Zwischenfrage eines westdeutschen Kommilitonen, ob »Herr Dutschke« nicht ein wenig zu dick auftrage und »ob nicht die eingefahrenen Institutionen in Westdeutschland wie AStA, SDS usw. noch viel besser arbeiten könnten als irgendwelche Aktionskommitees, die wahrscheinlich doch nichts tun würden«, konkretisierte Rudi seine »Neubestimmung des Voluntarismus«: Da in der gegenwärtigen sozio-ökonomischen Entwicklung die »emanzipierende Tendenz« (d.h. die Ökonomie erzeugt Krisen und die Krisen ermöglichen »politische und menschliche Emanzipation durch kämpferische Aktion«) nicht mehr gegeben sei, vertraue er »nur auf die konkreten Tätigkeiten von praktischen Menschen und nicht auf einen anonymen Prozeß«.

Am Schluß des Kongresses antwortete Habermas auf den (inzwischen abgereisten) Rudi Dutschke. Er frage sich, so Habermas, warum Dutschke für seinen einzig konkreten Vorschlag eines Sitzstreikes eine »voluntaristische Ideologie« entwickele, »die man im Jahre 1848 utopischen Sozialismus genannt hat, und die man unter heutigen Umständen – jedenfalls glaube ich, Gründe zu haben, diese Terminologie vorzuschlagen – linken Faschismus nennen muß ... Ich hätte gerne geklärt, ob er nun willentlich die manifeste Gewalt herausfordert nach dem kalkulierten Mechanismus, der in diese Gewalt eingebaut ist, und zwar so, daß er das Risiko von Menschenverletzung, um mich vorsichtig auszudrücken, absichtlich einschließt oder nicht.«

Klaus Meschkat, Mitglied der von den Antiautoritären oft geschmähten »Alten-Keulen-Riege«, vertrat gegen Habermas die Position des Berliner SDS und stellte sich vor Rudi Dutschke: Obwohl der Vorwurf voluntaristischer Tendenzen nach seiner (Meschkats) Auffassung zu Recht bestehe, müsse er ganz entschieden zurückweisen, daß Dutschke in einen Topf geworfen werde mit anderen Leuten, die eine Politik betrieben, »die mit der Gewalt kokettiert und ... auf neue Opfer hinausläuft«. Eine Reihe von ehemaligen SDSlern, die bedeutende Positionen in der Berliner Verwaltung einnähmen, hätten davor gewarnt, daß der Regierende Bürgermeister Heinrich Albertz durch einen gewissen energischen jungen Mann aus Bonn (Klaus Schütz) abgelöst werde, falls der SDS nicht einlenke. »Die Mehrheit der Studenten denkt Gott sei Dank nicht mehr in diesen Kategorien.« Man provoziere nicht um der Provokation willen, wie Habermas unterstelle, sondern es gehe um die Wiederherstellung des selbstverständlichen Rechts auf Demonstrationsfreiheit. »Und ich möchte noch einmal sagen, abgesehen von Differenzen in bestimmten ideologischen Fragen, wo ich eine andere Auffassung als Dutschke habe, bin ich stolz darauf, daß der Berliner SDS Genossen hat, die sich in dieser Situation in der letzten Woche so gewehrt haben, ein solches Maß an Besonnenheit gezeigt haben, wie gerade Rudi Dutschke.« Rechtsanwalt Horst Mahler (SDS Berlin) erinnerte die Versammelten noch an das »Widerstandsrecht« und – unter Hinweis auf die faschistische Diktatur – an die Pflicht, von diesem Widerstandsrecht Gebrauch zu machen, solange es noch möglich und sinnvoll sei.

Auf dem Kongreß wurde eine Erklärung des Bundesvorstandes des SDS verteilt: »Niederlage oder Erfolg der Protestaktion«. Der SDS-BV gab eine genaue Analyse der Situation der Universitäten und der Studentenschaft in der bundesrepublikanischen und Westberliner Gesellschaft. Für die Diskussionen an den Universitäten stellte der SDS folgende Thesen auf: »I. Die Auseinandersetzungen zwischen den Studenten einerseits und der Universitäts- und Stadtbürokratie West-Berlins andererseits sind das Ergebnis der Verschärfung der strukturellen Krise der Universität, der Verfestigung autoritärer politischer Machtpositionen in der BRD und West-Berlin und internationaler Erschütterungen ... II. Der auf die Studenten ausgeübte polizeiliche und psychologische Druck droht allen sozialen und politischen Gruppen, die sich nicht widerspruchslos den Leistungsansprüchen und politischen Zwängen des kapitalistischen Systems fügen ... III. Die Proteste der Studenten bleiben ohnmächtig, soweit es ihnen nicht gelingt, sich gesamtgesellschaftlich Rückhalt zu verschaffen und der kapitalistischen Oligarchie in Ökonomie, Öffentlichkeit und Staatsapparat selbst Machtpositionen streitig zu machen ... IV. Der SDS fordert die Studenten zur Solidarität mit allen auf, die gegen die wirtschaftlichen, politischen und psychologischen Unterdrückungs- und Ausbeutungsformen des Kapitalismus protestieren und kämpfen ...«

Um zu verhindern, daß der Tod Benno Ohnesorgs nur zu ergreifenden unpolitischen Trauerkundgebungen Anlaß war, gab der SDS-Bundesvorstand mit dieser Erklärung, die an den westdeutschen Universitäten in über 100.000 Exemplaren verteilt wurde, eine Diskussionsgrundlage, die die Erschießung eines Studenten in einen gesellschaftlichen und politischen Gesamtzusammenhang einordnete. An allen Universitäten und Hochschulen, wo es eine – auch noch so winzige – SDS-Gruppe gab, traten die SDSler auf den Vollversammlungen, Podiumsdiskussionen und teach-ins auf und vertraten die Positionen des Gesamtverbandes. Diesen ersten großen Sprung nach vorn schaffte der Verband noch.

Israel-Kritik von links

Am 3. Juni 1967 – also zwei Tage vor Beginn des Sechs-Tage-Kriegs und einen Tag nach dem Tod von Benno Ohnesorg – versammelten sich an der Freien Universität ca. 4.000 Studenten (zum großen Teil vom Rathaus Schöneberg kommend) zu einer Protestversammlung an der Wirtschafts- und Sozialwissenschaftlichen Fakultät, auf der wiederum der Rücktritt des Senats gefordert wurde. Der Schriftsteller Günter Grass, der zu diesem Zeitpunkt offensichtlich aus anderen Diskussionszusammenhängen kam und die Brisanz der des studentischen Protestes nicht erfaßte, brachte überraschend einen Antrag auf eine Resolution für das »tödlich bedrohte Israel« ein, die von den unter dem Schock des Polizeieinsatzes und des Todes von Benno Ohnesorg stehenden Studenten ohne jede Diskussion verworfen wurde. Auch mit einem Antrag, in dem er sich als Moderator einer Veranstaltung zwischen jungen Polizisten und Studenten anbot, stieß er auf ungläubiges Schweigen und Ablehnung.

Am selben Tag veröffentlichte der SDS-Bundesvorstand Reiche/Gäng in Frankfurt eine »Erklärung zum Nahost-Konflikt«. In einer ahistorischen Analyse ordnete er die »isolationistische« Politik Israels dem »imperialistischen System« zu und machte aus seiner Sympathie für die Palästinenser und den »antikapitalistischen Kurs« einiger arabischer Länder keinen Hehl. Besonders nach Beginn des dritten Nahostkrieges am 5. Juni 1967 wurde diese Erklärung »selbst von vielen Freunden und Genossen aus dem Umkreis des SDS als unbefriedigend aufgenommen«, so der BV in einer weiteren Erklärung nach Ausbruch des Sechs-Tage-Krieges. Er stellte noch einmal seine Position klar: »Daß wir Sozialisten in der BRD, die wir von Anfang an den Kampf gegen den Antisemitismus nicht nur unter moralischen, humanitären oder gar anti-rassistischen Gesichtspunkten betrieben haben, in der jetzigen Situation unsere Gefühle für das israelische Volk nicht verwechseln dürfen mit der rationalen, ökonomischen und politischen Analyse der Position des Staates Israel im internationalen Konfliktsystem zwischen den hochindustrialisierten Ländern und den Ländern der Dritten Welt.« Dem Schreiben war ein Offener Brief Wolfgang Abendroths beigefügt, in dem dieser die ökonomisch-imperialistische Art der SDS-Argumentation vertiefte und »bei aller Sympathie für die israelische Bevölkerung« Israel »als Vortrupp amerikanischer imperialistischer Interessen« bezeichnete.

In der »vorläufigen Auswertung« der Ereignisse des 2. Juni, dem Rundbrief des SDS-BV »Niederlage oder Erfolg der Protestaktion?« wurde auf die Funktion des »Nahost-Konflikts« verwiesen, die Linke zu spalten. Viele Professoren und Gewerkschafter sähen nun »eine gute Gelegenheit«, dem SDS die Solidarität und Unterstützung zu versagen, was gerade in der Zeit der zahlreichen Neueintritte nach dem 2. Juni schwer zu verkraften sei. Berthold Simonsohn vom Fördererverein des SDS kritisierte in der Zeitschrift der Deutsch-israelischen Studiengruppen »DISkussion« die Erklärung des SDS zum Sechs-Tage-Krieg und den offenen Brief Abendroths: Israel werde zum »Werkzeug des Imperialismus« gemacht, während die arabischen Staaten als »Vorhut des progressiven Befreiungskampfes« dargestellt seien. Mit einer ähnlichen Argumentation hatten intern auch Helmut Gollwitzer und Rudi Dutschke beim Bundesvorstand ihre Bedenken über den neuen Kurs angemeldet und betont, daß dieser durch keinerlei DK-Beschlüsse legitimiert sei.

In der Tat vollzog sich 1967 innerhalb der studentischen Linken eine tendenzielle Spaltung: Auf der einen Seite der »alte« SDS, der noch führend gewesen war in der Aufarbeitung des nationalsozialistischen Antisemitismus und in der Bekämpfung jeglicher Neuentwicklungen dieser Art; der noch positiv zu den USA gestanden hatte, weil sie zusammen mit der UdSSR und Großbritannien Deutschland vom Nationalsozialismus befreit und danach die Nürnberger Kriegsverbrecherprozesse gegen die Täter geführt hatten. Große Teile der jüngeren Mitglieder nahmen dagegen zunehmend eine kritische Haltung gegenüber der israelischen Besatzungspolitik in den besetzten arabischen Gebieten ein. In Berlin kam hinzu, daß viele FU-Studenten von Axel Caesar Springers offener Parteinahme für die im »Blitzkrieg« siegreichen Israelis bei gleichzeitiger unerträglicher Diffamierung der linken Studenten angewidert waren. Die Feindschaft zu Springer erleichterte ihnen die Parteinahme gegen Israel. Im Umfeld der Heidelberger SDS-Gruppe hatte sich eine israelkritische Haltung herausgebildet, die die trotzkistische Kritik u.a. von Isaac Deutscher am »israelischen Chauvinismus« weiterführte. Israel könne sich »totsiegen« und »aus siegessicherer Arroganz friedlichen Lösungen aus dem Weg gehen«. Der BV Reiche/Gäng hatte damals offensichtlich Teile dieser Argumentation übernommen. Teile des Berliner Landesverbandes im Umkreis von Rudi Dutschke, die sich immer mit der Anti-Kriegs-Bewegung in den USA und der regierungskritischen Linken in Israel solidarisiert hatten, forderten vom SDS eine genauere Analyse der Klassen- und Machtkonstellation im Nahen Osten.

Frankfurt, Tübingen, Göttingen ...

Die Frankfurter Studentenzeitung »DISKUS« kommentierte in einem comic-strip von Alfred von Meysenburg die Vorgänge in Berlin: »Das Ganze ist ein sagenhafter Vorgang! ... DAS GANZE IST GANZ EINFACH ZUM KOTZEN!« In einem Leitartikel »Der schnelle Tod und die langsamen Kommilitonen« schrieb der Professor für Soziologie und Psychologie Ulrich Sonnemann über die Berliner Polizei: »Die vertierte Horde festbesoldeter Feiglinge fand die Billigung eines ehemaligen Pastors der christlichen Nächstenliebe, des Regierenden Bürgermeisters des Freien Berlin, Heinrich Albertz ...« Während die DISKUS-Redaktion politisch hart und gekonnt reagierte, verhandelte eine andere Fraktion der Frankfurter Schule mit dem Bildhauer Eberhardt Fiebig über den Entwurf einer Plastik. Der Künstler wollte aus der augenblicklichen Bewegtheit der Situation heraus das politische Engagement in ein ästhetisches umsetzen. Das Studentenparlament der Johann-Wolfgang-Goethe-Universität erklärte sich bereit, die Materialkosten von DM

1.500 zu übernehmen. In Berlin erinnert mittlerweile eine Stele von Alfred Hrdlicka vor der Deutschen Oper Berlin an die Gewalttätigkeit der Polizei.

Wie unterschiedlich der Bewußtseinsstand der Studenten in Westdeutschland war und wie verschiedenartig sie reagierten, soll noch an weiteren Beispielen illustriert werden: Der VDS in Bonn rief noch in der Nacht des 2. Juni, also vor Bekanntwerden des Todes von Benno Ohnesorg, zu bundesweitem Protest und Vorlesungsstreiks gegen »Versagen und Brutalität der Berliner Polizei« auf. In Tübingen bezogen Studenten am 4. Juni vor dem Hauptportal der Universität »Ehrenwache«. Die Studentenverbände SDS, SHB, RCDS und HSU gaben ein gemeinsames Flugblatt mit Augenzeugenberichten aus Berlin heraus. In strömendem Regen zogen über 2.000 Studenten im schwarzen Anzug zum Schloß Hohentübingen und legten dort Kränze nieder. In Göttingen kam es am 5. Juni zur größten Studentendemonstration seit Gründung der Universität. Über 6.000 Studenten demonstrierten gegen die Übergriffe auf die politische Autonomie der Bürger in Berlin durch die staatliche Obrigkeit. Sprecher der Schlußkundgebung waren Wolfgang Nitsch (SDS Berlin), der Soziologe Hans-Paul Bahrdt (Göttingen) und der Pädagoge Hartmut von Hentig. In Marburg veranstalteten 1.500 Studenten einen Schweigemarsch, vor dem Hauptgebäude der Universität zog unter der Fahne mit dem Berliner Bären eine Totenwache auf. In Saarbrücken fand am 7. Juni die größte studentische Kundgebung der Geschichte der Universität statt. 3.000 Studenten stimmten einer Resolution zu, in der es hieß, Ohnesorg sei kein Märtyrer, sondern »das Opfer einer Haltung, die sich als ungeistig entlarvt«. In Gießen forderten 2.500 Studenten den Rücktritt des Berliner Regierenden Bürgermeisters Heinrich Albertz und des Innensenators Wolfgang Büsch.

Der SDS stand vor dem Problem, daß es in der universitären Wirklichkeit nicht »die revolutionäre Studentenschaft« gab und daß eine Revolution von heute auf morgen ein Ding der Unmöglichkeit war. Die Ungleichzeitigkeit der Lernprozesse war Realität und mußte vom Verband ausgehalten werden. Diese Aufgabe bestimmte die Diskussion im SDS vor und während der XXII. o. Delegiertenkonferenz im September 1967.

Die Narodniki von Berlin

Die Studenten standen in dieser Halbstadt allein. Auch der SDS war auf diese Konfrontation im Sommer 1967 weder intellektuell noch politisch vorbereitet. Keine Institution dieser Stadt interessierte sich dafür, daß den Studenten Unrecht geschah. Am Nachmittag des 3. Juni beschloß der Senat von Berlin nach Konsultationen mit den Fraktionsvorsitzenden der CDU, SPD und FDP sowie den Rektoren der Hochschulen, jede öffentliche Demonstration bis auf weiteres zu verbieten. Bei Mißachtung des Verbots sei mit energischem Einsatz der Polizei zu rechnen. In dieser verzweifelten Situation konstituierte der AStA der FU den »Vorbereitenden Untersuchungsausschuß«, in dem fast ausschließlich SDS-Mitglieder mitarbeiteten, zum Teil Altgenossen wie Peter Furth, die noch wenige Wochen vorher für den Ausschluß Rudi Dutschkes votiert hatten. Die Studenten übernahmen Funktionen der Dritten Gewalt, da die offiziellen Instanzen eindeutig gegen sie Partei ergriffen.

Ohne Redaktionsstäbe, Rotationsmaschinen, Rundfunk- und Fernsehstudios gelang es dem studentischen »Komitee für Öffentlichkeitsarbeit«, eine Gegenöffentlichkeit gegen die tradierten Vorurteile, gegen die Morgen für Morgen konsumierte Presse, gegen die »mir-kann-keener«-Ideologie aufzubauen. In der Zeit bis zum Hannoveraner Kongreß verteilten in Berlin die FU-Studenten hauptsächlich auf dem Kurfürstendamm und der Steglitzer Schloßstraße fast 20 verschiedene Flugblätter mit einer Gesamtauflage von über 300 000 Exemplaren und diskutierten zu Hunderten bis in die frühen Morgenstunden mit der Bevölkerung West-Berlins. (Wolfgang Lefèvre später: »... vielleicht war auch historisch damals nicht mehr drin. Das Narodnikitum grassierte.«) Aus der Metropole des Ländle Rheinland-Pfalz erreichte die Studentenschaft der ehemaligen Reichshauptstadt eine Solidaritätsadresse, die nicht nur die kalte Wut der westdeutschen Studenten, sondern auch den Berlin-Überdruß aus Zeiten der 2-Pfennig-Notopfermarke widerspiegelte: »In Berlin werden jetzt nicht nur an der Mauer Menschen erschossen. In Ost-Berlin herrscht Demonstrationsverbot ... in West-Berlin herrscht Demonstrationsverbot ... In Ost-Berlin wird unterdrückt, was dem Magistrat nicht paßt ... In West-Berlin wird unterdrückt, was dem Senat nicht paßt ... Berlin bleibt Berlin.«

Am 5. Juni verteilten Kommilitonen ein von der »Gewerkschaftlichen Studentengemeinde« (GSG) und dem AStA der FU verfaßtes Flugblatt vor den wichtigsten West-Berliner Großbetrieben: »An die Berliner Arbeiter! Man will Sie verschaukeln!« Im Hinblick auf die ökonomische Dauerkrise West-Berlins warnten AStA und GSG: »Mit Arbeitern wird man noch brutaler verfahren ... Geben Sie der Polizei eine deutliche Warnung, damit in absehbarer Zeit in Berlin nicht auch Arbeiter erschossen werden.« Die total hilflose und hysterische Reaktion des DGB Landesverbandes Berlin, durch die Flugblätter werde »in unverantwortlicher Weise die Arbeiterschaft Berlins gegen die Polizei aufgehetzt«, zeugt von einem in dieser Stadt typischen Realitätsverlust der Berliner Gewerkschaftsführung. Letztlich blieb die Agitation der Studenten bei den Arbeitern weitgehend ohne Resonanz.

Andererseits zeigte sich am 13. Juni 1967, daß das Konzept einer studentischen Gegenöffentlichkeit mit der – wenn auch zögernden – Unterstützung der Reste der liberalen bürgerlichen Presse erste Erfolge zeitigte. Der Senat von Berlin genehmigte für diesen Tag eine Demonstration »gegen das Vorgehen der Polizei und der politischen Instanzen« am 2. Juni 1967. Die Auflage, für je 50 Demonstranten einen Ordner zu stellen, wurde von den etwa 500 Studenten karikiert, indem je 50 durch Armbinden gekennzeichnete Ordner einen Demonstranten begleiteten, der sich durch ein großes Pappschild als solcher auswies. An dieser Demonstration zeigte sich, daß die dauernden Versuche der Springer-Presse und des offiziellen Berlin, die Studentenschaft in eine verschwindend kleine Minderheit von Radikalinskis und eine »Masse hart studierender junger Leute« zu polarisieren, gescheitert war. Am 13. Juni gingen doppelt so viele Studenten auf die Straße wie bei der Vietnam-Demonstration vom Februar 1966. Nicht nur der Senat von Berlin, sondern auch der Berliner SDS starrte gebannt auf die sich in geometrischer Reihe entwickelnde Teilnehmerzahlen der Demonstrationen.

Das Ende der Utopie

Wenige Wochen nach dem 2. Juni fand am 10. Juli 1967 im Auditorium maximum der Freien Universität Berlin eine vier Tage dauernde Veranstaltung zum Themenkomplex »Möglichkeiten der außerparlamentarischen Opposition in der BRD« statt, zu der der SDS den marxistischen Emigranten des ehemaligen Frankfurter Instituts für Sozialforschung Herbert Marcuse eingeladen hatte. Marcuse war zu dieser Zeit Professor für Sozialphilosophie an der Brandeis-Universität und Gastprofessor an der FU. Vor 2.500 Studenten referierte er über das Thema »Das Ende der Utopie«: »Utopie ist ein historischer Begriff. Er bezieht sich auf Projekte gesellschaftlicher Umgestaltung, die für unmöglich gehalten werden. Unmöglich aus welchen Gründen? In der gewöhnlichen Diskussion der Utopie gilt die Unmöglichkeit als die Unmöglichkeit der Verwirklichung des Projekts einer neuen Gesellschaft:

1) weil die subjektiven und objektiven Faktoren einer gegebenen gesellschaftlichen Situation der Umwandlung entgegenstehen – die sog. Unreife der gesellschaftlichen Situation, z. B. kommunistische Projekte während der französischen Revolution. Oder vielleicht heute: Sozialismus in den höchstentwickelten kapitalistischen Ländern. Beides sind vielleicht Beispiele für eine wirkliche oder angebliche Abwesenheit der subjektiven und objektiven Faktoren, die eine Verwirklichung möglich machen.
2) Das Projekt einer gesellschaftlichen Umwandlung kann für unverwirklichbar gehalten werden, weil es bestimmten wissenschaftlich festgestellten Gesetzen widerspricht, biologischen Gesetzen, physikalischen Gesetzen usw.; z. B. die uralte Idee einer ewigen Jugend des Menschen oder die Idee einer Rückkehr zu einem angeblich ›Goldenen Zeitalter‹. Ich glaube, daß nur in diesem letzten Sinne wir von Utopie sprechen können, nämlich, wenn ein Projekt der gesellschaftlichen Umwandlung wirklich festgestellten und feststellbaren wissenschaftlichen Gesetzen widerspricht. Nur ein solches Projekt ist in striktem Sinne utopisch, d. h. außergeschichtlich.

Die andere Gruppe, die Abwesenheit subjektiver und objektiver Faktoren, kann im besten Falle nur als provisorisch, unrealisierbar bezeichnet werden. (...) Alle materiellen und intellektuellen Kräfte, die für die Realisierung einer freien Gesellschaft eingesetzt werden können, sind da. Daß sie nicht für sie eingesetzt werden, ist ausschließlich der totalen Mobilisierung der bestehenden Gesellschaft gegen ihre eigene Möglichkeit der Befreiung zuzuschreiben. Aber dieser Zustand macht in keiner Weise das Projekt der Umwandlung selbst zu einer Utopie ...

Lassen Sie mich zum Schluß noch eine Bemerkung machen. Ich habe bereits angedeutet, daß die kritische Theorie, die ich heute immer noch Marxismus nenne, daß eben diese Theorie die oben nur ganz roh angedeuteten extremen Möglichkeiten der Freiheit, den Skandal der qualitativen Differenz, in sich aufnehmen muß, wenn die Theorie nicht bei der Verbesserung des schlechten Bestehenden stehen bleiben will. Der Marxismus muß riskieren, die Freiheit so zu definieren, daß sie als ein nirgends schon Bestehendes bewußt und erkannt wird. Und gerade weil die sog. utopischen Möglichkeiten gar nicht utopisch sind, sondern die bestimmte geschichtlich-gesellschaftliche Negation des Bestehenden darstellen, verlangt die Bewußtmachung dieser Möglichkeiten und die Bewußtmachung der sie verhindernden und der sie verleugnenden Kräfte von uns eine sehr realistische, eine sehr pragmatische Opposition. Eine Opposition, die frei ist von allen Illusionen, aber auch frei von allem Defätismus, der schon durch seine bloße Existenz die Möglichkeiten der Freiheit an das Bestehende verrät.«

Am zweiten Diskussionsabend sprach Herbert Marcuse – immer wieder von Beifall unterbrochen – vor 3.000 Hörern über »Das Problem der Gewalt in der Opposition«. Gewalt gegen die legalisierte Herrschaft, so Marcuse, rechtfertige sich aus dem Naturrecht auf Gegengewalt. Als wichtigste Aufgabe des Jahres nannte er die Herstellung von Beziehungen zwischen den Studentenoppositionen der verschiedenen Länder. »Die Frage, die ich jetzt stellen möchte, ist: Wogegen ist diese Studentenopposition gerichtet? Die Frage ist äußerst ernst zu nehmen, denn es handelt sich um eine Opposition gegen eine demokratische, gut funktionierende Gesellschaft, die wenigstens normal nicht mit Terror arbeitet. Und es ist – und darüber sind wir uns in den Vereinigten Staaten völlig klar – eine Opposition gegen die Majorität der Bevölkerung einschließlich der Arbeiterklasse. Es ist eine Opposition gegen den ganzen sogenannten way of life dieses System, eine Opposition gegen den allgegenwärtigen Druck des Systems, das durch seine repressive und destruktive Produktivität immer unmenschlicher alles zur Ware degradiert, deren Kauf und Verkauf den Lebensunterhalt und Lebensinhalt ausmachen, und es ist eine Opposition gegen den Terror außerhalb der Metropolen.« Eine weitere Aufgabe sei die Verbreiterung der Massenbasis der Opposition in den entwickelten Ländern des Spätkapitalismus. Diese Aufgabe realisiere sich zunächst einmal »in der Befreiung des Bewußtseins außerhalb unseres eigenen Kreises. … Tatsache ist, daß wir uns einem System gegenüber befinden, das seit dem Beginn der faschistischen Periode und heute noch durch seine Taten die Idee des geschichtlichen Fortschritts selbst desavouiert hat. Ein System, dessen innere Widersprüche sich immer von neuem in unmenschlichen und unnötigen Krisen manifestieren und dessen wachsende Produktivität wachsende Zerstörung und wachsende Verschwendung ist. Ein solches System, das glaube ich, ist nicht immun. Es wehrt sich bereits gegen die Opposition, selbst gegen die Opposition der Intelligenz, an allen Ecken der Welt. Und selbst wenn wir nicht sehen, daß die Opposition hilft, müssen wir weiter machen, wenn wir noch als Menschen arbeiten und glücklich sein wollen – und im Bündnis mit dem System können wir das nicht mehr.« In der folgenden Diskussion wandte sich Marcuse gegen die These, es sei unzulässig, »auf humanitärer Basis zu argumentieren, wenn der Terror aus der Humanität hervorgegangen ist. Das System ist nicht human, und humanitäre Ideen gehören zur Negation des Systems«. Humanitäre und moralische Argumente seien nicht verlogene Ideologie, sondern müßten zu zentralen gesellschaftlichen Kräften werden.

Auf der dritten Diskussionsveranstaltung diskutierten vor über 3.000 Zuhörern zum Thema »Moral und Politik in der Überflußgesellschaft« unter der Leitung von Jacob Taubes: Herbert Marcuse, Richard Löwenthal, Alexander Schwan, Dieter Claessens, Peter Furth, Rudi Dutschke und Wolfgang Lefèvre. Löwenthal, ehemaliger kommunistischer Studentenfunktionär in der Weimarer Republik, dann führender Theoretiker der Widerstandsgruppe »Neu Beginnen«, seit 1945 Mitglied der SPD und Berater von Willy Brandt, schloß an eine Bemerkung Marcuses vom Vorabend an. Marcuse hatte auf die Frage, was er an die Stelle des von ihm als geschlossen dargestellten Systems setzen wolle, geantwortet, er halte es für wissenschaftlich nicht vertretbar, ad hoc institutionelle Rezepte auszuführen. Löwenthal: »Ich möchte fragen, wie das Festhalten ... an der Richtung der klassenlosen Gesellschaft und der herrschaftslosen Gesellschaft sich mit der tatsächlichen, von Marx abweichenden Entwicklung der Technologie vereinbaren läßt. Und ich möchte weiter vor der Möglichkeit warnen, daß ein Appell zur totalen Zerstörung der bestehenden Institutionen, dem kein realisierbares Ziel gegenübersteht, zu etwas führen muß, was wenig mit Marx und mehr mit Bakunin zu tun hat, der die Lust zur Zerstörung als eine schaffende Lust bezeichnete.« Marcuse erwiderte, daß die Außerparlamentarische Opposition keine Politik der Zerstörung um der Zerstörung willen betreibe. »Ich kann es mir sehr leicht machen: Wenn man an der Stelle eines Gefängnisses ein Wohnhaus bauen will, muß man in der Tat das Gefängnis demolieren, sonst kann man das Wohnhaus nicht einmal zu bauen anfangen. Sie sagen dann mit Recht: wenigstens muß man dann wissen, daß man ein Wohnhaus an die Stelle des Gefängnisses setzen will. Genau das, glaube ich, wissen wir. Und es ist nicht nötig, schon einen genauen Plan dieses Wohnhauses zu haben, um anzufangen mit der Demolierung des Gefängnisses, vorausgesetzt, (...) daß man auch weiß, wie ein anständiges Wohnhaus auszusehen hat.« Löwenthal warnte die Studenten vor einer »Gleichsetzung des Widerstandes gegen rechtswidrige Unterdrückung mit der Anwendung von Gewalt durch Minderheiten nur deswegen, weil sie glauben, aus der Minderheitenposition nicht herauskommen zu können«. Margherita von Brentano, wissenschaftliche Rätin am Philosophischen Seminar, beschloß die Diskussion: »Ein Zitat, weil in den letzten Tagen so oft die Frage gestellt wurde: Ihr wollt zerstören, aber was dann? Ein Zitat aus dem Gedicht Brechts ›Gleichnis des Buddha vom brennenden Haus‹: Der Buddha sagte: Es brannte. Einer fragte mich, während ihm schon die Hitze die Braue versengte, wie es draußen sei, ob es auch nicht regne, ob nicht doch Wind wehe, ob da ein anderes Haus sei und so noch einiges. Ohne zu antworten ging ich wieder hinaus.«

Auf der letzten Veranstaltung diskutierten im überfüllten Auditorium maximum der FU zum Thema »Vietnam – Die Dritte Welt und die Opposition in den Metropolen« Herbert Marcuse, Klaus Meschkat (RC, Diskussionleitung), Rudi Dutschke (SDS), Peter Gäng (SDS), René Mayorga und Bahman Nirumand (CISNU, iranische Studentenopposition). Marcuse klassifizierte die amerikanische Politik in der Dritten Welt als »Imperialismus, wie er in der Geschichte noch nicht da war ... Ich glaube, ich habe genug betont, wie ungeheuer wichtig die Dritte Welt und die Befreiungskämpfe in der Dritten Welt für die radikale Umwandlung des kapitalistischen Systems sind. Ich muß aber auch hinzufügen, daß es die Metropolen sind, in denen der Wille und die Macht zum Kolonialismus gebrochen werden müssen; denn nur aus dem Zusammenfluß und der Zusammenarbeit zwischen diesen beiden Kräften kann diese Hoffnung in die Realität umgesetzt werden.«

Bahman Nirumand faßte die Diskussionen mit Marcuse zusammen: »Zieht man das Fazit aus den Ergebnissen der Diskussionen dieser Tage, so ergibt sich als gemeinsames Merkmal der reichen und der armen Welt Unterdrückung, Unterdrückung in verschiedenen Erscheinungsformen. Es ist dieselbe Gewalt, die im Massaker von Vietnam ganz offen zutage tritt, die in Persien durch einen einheimischen Statthalter unschuldige Menschen zum Tode verurteilt und die latent in den Metropolen wirksam ist und das Bewußtsein ihrer Bürger verstümmelt. In den unterentwickelt gehaltenen Ländern ist revolutionäres Potential in der Masse der Bevölkerung vorhanden, bei den Bauern, den Arbeitern und auch in den Nationalbourgeoisien, die, wenn sie einmal für die Sache der Nation gewonnen sind, durch ihre Teilnahme am nationalen Befreiungskampf sich rehabilitieren. In den Metropolen hingegen fehlt heute die materielle Basis für die Revolution. Zwar ist die Arbeiterklasse nach wie vor ausgebeutet bis zum Verlust der Identität, sie begnügt sich aber mit den Versatzstücken einer perfiden Ideologie und bleibt ohne Bewußtsein von ihrer wirklichen Lage, die außerparlamentarische, außerhalb des Produktionsprozesses stehende Opposition ist heute noch isoliert. Verbündete muß sie bei solchen Gruppen suchen, die nicht selber Medien der Unterdrückung, sondern deren Objekte sind, bei den Arbeitern und den Unterorganisationen der Gewerkschaften.«

Auffällig ist, daß Marcuse, Autor der 1957 erschienenen Studie über »Die Gesellschaftslehre des sowjetischen Marxismus«, der immer wieder betont hat, daß er linker Antistalinist sei, in dieser Diskussion mit keinem Wort auf die Desillusionierung im westlichen Proletariat einging, die durch den moralischen Niedergang des Stalinismus in Osteuropa verursacht worden war. Insofern blieb die Diskussion zwischen dem SDS und Herbert Marcuse eine Erörterung über die Bedingungen der Opposition in Westeuropa und den Vereinigten Staaten und war eben nicht eine Debatte über Widersprüche und Chancen einer Opposition auch in der Sowjetunion, Ost- und Mitteleuropa sowie in China.

Das Schulungsprogramm

Auf der XXI. DK im September 1966 wurden die Marburger Frank Deppe und Kurt Steinhaus beauftragt, ein Konzept zur innerverbandlichen Schulung zu entwickeln, das die theoretischen Voraussetzungen für die politische Diskussion im SDS vereinheitlichen sollte. Die sich formierende antiautoritäre Fraktion des Gesamtverbandes, deren Marx-Rezeption stark von der Kritischen Theorie beeinflußt war, stand diesen von den Marburgern unterbreiteten »Vorschlägen für die thematische Gliederung des Grundarbeitskreismodells« jedoch äußerst skeptisch oder ablehnend gegenüber. Schon das erste im Ansatz ausformulierte Kapitel »Sozialwissenschaftliche Grundbegriffe« sowie die Themen der folgenden – noch nicht weiter ausgearbeiteten – Kapitel ließen erkennen, daß es sich bei der Schulung um einen Typus von Kapital-Arbeitskreis handeln würde, der die Geschichte der Klassenkämpfe einseitig und eindimensional aus der Entwicklung der Produktivkräfte ableitete. Der zweite überarbeitete Entwurf der Marburger, der in der November-Nummer der verbandsinternen »SDS-Korrespondenz« veröffentlicht wurde, bestätigte dann schon durch die Überschriften – »1 Sozialwissenschaftliche Grundbegriffe ... 2 Grundstrukturen des Kapitalismus ... 3 Ökonomische Aspekte der Entwicklung der kapitalistischen Gesellschaft ... 4 Politische Aspekte der Entwicklung der kapitalistischen Gesellschaft ... 5 Nachholende ursprüngliche Akkumulation ... 6 Grundstrukturen der internationalen gesellschaftlichen Entwicklung seit dem Zweiten Weltkrieg ... 7 Gesellschaftliches Bewußtsein und sozialistische Strategie« – die schlimmsten Befürchtungen der antiautoritären Genossen in Frankfurt/Main, Berlin, München, Hamburg, Tübingen, Göttingen etc.

Rudi Dutschke schlug sofort zurück und veröffentlichte im Oktober 1966 in einer Sondernummer der »SDS-Korrespondenz« einen Gegenvorschlag für die Aufarbeitung der Geschichte des Marxismus, der Siege und Niederlagen der klassischen Arbeiterbewegung und der Geschichte ihrer Organisationen unter dem Titel: »Ausgewählte und kommentierte Bibliographie des revolutionären Sozialismus von Karl Marx bis in die Gegenwart«. Für alle orthodoxen Marxisten war diese Leseanweisung eine glatte Provokation, zumal sich Dutschke auf die von Karl Korsch 1950 formulierten »Zehn Thesen über Marxismus heute« berief und seine als subversives Schulungsprogramm gedachte Bibliographie an Korschs 5. These entwickelte: »Marx ist heute nur einer unter vielen Vorläufern, Begründern und Weiterentwicklern der sozialistischen Bewegung der Arbeiterklasse. Ebenso wichtig sind die sog. ›utopischen Sozialisten‹ von Thomas Morus bis zur Gegenwart. Ebenso wichtig sind auch solche große Konkurrenten von Marx wie Blanqui und solche Erzfeinde wie Proudhon und Bakunin. Ebenso wichtig sind schließlich auch solche nachträglichen Weiterentwicklungen wie die durch den deutschen Revisionismus, den französischen Syndikalismus und den russischen Bolschewismus.« Dutschke plädierte damit einerseits für eine Bestandsaufnahme der Marxismus-Rezeption durch die Arbeiterklassen

Deutschlands, Frankreichs, Englands, Rußlands, Polens, Spaniens u.a., andererseits für ein Studium der Auswirkung der großen Schlachten im Klassenkampf auf die Weiterentwicklung der Theorie. Dutschke schloß die Erstellung konkreter materialistischer Studien über die Entfaltung der Produktivkräfte und der gesellschaftlichen Arbeitsteilung sowie der Auswirkungen des Imperialismus auf die Dritte Welt ausdrücklich ein, lehnte jedoch eine Beschränkung auf sozio-ökonomische Studien ab. Er war prinzipiell für ein Studienprogramm im SDS, jedoch nicht für eine Ausbildung zu polit-ökonomischem Fachidiotentum. Ein Eintrichterungsprogramm, das genau wie die spätbürgerliche Universität die gesellschaftliche Totalität in parzellierte Disziplinen (Ökonomie, Politik, Psychologie, Ideologie, Theorie und gesellschaftliche Praxis) auffächerte und unangenehme historische Erfahrungen aussparte (an den westdeutschen Universitäten z.B. den Nationalsozialismus, im Schulungsprogramm der Marburger den Stalinismus), war für ihn schlechterdings unakzeptabel.

Dieses Papier war das Signal für eine organisierte Verweigerung. Die meisten Hochschulgruppen kamen dem Beschluß der XXI. DK nicht nach, Schulungsreferenten zu benennen und Stellungnahmen zum Entwurf des Schulungsprogramms abzugeben. Ende Dezember traten die vom BV ernannten Schulungsreferenten Deppe und Steinhaus – letztlich aus Protest gegen den SDS – zurück. Die Stunde der Arbeitskreise »Kapital I«, »Kapital II« »Kapital III« ... war noch nicht gekommen.

Die XXII. Delegiertenkonferenz: die überraschende Krahl-Dutschke-Allianz

Vom 4. bis 8. September 1967 fand in der alten Mensa der Frankfurter Universität die XXII. o. DK statt. 70 Delegierte vertraten 35 Hochschulgruppen des SDS, der inzwischen insgesamt knapp 2.000 Mitglieder hatte. Formal handelte es sich bei der Konferenz, der größten seit der in Mannheim im Jahre 1958, noch um ein klassische Delegiertenkonferenz. Das wachsende Interesse der einzelnen Mitglieder in den verschiedenen Hochschulorten an der Politik des Gesamtverbandes schlug sich in der außergewöhnlich hohen Zahl von Teilnehmern nieder, die sich – ohne Delegierte zu sein – eine Woche Zeit nahmen, um die Diskussionen zu verfolgen und sich jeweils mit ihren Vertretern zu den anstehenden Problemen zu beraten. Nicht zuletzt diese rund 300 Gäste machten es möglich, daß aus der DK heraus zwei spontane Demonstrationen durchgeführt werden konnten.

Die Bedeutung, die dem SDS in der neu entstehenden deutschen Studentenbewegung beigemessen wurde, läßt sich u.a. daraus ablesen, daß drei Vertreter des Studentenrats der UdSSR, zwei Vertreter vom Zentralrat der FDJ, eine Delegation des amerikanischen SDS, Vertreter von griechischen antifaschistischen Widerstandsgruppen und eine Reihe von Professoren und Gewerkschaftsfunktionären als geladene Gäste anwesend waren und teilweise auch in die Diskussion eingriffen. In der Vorhalle schmollten die »Hofnarren Springers« (so der bisherige 1. Bundesvorsitzende Reimut Reiche über die Mitglieder der

KI) demonstrativ und fotogen über ihren Ausschluß aus dem Verband. Auf Kunzelmanns Basar jaulte fünf Tage lang ein und dieselbe Platte mit Liedern der chinesischen Kulturrevolution. Die Kommunarden verkauften Schriften, die sie kostenlos von der Versandabteilung von Guozi Shudian (Peking) bekommen hatten, die ersten Raubdrucke von Wilhelm Reich (Die Funktion des Orgasmus, Massenpsychologie des Faschismus, Charakteranalyse) und Max Horkheimer (Pseudonym Regius: Dämmerung). Was später an allen Universitäten gang und gäbe war, das Abtrudeln eines Teils der antiautoritären Subkultur in kleinkapitalistische Krämermentalität, das hatte die Kommune I damals bereits vorweggenommen.

Die Delegiertenkonferenz, die unter der Fahne der vietnamesischen FLN tagte, wurde von mehreren Fernsehteams des In- und Auslands aufgenommen. Daß der SDS von den bürgerlichen Massenmedien so ernst genommen wurde, war für ihn eine gänzlich neue Erfahrung. Allerdings wurden die meisten Delegierten schon am ersten Tag ziemlich sauer, als sich zeigte, welchen Personenkult die Journalisten mit Rudi Dutschke trieben. Die Kamera surrten fast nur, wenn Rudi das Wort ergriff.

Eine Woche lang diskutierte der SDS auf verschiedenen Ebenen seine künftige Politik. Schwerpunkte waren: das Schulungsprogramm des SDS, die zukünftige Hochschulpolitik, Organisationsfragen, die politische Schülerbewegung, Manipulation durch Massenmedien, Notstandsgesetze, KPD-Verbot, Militärdiktatur in Griechenland, der amerikanische Krieg in Vietnam und die Situation und die Chancen der Guerillas in Lateinamerika. Die allgemein erwartete Auseinandersetzung zwischen »Traditionalisten« und »Dutschkisten« über das verhinderte Grundschulungsprogramm fand jedoch nicht mehr statt. Am Morgen des zweiten Tages der Konferenz überraschte Rudi Dutschke, der ein Referat zur Organisation des SDS halten sollte, die Delegierten mit einem gemeinsam mit Hans-Jürgen Krahl ausgearbeiteten Grundsatzreferat über die Funktion des autoritären bürgerlichen Staates und die zunehmende Bedeutung des »revolutionären Willens«. Die soziale Frage sei heute keine Klassen-, sondern eine Menschheits- und Gattungsfrage. Die Arbeiterklasse sei nicht mehr der Vortrupp der Revolution, es gäbe »keinen privilegierten Ort in der Gesellschaft, für die Menschheit zu handeln«, Repräsentanten jeglicher Autorität seien heute der Hauptfeind der Menschheit. Um zu verhindern, daß auch die neuen Organisationsformen der Revolution nur immer die alten bürgerlichen Verhältnisse reproduzierten, plädierte Dutschke für eine Kultur- und Bewußtseinsrevolution in den Metropolen. Die Entwicklung der Produktivkräfte sei sowohl in den kapitalistischen Ländern als auch in der Sowjetunion so weit fortgeschritten, daß Emanzipation nur noch von der Entwicklung des Bewußtseins und dem Willen zur Veränderung abhinge. Das Aktionsprogramm, das Dutschke den Delegierten als Konsequenz für die kommenden Monate vorschlug, stand unter der Devise: »Wir machen nicht mehr mit!«: Verhinderung der 2. und 3. Lesung der Notstandsgesetze im Bundestag, eine Aufklärungskampagne über die Funktion des Verlagshauses Axel Cäsar Springer und die Verhinderung der Auslieferung der BILD-Zeitung an einem »Anti-Springer-Tag«, für den eine revolutionäre Gegenzeitung geplant werden müsse, und eine Kampagne für den Austritt der Bundesrepublik aus der NATO. All diese Aktionen müßten dezentralisiert vorbereitet und gleichzeitig durchgeführt werden. Nur so könne man dem autoritären bürgerlichen Staat und seinen zentral organisierten Repressionsorganen begegnen.

Selbst die Berliner Delegierten wurden damals durch dieses Referat überrascht. Die meisten von ihnen sahen sich auf der DK nach mehreren Wochen zum ersten Male wieder. Bernd Rabehl beschrieb im Jahre 1970 die Situation in einem Interview so: »Ich war zusammen mit dem Christian Semler in Jugoslawien; wir lebten dort auf einer Datscha und versuchten, einen Beitrag zu schreiben für ›Rebellion der Studenten‹, was wir ja damals schon vorbereitet hatten. Und das Wichtigste war eben, daß wir da noch einmal in Ruhe durchdiskutierten, was eigentlich der 2. Juni bedeutete, welche Konsequenzen zu ziehen sind, ob die Theorie stimmt, daß revolutionäre Intelligenz isoliert als Übergangsklasse fähig ist, diese Gesellschaft zu revolutionieren oder nicht, wo wir eigentlich noch einmal die grundlegenden Marxschen Kategorien diskutierten. Rudi hatte ein Bildungserlebnis in Amsterdam: Korschs ›Buch der Abschaffungen‹. Das ist ein Buch, das Korsch nach der Niederlage der Spanischen Revolution zwischen 1938 und 1940 geschrieben hat. Eine Niederschrift dessen, was die Marxisten eigentlich falsch gemacht haben, was eigentlich beseitigt werden muß im Sozialismus und was im Grund von Anfang an Agitationsmaterial für die Sozialisten sein muß, damit sie sich nicht von den Arbeitern und Kleinbürgern isolieren. Was man immer propagieren muß, um die Massenbasis zu erhalten, was man anders machen will. Daß man also nicht propagieren darf: Sozialismus bedeutet bessere Rationalität der Produktion, bessere Produktivität oder so, sondern daß ganz bestimmte Strukturen zerschlagen werden müssen. Und Rudi sah also da Parallelen zur Chinesischen Kulturrevolution, die von Anfang an Teil der Organisation sein muß, und wollte das dann vermitteln mit seinem Ansatz, auch den Ergebnissen der Psychoanalyse, die er eigentlich jetzt zum ersten Mal richtig versteht und richtig anzuwenden versucht. Die Ansätze der ›Subversiven Aktion‹ und unsere Ansätze, von Rosa Luxemburg her, waren einfach nicht miteinander zu vermitteln. Und er sieht hier über Korsch die Vermittlung. Wir treffen uns in Frankfurt, nachdem wir uns 2 Monate nicht gesehen haben ... Christian und ich diskutieren in Jugoslawien genau umgekehrt. Wir waren überrascht über sein Referat, und er ging dann auch ein Zweckbündnis ein mit Krahl. Krahl stand damals schon eigentlich fest in der Tradition der Frankfurter Schule und auch des Habermas-Einflusses und war eben moralisch-anarchistisch, was er immer noch ist, er ist eigentlich ein Moralphilosoph.«

Die Reaktion der Delegierten reichte von aggressiver Ablehnung der Dogmatiker bis zum begeisterten Applaus der Antiautoritären und der »Juni-Gefallenen«, wie Rabehl die nach dem 2. Juni zum SDS Gekommenen bezeichnete. Der Bonner Delegierte Hannes Heer beschimpfte Dutschke als »Linksfaschisten«, womit er sich einen von Christian Semler unter seinen Sitz geworfenen kubanischen Kanonenschlag einhandelte. Heer, damals noch Mitglied der illegalen KPD, protestierte – mit Tränen in den Augen – gegen den anarchistischen Terror von links und schimpfte weiter. Wirklich überraschend für die Delegierten war das Zweckbündnis zwischen Rudi Dutschke und dem exponiertesten Vertreter der Kritischen Theorie der Frankfurter Schule, Hans-Jürgern Krahl. Ihr gemeinsames Ziel war, größtmöglichen Einfluß auf die Formulierung der »Resolution zum Kampf gegen Manipulation und für die Demokratisierung der Öffentlichkeit« zu gewinnen. Beide wurden zusammen mit Elmar Altvater, Bernhard Blanke und Helmut Schauer in den Redaktionsausschuß gewählt, der die Einschätzung des Springer-Konzerns durch den SDS und ein Aktionsprogramm für eine Kampagne ausformulieren sollte. Bei der Abstimmung über die Resolution zeigte sich, daß bei allen politischen Differenzen die »Traditionalisten« und die »Dutschkisten« die Aktionseinheit des Verbandes wahrten.

In der einstimmig verabschiedeten Grundsatzerklärung hieß es u.a.: »Der SDS tritt … für eine allgemeine Umwandlung der Institutionen der öffentlichen Meinungsbildung ein, die von folgenden Grundsätzen ausgehen soll: 1. Befreiung der Presse vom Meinungsmonopol und vom Diktat der Profitinteresses durch ihre Entflechtung und Überführung in öffentliches Eigentum und demokratische Kontrolle. 2. Abschaffung der Konsumpropaganda und ihr Ersatz durch sachgerechte Verbraucherinformation. 3. Unabhängigkeit der Presse, des Rundfunks und Fernsehens von der öffentlichen Gewalt und die Garantie ihrer Kritikfähigkeit gegenüber deren Instanzen. 4. Sicherung der Journalisten gegen wirtschaftliche und politische Pressionen. Demokratische Selbstbestimmung der Redaktionen. 5. Materielle und juristische Verankerung für jede politisch, sozial oder kulturell relevante und demokratische Gruppe, in der ihr angemessenen Weise, unabhängig von wirtschaftlicher Beschränkung, ihre Forderungen zu artikulieren und ihre Auffassungen zu publizieren.

Zur Durchsetzung dieser Ziele beschloß der SDS, »gemeinsam mit allen Kräften der antiautoritären und antikapitalistischen Opposition eine lang andauernde Kampagne zur Entlarvung und Zerschlagung des Springer-Konzerns (zu) führen«. Im Gegensatz zu den meisten heutigen antifaschistischen Umerziehern mit ihren Denkverboten trat der SDS noch offensiv für das bürgerliche Recht auf Freiheit der Information und Meinungsäußerung ein. Die Kampagne sollte das nicht nur in der Arbeiterklasse, sondern in der Gesamtbevölkerung vorhandene Potential für radikaldemokratischen Widerstand mobilisieren und organisieren. Die verschiedenen SDS-Hochschulgruppen sollten in den Zentren des Springer-Konzerns dezentralisiert die Auslieferung der Produkte dieses Lumpenjournalismus verhindern. Langfristig hatte der SDS dabei das Ziel, eine »praktisch-kritische Öffentlichkeit« herzustellen, ein aufklärerisches Ideal, mit dem sich der SDS – so unbequem das heute für manche klingen mag – sowohl in die Tradition eines Karl Marx als auch der bürgerlichen Aufklärung und des bürgerlichen Humanismus stellte. Der Kampf sollte nicht gegen Journalisten, Setzer, Drucker und Zeitungsboten geführt werden, sondern mittelfristig mit deren Unterstützung. Deshalb forderte der SDS die Offenlegung aller Besitzverhältnisse und Verflechtungen im gesamten Pressewesen und beschloß die Durchführung von Seminaren über die arbeitsrechtliche, wirtschaftliche und politische Lage der Arbeiter und Angestellten im Zeitungswesen und Druckereigewerbe.

Diese Entschließung war für die außeruniversitäre und außerparlamentarische Praxis des SDS ebenso wichtig wie die Hochschuldenkschrift aus dem Jahre 1961 für die inneruniversitäre Diskussion. Der Slogan, mit dem die Resolution schloß, »Es kommt darauf an, eine aufklärende Gegenöffentlichkeit zu schaffen. Die Diktatur der Manipulateure muß gebrochen werden.«, war denn auch die Losung, unter der Tausende von Demonstranten nach dem Attentat auf Rudi Dutschke in den Ostertagen 1968 die Auslieferung der Springer-Zeitungen mit ihren Körpern zu verhindern versuchten.

In der von Wolfgang Lefèvre eingebrachten Resolution zur Hochschulpolitik wurde durchgängig der Modellcharakter der Rebellion an den Universitäten für die zukünftigen Klassenkämpfe hervorgehoben. Ausgehend von der These, daß die Widersprüche an den Universitäten die Widersprüche in der Gesellschaft adäquat ausdrückten, daß andererseits die Emanzipation der Arbeiterklasse die notwendige Voraussetzung für eine demokratische Universität sei, vertraten die Delegierten die Einschätzung, der Kampf der Studenten könne nicht kurzfristig und unmittelbar zum Erfolg führen. Der SDS als konsequenteste Gruppe in der oppositionellen Studentenbewegung müsse jeden Putschismus ablehnen und die revolutionäre Ungeduld zügeln. Der SDS könne nicht stellvertretend für die Arbeiterklasse Revolution machen. Jedoch könne er in seinem Bereich exemplarisch vorführen, wie man die Mehrheit in einem Teil der Gesellschaft offensiv erringt. Das Aktionsprogramm der Resolution formulierte als Ziel für die kommenden Semester, von den bereits »befreiten« geisteswissenschaftlichen Fakultäten aus die naturwissenschaftlichen und medizinischen Fakultäten, die Technischen Hochschulen und die Kunstakademien zu erobern.

Seit Februar 1967 entstanden durch die Initiative des SDS »Unabhängige Schülergemeinschaften« (USG), die noch im selben Monat in Frankfurt/Main den Dachverband »Aktionszentrum Unabhängiger Sozialistischer Schüler« (AUSS) gründeten. Besonders die noch illegale KPD versuchte, diese Gründung zu verhindern, da sie mit der Wiederzulassung ihrer Partei in absehbarer Zeit rechnete und alle Vorbereitungen für die Gründung einer »Sozialistischen Deutschen Arbeiterjugend« (SDAJ) getroffen hatte. Die DK begrüßte, daß durch die Gründung der AUSS die Einbeziehung einer bisher nicht spezifisch erfaßten sozialen Schicht in die Rebellion gelungen sei. Die DK stimmte einem Aktionsbündnis zwischen SDS und AUSS gegen die Absichten der Schulbürokratien zu, die unabhängigen sozialistischen Schülergruppen zu ignorieren oder zu illegalisieren. Das hieß in der Praxis, daß die SDSler die von den Schülern verfaßten und hergestellten Flugblätter morgens vor den Schulen verteilen mußten, weil die Mitglieder der jeweiligen AUSS-Gruppen von den Schulen geflogen wären, wenn sie sie selbst verteilt hätten. Aufgrund seiner eigenen Erfahrungen sprach sich der SDS aber gegen jede Einmischung der politischen Erwachsenenorganisationen in die inneren Angelegenheiten der sozialistischen Schülergruppen aus. Aktionsbündnisse mit SDS, Jusos, illegaler KPD, Trotzkisten etc. – ja; organisatorisch-politische Abhängigkeit von Parteien – nein.

Der israelisch-palästinensische Konflikt spielte auf der DK – quasi indirekt – eine gewisse Rolle. Die Heidelberger Hochschulgruppe hatte in einem Antrag über den »Konflikt im Nahen Osten« vom SDS einen entschieden isreaelkritischen Kurs gefordert: »Der Krieg zwischen Israel und seinen arabischen Nachbarn kann nur auf dem Hintergrund des antiimperialistischen Kampfes der arabischen Völker gegen die Unterdrückung durch den angloamerikanischen Imperialismus analysiert werden ... Zionistische Kolonialisierung Palästinas hieß und heißt bis heute: Vertreibung und Unterdrückung der dort lebenden eingeborenen arabischen Bevölkerung durch eine privilegierte Siedlerschicht ... Die gegenwärtigen Annexionspläne des zionistischen Kapitalismus haben die letzten Zweifel am reaktionären Charakter Israels beseitigt.« In diesem Antrag wurde eine völlig neue Politik des SDS auch gegenüber der Linken in Israel gefordert: »Die Anerkennung des Existenzrechts der in Palästina lebenden Juden durch die sozialrevolutionäre Bewegung in den arabischen Ländern darf nicht identisch sein mit der Anerkennung Israels als Brückenkopf des Imperialismus und als zionistisches Staatsgebilde. ... Nur der Aufbau einer revolutionären sozialistischen Bewegung mit dem Ziel der Überwindung des Imperialismus und der von ihm gezogenen Grenzen und die Errichtung einer einheitlichen arabischen sozialistischen Republik, die über eine gemeinsame Politik mit einem sozialistischen Israel zur territorialen Integrität gelangt, kann einen dauerhaften Frieden im Nahen Osten bringen.«

Über diesen Antrag 16 wurde jedoch auf der Delegiertenkonferenz nicht abgestimmt, nachdem Rudi Dutschke im Vorfeld der Debatte für eine Überweisung und völlige Neubearbeitung des Resolutionsentwurfes plädiert hatte. (Das Zitat veranschaulicht, daß damals die ursprünglich trotzkistisch gefärbte Argumentation der Heidelberger durch eine maoistische Denkweise ersetzt worden war.) Nach dem Attentat auf Rudi Dutschke Ostern 1968 veränderte sich auch in dieser Frage die politische Konstellation im SDS: Ende Juli 1969 unternahm ein knappes Dutzend führender SDSler – mehr oder minder geheim – eine mehrwöchige Informationsreise nach Jordanien, um dort mit Vertretern von Al Fatah, der Organisation von Yassir Arafat, und der FPDLP zu diskutieren. Angeblich konnten damals die eigenen Genossinnen und Genossen aus »Geheimhaltungserfordernissen« über die geplante Reise nicht im voraus informiert werden. Damals wurde u. E. die innerverbandliche Solidarität vom BV grob verletzt.

In der Diskussion der XXII. DK über die Resolution »Aufhebung des KPD-Verbots« kam es dann beinahe zum Auszug der FDJ-Delegation und der Sympathisanten der illegalisierten KPD im Umfeld von Hannes Heer (Bonn) und von Herbert Lederer (Köln). Denn Rudi Dutschke erklärte im Hinblick auf die Strategie des »Initiativ-Ausschusses für die Wiederzulassung der KPD«, wesentliche Teile des ursprünglichen Programms für den Preis der Legalisierung aufzugeben: »Als Demokrat bin ich noch dafür, als

Revolutionär aber eher skeptisch.« Die Auffassung der Berliner, die Wiederzulassung der KPD als Voraussetzung für eine offene politische Auseinandersetzung mit dieser Partei zu fordern und dies auch in der Resolution festzuhalten, fand mit 40:30 Stimmen eine Mehrheit. Um den sich abzeichnenden Riß zwischen den drei Hauptgruppen im Verband – der Mehrheit der Antiautoritären, den orthodoxen Marxisten um die Marburger Gruppe und einer kleinen, aber relativ konstanten Gruppe von KPD-Sympathisanten – zu verhindern, beschloß die DK nach dem Vorbild des Berliner Landesverbandes die Bildung eines 15köpfigen »Politkomitees des SDS«. Diese Konzentration der Kräfte auf Bundesebene sollte nicht nur die Durchführung der beschlossenen Aktionsprogramme garantieren, die faktische Erweiterung des Bundesvorstandes von 5 auf 20 Personen sollte auch ausschließen, daß die Verbandspolitik durch zufällige personelle Konstellationen im Vorstand bestimmt würde.

Bei der Wahl des 1. Bundesvorsitzenden zeigte sich wiederum das Dilemma des Verbandes nach der Ära Helmut Schauer: Die Opinion-leaders stellten sich nicht. Weder Rudi Dutschke, Wolfgang Lefèvre, Bernd Rabehl oder Hans-Jürgern Krahl noch Frank Deppe, Kurt Steinhaus oder Herbert Lederer waren bereit, diesen full-time-Job zu übernehmen und nach Frankfurt/Main überzusiedeln. Die Delegierten konnten schließich nur zwischen dem 24jährigen Jura-Studenten Karl-Dietrich Wolff (Freiburg) als Kandidat der Antiautoritären und dem Göttinger Doktoranden Wanja von Heisele als Kandidat des traditionalistischen Flügel wählen. Wolff wurde schließlich mit 40 gegen 30 Stimmen zum neuen Bundesvorsitzenden gewählt, sein Bruder Frank (Frankfurt/Main) zum 2. Bundesvorsitzenden. Politischer Beirat: Hans-Jürgern Krahl (Frankfurt/Main), Herbert Lederer (Köln) und Bernd Rabehl (Berlin). Im Politkommitee waren fünf Berliner (Bernhard Blanke, Rudi Dutschke, Peter Gäng, Wolfgang Lefèvre und Christian Semler), zwei Frankfurter (Reimut Reiche und Helmut Schauer), drei Münchener (Elmar Altvater, Thomas Schmitz-Bender, Lothar Schubert), Zwei Marburger (Frank Deppe und Kurt Steinhaus), zwei Heidelberger (Eberhard Becker und Burkhard Braunbehrens) sowie der Kieler Bernhard Achterberg vertreten.

Am 7. September besetzten Delegierte und Gäste abends das Amerika-Haus in Frankfurt/Main, wo ein round-table-Gespräch von Journalisten, u.a. Karl-Hermann Flach (Frankfurter Rundschau, FDP), dem Sowjetmarxismus-Spezialisten des ZDF, Bernd Nielsen-Stokkeby, und dem rechten Sozialdemokraten Jens Feddersen (Neue Ruhr-Zeitung) stattfinden sollte. Der SDS funktionierte das geplante Legitimationsgespräch für den amerikanischen Krieg in Vietnam in eine Solidaritätsveranstaltung für das kämpfende Volk von Vietnam unter der Fahne der FLN um. Nach Ende der DK fand am 9. September eine Spontidemonstration von etwa 250 SDS-Mitgliedern statt, die den Kommunarden Fritz Teufel in ihre Mitte nahmen und zum Polizeipräsidium geleiteten. Teufel, der Haftverschonung mit der Auflage erhalten hatte, sich in Berlin zweimal wöchentlich beim zuständigen Polizeirevier zu melden, war dieser Aufforderung nicht nachgekommen und sollte deshalb wieder in Haft genommen werden. Der SDS demonstrierte dagegen, daß der Polizeiobermeister Karl-Heinz Kurras, der den Studenten Benno Ohnesorg erschossen hatte, bei Auszahlung seiner vollen Bezüge weiterhin frei herumlief, während ein Opfer der Rechthaberei der Exekutive und der Dritten Gewalt erneut in den Knast wandern sollte. Die beiden Vertreter des Zentralrats der FDJ und die drei Stundentenfunktionäre aus Moskau reihten sich wie selbstverständlich in die Ketten, die Fritz Teufel abschirmten, ein und nahmen am anschließenden Sitzstreik vor dem Polizeipräsidium teil.

Kritische Universität (KU)

Als sich am 18. Juni 1967 im Clubhaus der FU in der Zehlendorfer Goethestraße die Hochschulpolitiker des Berliner SDS zu Beratungen über eine »Gegenuniversität« zusammenfanden, lag ihnen eine Vorlage von Wolfgang Nitsch »Argumente für eine von Studenten selbstorganisierte ›Kritische Universität‹ in der FU (Freies Studienprogramm der Studentenschaft)« vor. Ein Jahr zuvor hatte Rudi Dutschke das Projekt einer Gegenuniversität entwickelt, die an die Tradition der »Marxistischen Arbeiterschulung« (MASCH) von Karl A. Wittfogel, Karl Korsch, Hermann Duncker bis hin zu Bertolt Brecht während der Weimarer Republik anknüpfen und die Anstöße der kalifornischen »free universities« aufnehmen sollte, in denen der amerikanische SDS mit Konzepten wie »cooperative self-education« und »counter curricula« experimentierte. Dutschke strebte in Kreuzberg eine Art von Arbeiter-Universität an, in der FU-Studenten und Jungarbeiter zusammen leben, voneinander lernen und gemeinsam kämpfen sollten. Durch die Gründung einer revolutionären pädagogischen Anstalt hoffte er der Einheit von Theorie und Praxis näher zu kommen. (Das im Frühjahr 1968 von Rudi Dutschke und Gaston Salvatore gegründete und weitgehend vom italienischen Verleger Gian Giacomo Feltrinelli finanzierte »Internationale Nachrichten- und Forschungs- Institut« (INFI) war der letzte – sehr reduzierte – Versuch, ein solches Projekt am Rande des SDS zu initiieren, diesmal mit dem Schwerpunkt: anti-imperialistischer Kampf.)

Nitsch stellte fest, daß die Studenten nach jahrelanger Analyse der Hochschulentwicklung und Arbeit an Reformmodellen sich nicht mehr damit begnügten, den Gremien der Hochschulreform dicke Papiere vorzulegen, die dann doch nicht berücksichtigt würden, sondern daß sie ihre Forderungen selber in die Praxis umsetzen müßten. »Sie konstituieren sich damit ... als eine Gegenmacht innerhalb der Hochschule, öffentlich-demonstrative praktische Kritik oder praktisch wirkende Praxis gegenüber dem herrschenden Wissenschaftsbetrieb der Universität.« Zwar verstand sich die spätere »Kritische Universität« als Kampfinstrument gegen die Ordinarienuniversität, war jedoch – und das konnte auch nicht anders sein – an dieser orientiert und blieb Teil der klassischen Hochschule. Keine drei Wochen später gab die Hochschulabteilung des AStA der FU ein provisorisches Vorlesungsverzeichnis für die Studienveranstaltungen der »Kritischen Universität« (KU) für das Wintersemester 1967/68 heraus. Die Broschüre umriß die drei Hauptaufgaben der KU so: »1. Permanente Hochschulkritik und praktische Studienreform; 2. Verbreiterung und Intensivierung politischer Praxis ...; 3. Vorbereitung der Studenten auf die Praxis der Wissenschafts- und Gesellschaftspolitik in ihren künftigen Berufen und Unterstützung der kritischen Intelligenz in diesem Berufsbereich.«

Die projektierten Arbeitskreise waren unter die Sachgebiete »Wirtschaft, Gesellschaft, Recht«, »Sprache und Literatur«, »Medizin und Psychologie«, »Naturwissenschaft und Technik« und »Architektur und Technik« zusammengefaßt. Schon auf dieses Programm hin reagierte der Akademische Senat, als sei der Fuchs im Hühnerstall. Aufgeregte Presseerklärungen, die Verweigerung von Räumen für die KU, ein aufwendiges Gutachten der Professoren Fritz Borinski und Georg Nicolaus Knauer unter Beratung der Professoren Richard Löwenthal und Otto Stammer waren nur die unmittelbar sichtbaren Reaktionen.

Trotz des Verbots des Akademischen Senats wurde am 1. November 1967 die Kritische Universität im Auditorium maximum der FU gegründet. Das vorgelegte endgültige Vorlesungsverzeichnis für das Wintersemester 1967/68 war nicht dazu angetan, Öl auf die Wogen der Empörung unter der Professorenschaft zu gießen: »Es muß der Kritischen Universität gelingen, den aufkeimenden Widerstand unter den arbeitenden Massen dieser Stadt theoretisch zu artikulieren und damit praktisch voranzutreiben.« Die angebotenen 33 Arbeitskreise lassen sich grob in drei Kategorien unterteilen: Ergänzungsveranstaltung parallel zum offiziellen Vorlesungs- und Seminarbetrieb der FU (z. B. verschüttete Aufklärung – der affirmative Charakter der gegenwärtigen Literaturwissenschaft; Konservative Revolution in der Nationalökonornie – Kritik der Keynesschen Theorie), die Fortsetzung der traditionellen Arbeitskreise des SDS und des AC auf breiterer Basis (Sexualität und Herrschaft; Technische Intelligenz und Gesellschaft, Psychosomatische Medizin) und der Aufbau neuer Aktionskerne für geplante Kampagnen (Hochschulgesetzgebung – Hochschulreform – Hochschulrevolte; Arbeitskreis Springer-Tribunal; Wirtschaftskrise und Sozialpolitik in Westberlin; Architektur, Kunst und Gesellschaft). Wie zu erwarten war, verkamen einige der Arbeitskreise zu intelligent gemachten und dazu noch kostenlosen Repititorien, andere zu Lektürezirkeln in der mehr oder minder gepflegten Atmosphäre des »Republikanischen Clubs« (vgl. auch Seite 125).

Planung und Organisation der Kritischen Universität waren nur möglich, weil seit Anfang der 1960er Jahre im SDS und AC eine Kultur autonomer Arbeitsgruppen bestanden hatte und die KU an fast 10 Jahre theoretischer Vorarbeiten und praktischer Erfahrungen anknüpfen konnte. Die KU berief sich direkt auf die Resolution der FU-Studenten auf dem sit-in vom 22./23. Juni 1966. Das von allen Beteiligten akzeptierte Ziel war die Demokratisierung der Hochschule in einer demokratischen Gesellschaft. Abstrakte Revolutionsmodelle, dogmatische Schulung und Pop-Stalinismus hatten in der KU ebensowenig Platz wie qualvolle Marx-Exegese oder zwanghafter Ableitungswahn à la Joachim Bischoff und sonstiger »Beiträge zum wissenschaftlichen Sozialismus«. In der KU wurde eine ahistorische Fetischisierung des Konzepts der »Diktatur des Proletariats« entschieden zurückgewiesen. Man sprach der deutschen Bourgeoisie den Monopolanspruch auf Begriffe wie »Demokratie« und »Freiheit« ab. Andererseits darf nicht übersehen werden, daß in der KU auch eine allgemeine Reform-Euphorie heranwuchs, die später in der Juso-Subkultur, als es längst schon keinen SDS und keine KU mehr gab, fröhliche Urständ feierte.

Die Anti-Springer-Kampagne

Anfang 1968 gründeten Mitglieder des Springer-Arbeitskreises der KU, des SDS, des »Republikanischen Clubs« (RC) und der Redaktionen des Spiegels und des Sterns das »Institut für Presseanalyse und Öffentlichkeitsforschung« (später bekannt unter dem Namen Gegenöffentlichkeitsinstitut, GÖFI) zunächst mit dem Ziel, eine linke Tageszeitung für West-Berlin herauszugeben. Ständige Mitarbeiter des Instituts waren Peter Schneider, Bernhard Blanke, Karl-Joachim Heymann, Günther Möllendorf und Hans-Joachim Hameister. Zwischen dem Springer-Arbeitskreis der KU und dem GÖFI entstanden schon bald Spannungen über die Bündnispolitik und die Organisationsform der Kampagne gegen das Verlagshaus Springer. Die KU vertrat das Konzept eines Tribunals, auf dem die Manipulationstechniken, die Korrumpierung der Mitarbeiter innerhalb des Verlagshauses und die zunehmende Monopolisierung der Presse vor einem Auditorium entlarvt werden sollte, das am Schluß des Tribunals den Urteilsspruch zu fällen hatte. GÖFI und RC reduzierten das Konzept dagegen auf ein Hearing, auf dem Fachleute ihre Gutachten mit »gesicherten wissenschaftlichen Ergebnissen« vortragen sollten. Mit diesem verwässerten Konzept hoffte man, linksbürgerliche oder sozialdemokratische Kreise zu gewinnen, die durch die Tribunalkonzeption verschreckt worden wären. (Außerdem waren die Verleger Rudolf Augstein und Gerd Bucerius nur bereit, die Vorbereitungen für ein Hearing finanziell abzusichern.)

Schon in der Veranstaltung der KU vom 1. Februar 1968, die als Vorbereitung für das spätere Tribunal gedacht war, zeigte sich deutlich, daß die beiden Konzeptionen nicht zu vereinbaren waren. Für den organisatorischen Ablauf wählten die Veranstalter bewußt eine Form, die nichts mehr mit einer traditionellen Universitätsveranstaltung zu tun hatte: Die hergebrachten Mittel, Spannung zu erzeugen – z.B. durch Streitgespräche zwischen Autoritäten –, wurden bewußt gemieden. Statt dessen saßen ca. 50 Personen an mehreren Tischen auf dem Podium und trugen die Ergebnisse der verschiedenen Untergruppen des Springer-Arbeitskreises der KU vor: Die Berichterstattung der Springer-Presse über die Große Koalition, Gewerkschaften und Notstandsgesetze, das Grubenunglück in Lengede, die Kulturrevolution in der Volksrepublik China, die Black-Power-Bewegung, über »Sittenstrolche« u.a. Der letzte Beitrag »Der Zynismus der BILD-Leser« faßte die bisherige empirische und theoretische Arbeit der Gruppen in dem Slogan zusammen: »Das Problem der BILD-Leser ist nicht ihre Dummheit, sondern ihre Ohnmacht!« Anschließend an diese Referate wurde ein Fünf-Minuten-Film von Holger Meins über die Herstellung und Verwendung von Molotowcocktails gezeigt. In derselben Nacht wurden die Fensterscheiben von sieben Morgenpost-Filialen von SDS-Studentinnen und -Studenten mit Steinen zertrümmert. Am Morgen des 3. Februar berichtete die Springer-Presse darüber. Die BILD-Zeitung brachte eine Zeichnung, auf der zwei SA-Leute Steine in einen Laden werfen, auf der Fensterscheibe steht »JUDEN RAUS«, darunter die Jahreszahl 1938. Im anderen Teil des Bildes wirft ein mit »SDS« gekennzeichnetes Männchen die Fensterscheibe einer Morgenpost-Filiale ein, auf der »ENTEIGNET SPRINGER« steht. Kommentar: »Wie sich die Bilder gleichen!« Axel Cäsar Springer, der seit Alfred Hugenberg den größten Pressekonzern Deutschlands besaß, schreckte nicht davor zurück, sich als von Nazis verfolgter Jude zu stilisieren. Abgesehen davon, daß ein solcher Vergleich die sechs Millionen Juden verhöhnt, für deren Ermordung die deutsche Bourgeoisie politisch verantwortlich ist, spiegelt sich in dieser Blasphemie das für einen hervorragenden Vertreter des zu Geld und Macht gekommenen deutschen Kleinbürgertums typische Hin- und Her-Schwanken zwischen Brutalität und Selbstmitleid wider.

Das Springer-Hearing sollte vom 9. bis 11. Februar an der Freien Universität stattfinden, eingeladen worden waren u.a. die Professoren Jürgen Habermas, Helmut Ridder, Hans Dieter Müller, Alexander Mitscherlich und Eugen Kogon und die Journalisten Manfred Bissinger, Erich Kuby, Otto Köhler, Karl-Hermann Flach und Gerd von Paczensky. Außer Kogon und Kuby sagten alle in liebenswürdigen Briefen ab. Am 9. Februar fand nur noch die Eröffnung des Hearings statt, auf der u.a. Kogon und Kuby sprachen. (Kuby stieß die Versammelten vor den Kopf, als er sie fragte, was sie überhaupt noch in dieser funktionslosen Stadt, in der nichts mehr los sei, wollten.) Das eigentliche Hearing wurde auf später vertagt. Aber weder das Tribunal noch das Hearing fanden überhaupt noch statt. Beide wurden durch die Ereignisse in den kommenden Monaten überrollt.

»Vietnam ist das Spanien unserer Generation ...«

Als sich am 17. und 18. Februar im Auditorium maximum der Technischen Universität Berlin ca. 5.000 Teilnehmer, vor allem Studenten, aus fast allen europäischen Ländern zum »Internationalen Vietnam-Kongreß« trafen, war der SDS der Überzeugung, daß er seine tagespolitischen Forderungen mindestens teilweise erreicht hatte und daß ein großer Teil der jungen Generation hinter ihm stand. Im September 1967 waren der Westberliner Polizeipräsident Erich Duensing, dann der Innensenator Wolfgang Büsch und schließlich der Regierende Bürgermeister Heinrich Albertz zurückgetreten. Zwar war der Sturz Albertz auch auf SPD-interne Faktoren zurückzuführen, jedoch erinnerte sich in West-Berlin jeder Student an die Wandzeitung, die ab 3. Juni für lange Zeit am Hauptgebäude der

FU hing und auf der der Rücktritt genau dieser drei Politiker gefordert worden war. Den Job des »Regierenden« kriegte schließlich Klaus Schütz. Herbert Wehner hatte Helmut Schmidt nach Berlin abschieben wollen, der hatte jedoch dankend abgelehnt.

Die Stimmung unter den Jugendlichen war seit dem 2. Juni 1967 umgeschlagen. Der Spiegel veröffentlichte Anfang Februar die Ergebnisse einer von ihm in Auftrag gegebenen Blitz-Umfrage bei fast 3.000 Berufsschülern, Schülern und Studenten im Alter zwischen 15 und 25 Jahren in Orten mit über 10.000 Einwohnern. Auf die Frage: »In vielen deutschen Städten protestieren und demonstrieren Jugendliche. Finden Sie das gut?« antworteten 67 Prozent mit Ja (davon Berufsschüler 65 Prozent, Mittel- und Oberschüler 71 Prozent, Studenten 74 Prozent). Selber protestieren würden insgesamt 58 Prozent (55, 64, 67). Auf die Frage, was sie von Rudi Dutschke hielten, antworteten 27 Prozent, sie stimmten mit ihm überein, 26 Prozent, er sei ihnen gleichgültig, und 44 Prozent lehnten ihn ab. Daß 67 Prozent der Jugendlichen mit den Demonstranten und 27 Prozent mit den Zielen des SDS, der für sie mit der Person Rudi Dutschke identisch war, sympathisierten, war noch ein Jahr zuvor auch für die optimistischsten SDSler undenkbar gewesen.

Der Kongreß wurde von elf sozialistischen und trotzkistischen Organisationen veranstaltet, darunter die trotzkistische »Jeunesse Communiste Révolutionaire«, die während der Schlußdemonstration durch ihr militantes, zugleich aber diszipliniertes Auftreten und ihre Demonstrationstechnik einen großen Eindruck auf die deutsche Studentenbewegung machten, aus Italien der linkssozialistische PSIUP und die trotzkistische Gruppierung Falcemartello, aus Großbritannien die »Mitcham Branch« der offiziellen Parteijugend der Labour Party und der Studentenverband »Politeia« aus Holland. Schriftsteller, Regisseure von Theater und Film, Schauspieler, Komponisten, Philosophen, Professoren, ganze Universitäten, Maler, Kritiker, kurzum ein bedeutender Teil der europäischen Intelligenz solidarisierte sich in Zeitungsannoncen, Telegrammen, Grußbotschaften und Protestbriefen an den Westberliner Senat mit den Veranstaltern des »Internationalen Vietnam-Kongresses« (darunter Bertrand Russell, Jean-Paul Sartre, Ernst Bloch, Helmut Gollwitzer, Herbert Marcuse, Eric J. Hobsbawm, Luchino Visconti, Michelangelo Antonioni, Pier Paolo Pasolini, Giorgio Strehler und das Piccolo Teatro Milano, Hans Werner Henze, Luigi Nono, Alberto Moravia, Lelio Basso, Peter Weiss und ein weiteres halbes Hundert Schriftsteller). 30 Mitglieder der SDS-Projektgruppe »Revolutionäre Kunst und Marxismus« hatten die Ausstattung der Räume in der TU übernommen. Der Kongreß tagte unter einer riesigen Fahne der vietnamesischen Befreiungsfront FNL mit den Worten des toten argentinischen Revolutionärs Che Guevara: »Für den Sieg der vietnamesischen Revolution – Die Pflicht jedes Revolutionärs ist es, die Revolution zu machen.«

Die maoistische KPD und ihr Studentenverband KSV erhoben Anfang der 70er Jahren den Vorwurf, Rudi Dutschke habe den »modernen Revisionisten« (sprich der FDJ) auf dem »Internationalen Vietnam-Kongreß« ein Forum für die Propagierung ihrer Politik zur Verfügung gestellt, eine schlichte Geschichtsklitterung: Zunächst einmal war es nicht nur Rudi Dutschke, sondern auch das spätere Mitglied des Zentralkomitees der maoistischen KPD, Christian Semler, die mit dem Zentralrat der FDJ und führenden Funktionären von Jugendorganisationen anderer sozialistischer Staaten im Januar 1968 langwierige und zähe Verhandlungen führten. Beide wollten alles andere, als jenen eine Plattform zur Verfügung zu stellen; ihr Ziel war, Blauhemden und Komsomolzen in eine Aktionseinheit einzubinden und nach links zu ziehen nach der Devise: »Revolutioniert die Revolutionäre!« Und dazu hatten sie einen Plan: Sozialistische, trotzkistische und kommunistische Jugend- und Studentenverbände aus Westeuropa sollten zusammen mit der FDJ und anderen Staatsjugendverbänden Geld für Waffen sammeln, damit ein Schiff beladen und mit einer Besatzung ausrüsten und sich nach Vietnam einschiffen. Dies Aktion sollte nicht nur die Solidarität der gesamten sozialistischen europäischen Jugend mit dem kämpfenden vietnamesischen Volk dokumentieren, sondern zugleich eine Art Keimzelle für eine neue »Internationale Brigade« initiieren. Mit solchen Vorstellungen bissen Dutschke und Semler bei den in Ost-Berlin versammelten kommunistischen Jugendfunktionären auf Granit. Die Regierungen der DDR und der UdSSR waren absolut nicht bereit, sich von den beiden in eine Situation manövrieren zu lassen, in der plötzlich DDR- oder Sowjet-Bürger zusammen mit westeuropäischen Sozialisten und Trotzkisten den amerikanischen Ledernacken gegenüberstünden.

Vom ganzen schönen Plan blieb dann schließlich nur noch ein schon etwas älterer Berufsjugendlicher von der FDJ West-Berlin, Walter Rudert, übrig, der dem »Westberliner« SDS vorschlug, zusammen mit der »Westberliner« Kampagne für Demokratie und Abrüstung und der »Westberliner« FDJ gemeinsame Mahnwachen und Informationsstände besonders in »Westberliner« Arbeiterbezirken durchzuführen (damit auch der Drei-Staaten-These genüge getan worden wäre). Abgesehen von der Portion Abenteurertum war die Strategie des SDS, der FDJ immer wieder Angebote für gemeinsame Aktionen zu unterbreiten, im Kern durchaus richtig. Langfristig hätten die Bürokraten im Zentralrat der FDJ in Ost-Berlin, die nur zu überschaubaren und vorprogrammierten Veranstaltungen mit westeuropäischen Bruderparteien bereit waren, bei ihren eigenen Mitgliedern ihr Gesicht verloren, wenn sie immer und immer wieder auf die Angebote zu spontaner politischer Zusammenarbeit gegen den Imperialismus mit Ausreden und Abwiegeln reagiert hätten. Eine solche Politik hätte – über Jahre durchgehalten – durchaus eine subversive Qualität entfalten können. Die FDJ befürchtete damals sogar ein Überschwappen des antiautoritären Denkens auf Ost-Berlin, schränkte prophylaktisch die Rechte der Studenten ein. Ab da wurden auch Dossiers über einzelne Dozenten, Studentinnen und Studenten geführt, was allerdings heute von glaubwürdigen Vertretern der DDR-Intelligenz bestritten wird.

Im Februar 1968 konnten Rudi Dutschke und Christian Semler zwar nicht ihren abenteuerlichen Plan verwirklichen, die FDJ in eine revolutionäre Organisation umzufunktionieren, dafür wurde aber mit dem »Internationalen Vietnam-Kongreß« ein langgehegter Traum wahr. Eine solche Manifestation hatte es seit Mitte der 30er Jahre nicht mehr gegeben, als die europäische Intelligenz im eingekesselten Madrid und in Paris auf propagandistischen Kongressen gegen den faschistischen Terror in Spanien, Deutschland, Österreich und Italien demonstrierte. Die Veranstalter wollten nicht nur die Tradition der Kongreßpolitik von Willi Münzenberg und seiner »Internationalen Arbeiterhilfe« fortsetzen, sondern auch ein Gegenmodell zu den vom BV veranstalteten Studentenkongressen in Bonn und Frankfurt/Main schaffen, auf denen die theoretische Analyse und Diskussion im Vordergrund gestanden hatte. Der Berliner Kongreß war in der Tat dann auch eine Manifestation der linken europäischen Intelligenz.

Außer einer spontanen Auseinandersetzung zwischen Herbert Lederer, Ernest Mandel und Rudi Dutschke über den Stellenwert der Guerilla-Strategie in Südamerika gab es auf dem gesamten Kongreß keine wirkliche Diskussion, sondern wichtig war für die Teilnehmer die gemeinsame Empörung über den amerikanischen Krieg in Vietnam und die Solidarität mit dem vietnamesischen Volk. Höhepunkt des Kongresses war schließlich die Bekanntgabe des Urteils des Berliner Verwaltungsgerichts, das das Verbot der Schlußdemonstration durch den Senat von Berlin aufhob. Das ursprüngliche Kalkül des Berliner Innensenators Kurt Neubauer, wonach 15.000 Mann Berliner Polizei den Studenten, die trotz des Verbots demonstrieren würden, in einer blutigen Schlacht die Machtverhältnisse in dieser Stadt verdeutlichen sollten, war damit durchkreuzt. Rechtsanwalt Horst Mahler – heute bekannter Nationalsozialist, damals aber noch der »alten Linken« zugehörig – vertrat die Klage des SDS vor dem Verwaltungsgericht und kommentierte das Urteil in einem Redebeitrag auf dem Kongreß folgendermaßen: »Wir haben den Widerstand des Senats brechen können durch Einsatz rechtlicher Mittel. Wir haben damit den politischen Erfolg erreicht, den wir glaubten morgen auf den Straßen durch unseren physischen Einsatz erbringen zu müssen.« Fast keinem von uns ist seinerzeit aufgefallen, daß Mahler schon damals immer in den Kategorien des Freund-Feind-Denkens gefangen war.

Mehr als 12.000 Teilnehmer demonstrierten am 18. Februar unter roten Fahnen, Fahnen der FNL und unter vom SDS vorbereiteten Plakaten mit Bildern von Ho Tschi Minh und ermordeten und zum Teil in Deutschland vergessenen Revolutionären wie Rosa Luxemburg, Karl Liebknecht, Leo Trotzki, Ernst Thälmann und Che Guevara. Darüber hinaus wurde die Demonstration durch ihre politische Zusammensetzung und durch ihre neuartigen Demonstrationsformen geprägt: Mit den SPD-Stadträten Harry Ristock (Charlottenburg) und Erwin Beck (Kreuzberg) an der Spitze marschierten mehr als 100 Sozialdemokraten mit, die Schilder mit der Aufschrift trugen: »Ich protestiere gegen den Krieg der Amerikaner in Vietnam. Ich bin SPD-Mitglied!«. Zum anderen entwickelten die Berliner Demonstranten spontan die Technik, in langen Ketten untereinandergehakt mit rhythmischen Sprechchören: »Ho Ho Ho Tschi Minh« und »Wir sind eine kleine, radikale Minderheit« in Blocks vorwärts zu stürmen. Unter dem Eindruck dieser relativ militanten Demonstrationstechnik zogen sich die mehreren hundert Gegendemonstranten unter der Leitung von Jürgen Wohlrabe (Vorsitzender der Jungen Union) zum Bahnhof Zoo zurück.

Drei Tage später schlug die geballte Berliner-Kalte-Krieg-Nostalgie zurück. ÖTV, Senat, Springer-Presse und »aufrechte« Berliner wie die Bauspekulantin Sigrid Kressmann-Zschach nebst Syndikus RA Peter Lorenz (Vorsitzender der Berliner CDU), das peinliche Mittelmaß Hans Rosenthal (Dalli-Dalli), der Staatsschauspieler Carl Raddatz und eine Handvoll FU-Professoren wie die ehemaligen Sozialisten Fritz Borinski und Ernst Fraenkel riefen die Berliner unter dem Motto »Wir wollen sagen, wofür wir sind« zu einer Gegenkundgebung auf dem John-F.-Kennedy-Platz unter der Freiheitsglocke auf. Alle Beschäftigten im öffentlichen Dienst sowie Arbeiter und Angestellte in zahlreichen Privatbetrieben hatten für diese Demonstration frei bekommen. Nach Schätzung der Berliner Polizei beteiligten sich ungefähr 60.000 Menschen an dem Aufmarsch, die gesamte Berliner Tagespresse – damals noch einschließlich des Tagesspiegels – hatte sich auf 150.000 geeinigt. Was sich da in Berlin vorbereitete, kam wiederum nicht auf den offiziellen Transparenten, sondern durch die spontan selbstgefertigten Plakate zum Ausdruck: »Wir fordern harten Kurs gegen den SDS!«, »Raus mit den Roten«, »Dutschke raus aus West-Berlin!«, »Dutschke Volksfeind Nummer eins«, »Bauarbeiter, seid lieb und nett, jagt Dutschke und Konsorten weg!«, »Bei Adolf wäre das nicht passiert« und »Politische Feinde ins KZ!«.

Rudi Dutschke trug sich zu dieser Zeit schon mit Ausreiseüberlegungen. In einem Fernseh-Interview mit dem national-revolutionären Journalisten Wolfgang Venohr teilte er mit, daß sein Platz nun in Amerika sei, er beabsichtige, über kurz oder lang an der dortigen Befreiungsbewegung teilzunehmen, seine Zeit in Berlin und Deutschland sei zu Ende. Er sprach in diesem Zusammenhang von »temporärer Führung«. Das Interview sollte nach seinem Weggang aus Deutschland den zurückgebliebenen Genossen über den Fernsehsender ZDF in die Wohnungen gestrahlt werden.

Die britische »Vietnam Solidarity Campaign« (VSC) veranstaltete am 17. März zusammen mit Tariq Ali eine weitere Anti-Vietnamkriegs-Demonstration. Eine Abordnung des Berliner SDS mit rund 30 Teilnehmern war eigens dafür nach London gereist. Ca. 25.000 Demonstranten strömten auf der Oxford Street in Richtung der US-amerikanischen Botschaft am Grosvenor Square. Die SDSler hatten am Vorabend die VSC in der Cornway Hall offiziell aufgefordert, einen Sturm auf die US-Botschaft zu wagen, was Tariq Ali für unmöglich gehalten hatte. In der anschließenden Debatte zwischen den SDSlern, Tariq Ali und einigen deutschstämmigen jüdischen Sozialisten hatten sich diese geweigert, die Berliner Verhältnisse auf London zu übertragen und hatten vor Gewaltanwendung gewarnt. Zur völligen Überraschung der Organisatoren durchbrach jetzt die Menge die Polizeilinien und stürmte auf das US-Botschaftsgebäude zu. Mit langen Schlagstöcken bewaffnet ging die berittene Londoner Polizei gegen die Demonstranten vor. Eine wilde Straßenschlacht nahm ihre Anfang. Mick Jagger von den Rolling Stones war einer der Demonstranten und ließ sich von der Demonstrationsszene zu seinem Song »Street Fighting Man« inspirieren, in dem er die mangelnde Gewaltbereitschaft der Demonstranten nachträglich kritisierte.

Das Attentat

Am Nachmittag des 11. April 1968 wurde Rudi Dutschke von dem 23-jährigen Hilfsarbeiter Josef Bachmann durch drei Schüsse aus einem Trommelrevolver lebensgefährlich verletzt. In einem unmittelbar darauf herausgegebenen Flugblatt stellte der SDS fest: »Ungeachtet der Frage, ob Rudi das Opfer einer politischen Verschwörung wurde: Man kann jetzt schon sagen, daß dieses Verbrechen nur die Konsequenz der systematischen Hetze ist, welche Springer-Konzern und Senat in zunehmendem Maße gegen die demokratischen Kräfte in dieser Stadt betrieben haben ...« In den nächsten Stunden versammelten sich ungefähr 2.000 Studenten im Auditorium maximum der TU zu einer Protestversammlung. Bernd Rabehl: »Ich darf daran erinnern, welche Pogromhetze gerade von den Abgeordneten dieses Berliner Senats nach dem 2. Juni stattfand. Am 8. Juni, bei der berüchtigten Abgeordnetenhaussitzung, erdreisteten sich die Abgeordneten, eine Minoritätenhetze zu übernehmen, wie sie seit zwei Jahren von der Springer-Presse gegen die Studenten geführt wurde. Ich erinnere daran, daß ein Neubauer und ein Schütz anläßlich der Vietnam-Konferenz diese außerparlamentarische Opposition zusammenschlagen wollten. Ich erinnere daran, daß auch Neubauer und Schütz zusammen mit der Springer-Presse die Verantwortung für einen Mörder tragen, der sich an Rudi herangemacht hat, um ihn niederzuschießen. Und ich spreche ganz deutlich aus, die wirklichen Schuldigen heißen Springer, und die Mörder heißen Neubauer und Schütz!« Die inzwischen auf 3.000 angewachsene Versammlung beschloß eine Resolution mit den Forderungen: 1. Rücktritt des Senats, 2. Enteignung des Springer-Konzerns, 3. Pläne zur Demokratisierung der Rundfunkanstalten SFB und RIAS und 4. Zur-Verfügung-Stellung von mindestens einer Stunde Sendezeit täglich bis zum 1. Mai 1968. Mit entsprechenden Forderungen demonstrierte die westdeutsche Studentenschaft in den nächsten Wochen.

Aus der Versammlung in der TU entstand ein spontaner Demonstrationszug zum Springer-Hochhaus in der Kochstraße. Die total überraschte Polizei konnte nicht verhindern, daß die Demonstranten bis zum Springer-Hochhaus durchmarschierten und dort Scheiben einwarfen und mit Druckereiarbeitern und Angestellten in handgreifliche Auseinandersetzungen gerieten. Alles in allem verlief die Sache noch relativ friedlich, bis der agent provocateur des Berliner Landesamtes für Verfassungsschutz, Peter Urbach, in einem geflochtenen Weidenkorb ein Dutzend Molotowcocktails heranschaffte, systematisch Leute ansprach, mit denen auf den Fuhrpark des Springer-Konzerns zog und dort nach Aufschrauben der Tankverschlüsse zusammen mit einigen Studenten einzelne Fahrzeuge umwarf und mit den mitgebrachten Cocktails in Brand setzte. Die »Zeitungswagen in Flammen« wurden zum Fanal für die deutsche und französische Studentenbewegung. (Nicht uninteressant dürfte die Aufgabe für Revolutionstheoretiker sein, herauszufinden, inwieweit ein agent provocateur in bestimmten historischen Situationen eine objektiv revolutionäre Funktion erfüllen kann. Im Effekt bleibt es gleichgültig, ob ein Revolutionär seine Angst überwindet oder ob ein agent provocateur handelt, der überhaupt keine Angst zu haben braucht, weil er kein Risiko eingeht, außer dem, daß sein Herrchen sauer wird. Als die Autos brannten, war Urbach high. Ob Kurt Neubauer die objektiv revolutionäre Tat nachträglich billigte, entzieht sich bis heute unserer Kenntnis.)

In den folgenden Tagen der Karwoche kam es zu immer größeren Demonstrationen besonders gegen den Springer-Konzern. Allein am Ostersonntag zogen 45.000 Demonstranten in mehr als 20 Städten der Bundesrepublik und West-Berlin vor die Druckereien und Verlagshäuser des Springer-Konzerns und versuchten vor allem, die Auslieferung der BILD-Zeitung zu verhindern, was in Köln und Essen für einen Vormittag gelang. Während der Osterfeiertage kam es zu Straßenschlachten, wie sie es seit den letzten Jahren der Weimarer Republik nicht mehr gegeben hatte, als Rot-Front, Reichsbanner und Eiserne Front versuchten, die SA zu stoppen. DER SPIEGEL: »Auf der Strecke blieben zwei Tote, über 400 Schwer- und Leichtverletzte und der Anspruch der Bundesrepublik, ein intakter demokratischer Staat zu sein.« Dennoch, am Dienstag wurden BILD-Zeitung und BZ ausgeliefert, gekauft und konsumiert, wie eh und je. Dieser Skandal und die Erfahrung, unfähig zu sein, die Auslieferung auch nur für einige Tage zu stoppen, ließen in der Studentenschaft ein Gefühl der Ohnmacht aufkommen und prägten das Denken dieser Studentengeneration nachhaltig.

Jede Gesellschaft hat die Presse, die sie verdient. Am Ostersonnabend 1968 hatte man jedoch wieder einmal Grund, sich zu fragen, womit die Bundesrepublikaner und West-Berliner eine BZ und eine BILD-Zeitung verdient hatten. Nachdem sämtliche Springer-Zeitungen Rudi Dutschke mindestens ein Jahr lang Woche für Woche zum Abschuß freigegeben hatten, heuchelte die BILD-Zeitung auf Seite 2 unter der Balkenüberschrift »Terror nach dem Attentat – Terror nach dem Attentat« menschliche Solidarität mit der Schlagzeile »Millionen bangen mit«. Aber BILD bleibt BILD: »Denn plötzlich ist dieser Rudi Dutschke nicht mehr der radikale Agitator, sondern nur ein hilfloser Mensch ...« Arbeitsteilig übernahm die BZ, die Zeitung für das West-Berliner Proletariat, die Exkulpation des Hauses Springer: Unter der Schlagzeile »Attentäter ein krimineller Sonderling« wurde Josef Bachmann als »Anstreicher aus München, vorbestraft, ein Einzelgänger« quasi zum Sohn von Eva Braun und Adolf Hitler stilisiert. Quintessenz der Einschätzung der Springer-Presse, aber auch eines großen Teils der liberalen Zeitungen, war: Der SDS und mit ihm die außerparlamentarische Opposition sind ihres führenden Kopfes beraubt und damit am Ende.

Das Mitglied des Politischen Beirats des SDS-Bundesvorstands, Bernd Rabehl, ging auf diesen negativen Personenkult, aber auch auf das im SDS verbreitete Unbehagen über

Dutschkes Interviewpolitik in Fernsehen und Presse ein. In einem SPIEGEL-Interview vom 22. April 1968 erklärte er: »Wir hatten, bevor das Attentat geschah, eine Aussprache mit Rudi, erst einmal in einer Generalratssitzung, die sich über eine Woche erstreckte. Da haben wir diskutiert über die Funktionen von Rudi, seine Rolle als Person, sein Aufgebautwerden als Chefideologe, sein Rückwirken, seine Verselbständigung auch gegenüber dem SDS. Er wird, wenn er wieder wohlauf ist, in der neuen Verbandsstruktur seinen festen Platz haben, allerdings nicht als Chefideologe, weil wir einen Chefideologen nicht gebrauchen können. SPIEGEL: Sondern als was? RABEHL: Er soll mitarbeiten, sicherlich als einer der Aktivsten. Der Personenkult um Rudi Dutschke – das war ein Bestandteil des Studentenverbandes, der nicht wußte, wie er sich nach außen artikulieren sollte. Dutschkes neue Rolle wird eine andere sein.« Warum, so muß man sich im Nachhinein fragen, geht ein Studentenbund, der die innere Stärke gehabt hat, sich einerseits mit Rudi Dutschke in Straßenschlachten zu solidarisieren, andererseits gleichzeitig in aller Öffentlichkeit auch solidarische Kritik an einem führenden Genossen auf dem Krankenlager zu üben, zwei Jahre auf dem Höhepunkt seines Erfolges später vor die Hunde?

Am 15. April 1968, ein Tag nach dem Mordanschlag auf Rudi Dutschke, demonstrierten rund 2.000 VSC-Mitglieder in London. Unter dem alten Transparent der »Sozialistischen Studenten« in Berlin marschierten die Demonstranten zur Deutschen Botschaft in Belgreve Square. Ein leitender Botschaftsangehöriger erklärte sich bereit, die Demonstranten zu empfangen. Tariq Ali informierte ihn, falls der SDS verboten würde, würden die westdeutschen Botschaften in Europa ständig belagert werden: Dies sei während der dreißiger Jahre nicht geschehen. Die westeuropäische Linke werde die »Rechte des SDS« diesmal jedoch schützen.

Mai 1968

Vier rote Schwalben schienen nun aber endlich die Revolution in Westeuropa anzukündigen: Zum 1. Mai gelang es dem Berliner Landesverband des SDS, mehr als 30.000 Menschen zu einer autonomen Mai-Demonstration zu mobilisieren; in Paris bauten die Studenten Barrikaden gegen den Gaullismus, und in Frankreich solidarisierte sich die Arbeiterklasse mit der akademischen Jugend im Aufstand; am 11. Mai demonstrierten mehr als 50.000 Menschen in Bonn gegen die Annahme der Notstandsgesetze; anläßlich der 2. und 3. Lesung der Notstandsgesetze fanden an zahlreichen Universitäten Streiks, Blockaden und Besetzungen statt. In dieser Situation wähnten die Studenten, die Fernsehzuschauer, die Abend für Abend in der Tagesschau miterlebten, was in Berlin, München, Essen, Frankfurt/Main, Eßlingen, Hannover, Hamburg usw. los war, den SDS, aber auch der SDS sich selber auf der Straße des Sieges.

Am 1. Mai wurde der Riß, der sich schon seit Jahren durch die Berliner Bevölkerung bis in die einzelnen Familien hineinzog, für alle sichtbar: Vater und Mutter zogen zum

Vizekanzler Willy Brandt auf den Platz der Republik, wo sich laut Polizeibericht 60.000 Menschen versammelt hatten, oder blieben zu Hause und sahen sich die Kundgebung in der Glotze an. Töchter und Söhne gingen zur Demonstration des »Sozialistischen Maikomitees« und marschierten vom Karl-Marx-Platz in Neukölln zum Hohenstaufenplatz in Kreuzberg. Der SDS mit seinen neu formierten Stadtteil- und Basisgruppen, der Republikanische Club, die Falken und erstmals seit dem Mauerbau wieder die SED West-Berlin brachten nahezu halb so viele Demonstranten auf die Straße wie die Berliner Gewerkschaften und die Parteien des Abgeordnetenhauses. Legitimationskrise hin – Legitimationskrise her, jetzt wurde es für den Senat von Berlin langsam kritisch.

Ebenso wie die illegalisierte KPD in Westdeutschland traute sich in West-Berlin auch die legale SED nur im Windschatten des SDS an die Öffentlichkeit. Eine Vielzahl von abgearbeiteten sympathischen älteren Arbeiterinnen und Arbeitern mit roter Nelke im Knopfloch zeigte dem SDS, daß diese Partei nicht nur aus Apparatschiks, sondern auch aus sympathischen Rentnern bestand. Allerdings hatten die SDSler es nicht nur mit dieser Basis zu tun: Die SED West-Berlin durfte auf der Abschlußkundgebung keine Sprecher stellen, da die zuständigen Behörden der DDR Wolf Biermann, der den Teilnehmern der sozialistischen Maidemonstration sein Lied »Drei Kugeln auf Rudi Dutschke« vortragen wollte, keine Ausreisegenehmigung erteilt hatten.

Die Barrikadennacht vom 10. zum 11. Mai 1968 im Quartier Latin in Paris, in der 30.000 Studenten sich hinter 60 Barrikaden verschanzten und der kasernierten Bereitschaftspolizei eine Schlacht lieferten, löste in Frankreich eine revolutionäre Situation aus, wie sie seit den Zeiten der Volksfront (Juni 1936 bis Juni 1937) und dem Jahr der Befreiung 1944 nicht mehr bestanden hatte. Im Gegensatz zur Bundesrepublik und zu West-Berlin solidarisierte sich in Frankreich die Arbeiterklasse mit den Studenten und nicht nur einzelne junge Arbeiter. Für den 13. Mai riefen die französisch Kommunistische Partei und die von dieser kontrollierte Gewerkschaft »Confédération Générale du Travail« (CGT) sowie die ursprünglich linkskatholisch orientierte »Confédération Français Démocratique du Travail« (CFDT) zu einer Solidaritätskundgebung mit den kämpfenden Studenten auf. Ungefähr 800.000 Franzosen beteiligten sich an der zentralen Kundgebung in Paris, auf der der Rücktritt General de Gaulles gefordert wurde.

Die französische Presse sah durchaus die Parallele der Entwicklung zur Universitätsrevolte in West-Berlin. In Nanterre, wo die Revolte ihren Anfang genommen hatte, sprach man vom Modell Berkeley und vom Modell Berlin, darüber hinaus gab es an der Sorbonne seit kurzem eine Gruppe »SDS Paris« für sozialistische deutsche Studenten, die in Paris studierten. Um diese Gruppe rankten sich schon bald die wildesten Gerüchte und Vermutungen über die Omnipotenz des SDS. Malte J. Rauch und Samuel H. Schirmbeck, beide Mitglieder des SDS Paris, wiesen auf den starken Eindruck hin, den das geschlossene Auftreten des SDS auf dem »Internationalen Vietnam-Kongreß« auf die verschiedenen maoistischen, trotzkistischen u. a. Fraktionen der zersplitterten französischen Linken – jenseits der KPF – gemacht hatte: »Das Bild, das sich jetzt vom SDS in Frankreich zu entwickeln begann, war das einer revolutionären Organisation die zum ersten Mal nach dem Krieg in Westeuropa über den verbalen Protest hinaus Aktionsmethoden entwickelte, die von der bürgerlichen Gesellschaft als Bedrohung ernst genommen wurden.« Obwohl er es nie war, habe Daniel Cohn-Bendit als Sprecher des SDS gegolten. Bereits am 13. und 19. April gab es in Paris Solidaritätsdemonstrationen für Rudi Dutschke vor der Botschaft der Bundesrepublik Deutschland. Die eigentliche Fanalwirkung – so Rauch und Schirmbeck – sei von dem SPIEGEL-Titelbild mit dem umgestürzten Bauwagen auf dem Kurfürstendamm und den Studenten mit roten Fahnen ausgegangen: Man muß nicht auf die Arbeiter warten, sondern kann selbst handeln.

Tatsächlich unterhielt die »Union Nationale des Etudiants Français« (UNEF) enge Beziehungen zum AStA der Freien Universität. Das Titelblatt des SPIEGEL, in dem über die Pariser Mai-Unruhen berichtet wurde, drängte den Vergleich mit den Berliner Oster-Unruhen geradezu auf: Die brennenden Autos auf dem Boulevard St. Germain hätten ebensogut Lieferwagen in der Berliner Kochstraße sein können. Zur gleichen Zeit, als in Paris die Studenten mit Unterstützung der Pariser Bevölkerung gegen die Polizei kämpften, fuhren am 11. Mai über 50.000 Studenten, Jungarbeiter und Gewerkschafter in Sonderzügen und Autos in einem Sternmarsch nach Bonn, um die Verabschiedung der Notstandsgesetze durch den Deutschen Bundestag zu verhindern.

Die örtlichen SDS-Gruppen erprobten zur Vorbereitung des Sternmarsches auf Bonn die unterschiedlichsten Formen der direkten Aktion. Z. B. veranstaltete der SDS Hamburg am 7. Mai ein Notstands-Happening. Ca. 40 Genossen stürmten in Phantasieuniformen eines (noch) nicht existierenden »Universitäts-Schutzcorps« (USC) mit Gummiknüppeln bewaffnet zur Mittagszeit die Mensa und befahlen den völlig verstörten Studenten, sich sofort vor dem Haupteingang des Auditorium maximum in Reih und Glied aufzustellen: »Dies ist eine Notstandsübung!« Wer sich wehrte, wurde »festgenommen«. Gleichzeitig wurde eine Reihe von Professoren aus ihren Zimmern heraus für eine »Antibakteriologische Universitäts-Schutztruppe« »zwangsverpflichtet« und aufgefordert, ihre Privatwagen zur Evakuierung der andere Dienstkräfte zur Verfügung zu stellen. Den herbeieilenden Journalisten wurde erklärt, die Übung gelte für den Ernstfall der Verhinderung eines vom SDS angezettelten Streiks im Rücken der kämpfenden Bundeswehr. Leiter der Übung war der knapp einen Monat vorher untergetauchte und von der Polizei gesuchte SDS-Funktionär Karl-Heinz Roth.

Auf der Schlußkundgebung in Bonn sprachen Heinrich Böll, der VDS-Vorsitzende Christoph Ehmann und der SDS-Bundesvorsitzende Karl-Dietrich Wolff. Der SDS war sich zu diesem Zeitpunkt darüber im Klaren, daß die Anti-Notstands-Kampagne, was die Verabschiedung der Gesetze betraf, längst gescheitert war. Für ihn ging es darum, den moralisierenden Protest großer Teile der Studenten- und Schülerschaft auf die Stufe des politischen Bewußtseins zu heben und langfristig nach der Verabschiedung der Notstandsgesetze einen Rückfall in politische Apathie und Frustration zu verhindern. Von vielen damaligen bürgerlichen Radikaldemokraten, die später im Lager des deutschen Maoismus oder der DKP standen, wurde dem SDS dieses Verhalten – zu kämpfen, obwohl man dieses Mal nicht siegen kann, und das auch offen zu sagen – als Zynismus vorgeworfen. In den 14 Tagen zwischen der 2. und 3. Lesung der Notstandsgesetze im Bundestag rief der SDS gemeinsam mit dem von der IG Metall unterstützten Kuratorium »Notstand der Demokratie« und der »Kampagne für Demokratie und Abrüstung« für den 27. Mai zum politischen Generalstreik in den Betrieben und an allen Universitäten auf. Ermutigt zu diesem Schritt wurde der SDS durch die Erfahrung, daß an dem Sternmarsch auf Bonn am 11. Mai allein aus den Kölner Ford-Werken 3.000 Arbeiter teilgenommen hatten. Außerdem war es anläßlich der 2. Lesung zu Warnstreiks gekommen, z. B. hatten in Frankfurt mehrere tausend Arbeiter aus 30 Betrieben kurzfristig die Arbeit niedergelegt, ihre Werke verlassen und auf den Straßen gegen die Verabschiedung der Notstandsgesetze demonstriert.

Am Tage der 2. Lesung der Notstandsgesetze im Bundestag streikten Studenten in 25 Universitätsstädten. In Frankfurt/Main wurde für zwei Tage die Johann-Wolfgang-Goethe-Universität durch vom SDS organisierte Streikposten und Barrikaden blockiert. Auf den teach-ins an den größeren Universitäten wurde kontinuierlich über die Ereignisse in Paris berichtet, wo die Studenten die Sorbonne bestreikten, besetzten und gegen die Polizei militant verteidigten. Während in Frankfurt und Hamburg noch abstrakt über Betriebs- und Berufsschulagitationen diskutiert wurde, gingen in die Berliner Diskussionen schon die ersten Erfahrungen der Stadtteil- bzw. Basisgruppen ein.

Unmittelbar nach den Oster-Demonstrationen hatten sich in ganz Berlin – oft überstürzt – 16 Stadtteil- und Basisgruppen gebildet, die zunächst eine Woche lang jeden Morgen in Flugblättern die Berichterstattung der Massenblätter des Springer-Konzerns kommentierten und diese vor Betrieben, U-Bahnhöfen, Bushaltestellen, Schulen und auf den Straßen verteilten. Das Basisgruppen-Konzept wurde später nicht nur in Teilen des SDS als Neubeginn des Rätekommunismus idealisiert. Tatsächlich handelte es sich jedoch um nichts weiter als die Wiederaufnahme des ursprünglichen Konzepts des studentischen »Komitees für Öffentlichkeitsarbeit« vom Juni 1967, dieses Mal jedoch nicht zentral organisiert, sondern dezentral, um in den verschiedenen Stadtteilen zumindest mit einzelnen Arbeitern, Hausfrauen oder Rentnern ins Gespräch zu kommen. Langfristig dachte der SDS an eigenständige Flugblatt-Redaktionen von Arbeitern und Hausfrauen, die ihre Interessen selbständig artikulieren und vertreten sollten. Praktisch handelte es sich bei den Mitgliedern der Basisgruppen größtenteils um FU-Studenten, die sich diesmal nicht in Seminaren oder Instituten organisierten, sondern regional in ihren Stadtteilen. Mit Ende des Notstands-Semesters zerfielen diese Gruppierungen relativ rasch, nur der harte Kern ging nach den Semesterferien daran, Betriebsgruppen aufzubauen. Deren Ziel war es, kleinere Arbeitskämpfe aufzugreifen und von außen her – soweit es ging – theoretisch und organisatorisch zu unterstützen und letztlich zu politisieren. (Die bekannteste war die Betriebsgruppe Wedding.)

Die Kette der Besetzungen von Instituten und ganzen Universitäten begann am 20. Mai in West-Berlin, als die Vollversammlung der Philosophischen Fakultät der Freien Universität die Besetzung des Japanologischen Instituts beschloß.

Seit Oktober 1965 schwelte am Japanologischen Institut der Freien Universität ein Konflikt zwischen den Studenten und dem wissenschaftlichen Leiter, Hans Eckardt, der in seinen Seminaren und Übungen antisemitische Äußerungen von sich gegeben hatte, oft angetrunken war, sich Frauen gegenüber beleidigend verhielt und dessen wissenschaftliche Qualifikation darüber hinaus – auch von eigenen Kollegen – in Frage gestellt wurde. Der Akademische Senat hatte trotz wiederholter Beschwerden keinen Grund für die Einleitung eines Disziplinarverfahrens gesehen. Dieses Durchhalten des Kollegialitätsprinzips um jeden Preis hatte ihm jetzt die erste Institutsbesetzung in der Geschichte der FU eingebracht. Diese Besetzung geschah unverzüglich und klappte einwandfrei, sogar die Gemeinschaftsküche war Tag und Nacht geöffnet, so daß die Streikposten auch um 4 Uhr morgens ihre Suppe bekommen konnten. Am 27. Mai, dem Tag, für den Streiks in Betrieben, Universitäten und Schulen angekündigt waren, besetzte eine ad hoc-Gruppe »Notstand der Germanistik« um 7 Uhr morgens das Gebäude des Germanischen Seminars der FU, in dem sich auch ein Teil der Universitätsverwaltung befand. Die ca. 80 Besetzer waren vorzüglich vorbereitet: In den 20 Minuten bis zum Eintreffen der Polizei waren alle Türen und Fenster des Erdgeschosses verbarrikadiert, ein langes Transparent mit der Aufschrift »Rosa-Luxemburg-Institut« kündigte von der Umbenennung des Germanischen Seminars, und fünf Feuerwehrschläuche waren angeschlossen, ausgerollt und auf die Polizisten gerichtet. Um 9 Uhr nahm der Sender »Rosa Luxemburg« mit einer leistungsfähigen Verstärkeranlage sein Programm auf. (Diskjockeys: Dieter Kunzelmann und Fritz Teufel. Den beiden wurde im Verlaufe des Tages allerdings ein Politkommissar vor die Nase gesetzt, da sie in ihrem unpolitischen Elan schließlich nicht mehr von »Radio Luxemburg« zu unterscheiden waren.)

Vier Tage vorher hatten die Teilnehmer eines teach-ins im Otto-Suhr-Institut beschlossen, das Institut in »Karl-Liebknecht-Institut« umzubenennen. Anstelle einer Besetzung hatte es dort einen Kompromiß zwischen Studenten und Institutsleitung gegeben, aus dem sich eine Diskussion über eine Satzungs- und Strukturreform des Instituts entwickelte.

Die Vollversammlung des »Otto-Suhr-Instituts« (OSI) beschloß am 13. Juni 1968 die aus dieser Diskussion hervorgegangene neue Satzung. (Das Ordinarienprinzip war schon vorher abstrakt als abgeschafft erklärt worden.) Institutsorgane des OSI sollten sein: die Institutsvollversammlung, der Institutsrat und die Institutsleitung. Der Institutsrat, dem nach dieser Satzung alle wesentlichen Aufgaben zufielen, sollte drittelparitätisch besetzt werden mit 1. Lehrstuhlinhabern, 2. Studenten und 3. Assistenten, Dozenten und Personal (im Verhältnis 3:2:1). Nachdem der Akademische Senat die Satzung zweimal abgelehnt hatte, ermöglichte das Abgeordnetenhaus von Berlin schließlich am 10. September 1968 über die Köpfe des Akademischen Senats hinweg die Erprobung der Satzung durch ein »Vorschaltgesetz«.

Udo Knapp und Eike Schweichel, damals zwei SDS-Aktivisten am OSI, die der Satzung nicht zugestimmt hatten, plädierten im August 1968 in der neuen kritik für die Satzung, die notwendig Kompromißcharakter hätte haben müssen: »Dennoch ist sie ein Erfolg studentischer Hochschulreformbemühungen. Diese Reform demokratisiert formal die Entscheidungsstruktur am Otto-Suhr-Institut.« Andererseits werde die Praxis mit dieser Satzung die Grenzen der Reform und die Unmöglichkeit einer wirklichen Demokratisierung des Arbeitsplatzes Universität ohne gleichzeitige Demokratisierung der Gesellschaft unter Beweis stellen. Wichtiger als die Satzung sei die neue kollektive Arbeitsweise, die im Streik entstanden sei. Durch das neue politische Bewußtsein der Studenten und die durch die Satzung abgesicherten Freiräume könne tendenziell die Trennung von politischer Arbeit und Studium überwunden werden. Hier zeigte sich bereits eine gefährliche Entwicklung innerhalb des SDS: In Hochschulresolutionen der Delegiertenkonferenzen und in Publikationen des Verbandes gab es zwar theoretische Einschätzungen funktionalistischer Tendenzen der Hochschulreform. Was aber in West-Berlin die Koalition von Studenten und Parteien des Abgeordnetenhauses gegen die Ordinarien konkret bedeutete, wurde nicht einmal angesprochen. Statt dessen flüchtete man sich in Spekulationen über den subjektiven Faktor und begriff nicht, daß die Sozialdemokratie, die 1948 zwar die FU wesentlich mit gegründet hatte, jedoch erst 20 Jahre später eine Hochschulkonzeption entwickelte, sich jetzt formierte und an der FU die Macht übernahm.

Eine solche Entwicklung wollte die ad hoc-Gruppe Germanistik auf jeden Fall verhindern. Die Germanisten sperrten die Professoren aus; sie waren nicht bereit, mit ihnen über Strukturreformen bei gleichbleibenden politischen Inhalten zu diskutieren, sondern ihr Ziel war, die Produktionsmittel des Germanischen Seminars zu übernehmen. Die damalige Germanistik, so die ad hoc-Gruppe, passe in die Notstandsgesellschaft, es gelte aber, »die Wissenschaft als kontinuierlichen Widerstand gegen die Notstandsgesellschaft zu organisieren«. In der Nacht zum 28. Mai versuchten ca. 200 nationaldemokratische und korporierte Studenten, hauptsächlich der Juristischen Fakultät, unter Anleitung einiger Ordinarien das »Rosa-Luxemburg -Institut« zu stürmen. Die mit dem Schlachtruf »Jetzt regieren die Fäuste!« angreifenden Rechten wurden an den Barrikaden mit Stuhlbeinen, Latten und dem Wasserstrahl aus den Feuerwehrschläuchen abgewehrt. Aus der ad hoc-Gruppe entwickelte sich später die erste Rote Zelle an der Freien Universität, die »Rote Zelle Germanistik« (ROTZEG). Der größte Teil der Mitglieder hat dann später, Anfang März 1970, die maoistische »KPD-Aufbauorganisation« (KPD/AO) mitgegründet. In der mehrwöchigen Institutsbesetzung im Sommer 1968 hatte sich ein relativ disziplinierter aktionistischer Kader herausgebildet.

In Berlin war der theoretische Höhepunkt der Mai-Ereignisse eine weitere Diskussion zwischen SDS und Herbert Marcuse, z. T. im Auditorium maximum. Dieser überbrachte den versammelten Studenten zunächst die Grüße des genesenden Rudi Dutschke aus dem Krankenhaus. Die Diskussion kreiste um die veränderte Rolle der Intelligenz in den Metropolen bzw. die neue Zusammensetzung des idealen »Gesamtarbeiters« als revolutionäres Subjekt. Laut Marcuse befand sich das traditionelle Industrieproletariat gesamtgesellschaftlich in einem Auflösungsprozeß. Andererseits sprach er von der Hoffnung, daß die modernen Produktivkräfte eine Entwicklung nähmen, die neue humane Bedürfnisse ermöglichten. Über diese analytische These kam jedoch in Berlin keinerlei Debatte mehr zustande, obwohl Marcuse hier eine Chance zur Überwindung von entfremdeter Arbeit und Ausbeutung sah. Da er sich schlichtweg weigerte, Ratschläge für die unmittelbare Praxis zu erteilen, hinterließ diese Diskussion bei einem Großteil der Studenten, die in Marcuse mehr den General der Revolution, weniger den marxistischen Philosophen gesehen hatten, eine Katerstimmung.

Keine Katerstimmung dagegen in Frankfurt. Dort verstand es der SDS auf einem teach-in zum Thema »Autoritärer Staat und Widerstand« auf eine Vielzahl von Fragen des studentischen Protests relativ konkret einzugehen. Reimut Reiche untersuchte in seinem Beitrag »Hat der autoritäre Staat der BRD eine Massenbasis?«, ob die sich wiederholenden Pogromszenen auf einen faschistischen Grundkonsensus in großen Teilen der Bevölkerung schließen ließen. Nach den Berliner Erfahrungen im Anschluß an den »Internationalen Vietnam-Kongreß« – so Reiche – müsse man davon ausgehen, daß faschistisches Bewußtsein in Einzelfällen für den autoritären Staat mobilisierbar sei. Dieser Fall werde nicht automatisch eintreten, der SDS müsse sich aber darauf vorbereiten, da er eine neue Reichskristallnacht nicht überstehen würde. Zwar ging Reimut Reiche hier auf ganz konkrete Erfahrungen ein. Sein Begriff vom autoritären Staat, den Max Horkheimer im Frühjahr 1940 zur Analyse des Hitler-Staates entwickelt hatte, traf jedoch nicht die Berliner Verhältnisse. Sicher war auch falsch, daß er das Berlin-Syndrom auf die Bundesrepublik übertrug. Wenn man den Begriffsapparat jedoch einmal beiseite läßt, bleibt, daß Reiche die Studenten davor warnte, die politischen und existentiell möglichen Konsequenzen eines offensiven Widerstandes innerhalb einer polarisierten nachfaschistischen Gesellschaft zu bagatellisieren, ein Vorwurf, den Jürgen Habermas gegen den SDS zu erheben pflegte.

Hans-Jürgern Krahl warnte vor Illusionen darüber, daß die Bundesregierung und die hessische Landesregierung nicht begriffen hätten, daß der »treibende Motor« der Streikbewegung gegen die Notstandsgesetze der SDS und das antiautoritäre Lager seien. Der Angriff der Staatsgewalt werde sich deshalb in Frankfurt gegen die gerade gegründete »Politische Universität« richten, die Plattform der Selbstreflexion der Studenten.

Die von Krahl geforderte Besetzung der Universität scheiterte vorerst, statt dessen blockierten die Studenten zwei Tage lang das Hauptgebäude und ließen niemanden herein oder hinaus. Dann schloß der Rektor, Walter Rüegg, die Frankfurter Universität. Am 27. Mai übernahm das »Streikkomitee«, dem SDS, LSD und SHB angehörten, die Schlüsselgewalt der Universität, am Mittag stürmten und besetzten 2.000 Studenten das Rektoratsgebäude. In der besetzten Universität wurde die »Politische Universität« weiter durchgeführt.

Am Nachmittag des 27. Mai fand auf dem Römerberg eine gemeinsame Kundgebung des DGB-Landesvorstandes Hessen, des SDS, des Kuratoriums »Notstand der Demokratie« und der »Kampagne für Demokratie und Abrüstung« statt, an der sich 12.000 Demonstranten beteiligten. Hans-Jürgen Krahl unterzog in seinem Redebeitrag die Politik der Gewerkschaften einer solidarischen, aber sehr harten Kritik, so daß die anschließend sprechenden DGB-Spitzenfunktionäre sich mit dieser indirekten Aufforderung an die Arbeiter, ihre Gewerkschaften zu radikalisieren, inhaltlich auseinandersetzen mußten. Die Studenten und ein Teil der neugierig gewordenen Arbeiter zogen anschließend zurück in die Universität, die sie in »Karl-Marx-Universität« umbenannten. Was sich schon bei der »Kritischen Universität« in West-Berlin gezeigt hatte, wurde auch hier offenkundig: Der SDS war aufgrund jahrelanger theoretischer Arbeit in der Lage, ad hoc ein ausgefächertes »Seminarprogramm für die Politische Universität« anzubieten. Schwerpunktthemen waren: Geschichte und Gewalt, Revolutionstheorie, Krise des Parlamentarismus, Geschichte des Widerstandsrechts, Analyse der BRD: Ökonomische Struktur und politisches System, Politisierung der Wissenschaft, psychoanalytische Fragen der traditionellen Arbeiterbewegung und der neuen Studentenbewegung, politische Apathie u.a. Ganz zu schweigen davon, daß KPD, KBW, DKP … nicht bereit sind, sich überhaupt noch solchen Themen zu stellen – und aufgrund ihrer rigiden politischen Sozialisation auch nicht mehr dazu fähig wären –, wird man beim Durchblättern der heutigen Vorlesungsverzeichnisse bei unseren soziologischen Instituten wahrscheinlich die Breite der Problemstellung von damals vermissen.

Fast alle Universitäten und viele Schulen wurden an diesem Tag bestreikt. Besetzt wurden außer in West-Berlin und Frankfurt/Main auch Institute in Göttingen und Bochum. Die Studenten der Gießener »Justus-Liebig-Universität« benannten ihre Hochschule in »Georg-Büchner-Universität« um. Die Kölner nannten ihre Universität »Rosa-Luxemburg-Universität«. In Hamburg demonstrierten 8.000 Studenten vor dem Kurt-Schumacher-Haus gegen die Zustimmung der SPD zu den Notstandsgesetzen. Die sozialistische Schülerorganisation AUSS, die schon Anfang des Jahres in Bremen, Kiel, Bochum und Freiburg relativ militante Demonstrationen gegen Fahrpreiserhöhungen bei öffentlichen Verkehrsmitteln durchgeführt hatte, verriegelte ohne jede Diskussion mit Ketten und Vorhangschlössern die Pforte von einigen Dutzend Schulen der Bundesrepublik.

Neben Ereignissen, die damals in der Presse Furore gemacht haben, wie z.B. Theaterbesetzungen, müssen andere Aktionen noch hervorgehoben werden: Einmal die Aufforderung der politischen Studentenverbände mit Ausnahme des RCDS an alle Offiziere und Soldaten der Reserve, ihr Soldbuch zurückzuschicken. In Berlin, Freiburg, Frankfurt/Main, Bonn und München kamen dem allein ca. 900 Reservisten nach. Diese Ansätze einer Politisierung der Bundeswehr haben die zuständigen Stellen auf Jahre hinaus beschäftigt. Zum anderen kam es besonders im Ruhrgebiet zu Warnstreiks mit stillschweigender Billigung der IG Metall.

Am 30. Mai 1968 verabschiedete der Deutsche Bundestag mit 384 gegen 100 Stimmen (1 CDU, 53 SPD und 46 FDP) die Entwürfe der Vorsorgegesetzgebung für den Notstand. Nach Billigung durch den Bundesrat wurde die Notstandsverfassung am 27. Juni verkündet und trat am darauffolgenden Tag in Kraft. Wenige Tage vor der Verabschiedung hatte der SDS in seiner Massenpropaganda im Gegensatz zu seiner politischen Einschätzung die Linie vertreten: »Erst die dritte Lesung ... entscheidet endgültig über die Notstandsgesetze. Noch ist Zeit zum Widerstand, aber dazu muß jeder etwas tun. Jetzt!« Nach der Verabschiedung zog er sich auf eine Formulierung der Resolution zurück, mit der die XXI. DK im September die Notstandskampagne als Schwerpunktaktion des SDS beschlossen hatte: »Der Erfolg unseres Kampfes bemißt sich nicht allein an der Verhinderung der Verabschiedung der Notstandsgesetze, sondern an dem durch den Kampf zu gewinnenden Widerstandspotential.« Praktisch passierte also folgendes: Zehntausende von Studenten gingen nach den euphorisierenden Streik- und Besetzungserlebnissen in die Semesterferien und realisierten, daß der Deutsche Bundestag trotz des massenhaften Widerstandes der akademischen Jugend, der Schüler und großer Teile der Gewerkschaftsbewegung die Notstandsgesetze verabschiedet hatte. Dieser Kampf war verloren. Im Gegensatz zum Juni 1967 und zu Ostern 1968 hüllte sich der SDS-BV nach der Verabschiedung der Notstandsgesetze in Schweigen und überließ die Studenten ihrem Gefühl der Ohnmacht. Früher waren die Studenten resigniert und unpolitisch. Als sie jetzt aus den Semesterferien zurückkamen waren sie politisiert, standen links, waren aber wieder resigniert. Tatsächlich war der Widerstand nicht ganz umsonst gewesen: Laut Jürgen Seifert und Willy Albrecht hat der außerparlamentarische Widerstand Kritikern der Notstandsgesetze wie Hans Matthöfer an der Spitze der SPD die Möglichkeit eröffnet, in harten Verhandlungen mit dem SPD-Parteivorstand die massivsten Einschränkungen von Freiheitsrechten in der geplanten Notstandsgesetzgebung zu verhindern. Matthöfer hatte in der entscheidenden Phase der Verhandlungen ständigen Kontakt zum SDS-Bundesvorstand und der IG Metall-Spitze. Der vorherrschende Eindruck der außerparlamentarischen Linken, es sei alles umsonst gewesen, war also falsch.

Die »Schlacht am Tegeler Weg«

Das Attentat auf Rudi Dutschke am Gründonnerstag, der letztlich gescheiterte Versuch, die Auslieferung der Springer-Zeitungen zu verhindern und das Inkrafttreten der Notstandsgesetze verstärkten noch das Gefühl der Studentenschaft, das Freiwild der bundesrepublikanischen Gesellschaft zu sein. Aus dieser Situation der Ohnmacht heraus erklären sich auch die Ereignisse am Tegeler Weg vom 4. November 1968.

Der Generalstaatsanwalt beim Kammergericht des Landes Berlin hatte gegen Rechtsanwalt Horst Mahler, der seit Mitte der 1960er Jahre zahlreiche Studenten der FU verteidigte, ein Ehrengerichtsverfahren bei der Berliner Rechtsanwaltskammer beantragt. Der Vorwurf: Mahler habe die Standesehre und seine Berufspflichten verletzt, als er sich am Abend des Gründonnerstag nach dem Attentat auf Rudi Dutschke an einem Marsch auf das Springer-Hochhaus beteiligte. Axel Cäsar Springer hatte Mahler auf Zahlung der Kosten für die angeblich während dieser Demonstration entstandenen Schäden, darunter die von Peter Urbach angezündeten Lieferwagen, in Höhe von DM 506.696,70 verklagt. In dieser Situation rief der Berliner SDS die Studenten zu einer Solidaritätsdemonstration mit dem Anwalt der Außerparlamentarischen Opposition auf. Vor dem Landgericht am Tegeler Weg gingen ungefähr 1.000 Studenten unter der Führung einiger SDS-Mitglieder zum Angriff gegen die bereitstehenden Polizeieinheiten über, die zahlenmäßig in der Minderheit waren. Die Waffe der Studenten war der Pflasterstein. 130 Polizeibeamte und 21 Studenten wurden verletzt. Zwar blieben die Studenten in dieser taktischen Situation kurzfristig in der Offensive, doch bereits am Abend desselben Tages war sich der SDS darüber im klaren, daß beim nächsten Angriff die Polizei von ihren Waffen Gebrauch machen würde. Da aber eine solche Konfrontation – so der SDS in internen Einschätzungen – in letzter Konsequenz Bürgerkrieg bedeute, könne die Studentenschaft nur im Bündnis mit der Arbeiterklasse ihre jetzige offensive Politik fortsetzen. Dieses Bündnis zwischen einer Studentenschaft links von der SPD und der Arbeiterklasse kam jedoch nicht zustande: Der SDS fraktionierte sich und löste sich auf.

Drei Tage nach der »Schlacht am Tegeler Weg« nahm auf einer Veranstaltung des AStA im Auditorium maximum der FU u.a. Helmut Gollwitzer zur Gewaltfrage Stellung: Nur für Faschisten sei die Gewalt kein Problem. Ein Sozialist aber müsse sich über die Funktion von Gewalt immer Rechenschaft geben. Weder in West-Berlin noch in der Bundesrepublik bestünde gegenwärtig eine revolutionäre Situation. Deshalb sei jede Gewalt gegen Personen inhuman. »Wer will, daß die studentische Bewegung zerfallen wird ..., der soll weiter solche Aktionen machen.« (Was Gollwitzer nicht sagte, war, daß sich am Tegeler Weg lang aufgestaute Angst und Haß entluden und die Studenten ganz unüberlegt und unpolitisch Rache genommen hatten für den 2. Juni: »Unser Widerstand gegen die Polizei ... befreit uns aus der Lage des duldenden Opfers«, so der Text eines anonymen Flugblattes vom 6. November.)

Historisches Versagen des SDS war, daß er nach den Erfahrungen am Tegeler Weg nicht weitere derartige Aktionen offensiver Gewalt verhindert hat und davor zurückschreckte, mit den Studenten und vor allem den kleinen Aktionsgruppen über die tatsächlichen gesellschaftlichen und politischen Machtverhältnisse in der Bundesrepublik und West-Berlin zu diskutieren.

Die Kritik von Jürgen Habermas

Zwei Tage nach Annahme der Notstandsgesetze forderte Jürgen Habermas in einer Rede vor einem vom »Verband Deutscher Studentenschaften« (VDS) einberufenen Schüler- und Studentenkongreß in der Mensa der Frankfurter Universität den SDS zu einem inhaltlichen Streitgespräch heraus. Er trug fünf Thesen vor, die er später unter dem Eindruck der Diskussion um eine sechste erweiterte. Habermas schickte voraus, daß er aufgrund der Erfahrungen der Studenten- und Schülerbewegungen in den USA und der Bundesrepublik davon überzeugt sei, daß es eine »neue und ernsthafte Perspektive für die Umwälzung tiefsitzender Gesellschaftsstrukturen« gebe.

These 1: »Das unmittelbare Ziel des Studenten- und Schülerprotestes ist die Politisierung der Öffentlichkeit.« Der Spätkapitalismus lebe von der entpolitisierten Öffentlichkeit, sobald breite Schichten der Bevölkerung ihre Interessen wahrnähmen und sich politisierten, gerate er notwendig in eine Legitimationskrise.

These 2: »Die Studenten- und Schülerbewegung verdankt ihre Erfolge der phantasiereichen Erfindung neuer Demonstrationstechniken.« Gerade auch der SDS habe mit relativ geringem Aufwand eine überproportionale politische Wirkung erreicht. Die neuen aus der Popkultur stammenden gewaltlosen und symbolischen Demonstrationstechniken führten einerseits zu heftigen Abwehrreaktionen des Staatsapparates, andererseits aber zu einem heilsamen Schock, der tendenziell in allen Schichten der Bevölkerung einen Lernprozeß in Gang setze: »Die neuen Demonstrationstechniken treffen die einzige schwache Stelle des legitimationsbedürftigen Herrschaftssystems, nämlich die funktionsnotwendige Entpolitisierung breiter Bevölkerungsschichten.«

These 3: »Die Studenten- und Schülerbewegung geht aus einem Potential hervor, das keine ökonomische, sondern eine sozialpsychologische Erklärung verlangt.« Habermas konstatierte, daß die Träger der Protestbewegung relativ privilegiert sind. Die Sozialisation der bürgerlichen Jugend in den 50er und 60er Jahren habe sich in einer Sphäre der vom unmittelbaren ökonomischen Zwang freigesetzten Subkultur vollzogen, die tradierten Tugenden und Opfer seien für diese Generation obsolet. Bei dem bestehenden gesellschaftlichen Reichtum habe das Leistungsprinzip seine Funktion für die Einordnung des Individuums in die Hierarchie der Gesellschaft verloren. Die Studentenbewegung sei auf dem Weg, der historisch überholten Leistungsideologie den Rest zu geben.

These 4: »Die Studenten- und Schülerproteste folgen vielfach Interpretationen, die entweder ungewiß oder nachweislich falsch, in jedem Falle aber unbrauchbar sind, um Handlungsmaximen daraus abzuleiten.« Habermas rüttelte hier an drei Säulen der marxistischen Theorie: erstens stehe entgegen der Krisentheorie von Marx das Kapital nicht vor grundsätzlich unlösbaren Verwertungsschwierigkeiten; zweitens gebe es keine ernst zu nehmenden empirischen Belege dafür, daß Klassengegensätze notwendig in politischen Klassenkampf umschlagen müssen; drittens – und hier meinte er mehr die Weiterentwicklung der Marxschen Theorie durch Lenin und Luxemburg – die traditionelle imperialistische Ausbeutung der Länder der Dritten Welt durch die Industrienationen werde mehr und mehr abgelöst durch strategische Abhängigkeit und wachsende Unterprivilegierung der einstmals kolonialisierten Völker. Die im SDS noch immer gepflegte Imperialismustheorie sei damit hinfällig.

These 5: »Aus der falschen Einschätzung der Situation folgt eine verhängnisvolle Strategie, welche nicht nur Studenten und Schüler auf die Dauer isolieren, sondern alle auf Demokratisierung drängenden gesellschaftlichen und politischen Kräfte schwächen muß.« In den Köpfen der militanten SDSler hätten sich die Demonstrationstechniken der antiautoritären Studentenbewegung längst verselbständigt. sie verwechselten die Symbole mit der Wirklichkeit, damit sei der klinische Tatbestand der Wahnvorstellung erfüllt.

These 6: »Die Taktik der Scheinrevolution muß einer langfristigen Strategie der massenhaften Aufklärung weichen.« Eine sich neu formierende sozialistische Bewegung in der Bundesrepublik müsse die Phase der verbalen Selbstbefriedigung überwinden. Sie müsse realistisch sein im Hinblick auf die Dauer des Kampfes, auf den verfassungsrechtlichen Spielraum, auf die Kräfteverhältnisse; die Sozialisten müßten zur Kenntnis nehmen, daß ohne den Gewerkschaftsapparat nach Verabschiedung der Notstandsgesetze kein politischer Streik mehr möglich sei, und schließlich zeige die Geschichte, daß ein Sozialist nicht stellvertretend für die Massen agieren könne.

Der SDS, dessen Stärke während der vergangenen zehn Jahre gewesen war, keiner inhaltlichen Diskussion aus dem Wege gegangen zu sein, kniff dieses Mal. Zwar erschien noch im selben Jahr in der Europäischen Verlagsanstalt ein Band, in dem Oskar Negt, Arnhelm Neusüss, Reimut Reiche, Klaus Dörner, Claus Offe, Herbert Lederer und eine Reihe weiterer alter SDS-Genossen arbeitsteilig auf die verschiedenen Vorwürfe von Habermas antworteten. Jedoch fanden – gemessen an sonstigen inhaltlichen Diskussionen im SDS – nur noch defensive Abwiegelung und Beklagen eines angeblich unsolidarischen Verhaltens von Jürgen Habermas statt. Intellektuelle Redlichkeit und Freude am Streit schienen den Bach runter. Meschkat unterstellte Habermas z. B., seine Thesen seien nur die Retourkutsche auf die banalen Formen der mißglückten Universitätsbesetzung im Mai 1968 in Frankfurt. Reimut Reiche warf Habermas vor, dieser könne nicht begreifen, daß die neue Sensibilität der studentischen Bewegung Ausdruck eines schon vorhandenen neuen Realitätsprinzips sei. Oskar Negt nahm Habermas zwar persönlich in Schutz und gestand ihm auch zu, daß die Auflösungserscheinungen im SDS den Eindruck einer inneren Zersetzung erweckten, bestand jedoch auf der These, daß diese Zerfallserscheinungen notwendige Voraussetzungen für eine neue Qualität der Organisation seien.

Aktiver Streik

Was zunächst als Kritik des Habermasschen philosophischen Ansatzes in seinem Seminar »Probleme einer materialistischen Erkenntnistheorie« begann, eskalierte sehr schnell zu einer grundsätzlichen Auseinandersetzung zwischen der Protestgeneration des Frankfurter SDS mit den Autoritäten der Kritischen Theorie. Schauplatz des Schlagabtauschs war das Soziologische Seminar. Schon zu Beginn des Wintersemesters warf der SDS Habermas vor, er gehe zur Rechtfertigung seiner erkenntnistheoretischen Fragestellungen nicht von konkreten gesellschaftlichen Problemen aus, mithin sei sein Ansatz idealistisch und zu verwerfen. Unter den beiden zentralen Parolen des Soziologenstreiks an der Philosophischen Fakultät »Leistet praktischen Widerstand gegen den autoritären Staat durch Selbstorganisation der Wissenschaft« und »Ausrichtung der Wissenschaft an den strategischen Erfordernissen der Protestbewegung« wurde die Forderung erhoben, die Seminare von Jürgen Habermas, Theodor W. Adorno, und auch die von Ludwig von Friedeburg und Alexander Mitscherlich in den Dienst der antiautoritären Revolte zu stellen. Die Professoren argumentierten so wie der SDS im Mai 1964 auf dem Deutschlandtreffen der FDJ: Jedwede Instrumentalisierung von Wissenschaft zerstöre deren emanzipative Kraft. Der Frankfurter SDS dementierte nicht den Vorwurf der Vertreter der Kritischen Theorie, die Antiautoritären wollten die Wissenschaft nun ihrerseits für ihren Kampf instrumentalisieren. Damit hatte sich der SDS (zumindest die Frankfurter Gruppe) aus seiner eigenen Tradition der Verteidigung der Autonomie der Wissenschaft gegen alle gesellschaftlichen Interessen herauskatapultiert. Ähnlich wie die Jungkommunisten und Antifaschisten an den deutschen Hochschulen nach 1945 stand diese Protestgeneration vor dem Problem, ob Wissenschaft nicht notwendig Partei ergreifen müsse, gerade um ihre emanzipative Funktion entfalten zu können.

Auf der institutionalen Ebene spitzte sich diese Kontroverse innerhalb der Satzungsdiskussion auf die Frage zu: Drittel- oder Halbparität für die Studenten? Für die neue Institutssatzung forderte der SDS für die Studenten 50 Prozent der Sitze im Entscheidungsgremium, der Seminarversammlung, um bei der Neueinstellung von Assistenten und Hilfsassistenten nicht von Professoren und Dozenten überstimmt werden zu können. Habermas und seine Kollegen zogen sich in diesem Punkt auf den alten Ordinarienstandpunkt zurück: Eine Entscheidung gegen den Willen der Mehrheit der Hochschullehrer sollte in diesen Fragen nicht möglich sein. Für Hans-Jürgen Krahl, Reimut Reiche, vor allem aber für die Brüder Wolff, Udo Knapp u.a. war dies eine klare Kampfansage. Am 9. Dezember besetzten die Studenten das Soziologische Seminar und benannten es in »Spartakus-Seminar« um. An den Wänden des großen Seminarraums stand fortan der Spruch: »Die Revolution sind die Festtage der Unterdrückten«. Ein von Alexander Mitscherlich initiiertes Kompromiß-Treffen verließen Habermas und Mitscherlich vorzeitig. In Anwesenheit von von Friedeburg forderte das Mitglied des letzten kollektiven Bundesvorstands des SDS Reinhard Wolff – ähnlich wie bei der Satzungsänderung am Otto-Suhr-Institut in Berlin – die Abschaffung der Ordinarienuniversität, um »die Wissenschaft den kapitalistischen Verwertungszusammenhängen zu entziehen«.

In den frühen Morgenstunden des 18. Dezember 1968 wurde das Seminar von der Polizei geräumt. Einige Studenten wurden festgenommen, unter ihnen Hans-Jürgen Krahl, Doktorand bei Theodor W. Adorno. Die Räumung war nur dadurch möglich geworden, daß die Professoren Adorno, von Friedeburg und Habermas gegen die Besetzer Strafanträge wegen Hausfriedensbruchs gestellt hatten. (Diese Strafanträge wurden später zurückgenommen.) Das »Grand Hotel Abgrund« (so Georg Lukács über die Frankfurter Schule) hatte zugeschlagen. Damit hatte der Genosse Krahl nicht gerechnet. Jetzt war der SDS in der glücklichen Lage, den Spieß umdrehen zu können: Nachdem er selbst die Diskussion über Autonomie und Funktion von Wissenschaft in der nachfaschistischen Gesellschaft verweigert hatte, denunzierte er nun den Ruf der Professoren nach der Polizei als »sprachlose Antwort der autoritären Bürokraten der Landesregierung und der Universität auf den Versuch der Studenten, endlich einen eigenen Studienbetrieb zu organisieren«.

Quasi als Racheakt führten mit Lederjacken bekleidete Frauen am 22. April 1969 in Adornos Philosophie-Vorlesung die »Busenaktion« durch: Sie entblößten ihre Brüste, und in den verteilten Flugblättern hieß es: »Adorno als Institution ist tot!« Adorno verließ den Raum, nahm seine Vorlesung später wieder auf, setzte sie dann für den Rest des Semesters aus, nachdem sie ein zweites Mal gestört worden war. Der Vorwurf, daß seine Studenten eine Mitschuld traf, als Adorno am 6. August 1969 einem Herzinfarkt erlag, beschäftigt die Frankfurter Linke noch heute. Heide Berndt bekannte sich zu diesem Vorwurf, hat darüber hinaus aber in ihren Texten und Gesprächen immer wieder darauf hingewiesen, daß mindestens auch Jürgen Habermas starken Anteil an der dramatischen Verschärfung des Konflikts zwischen Adorno und seinen Studenten hatte.

Die Selbstauflösung

Am 21. März 1970 löste eine mehr oder minder zufällig zusammengewürfelte Versammlung im Frankfurter Studentenhaus auf Antrag des SDS-BV-Mitglieds Udo Knapp per Akklamation den SDS-Bundesvorstand und damit den SDS als Bundesverband auf. Aus West-Berlin war schon niemand mehr angereist, ein Teil der Genossen war mit der Gründung eigener »proletarischer« Aufbauorganisationen beschäftigt, die Mehrheit der

Mitglieder des Berliner Landesverbandes sah nach dem Einzug der Liquidatoren und Parteigründer vorerst keine Möglichkeit mehr für eine sinnvolle Zusammenarbeit.

Die Auflösung des Verbandes war am 20. Februar im Anschluß an die Beerdigung des bei einem Autounfall ums Leben gekommenen Genossen Hans-Jürgen Krahl im Café der Architekturfakultät der Technischen Universität Hannover informell beschlossen worden. Ungefähr 80 Genossinnen und Genossen aus allen deutschen Hochschulgruppen, die seit 1960 den SDS wesentlich geprägt hatten, trafen sich dort nach eineinhalb Jahren zum ersten Mal wieder und stellten fest, daß sie sich politisch nichts mehr zu sagen hatten. Die Faktoren, die zur Selbstauflösung des wohl wichtigsten linken Studentenverbandes der deutschen Geschichte geführt haben, sollen hier nur thesenartig angedeutet werden.

Die Pariser Studenten-Commune wurde im Sommer 1968 von der französischen »Compagnie Républicaine de Sécurité« (CRS) zerschlagen. Am 21. August 1968 besetzten Streitkräfte der Warschauer-Pakt-Staaten UdSSR, VR Polen, VR Ungarn, VR Bulgarien und DDR die CSSR und verhinderten eine eigenständige kommunistische Entwicklung, die sich nicht sklavisch an das Vorbild der Sowjetunion hält. In fast allen Städten der Bundesrepublik und in West-Berlin zog die außerparlamentarisch Opposition unter roten Fahnen auf die Straße und demonstrierte gegen die Intervention der Panzerkommunisten in Prag. Das Klima hatte sich verändert: ein paar Jahre zuvor hätte man zu einem solchen Anlaß allenfalls Korporierte mit schwarz-rot-goldenen Fahnen gesehen. Dabei kam es fast überall zu der absurden Szene, daß RCDS und Junge Union zusammen mit SDS, RC und SHB demonstrierten, wobei es natürlich zu zahlreichen Schlägereien kam. Die Stimmung im SDS gibt eine Antwort Christian Semlers auf Zwischenrufe des RCDS auf einem teach-in in der TU wieder: »Genossinnen und Genossen, ich möchte vorschlagen, daß sich diejenigen, die hier dauernd Zwischenrufe machen und sich heuchlerisch mit Genossen Dubcek identifizieren, hier darüber erklären, was sie dazu beigetragen haben, daß der sozialistische Kurs der CSSR tatsächlich stabilisiert wird. Im Gegensatz zum SDS und den anderen linken Organisationen, die seit Monaten an der Stabilisierung dieses demokratischen Kurses mitwirken. Diese Heuchler! In Wirklichkeit hüpft ihnen das Herz vor Freude über die Intervention der sowjetischen Armee.« Die spontanen massenhaften Demonstrationen von links gegen die sowjetische Intervention zeigten, daß die Linke in der Geschichte der Bundesrepublik noch nie so stark war wie Ende der 60er Jahre. Andererseits zeigte die Reaktion der stalinistischen Bürokraten, daß es unmöglich war, in den Sattelitenstaaten der UdSSR friedlich einen Sozialismus mit menschlichem Antlitz zu verwirklichen. Die Massenstreiks der polnischen Arbeiter Anfang der 80er Jahre gaben dann eine korrekte Antwort auf die Unterdrückung durch die Stalinisten.

Eine der wichtigsten Diskussionen im SDS, die seit November 1967 auch in der nk öffentlich geführt wurde, drehte sich um die Parlamentarismusfrage: Soll sich der SDS an Bundestags- oder Landtagswahlen beteiligen? Falls ja, soll er Wahlbündnisse unterstützen oder soll er eigene Kandidaten stellen? Frank Deppe äußerte sich über eine Reihe von Genossen, falls sie das Wort »Organisation« überhaupt nur hörten, so: »Organisation, d.h. Partei, und damit stehen wir schon wieder bis zum Hals im parlamentarischen Kretinismus.« Dutschkes Organisationsbegriff – so Deppe- sei mehr von einem »diffusen antiorganisatorischen Affekt« bestimmt und nicht durch kritische Aufarbeitung der Parteiengeschichte. »Wenn er behauptet, daß jede Partei nur die Widersprüche der alten Parteien reproduzieren könnte und daher sinnlos sei ..., so versetzt er damit seiner eigenen Prämisse, daß Tradition die schöpferische Weiterentwicklung von historisch Konkret-Gewordenem sei, einen handfesten Fußtritt.« Deppe plädierte dafür, daß die Sozialisten den Wahlkampf und das Parlament als Plattform für linke Politik nutzen sollten. Helmut Schauer unterstützte Deppe in einem mit drei Sternen gezeichneten Beitrag »Der lange Marsch vor der Institution des Parlaments« in der nächsten nk-Nummer: An der »jungen Linken« liege es, »ob die parlamentarische Aktion, Wahlkampf und Arbeit im Parlament, in Inhalt und Form neu bestimmt, zur Unterstützung der ›außerparlamentarischen Opposition‹ wird, sich der Integration entzieht und das System der Herrschaft entschleiert«.

Die Diskussion im Verband verlief so kontrovers, daß für die Zeit vom 29. bis zum 31. März 1968 eine außerordentliche Delegiertenkonferenz nach Frankfurt einberufen wurde.

Rudi Dutschke sagte später, daß der SDS zwar außerparlamentarisch, aber niemals antiparlamentarisch gewesen sei. Die auf der Sonder-DK angenommenen Beschlüsse sind jedoch eindeutig: »Voraussetzung für den antibürokratischen Kampf ... kann nicht das Parlament als integrative Instanz der Interessenvermittlung durch Parteibürokratien sein, sondern Massenaktionen, die an die konkreten Bedürfnisse dieser Massen anknüpfen.« Die antiautoritäre Fraktion, die damals in Frankfurt die Mehrheit hatte, walzte mit der Abstimmungsmaschinerie alle Anträge, die eine Teilnahme des SDS an der Bundestagswahl 1969 befürworteten, nieder und legte den Verband auf die Linie einer fundamentaloppositionellen Politik fest. Es gelte, »beinahe naturwüchsige Ansätze einer Gegengesellschaft (Massenversammlungen, Demonstrationen, Gegenuniversitäten, Kneipen etc.)« auszubauen und die Zusammenarbeit mit Industriearbeitern in Basisgruppen zu intensivieren, um so eine »anschauliche Alternative zur Wahlkampfmanipulation herauszubilden«.

Heute mag es ein philologischer Streit sein, ob der SDS außer- oder antiparlamentarisch gewesen ist. Wenn man unter antiparlamentarisch versteht: Bomben in Wahllokale oder am besten gleich in den Bundestag zu werfen, dann war der SDS natürlich nicht antiparlamentarisch. Wenn man aber der Überzeugung ist, daß Parlamentarismus im Gegensatz zu direkter Rätedemokratie nur Manipulation sein kann, und deshalb systematisch versucht, Wahlversammlungen in Tribunale umzufunktionieren oder zu verhindern, dann war der SDS Ende der 60er Jahre mehrheitlich schon antiparlamentarisch.

Auf der letzten ordentlichen Delegiertenkonferenz des SDS vor der Selbstauflösung vom 12. bis 16. September 1968 in Frankfurt/Main zeigte sich, daß der Verband unfähig war, die informellen Machteliten abzubauen, und statt Demokratisierung Dezentralisierung propagierte. Dezentralisierung noch in einem besondere Sinn: Jede Teilelite sollte ihr eigenes Fürstenreich als Einflußsphäre erhalten. Ein bestimmter Typus von Räte-Theoretikern im Verband ideologisierte diese Diadochenkämpfe in für Außenstehende absolut nicht mehr verständlichen Modellen von × Ebenen und y Räten. (»Modell der drei Ebenen und zwei Räte ... Unsere Schwächeposition und die faktische Überlegenheit unseres zentralistisch organisierten Gegners auf allen Gebieten macht, wie sich aus der Praxis der revolutionären Bewegung in der 3. Welt und den Metropolen nachweisen läßt, es notwendig, unseren Kampf dezentralisiert zu organisieren, um 1) als Organisation zu überleben und 2) alle Kräfte, die zum faktischen Widerstand bereit sind, zu entfalten und somit den Kampf optimal auszuweiten. Der SDS wird sich auf Grund seines Selbstverständnisses derart organisieren, daß nicht weiterhin durch die Perpetuierung autoritärer Strukturen die Selbstinitiative an der Basis, die Selbstorganisierung der Gruppen, mithin die Revolutionierung der Revolutionäre ...« Das hörte man z.B. noch Jahrzehnte später in der antiautoritären Szene.)

In diese letzte Runde der Organisationsdebatte platzte Helke Sander als Delegierte des im Januar 1968 gegründeten »Aktionsrates zur Befreiung der Frauen« mit der Forderung an den SDS, endlich die Interessen der Frauen besonders aber der Mütter und Kinder zur Kenntnis zu nehmen. Der SDS als demokratischer Verband gestehe den Frauen zwar Redefreiheit zu, nur zu schnell reagierten die Genossen jedoch pikiert über die ungeschickte Ausdrucksweise oder den Eklektizismus im Beitrag der Genossin soundso, ohne darüber nachzudenken, warum Frauen im SDS schlicht Angst hätten, überhaupt das Wort zu ergreifen. »Wir werden versuchen, unsere Positionen zu klären, wir verlangen, daß unsere Problematik hier inhaltlich diskutiert wird. Wir werden uns nicht mehr damit begnügen, daß den Frauen gestattet wird, auch mal ein Wort zu sagen, daß man sie, weil man ein Antiautoritärer ist, anhört, um dann zur Tagesordnung überzugehen.«

Genau das tat auch diesmal der SDS. Die Tomaten, die die Frauen für diesen erwarteten Fall schon mitgebracht hatten, trafen unglückseligerweise Hans-Jürgen Krahl, der zufällig als nächster nach Helke Sander auf der Rednerliste stand. Krahls Sprache mag oft esoterisch gewesen sein, er war jedoch sicher nicht der Typ des autoritären Pascha, dem die Tomaten eigentlich galten. Trotz der Tomaten – als es nun wirklich darauf ankam, über Demokratie konkret nachzudenken, wichen auch die Rätedemokraten aus. Die Delegierten waren nicht bereit, über Fragen der paritätischen Aufteilung der wichtigen Funktionen im Verband zwischen Männern und Frauen, über gemeinsame Veränderungen des bisherigen Arbeitsziels oder über die Mitarbeit der Männer in den von Helke Sander vorgeschlagenen Kinderläden zu diskutieren, die den Müttern ein Studium und eine Mitarbeit im SDS erst ermöglichen sollten. Wer überhaupt auf die Frauen einging, empfahl ihnen in altgewohnter Manier, erst einmal die Arbeiterinnen zu revolutionieren, denn die seien ja noch viel schlimmer unterdrückt als die Genossinnen im SDS.

Die Delegiertenkonferenz ging im allgemeinen Tohuwabohu unter. Nach der Wahl eines kommissarischen Bundesvorstandes vertagten die Delegierten die Konferenz für Mitte November nach Hannover.

In den kommissarischen Bundesvorstand wurden Michael Baermann (Frankfurt/Main), Jochen Noth (Heidelberg) und Hans-Gerhardt (genannt Joscha) Schmierer (Heidelberg) gewählt. Auf der Fortsetzung der DK in Hannover wurde wiederum ein kommissarischer BV eingesetzt: Eberhard Becker (Heidelberg), Klaus Behnken (Tübingen), Udo Knapp (Berlin), Günther Mangold (Heidelberg) und Reinhard Wolff (Berlin). (Im BV arbeiteten außerdem die Frankfurter Meino Büning, Detlev Claussen und Monika Steffen mit.) Wolfgang Lefèvre führte die Uneinigkeit dieser DK auf die »starke Ungleichzeitigkeit« der SDS-Hochschulgruppen zurück. Während in der Provinz noch theoretisiert würde, praktizierten die »Großstadt-SDSler« schon den Angriff gegen die Polizei. Als niemand mehr irgend jemandem zuhörte und sich die Devise durchsetzte »Brecht dem BV die Gräten, alle Macht den Räten!«, fand es der Berliner Delegierte Bernd Rabehl »einfach irrsinnig«, nach diesem »Zirkus« einen neuen BV zu wählen und reiste demonstrativ vorzeitig ab.

Der Tomatenwurf von Sigrid Rüger und das Referat von Helke Sander hatten die Frankfurter Frauen im SDS ermutigt, nun ihrerseits die ihrer Meinung nach von den Männern verweigerte Diskussion zu erzwingen. Dazu – soviel hatten auch sie inzwischen vor allem von der Kommune I gelernt – bedienten sie sich der Provokation mit dem Weiberratsflugblatt, auf dem eine Emanze à la Ronald Searle, auf einen Diwan gebettet, teuflisch lächelnd eine Axt in der Hand hielt. Über ihr prangten als Trophäen an der Wand primäre männliche Geschlechtsteile, durch Namensschilder als die der damaligen SDS-Größen gekennzeichnet.

Die Reaktion der Genossen war wiederum hilflos-peinlich, zugleich aber auch im Ansatz prophetisch: *Christian Semler* (Berlin) wies darauf hin, daß die sozialistische Bewegung in der Tat die These *Clara Zetkins* von der doppelten Unterdrückung der Frauen nicht verdeutlicht habe. Hier werde allerdings das Problem der notwendigen Separierung zur Artikulation ihrer Bedürfnisse und Herausarbeitung eigener klassenkämpferischer Strukturen überlappt »von einem kleinbürgerlichen feministischen Aktionswahn«, der »in einer endlosen Selbstbespiegelung von kleinbürgerlichen Frauen« unterzugehen und die Frauenbewegung auf eine linksbürgerliche Emanzipationsbewegung herabzudrücken drohe. Die sich bildenden Aktionsräte zur Befreiung der Frau müßten sich systematisch auf den Charakter der Industriearbeit orientieren, der die Frauen ausgeliefert seien.

Wie die Berlinerinnen forderten die Frankfurter Genossinnen das Ende der Unterdrückung der Frau und die Anerkennung ihres Emanzipations- und Demokratieverständnisses. Sowohl die Aktionsrat zur Befreiung der Frauen in Berlin als auch der Weiberrat in Frankfurt vertraten bei den Frauen im SDS eine avangardistisch-feministische Minderheitsposition, die bei vielen Frauen, die in der Debattenkultur des SDS integriert waren, zunächst einmal auf Befremden stieß. Im Unterschied zu den Berlinern beschränkten sich die Frankfurter jedoch auf die Beziehung zwischen Mann und Frau und ließen die Frag der Kinderbetreuung und -erziehung außen vor. Während in Berlin der »Aktionsrat zur Befreiung der Frauen« selbstorganisierte Kinderläden ins Leben rief und so eine ganze Bewegung der Kindererziehung initiierte; entstanden die Frankfurter Kinderläden erst später außerhalb des Weiberrats im Umkreis von Monika Seifert, die schon vor den Berlinern den ersten antiautoritären Kinderladen gegründet hatte, allerdings ohne daß das im SDS zur Kenntnis genommen worden war. »Selbstverständlich war auch den Frankfurter Frauen klar,« so Heide Berndt, »daß die Kinderläden ein eminent politisches Unternehmen waren.« In Berlin hörte der Aktionsrat schon im Jahre 1969 auf zu existieren, nachdem dessen antiautoritäre Gründerin Helke Sander von einer DKP-freundlichen Fraktion um Frigga Haug hinausgemobbt worden war.

In Frankfurt wurde nach der Auflösung des SDS und der des ersten Weiberrats ohne Beteiligung von dessen Mitgliedern ein zweiter Weiberrat gegründet: »Die politische Zielsetzung des 1. Frankfurter Aktionsrates war im wesentlichen beschränkt auf eine Emanzipation der Genossinnen im SDS, um überhaupt erst einmal die Voraussetzung für eigene politische Arbeit zu schaffen. Der neu gegründete Aktionsrat hingegen begreift sich als selbständige Organisation innerhalb der sozialistischen Bewegung.« »Hauptaufgabe« sei die »Initiierung revolutionärer Solidarität zwischen Frauen und Männern«. Die Mitglieder setzten sich zu etwa einer Hälfte aus Berufstätigen und Hausfrauen, zur anderen Hälfte aus Studentinnen zusammen.

Diese verschiedenen feministischen Initiativen im und im Umfeld des SDS gelten heute als Geburtsstunde der »Neuen Frauenbewegung« in der Bundesrepublik der 70er Jahre, die durch Quotierungen zwar personell gestärkt wurde, zugleich aber ihren feministisch-sozialrevolutionären Elan verloren hat. Die ursprünglich antiautoritäre Mehrheitsfraktion in der »Neuen Frauenbewegung« ist freilich längst einem etablierten Feminismus im Umfeld der DGB-Gewerkschaften, der Sozialdemokratie und der Grünen-Partei gewichen, was sich auch im Scheitern der avangardistischen Frauenzeitschrift »Courage« in West-Berlin und der relativen Stabilität der gewerkschaftsnahen »Emma« Alice Schwarzers widerspiegelt.

Als die Arbeiter in den Stahlwerken und im Kohlebergbau der Bundesrepublik im September 1969 wilde Streiks durchführten, gab es keinen aktionsfähigen Bundesverband des SDS mehr. Der Linksruck an der Basis der Jungsozialisten erfolgte zu einer Zeit, als der SDS sich selbst abgeschafft hatte. Im Jahre 1969 gab es insgesamt 190.000 Jungsozialisten, 1973 rund 250.000. Nach Abzug der Jusos, die die Altersgrenze überschritten haben, verbleibt ein Zuwachs von rund 100.000, ein einmaliger Durchbruch der SPD in der Bevölkerungsgruppe, die man klassenunspezifisch als Jugend bezeichnet. Als am 22. Oktober desselben Jahres SPD und FDP unter Willy Brandt eine Kleine Koalition bildeten, zog die radikale Linke ziemlich geschlossen in eine imaginäre Parallelwelt, deren Entstehung und Scheitern wir in diesem Buch nicht darstellen.

Postscriptum

Am 31. Mai 1988 hob der SPD-Parteivorstand auf Antrag seines Bundesgeschäftsführers Peter Glotz den Beschluß der Unvereinbarkeit der Mitgliedschaft in der SPD und dem SDS bzw. der SDS-Förderergemeinschaft auf. Am 19. Dezember desselben Jahres trafen sich im »Politischen Club« der Friedrich-Ebert-Stiftung mehr als 50 ehemalige SDSler, um mit dem damaligen SPD-Vorsitzenden Hans-Jochen Vogel über Ursachen und Konsequenzen der Ausgrenzung des SDS im Jahre 1961 zu reden. An dieser Debatte nahmen u. a. Elmar Altvater, Sigrun Anselm, Tilman P. Fichter, Klaus Hartung, Alfred Krovoza, Thomas Leithäuser, Thomas Mitscherlich, Oskar Negt, Wolfgang Nitsch, Sibylle Plogstedt, Helke Sander, Helmut Schauer, Ursula Schmiederer, Ute Schmidt, Jürgen Seifert, Christian Semler, Dieter Wunder und Michael Vester teil.

Oskar Negt wies auf die durch »unterschiedliche kulturelle Milieus« begründeten Schwierigkeiten zwischen Partei und Intelligenz hin und zitierte in diesem Zusammenhang einen Brief von Friedrich Engels. Dieser hatte in den 90er Jahren des vorigen Jahrhunderts angesichts der Literaten- und Studentenrevolte der »Jungen« vom damaligen SPD-Vorsitzenden August Bebel verlangt, die Partei solle bei Ausbruch der Revolution das »Kathetersozialistengesindel« aus der SPD verjagen; die dann »fehlenden Techniker« könne das siegreiche Proletariat sowieso »kaufen«. Negt belegte mit diesem Zitat, daß die Ausgrenzung von Intellektuellen ein »grundsätzliches Problem des organisierten Sozialismus« sei. Und Jürgen Seifert erklärte daraufhin, daß es auch unter denjenigen, die dieser Einladung gefolgt seien, keinen »festen Zusammenhalt« mehr gebe. Deshalb sei auch keinerlei Vereinbarung zwischen den ehemaligen SDSlern und der SPD mehr möglich.

Doch die »spezifische Fähigkeit im SDS« sei schon immer »das produktive Gespräch im kleinen Kreis« gewesen. Eine erneute punktuelle Zusammenarbeit sowohl mit der Sozialdemokratie als auch mit den Grünen sei nur möglich, falls die SPD die »Autonomie« der Intellektuellen unangetastet lasse: »Unsere Diskussionskreise waren nie esoterische Theoriezirkel«, sondern immer so etwas wie »sozialwissenschaftliche Laboratorien«. Aus einer solchen Grundlage – ohne »Ausgrenzung oder Vereinnahmung« – könne man also erneut miteinander reden. Was dann angesichts des zweiten amerikanischen Krieges im Irak auch mehrfach geschehen ist.

Anhang I:
Die Berliner »SDS-Story« von Klaus Mehner

29.4.1967: Christian Semler am Mikrofon bei der Demonstration gegen die Machtergreifung der Junta in Griechenland und die Diktatur der Obristen vor der griechischen Militärmission.

29.4.1967: Teil des Protestes gegen die Diktatur der Obristen ist der Auftritt des vom SDS gegründeten Straßentheaters. Die aus Schauspielern und Eleven bestehende Agitationsgruppe stellt die Machtergreifung durch die Putschisten dar.

1.6.1967: Rudi Dutschke im überfüllten Auditorium maximum der FU Berlin, wo Bahman Nirumand die Kommilitonen über die innenpolitischen Verhältnisse im Iran unter dem Regime des Schah von Persien aufklärte.

3.6.1967: Studenten im Gebäude der Wirtschafts- und Sozialwissenschaftlichen Fakultät der FU.

3.6.1967: Autor Günter Grass bei der Versammlung im Gebäude der WiSo-Fakultät.

3.6.1967: Der Theologe Professor Helmut Gollwitzer.

23.6.1967: Über 3.000 Demonstranten, darunter etwa 100 US-Staatsbürger, versammeln sich auf dem Wittenbergplatz zur Demo gegen den Vietnam-Krieg.

9.8.1967: Kommilitonen fordern die Freilassung des in Untersuchungshaft sitzenden Studenten Fritz Teufel.

21.10.1967: Kundgebung auf dem Wittenbergplatz am »Tag des internationalen Protestes gegen den Krieg in Vietnam«.

19.12.1967: Berlins Regierender Bürgermeister Klaus Schütz (SPD) bei der Diskussion mit Studenten.

19.12.1967: Auf Einladung des AStA spricht der Regierende Bürgermeister von Berlin über 12 Monate Außenpolitik. (v.l.n.r.): Dr. Ekkehart Krippendorff, Wolfgang Lefèvre, Konventsvorsitzender, am Mikrofon.

22.12.1967: Fritz Teufel nach seiner Entlassung aus der Untersuchungshaft mit Rudi Dutschke und Sympathisanten.

17. bis 18.2.1968: Vietnam-Kongress im Audimax der TU Berlin; (v.l.n.r.): Prof. Johannes gnoli, Christian Semler (SDS), Gaston Salvatore auf dem Podium.

17. bis 18.2.1968: Dr. Bahman Nirumand, Exil-Iraner und Autor, beim Vietnam-Kongress.

17. bis 18.2.1968: Vietnam-Kongress, Karl-Dietrich Wolff, Erster Bundesvorsitzender des SDS.

17. bis 18.2.1968: Vietnam-Kongress, Günther Amendt.

17. bis 18.2.1968: Vietnam-Kongress, Autor Peter Weiss.

18.2.1968: Vom SDS organisierter Demonstrationszug gegen den Krieg der Vereinigten Staaten im Fernen Osten, an dem sich über 15.000 Menschen, u.a. auch prominente SPD Politiker, beteiligen.

18.2.1968: Mitglied des SPD-Landesvorstands Harry Ristock (3.v.l.) im Marschblock der Sozialdemokraten.

18.2.1968: Rudi Dutschke bei der Demonstration gegen den Vietnam-Krieg.

18.2.1968: Gegendemonstration von Anhängern des Ring Christlich Demokratischer Studenten und der Jungen Union auf dem Kurfürstendamm.

21.2.1968: *Kundgebung vor dem Schöneberger Rathaus bei der Demonstration von ÖTV, Senat, Springer Verlag und prominenten Bürgern gegen den Internationalen Vietnam-Kongress.*

21.2.1968: *Mehr als 100.000 Berliner demonstrieren nach offiziellen Angaben vor dem Rathaus Schöneberg gegen den Internationalen Vietnam-Kongress.*

21.2.1968: Forderung, Sozialdemokraten aus der Partei auszuschließen, weil sie an der Vietnamdemonstration teilnahmen.

11.4.1968: Kriminalpolizisten bei der Spurensicherung nach dem Attentat auf Rudi Dutschke.

11.4.1968: Polizisten bei der Suche nach Patronenhülsen.

11.4.1968: Harun Farocki führt den Marsch von der Technischen Universität nach Kreuzberg an.

11.4.1968: Demonstranten versuchen in das Gebäude des Springer-Verlags einzudringen.

11.4.1968: Demonstranten versuchen in das Verlagsgebäude einzudringen.

11.4.1968: Brennende Auslieferungsfahrzeuge des Springer-Verlages.

11.4.1968: Feuerwehrleute beim Löschen eines Auslieferungsfahrzeugs.

12.4.1968: Demonstranten auf dem Marsch bei den Osterunruhen nach dem Attentat auf Dutschke.

12.4.1968: Auf dem Kurfürstendamm blockieren Demonstranten einen Wasserwerfer.

12.4.1968: Einsatz von Wasserwerfern gegen Demonstranten vor dem Rathaus Schöneberg.

14.4.1968: Wasserwerfer versuchen den Vormarsch der Demonstranten zu stoppen.

14.4.1968: Die Demonstrationen nach dem Anschlag auf den Studentenführer Dutschke halten trotz Einsatz der Bereitschaftspolizei mit Wasserwerfern an.

14.4.1968: Sanitäter bergen einen verletzten Demonstranten.

1.5.1968: 40.000 Menschen beteiligen sich an der Maikundgebung der APO in den Stadtbezirken Neukölln und Kreuzberg. (1. Reihe v.l.n.r.: Walter Weller, Dolores …, Sigrun Anselm, Horst Mahler, N.N., Heinz Beinert [Die Falken]).

4.11.1968: Die bislang schwerste Auseinandersetzung liefern sich APO und Polizei zu Beginn des Ehrengerichtsverfahrens vor dem Landgericht gegen Rechtsanwalt Mahler. Rund 1000 Demonstranten durchbrechen die Absperrungen der Polizei.

4.11.1968: Straßenschlacht unweit der Schlossbrücke.

4.11.1968: Straßenschlacht unweit der Schlossbrücke.

4.3.1970: Tilman P. Fichter (Mitte) mit erhobener Faust bei der Räumung des Gerichtssaals während des Prozesses gegen den APO-Anwalt Horst Mahler, zu der die Verteidigung den Verleger Axel C. Springer als Zeugen geladen hat.

Anhang II: Tabellen

Tabelle I: SDS-Delegiertenkonferenzen 1946–1969 und Vorsitzende bzw. Beiratsmitglieder

Gründungskonferenz: 2.–6. September 1946 in Hamburg

Erster Vorsitzender f. d. brit. Zone:	Heinz-Joachim Heydorn
Erster Vorsitzender f. d. amer. Zone:	Alfred Hooge

II. ordentliche (o.) Delegiertenkonferenz (DK): 16.–18. August 1947 in Bielefeld

Erster Vorsitzender f. d. brit. Zone:	Helmut Schmidt
Erster Vorsitzender f. d. amer. Zone:	Karl Wittrock

Notkonferenz: 23.–25. Juli 1948 in Eddigehausen bei Göttingen

Erster Vorsitzender f. d. brit. Zone:	John van Nes Ziegler
Erster Vorsitzender f. d. amer. Zone:	Rolf Recknagel

IV. o. DK: 24.–26. September 1949 in Mainz

Erster Bundesvorsitzender (BV):	John van Nes Ziegler
Stellvertretender BV:	Gerhard Schröder

V. o. DK: 7.–12. September 1950 in Mainz

Erster BV:	John van Nes Ziegler
Stellvertretender BV:	Eitel Höhne
Beirat:	Horst Greinert, Karl Mühlbauer, Gerhard Schröder

VI. o. DK: 15.–17. September 1951 in Braunschweig

Erster BV:	Günther Bantzer
Zweiter BV:	Horst Greinert
Beirat:	Eitel Hohne, John van Nes Ziegler, Claus Arndt

VII o. DK: 2.–6. Oktober 1952 in Münster

Erster BV:	Ulrich Lohmar
Zweiter BV:	Claus Arndt
Beirat:	Günther Bantzer, Albert Pfuhl, Egon Erwin Müller

VIII. o. DK: 3.–6. Oktober 1953 in Hamburg
Erster BV: Ulrich Lohmar
Zweiter BV: Richard Freyh
Beirat: Gerhard Jäger, Wolfram Schubert, Hans-Eberhard Zaunitzer

IX. o. DK: 27.–29. Oktober 1954 in Marburg
Erster BV: Ulrich Lohmar
Zweiter BV: Claus Arndt
Beirat: Gerhard Schoenberner, Robert Jeniscb, Walter Fehling

Außerordentliche (a. o.) DK: 7.–13. April 1955 in Berlin
Zur Frage der Aufnahme direkter Kontakte zur FDJ bzw. der Abwehr einer befürchteten Unterwanderung des SDS durch FDJ-Mitglieder

X. o. DK: 21.–23. Oktober 1955 in Göttingen
Erster BV: Otto Fichtner
Zweiter BV: Gerhard Schoenberner
Beirat: Robert Jenisch, Walter Fehling, Jürgen Kraft

XI. o. DK: 27.–29. Oktober 1956 in Frankfurt a. M.
Erster BV: Johannes Reinhold
Zweiter BV: Günther Metzger
Beirat: Wolfgang Büsch, Günther Müller, Erhard Moosmayer

XII. o. DK: 16.–17. Oktober 1957 in Dortmund-Lückenberg
Erster BV: Wolfgang Büsch
Zweiter BV: Oswald Hüller
Beirat: Klaus Pöhle, Kay Tjaden, Hans Muller

XIII. o. DK: 22.–23. Oktober 1958 in Mannheim
Erster BV: Oswald Hüller
Zweiter BV: Günter Kallauch
Beirat: Monika Mitscherlich, Horst Steckel, Jürgen Seifert

XIV. o. DK: 30. Juli ~ 1. August 1959 in Göttingen
Erster BV; Günter Kallauch
Zweiter BV: Manfred Schmidt
Beirat: Dieter Wunder, Monika Mitscherlich, Peter Heilmann

XV. o. DK: 1.–2. Oktober 1960 in Frankfurt a.M.
Erster BV: Michael Schumann
Zweiter BV: Michael Vester
Beirat: Wolfgang Nitsch, Manfred Vosz, Werner Gessler

XVI. o. DK: 6.–7. Oktober 1961 in Frankfurt a.M.
Erster BV: Eberhard Dähne
Zweiter BV: Peter Brokmeier
Beirat: Dietrich Staritz, Matthias Manz, Diethard Kars

XVII. o. DK: 4.–5. Oktober 1962 in Frankfurt a.M.
Erster BV: Diether Sterzel
Zweiter BV: Ursula Schmiederer
Beirat: Bernd Hartmann, Wolfgang Spiegel, Klaus Wrobel

XVIII. o, DK: 6.–8. Oktober 1963 in Frankfurt a.M.
Erster BV: Manfred Liebel
Zweiter BV: Helmut Lessing
Beirat: Ilse Jacob, Klaus Schüler, Dietrich Wetzel

XIX. o. DK: 4.–6. September 1964 in Frankfurt a.M.
Erster BV: Helmut Schauer
Zweiter BV: Hartmut Dabrowski
Beirat: Horst Stemmler, Urs Müller-Plantenberg, Thomas Schmitz-Bender

XX. o. DK: 14.–17. Oktober 1965 in Frankfurt a.M.
Erster BV: Helmut Schauer
Zweiter BV: Hartmut Dabrowski
Beirat: Frank Deppe, Rudi Dutschke, Christof Helberger

XXI. o. DK: 1.–4. September 1966 in Frankfurt a.M.
Erster BV: Reimut Reiche
Zweiter BV: Peter Gang
Beirat: Erich Eisner, Wolfgang Lefevre, Lothar Wolfstetter

XXII. o. DK: 4.–8. September 1967 in Frankfurt a.M.
Erster BV: Karl-Dietrich Wolff
Zweiter BV: Frank Wolff
Beirat: Hans-Jürgen Krahl, Herbert Lederer, Bernd Rabehl

a. o. DK: 29.–31. März 1968 in Frankfurt a. M.
Zum Verhältnis von studentischen und nichtstudentischen Teilen der Außerparlamentarischen Opposition angesichts des Bundestagswahlkampfes 1969.

XXIII. o. DK: 12.–16. September 1968 in Frankfurt a. M.
Kommissarischer BV: Michael Baermann, Jochen Noth, Hans-Gerhard (genannt Joscha) Schmierer
Die DK wurde auf Mitte November 1968 nach Hannover vertagt.

Fortsetzung der XXIII. o. DK: 16.–18. November 1968 in Hannover
Auf der Hannoveraner DK wurde wiederum ein kommissarischer BV eingesetzt: Eberhard Becker, Klaus Behnken, Udo Knapp, Günther Mangold und Reinhard Wolff. Im BV arbeiteten außerdem die Frankfurter SDS-Mitglieder Heino Brüning, Detlev Claussen und Monika Steffen mit.

Tabelle II: SDS-Bundessekretäre

In der Frühphase existierten zwei SDS-Sekretariate: eines in Hamburg für die britische Zone und ein »Nebensekretariat Südwest« in Frankfurt a. M. für die amerikanische und die französische Zone. Seit Oktober 1946 gab es im SDS einen besoldeten hauptamtlichen Bundessekretär.

Oktober 1946 bis November 1947:	Wolfgang Zeidler
November 1947 bis April 1948:	Ernst Heinsen
April 1948 bis Oktober 1948:	Waltraud Mösch
Oktober 1948 bis März 1949:	Alexander Tiplt
März 1949 bis Mai 1950:	Catrin Menne-Thomé
Mai 1950 bis September 1951:	Günther Bantzer
September 1951 bis Sommer 1955:	Hans Tietgens
Oktober 1955 bis Oktober 1956:	Johannes Reinhold
Oktober 1956 bis Herbst 1958:	Konrad Grube
November 1958 bis Juli 1959:	Wolfgang Hindrichs*
Sommer 1959 bis Sommer 1960:	Manfred Dammeyer

* Dr. Wolfgang Hindrichs war der erste vom SDS-Bundesvorstand vorgeschlagene Bundessekretär, der vom SPD-Parteivorstand nicht mehr bestätigt wurde. Faktisch arbeitete Hindrichs als Referent im BV.

Anhang III: Personenregister

H

J

K

L

M

N

O

P

R

S

Anhang IV: Zur Person

Tilman P. Fichter

1937 geboren in Berlin. Besuch der Oberschule (Stuttgart) bis zur Mittleren Reife und im Winter 1953/54 der Seemannsschule (Hamburg). Danach Schiffsjunge; Mittel- bzw. Südamerikafahrt auf einem Trampschiff. Von 1953 bis 1958 Mitglied im »Bund Deutscher Pfadfinder« (BDP). Mehrere Großfahrten nach Italien, Franken, Korsika sowie Schweden. Lehre bei einer Stuttgarter Versicherungsfirma, 1959–61 Tätigkeit bei einer Londoner Rückversicherung. 1964 Abitur auf dem Zweiten Bildungsweg am Berlin-Kolleg; danach Studium der Soziologie und Politikwissenschaft der Freien Universität Berlin u.a. bei Otto Stammer, Ernst Fraenkel, Ludwig von Friedeburg, Theo Pirker, Johannes Agnoli sowie Heinrich von der Gablentz und Arnulf Baring. 1963–1970 Mitglied im Berliner SDS; von Februar 1965 bis 1966 Erster Landesvorsitzender. 1973 Dipl. Pol., 1986 Promotion zum Dr. phil. 1971 bis 1981 Forschungstätigkeit am »Zentralinstitut für sozialwissenschaftliche Forschung« der Freien Universität. Seit Oktober 1982 Mitglied der SPD; 1987 bis 2001 Referent für Schulung und Wissenschaft beim Parteivorstand der SPD in Bonn bzw. Berlin. Redakteur der Zeitschrift »Ästhetik und Kommunikation«. Mitglied im P.E.N. Zentrum Deutschlands seit 1996. Derzeit freier Autor und stellvertretender Vorsitzender des »Förderkreises e.V. Denkmal für die ermordeten Juden Europas«.

Siegward Lönnendonker

1939 in Rheydt/NRW geboren. Besuch der Volksschule und des staatlich-städtischen Gymnasiums (Bielefeld) bis zum Abitur im Februar 1958. April bis Juli 1958 Hochschulpraktikant bei der Firma »ANKER-WERKE AG« in Bielefeld. Studium der Physik, Mathematik, Soziologie, Politologie an der Freien Universität Berlin. Ab 1962 Mitglied im SDS (Landesverband Berlin). 1963 Mitglied in der Deutsch-Israelischen Studiengruppe (DIS), Israel-Aufenthalt mit Arbeit im Kibuz, Erster Vorsitzender der FU-Gruppe und Bundespressereferent. 1970 Dipl. Soz. (bei Otto Stammer), 1987 Promotion zum Dr. phil. (bei Theo Pirker). 1963–2004 Hilfsassistent bzw. wissenschaftlicher Mitarbeiter am Institut für politische Wissenschaft/Zentralinstitut für sozialwissenschaftliche Forschung der Freien Universität Berlin. Gründer und Leiter des Archivs »APO und soziale Bewegungen«, heute APO-Archiv der FU. Seit 2004 dort ehrenamtlicher Mitarbeiter.